Bernhard Frevel (Hrsg.)

Herausforderung demografischer Wandel

Perspektiven der Gesellschaft

Herausgegeben von Bernhard Frevel

Politik und Gesellschaft sind seit längerem einem raschen und tief greifenden Wandel unterworfen. In der Buchreihe „Perspektiven der Gesellschaft" werden die Herausforderungen dieses Wandels und die Hauptprobleme der politischen und gesellschaftlichen Entwicklung analysiert. Ziel der Reihe ist es, die komplexen Zusammenhänge dieser Probleme in lesbarer und verständlicher Form einem breiteren Publikum zugänglich zu machen.

Bernhard Frevel (Hrsg.)

Herausforderung demografischer Wandel

VS VERLAG FÜR SOZIALWISSENSCHAFTEN

VS Verlag für Sozialwissenschaften
Entstanden mit Beginn des Jahres 2004 aus den beiden Häusern
Leske+Budrich und Westdeutscher Verlag.
Die breite Basis für sozialwissenschaftliches Publizieren

Bibliografische Information Der Deutschen Bibliothek
Die Deutsche Bibliothek verzeichnet diese Publikation in der Deutschen Nationalbibliografie;
detaillierte bibliografische Daten sind im Internet über <http://dnb.ddb.de> abrufbar.

1. Auflage Oktober 2004

Alle Rechte vorbehalten
© VS Verlag für Sozialwissenschaften/GWV Fachverlage GmbH, Wiesbaden 2004

Der VS Verlag für Sozialwissenschaften ist ein Unternehmen von Springer Science+Business Media.
www.vs-verlag.de

Das Werk einschließlich aller seiner Teile ist urheberrechtlich geschützt. Jede Verwertung außerhalb der engen Grenzen des Urheberrechtsgesetzes ist ohne Zustimmung des Verlags unzulässig und strafbar. Das gilt insbesondere für Vervielfältigungen, Übersetzungen, Mikroverfilmungen und die Einspeicherung und Verarbeitung in elektronischen Systemen.

Die Wiedergabe von Gebrauchsnamen, Handelsnamen, Warenbezeichnungen usw. in diesem Werk berechtigt auch ohne besondere Kennzeichnung nicht zu der Annahme, dass solche Namen im Sinne der Warenzeichen- und Markenschutz-Gesetzgebung als frei zu betrachten wären und daher von jedermann benutzt werden dürften.

Umschlaggestaltung: KünkelLopka Medienentwicklung, Heidelberg
Druck und buchbinderische Verarbeitung: MercedesDruck, Berlin
Gedruckt auf säurefreiem und chlorfrei gebleichtem Papier
Printed in Germany

ISBN 3-531-14228-3

Inhaltsverzeichnis

Bernhard Frevel
Schicksal? Chance? Risiko? –
Herausforderung demografischer Wandel! 7

I Demografische Prozesse

1. Bevölkerungsentwicklung in Deutschland.
   Die Bevölkerung schrumpft, altert und wird heterogener
   (*Gert Hullen*) 15
2. Entwicklung der Weltbevölkerung (*Angelika Wagner*) 26
3. Migration. Einwanderungspolitik und demografische
   Entwicklung (*Holger Kolb*) 42

II Wandel sozialer Bezüge

4. Die Familie im demografischen Wandel (*Thomas Meyer*) 58
5. Lebenswelt der Kinder (*Christian Alt*) 75
6. Lebenslagen älterer Menschen (*Karin Stiehr*) 89
7. Zwischen Konflikt und solidarischem Ausgleich.
   Die Generationenperspektiveim demografischen Wandel
   (*Margherita Zander*) 103

III Verändertes Leben

8. Konsequenzen des demografischen Wandels für den
   Arbeitsmarkt der Zukunft (*Johann Fuchs / Doris Söhnlein /
   Brigitte Weber*) 122
9. Bildungsziele und Bildungsinstitutionen in der demografischen
   Schere (*Horst Dichanz*) 139
10. Freizeit und Erholung in einer alternden Gesellschaft
    (*Dieter Brinkmann*) 151
11. Demografischer Wandel und politische Teilhabe (*Bettina Westle*) 163
12. Mediennutzung und -gestaltung in einer alternden Gesellschaft
    (*Günther Rager / Gregor Hassemer*) 180

IV Anspruch auf Sicherheit

13. Soziale Sicherungssysteme (*Berthold Dietz*)   192
14. Arbeit und soziale Sicherung in der Bürgergesellschaft
    (H.-*Dieter Kantel*)   208
15. Kriminalität und öffentliche Sicherheit (*Karl-Friedrich Koch*)   221
16. Demografischer Wandel. Konsequenzen und Chancen
    für äußere Sicherheit und Verteidigung (*Roland Kaestner / Wolfgang Müller-Seedorf*)   238

V Anpassung der Infrastrukturen

17. Demografischer Wandel und seine Auswirkungen auf die soziale
    Infrastruktur in Kommunen (*Peter Guggemos*)   257
18. Mobilität und Demografie im Wandel. Angebote einer zukunftsfähigen Gestaltung (*Holger Dalkmann / Susanne Böhler*)   275
19. „Planungszellen" in einer älter werdenden Gesellschaft.
    Die Chancen der zivilgesellschaftlichen Gestaltung einer
    politischen Kontroverse (*Hans J. Lietzmann*)   294

Autorenverzeichnis   301
Internet-Links   309

Schicksal? Chance? Risiko? – Herausforderung demografischer Wandel!

Bernhard Frevel

Während Bevölkerungsforscher, Rentenexperten und Sozialwissenschaftler schon seit den 1980er und 1990er Jahren auf den demografischen Wandel in Deutschland hinweisen, ist erst seit wenigen Jahren der Umbruchprozess auch Gegenstand der allgemeinen öffentlichen Diskussion. Herwig Birg, Professor für Bevölkerungsforschung an der Universität Bielefeld, merkte noch 1999 an, dass die demografische Entwicklung von der Politik und der Gesellschaft tabuisiert und ignoriert würde und dass die Deutschen Gefahr liefen, von den Nachkommen einst der „Verdrängung der Zukunft" bezichtigt zu werden (vgl. Frankfurter Rundschau, 13.1.1999). Auch zu Beginn des 21. Jahrhunderts sind diese Mahnungen hoch aktuell, denn trotz der Thematisierung des Wandels bleiben wichtige Aspekte deutlich unterbelichtet, obgleich sich verschiedene Medien – häufig mit dramatisierendem Unterton – den Veränderungen widmen. Der STERN titelt *Wir haben ein Problem* (2.9.2003) und die FRANKFURTER RUNDSCHAU erwartet einen *War for Talents* beim Kampf der Betriebe um Führungskräfte (27.12.2003). DIE ZEIT sieht *Das kinderlose Land* als *vergreiste Republik* (15.1.2004), da – so die FINANCIAL TIMES DEUTSCHLAND (7.10.2003) – *die Überalterung in Deutschland nicht mehr zu stoppen* sei. Die FRANKFURTER ALLGEMEINE ZEITUNG sorgt sich am 20.1.2004: *Arbeitskräftemangel mindert Deutschlands Wachstumschancen* und auch DER SPIEGEL meinte am gleichen Tag: *Die Jungen können unseren Lebensstandard nicht halten.*

Die noch junge öffentliche Diskussion dreht sich im Wesentlichen um vier Fragen, die jedoch zumeist isoliert betrachtet werden: (1) Wie sichern wir die Renten? (2) Brauchen wir Zuwanderung von Ausländern? (3) Wir fördern wir die Lust auf Kinder? (4) Wie gehen wir mit den Alten in unserer Gesellschaft um?

Unzweifelhaft sind dies wichtige Fragen, die auch in diesem Buch angesprochen werden – aber sie reichen nicht aus, die Herausforderungen zur Zukunftsgestaltung zu erfassen. Der demografische Wandel ist so tief greifend, dass tatsächlich alle Lebensbereiche von ihm betroffen sind. Wenn in der deutschen

Gesellschaft[1] eine *relative* Überalterung fortschreitet (also der Anteil der Senioren an der Bevölkerung steigt) und eine *absolute* Unterjüngung weitergeht (also weiterhin zu wenig Kinder geboren werden, um den Bestand der Kernbevölkerung zu halten oder zu vergrößern), werden in den sozialen Systemen Wirtschaft, Politik, Gesellschaft und Kultur nachhaltige Umbrüche einsetzen. In diesem Buch wollen die Autorinnen und Autoren skizzieren, was dies für Umbrüche sein können und wie sie gestaltet werden können. Eine Kernthese der verschiedenen Beiträge ist, dass die Umbrüche nicht nur als Risiken einzuschätzen sind, sondern dass auch Chancen enthalten sind. Vor allem soll jedoch exemplarisch verdeutlicht werden, dass der demografische Wandel selbst und dessen Folgen gestaltbar sind – wenn denn hieran gearbeitet wird.

Demografische Prognosen sind immer mit Vorsicht zu genießen, zumal wenn sie dreißig oder gar fünfzig Jahre in die Zukunft weisen. Wer hätte zu Beginn der 1950er Jahre ohne Kenntnis von der Wirkung der Pille oder der voranschreitenden Emanzipation der Frauen eine treffende Voraussage auf die demografische Situation zu Beginn des 21. Jahrhunderts gegeben? Wieso soll es dann möglich sein, von heute fünfzig Jahre weiter zu denken?

Die demografische Prognose geht von einer Fortschreibung aktueller Bedingungen aus, zu denen vor allem die Geburtenquote, die Netto-Zuwanderung sowie die Fortsetzung des Anstiegs der Lebenserwartung gehören. Änderungen in diesen Bereichen bewirken mitunter erhebliche Veränderungen in der Prognose. Veränderungen der gesellschaftlichen Werte und Normen, medizinischer Fortschritt, etwaige Seuchen und Epidemien, Kriege oder Umweltkatastrophen, technische Entwicklungen, menschliches Versagen in einem Atomkraftwerk oder an den Schalthebeln der Massenvernichtungswaffen und vieles andere mehr können jedoch die Grundlagen der Vorausberechnung völlig durcheinander werfen und eine ganz andere als die prognostizierte Bevölkerungsstruktur nach sich ziehen. Insofern ist die demografische Vorhersage immer mit Vorsicht zu genießen. Gleichwohl wird eindrücklich darauf aufmerksam gemacht, dass bei unveränderten Bedingungen eine Sozialstruktur entsteht, die nicht unproblematisch sein wird. Umgekehrt heißt dies aber auch, dass die Strukturprognose eben nicht schicksalsgleich droht, sondern dass Demografie gestaltet werden kann. Es liegt somit zunächst an den Gesellschaftsmitgliedern selbst, wie der quantitative Bevölkerungsaufbau aussehen wird.

Während *Gert Hullen* die voraussichtliche demografische Entwicklung in Deutschland beschreibt und hierbei eine Schrumpfung, Alterung und Heterogenisierung der Bevölkerungsstruktur erwartet, lenkt *Angelika Wagner* den Blick

---

[1] Natürlich betrifft dieser Prozess nicht nur Deutschland. Fast alle Industrienationen sind von den hier besprochenen Wandlungen betroffen, während in anderen Regionen und Staaten ein Bevölkerungswachstumsprozess fortschreitet (vgl. Kap. 2 dieses Buches).

auf die Entwicklung der Weltbevölkerung, die größer und jünger wird. In beiden Beiträgen werden die Folgen der auseinander laufenden Prozesse verdeutlicht und es wird klar, dass der alleinige Blick auf die deutsche bzw. europäische Entwicklung zu einer fatalen Problemverkürzung führen würde. Globale entwicklungs-, gesundheits-, bildungs- und wirtschaftspolitische Veränderungen sind notwendig, um die demografisch bedingten Umbrüche zu gestalten. Eines der zu gestaltenden Felder ist die Migration. *Holger Kolb* skizziert, welche ökonomischen und sozialen pull- und push-Faktoren die Wanderungsbewegungen beeinflussen. In Verbindung mit den Beiträgen von Hullen und Wagner wird dabei aber auch sichtbar, dass Migration nicht die Lösung des demografischen Wandels und der damit verbundenen ökonomischen und Arbeitsmarktprobleme sein kann, aber ein ganz zentraler Bestandteil der Umgangsstrategien sein wird.

In kaum einem anderen Bereich ist der Verweis darauf, dass Quantität nicht alles, sondern die Qualität bedeutsamer ist, so wichtig wie bei sozialen Beziehungen. *Ob* es zu einem Konflikt der Generationen kommen wird, *ob* die Familie ihre gesellschaftliche Bedeutung verliert, *ob* Segregationen das gesellschaftliche Miteinander bestimmen, ist nicht nur von Alten- oder Jugendquotienten abhängig. Wichtig ist vielmehr, *wie* – trotz oder wegen veränderter Quantitäten und Relationen – diese Beziehungen gestaltet werden. Dieses ist aber auch davon abhängig, wie in der Gesellschaft die Bilder der verschiedenen Generationen gezeichnet werden, wie die infrastrukturellen Bedingungen sozialer Kontakte gestaltet werden oder wie soziale Konflikte in einer (voraussichtlich) heterogener werdenden Gesellschaft behandelt werden. Auch hier gilt, dass der demografische Wandel nicht zwingend bestimmte Binnenstrukturen schafft, die durch Kampf, Konflikt und Spannung geprägt sind, sondern dass Gesellschaft gestaltet werden kann und muss, um ein friedliches, tolerantes und produktives Miteinander zu erreichen.

Vier wichtige Bereiche der sozialen Beziehungen und ihrer Gestaltung werden in diesem Buch betrachtet. *Thomas Meyer* setzt den Fokus auf die Familie. Er beschreibt anhand wesentlicher Faktoren, u.a. der Eheneigung, der Scheidungsentwicklung und der Pluralisierung von Familienformen, Gründe für die Entstehung der veränderten demografischen Struktur und setzt familiensoziologische Akzente zur vorsichtigen Prognose. *Christian Alt* und *Karin Stiehr* rücken jeweils eine für die künftige Gesellschaftsstruktur bedeutsame soziale Gruppe in den Blick. So fragt *Alt* danach, wie sich die Lebenswelt der Kinder ändern wird, wenn die Familienstrukturen unter Wandlungsdruck geraten, die Ökonomie sich verändert und eine gealterte Bevölkerung sie beheimatet. Eine Fragmentierung der kindlichen Lebenswelten wird einsetzen. *Stiehr* hingegen betrachtet die Lebenslage der Älteren. Innerhalb der Altengeneration werden vielfältige soziale Ungleichheiten entstehen. Insbesondere die individuelle Bildung und die wirtschaftlichen Fähigkeiten werden neben den sozialen Bindungen der Seniorinnen und Senioren die Ungleichheiten innerhalb der Generation prägen. Zudem können auch Ungleichheiten zwischen den Generationen entstehen. Ob aus diesen Prozessen dann ein Generationenkonflikt wird und wie das Generationenverhältnis sich entwickelt, wird von *Margherita Zander* thematisiert. Eine ihrer Kernaussagen ist, dass zwar eine Neujustierung des gesellschaftlichen Generationenvertrages ansteht, die verschiedentlich zu lesenden Horrorszenarien eines „Kampfes der Generationen" jedoch abzulehnen sind.

Immer betrachtet unter der Prämisse, dass der demografische Wandel in etwa so verläuft wie prognostiziert, sind dessen Auswirkungen auf wohl alle gesellschaftlichen Bezüge zu erwarten. Wenn die geburtenschwachen Kohorten auf dem Arbeitsmarkt die sich in den Ruhestand verabschiedenden geburtenstarken Jahrgänge ersetzen sollen, so ist dies rein quantitativ nur schwerlich möglich. Das bedeutet, dass Änderungen in der Gestaltung der Arbeitsprozesse notwendig sind, wie *Johann Fuchs* beschreibt. Wenn die wirtschaftliche Produktivität gesteigert werden muss, um die veränderten Arbeitsressourcen auszugleichen, so wird Bildung einen anderen Stellenwert genießen müssen. *Horst Dichanz* sieht diesen Bedeutungszuwachs, verweist aber auch darauf, dass dann sich die Strukturen der Bildung verändern müssen, das Bildungssystem sich für weitere und andere Bevölkerungsgruppen öffnen und sich vor allem auch der Bildungsbegriff verändern muss.

Auch die Formen der politischen Teilhabe werden sich wandeln, damit der Interessenausgleich in der Bevölkerung gestaltet werden kann. *Bettina Westle* beschreibt die Zusammenhänge demografischer Merkmale und politischer Partizipation und entwirft hierauf aufbauend Szenarien der künftigen Politikgestaltung.

Zum „veränderten Leben" gehören aber auch Freizeit und Erholung. In der alternden Gesellschaft, so *Dieter Brinkmann,* werden Kontinuitäten und Brüche in der Freizeitgestaltung zu beobachten sein, die eine Neubestimmung der Freizeit als Lernzeit, als Konsumzeit und als Zeit für aktive Tätigkeit im Gemeinwesen nach sich ziehen wird. *Günther Rager* und *Gregor Hassemer* werfen den Blick auf die künftige Mediennutzung und -gestaltung. Der Jugendwahn nähert sich dem Ende, vermehrt wird in und über Medien das Bild der veränderten Gesellschaft gezeigt und geformt. Erhöhte Anforderungen erkennen die Autoren jedoch für die Mediengestalter, die sich auf eine gewandelte Kundschaft einstellen müssen, sowie bei den Mediennutzern, deren Medienkompetenz sich der künftigen Technik anpassen muss.

Wie so viele faktische oder erwartete Veränderungsprozesse löst auch der demografische Wandel in der Bevölkerung vielfältige Fragen und Unsicherheiten aus. Noch sind künftige Strukturen nicht recht zu erkennen und die Umgangsstrategien sind unscharf. Diese Situation entspricht nicht dem Grundbedürfnis des Menschen nach Klarheit, Berechenbarkeit und Handlungskompetenz und so sind dann Sicherheitsfragen von besonderer Bedeutung. Die soziale Sicherheit, v.a. Gesundheitsschutz und Rente, ist derzeit bestimmend, wenn es um die (demografische) Zukunftsdiskussion geht. Das im 19. Jahrhundert entstandene Sozialversicherungssystem kann sich, so die häufig zu hörende Position, unter den veränderten demografischen Bedingungen nicht mehr halten und muss tief greifend reformiert werden. *Berthold Dietz* befasst sich mit der Frage, welche Veränderungsbedarfe und Veränderungsmöglichkeiten bestehen und mit welchen Risiken und Nebenwirkungen sie verbunden sind. *Dieter Kantel* richtet den Blick hingegen auf die aktuellen sowie absehbaren Entwicklungen der sozialen Absicherung durch Arbeit bzw. „Lohnersatzleistungen". Kritisch betrachtet er die politische, finanzielle und vor allem soziale Reichweite sowie die ideologische Unterfütterung der ja vor allem auch mit dem demografischen Wandel begründeten „Agenda 2010" der Regierung Schröder.

Neben der vielfach diskutierten sozialen Sicherheit bezieht sich Sicherheit aber auch auf Leib, Leben und Eigentum – also auf Schutz vor Kriminalität. Bedeutsam wird damit die alte kriminologische These, dass gesellschaftliche Segregation Kriminalität fördert. Ebenso alt sind die Einsichten, dass unterschiedliche Generationen verschiedene Täter- und Opferstrukturen aufweisen. Wie wird sich also vielleicht die Kriminalitäts- und Sicherheitslage entwickeln, wenn der Seniorenanteil in der Gesellschaft steigt und die bisher besonders kriminalitätsbelastete Gruppe der Jugendlichen und jungen Erwachsenen quantitativ kleiner wird und wohl auch beruflich stärker gefordert ist? *Karl Friedrich Koch* vom Bundeskriminalamt befasst sich mit der strategischen Kriminalitätsanalyse, die diese Fragen aufgreift.

Neben der inneren Sicherheit bleibt auch die äußere Sicherheit nicht unbeeindruckt vom demografischen Wandel. Einige der von Angelika Wagner angesprochenen globalen Konflikte der wachsenden Erdbevölkerung um Land, Wasser und andere Ressourcen sowie der Nord-Süd-Konflikt werden sicherheitsrelevante Fragen aufwerfen. *Roland Kaestner* und *Wolfgang Müller-Seedorf* beschreiben vor einem zivilisationssoziologischen Theoriehintergrund die Annahmen der Bundeswehr, wie sich die nationalen und internationalen Konfliktlagen entwickeln können und welche Schlussfolgerungen für die nationale Verteidigungsarbeit zu ziehen sind.

Wenn die Gesellschaft schrumpft, altert und heterogener wird, wie dies im ersten Kapitel Gert Hullen beschreibt, dann werden sich die Anforderungen an die Lebensgestaltung verändern. Die soziale Infrastruktur, also die Bereitstellung von Kinderbetreuung, Beratungsdiensten, Pflegeheimen und Tagesstätten, wird ihre Schwerpunkte anders setzen müssen, um den Bedürfnissen und Bedarfen der Gesellschaft zu entsprechen. *Peter Guggemos* gibt in seinem Beitrag Hinweise darauf, was jetzt bzw. bald getan werden muss, um die künftige Infrastruktur zu planen und rechtzeitig bereit zu stellen. Ins Zentrum rückt er dabei bürgergesellschaftliche Ansätze, die sich von der Problem- und Institutionenorientierung lösen und verstärkt auf ressourcenorientierten Quartiersbezug setzen. Aber auch Mobilität und Verkehr stellen, wie *Holger Dalkmann* und *Susanne Böhler* beschreiben, Anforderungen an die heutige Planung, damit sie in der nahen Zukunft den neuen Erfordernissen gerecht werden können. Ihr Schlüsselbegriff ist dabei die Integration, die sich nicht nur auf die Mobilitätsmittel, sondern vor allem auch auf die Mobilitätsbedürfnisse und die ökologischen Anforderungen bezieht.

Demografischer Wandel ist kein Schicksal. Er kann es jedoch werden, wenn er zu lange von der Gesellschaft, der Politik und der Wirtschaft ignoriert oder tabuisiert wird. Demografischer Wandel birgt Risiken. Diese können jedoch voraussichtlich beherrscht werden, wenn sie erkannt werden und wenn offen mit ihnen umgegangen wird. Insofern ist der aktuelle Prozess vor allem auch als Chance zu sehen, die gesellschaftlichen Strukturen zu überdenken, die Fundamente der sozialen Beziehungen zu stabilisieren und die Architektur des sozialen Systems „pfiffig" (um nicht „modern" sagen zu müssen) zu gestalten.

Wenn jedoch diese Chance genutzt werden soll, so ist angesichts der derzeit prognostizierten Daten ein gesamtgesellschaftlicher Diskurs über diese Architektur notwendig. Dieser Diskurs kann zum Beispiel in den Parteien, in Vereinen und Verbänden, in Bürgerinitiativen, in Zukunftswerkstätten, im Schulunterricht und Universitätsseminaren, in den Betriebsräten und Vorstandsetagen der Unternehmen geführt werden. Auch in Planungszellen, wie sie von *Hans J. Lietzmann* vorgestellt werden, kann die demokratische Auseinandersetzung über die Zukunftsgestaltung angesichts der Herausforderung demografischen Wandels geführt werden. Hier eröffnen sich zivilgesellschaftliche Problemdiagnosen und Handlungsvorschläge, die den Positionen von Parteien und Interessenorganisationen gerade wegen der Komplexität der Thematik überlegen sein können.

Es ist das Ziel dieses Buches, den sehr bald zu führenden Diskursen Anregungen und Informationen zu geben, Szenarien zu entwerfen sowie Handlungs- und Gestaltungsmöglichkeiten aufzuzeigen. Je nachdem wie der Diskurs verläuft und wie die Gesellschaft mit der Herausforderung demografischen Wandels umgeht, werden sich die Überlegungen der Autorinnen und Autoren dieses Bandes bestätigen – oder die Gesellschaft widerlegt uns.

Die Mitarbeiterinnen und Mitarbeiter an diesem Buch stammen vorwiegend aus den hochschulischen und außeruniversitären Wissenschaftsbereichen, sie gehören drei Generationen an und bringen aus ihren Erfahrungen und Disziplinen sehr unterschiedliche Sichtweisen ein, die ein facettenreiches Spektrum abdecken. Eine vollständige Betrachtung aller Handlungsfelder konnte dabei selbstverständlich nicht erreicht werden. Es war das ausdrückliche Ziel, nicht ein Buch „aus einem Guss" zu präsentieren, sondern durch die Vielfalt der Problemzugänge die Spannungsfelder aufzuzeigen. Wir alle hoffen, den Leserinnen und

Lesern viel Stoff zum Nachdenken und zum Diskutieren zu geben. Und wir sind uns insgesamt einig, dass Gesellschaft das ist, was die Bevölkerung aus ihr macht – aber „machen" muss sie die Bevölkerung eben selbst. Die Handlungsfelder und -möglichkeiten werden hier skizziert.

Bernhard Frevel
Ahaus/Wiesbaden, im Sommer 2004

I Demographische Prozesse

1 Bevölkerungsentwicklung in Deutschland
Die Bevölkerung schrumpft, altert und wird heterogener

Gert Hullen

Schrumpfung, ethnisch-kulturelle Heterogenisierung, Alterung, Vereinzelung und regionale Disparitäten – das sind wichtige Stichworte zur gegenwärtigen Entwicklung der Bevölkerung. Die Probleme zeigen sich schon jetzt, und sie werden sich noch verschärfen. Die künftige ältere Generation wird Mangelsituationen erleben, die jüngere Generation stärker belastet.

Die künftige Größe und Altersstruktur der Bevölkerung in Deutschland sind vorgezeichnet durch die niedrige Geburtenzahlen der letzten Jahrzehnte und die gestiegene Lebenserwartung. Andere Phänomene sind auf eigene Entscheidungen der Bevölkerung zurückzuführen. Sieht man vom Geborenwerden und Sterben ab, bestimmen die Personen idealiter selbst über die grundlegenden demografischen Prozesse, also über die biologische Reproduktion, ihre Partnerschaften, ihren privaten Haushalt und Wohnort.

1 Schrumpfung

Die Bevölkerung Deutschlands ist mit mittlerweile über 82 Millionen so groß wie nie zuvor. Die jährliche Zahl der Geburten liegt seit Jahrzehnten unter der Zahl der Sterbefälle, dies wurde aber mehr als ausgeglichen durch die Zuwanderung aus dem Ausland (1991: 734 Tausend Lebendgeborene, 829 Tausend Gestorbene, Wanderungsüberschuss 273 Tausend, davon 84 Tausend Deutsche und 188 Tausend Ausländer). Wenn allerdings, und dies ist wahrscheinlich, die Geburtenzahl weiter sinkt und die Zuwanderung auf dem jetzigen Niveau bleibt, wird die Bevölkerung spätestens ab 2020 schrumpfen.

In der im Juni 2003 veröffentlichten 10. koordinierten Bevölkerungsvorausberechnung des Statistischen Bundesamtes wurden verschiedene Annahmen über die Geburtenhäufigkeit, die Sterblichkeit und die grenzüberschreitende Zuwanderung gesetzt. Damit wird die Bandbreite dessen umrissen, was Experten für möglich halten (Statistisches Bundesamt 2003):

1. Es wird angenommen, dass die zusammengefasste Geburtenziffer bei ungefähr 1,4 Kindern pro Frau bleibt – wie im Westen seit dreißig Jahren. Dieses

im internationalen Vergleich sehr niedrige Niveau werde sie wohl nicht unterschreiten. Ein dauerhafter Anstieg wird aber ebenso wenig für realistisch gehalten. Verfechter einer höheren Fertilität halten neben familienpolitischen Maßnahmen deshalb auch ein grundsätzliches Umdenken zur Bedeutung von Elternschaft und Familie für notwendig (vgl. Kap. 4 in diesem Band sowie Birg 2001).

2. Zur künftigen Entwicklung der Mortalität gibt es drei Annahmen: ein Absinken auf die international heute bereits erreichten niedrigsten Sterbewahrscheinlichkeiten (L1), eine Abnahme der Sterbewahrscheinlichkeit im Tempo der letzten dreißig Jahre (L3) und eine Abschwächung des Anstiegs der Lebenserwartung (L2). Die Lebenserwartung der Männer steigt unter diesen Annahmen bis zum Jahr 2050 von heute 74,8 Jahren auf 78,9 oder 81,1 oder 82,6 Jahre, die der Frauen von heute 80,8 auf 85,7 oder 86,6 oder 88,1 Jahre.

3. Ein jährlicher Wanderungsüberschuss von 100 Tausend bis 200 Tausend Personen wird für möglich gehalten (W1 und W2), was dem langjährigem Durchschnitt der Außenwanderungen von Ausländern entspricht, und aber auch eine Erhöhung auf jährlich 300 Tausend ausländische Personen ab dem Jahr 2011 (W3). Mit der letzten Prognosevariante wird der nicht unumstrittenen Erwartung nachgekommen, dass Deutschland zukünftig mehr Zuwanderer brauche. Bei der Zuwanderung von Deutschen, das sind die Spätaussiedler und ihre Familien, wird angenommen, dass sie von gegenwärtig jährlich 80 Tausend stetig abnimmt, um im Jahr 2040 völlig zu verschwinden.

Der Zahl der alternativen Annahmen entsprechend ergeben sich neun Ergebnisvarianten der Modellrechnungen, denen man natürlich eine weitere Variante hinzufügen kann, in der es keinen Wanderungsüberschuss und keine Erhöhung der Lebenserwartung gibt:

„Die mittlere Variante (Variante 5) ergibt für 2050 noch 75 Millionen Einwohner. Bei niedrigerer Zuwanderung (Variante 4) sinkt die Bevölkerung auf 68,5 Millionen, bei höherer Zuwanderung (Variante 6) dürfte sie 80 Millionen betragen. Die geringste Bevölkerungszahl ergibt sich bei Annahme geringer Wanderungen und geringer Erhöhung der Lebenserwartung mit 67 Millionen (Variante 1), die höchste bei hoher Wanderungs- und hoher Lebenserwartungsannahme mit 81 Millionen (Variante 9). Bei hoher Zuwanderung und hoher Lebenserwartung dürfte zeitweise auch eine etwas höhere Bevölkerungszahl als heute erreicht werden. Bei einem ausgeglichenen Wanderungssaldo und einer im Vergleich zu heute unveränderten Lebenserwartung würden hingegen im Jahr 2050 in Deutschland nur noch etwa 54 Millionen leben." (Statistisches Bundesamt 2003: 29-30; Abb. 1)

1 Bevölkerungsentwicklung in Deutschland

Abbildung 2: Gegebene und vorausberechnete Bevölkerung (Statistisches Bundesamt 2003)

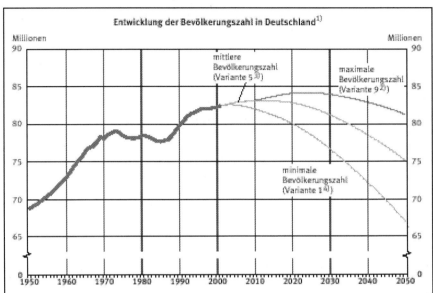

Anders als in Deutschland sowie in Schweden und Griechenland gab es in den anderen Ländern der Europäischen Union im Jahr 2001 sogar noch gestiegene natürliche Bevölkerungszuwächse.

„Das natürliche Wachstum hat in der EU trotz leicht gesunkener Geburtenzahlen im Jahr 2001 generell zugenommen, vor allem wegen des Rückgangs der Zahl der Todesfälle in allen EU-Mitgliedsstaaten außer in Dänemark und Schweden, wo die Zahl der Todesfälle leicht steigt. Allerdings ist der natürliche Wachstumssaldo in Deutschland (-1,1 Promille), Schweden (-0,3 Promille) und Griechenland (-0,1 Promille) weiterhin negativ. Somit hätten diese drei Länder ohne positive Nettozuwanderung einen Rückgang ihrer Bevölkerung zu verzeichnen. Italien verzeichnet im Gegensatz zu den letzten Jahren einen positiven natürlichen Wachstumssaldo (+0,1

Promille), insbesondere aufgrund des starken Rückgangs der Todesfälle. Dieser Zuwachs ist auch in Irland stark ausgeprägt, wo das natürliche Wachstum, das höchste in der EU, nunmehr bei 7,3 Promille liegt (gegenüber 6,1 Promille im Jahr 2000), sowie in Spanien (1,4 Promille gegenüber 0,9 Promille) und in Frankreich (4,2 Promille gegenüber 4,0 Promille)" (Europäische Kommission / Eurostat 2002: 46).

2 Heterogenisierung

Nach dem Krieg kamen zwölf Millionen Flüchtlinge vor allem aus verlorenen Gebieten des Deutschen Reiches in das heutige Bundesgebiet, danach, verstärkt nach dem Mauerbau im Jahr 1961, wurden über zwei Millionen ausländische Arbeitskräfte aus Südeuropa, Nordafrika und der Türkei aufgenommen. Auch nach dem Anwerbestopp von 1973 gab es regelmäßig positive Wanderungssalden aufgrund des Familiennachzugs, der Aufnahme von Zuwanderern aus humanitären Gründen (Flüchtlinge, Asylbewerber, ethnisch Diskriminierte) und – mit abnehmender Zahl – aufgrund der Aufnahme Deutschstämmiger aus dem ehemals kommunistischen Machtbereich (Spätaussiedler). Solange das Staatsangehörigkeitsrecht dem ius sanguinis folgte, nahm die ausländische Wohnbevölkerung darüber hinaus durch ihren Geburtenüberschuss zu. Das neue Recht mit der dem Geburtsort folgenden Staatsangehörigkeit und erleichterte Bedingungen der Einbürgerung führen jetzt vor allem in den jüngsten Altersgruppen zu abnehmenden Ausländerzahlen.

Die ausländische Bevölkerung in Deutschland zählt heute 7,3 Millionen, was einem gegenüber dem Vorjahren unveränderten Bevölkerungsanteil von 8,9 Prozent entspricht. Mehr als ein Viertel (1,9 Millionen) hat die türkische Staatsangehörigkeit, die nächstgrößten Gruppen sind Zuwanderer aus Jugoslawien und seinen Nachfolgestaaten bzw. aus Italien. Die durchschnittliche Nettozuwanderung in den letzten 40 Jahren lag bei 164 Tausend. In den Jahren der stärkeren Rückführung von Bürgerkriegsflüchtlingen (1997/98) fiel sie sogar negativ aus. Von 1999 bis 2002 waren es durchschnittlich 137 Tausend Personen weniger als im langjährigen Mittel.

Auch die Zahlen der Asylsuchenden waren rückläufig (2002: 71 Tausend). Die bedeutendsten Herkunftsländer waren der Irak (10 Tausend), die Türkei und das frühere Jugoslawien.

Seit 1988 reisten rund drei Millionen Spätaussiedler und deren Angehörige in die Bundesrepublik Deutschland ein, besonders viele in 1989 (377 Tausend) und 1990 (397 Tausend). Seit einigen Jahren ist ein kontinuierlicher Rückgang zu verzeichnen, der auf die natürliche Verminderung der Deutschstämmigen und auf erhöhte Anforderungen zur Aussiedlung zurückzuführen ist. Seit dem Jahr 2000 liegt die Zahl der Aussiedler wie bis 1987 wieder unter 100 Tausend (2003

72 Tausend). Kamen sie früher vor allem aus Polen und Rumänien, stammt die überwiegende Mehrheit heutzutage aus den Nachfolgestaaten der Sowjetunion. In den oben dargestellten Bevölkerungsvorausberechnungen wurde eine jährliche Nettomigration zwischen 100 und 300 Tausend angenommen. Ein Zuwachs der gesamten Bevölkerung von jährlich um 0,3 Prozent ist erst einmal nicht besorgniserregend, ja nach Sichtweise sogar notwendig oder unausweichlich. Andererseits gibt es eine deutliche Veränderung der Bevölkerungsstruktur, da die residente Bevölkerung ja schrumpft.

Dem Bielefelder Demografen Herwig Birg zufolge wird der Anteil der Zugewanderten, worunter er die im Jahr 1998 als Ausländer registrierte Bevölkerung und ihre Nachkommen versteht, von 1998 bis 2030 von 9,0% auf 19,6% und bis 2050 auf 27,9% zunehmen (Birg 2003: 13). Die Berechnung berücksichtigte nicht, dass ein zunehmender Anteil der Personen mit Migrationshintergrund die deutsche Staatsangehörigkeit hat.

Auf jeden Fall tragen diese großen Bevölkerungsgruppen, deren Migrationshintergrund ja auch dann bleibt, wenn sie in Bildung und Beruf integriert sind und den deutschen Pass haben, zur ethnischen und kulturellen Vielfalt bei; die Kehrseite ist die Ethnisierung von Konflikten.

3   Alterung

Die heute um 40-Jährigen, geboren in den 60er Jahren, sind derzeit die stärksten Alterskohorten in Deutschland. Die jüngeren Kohorten fallen um so schwächer aus, je jünger sie sind. 2001 lag der „Altenquotient" bei 44, das heißt 100 Menschen im Alter von 20 bis 59 Jahren standen 44 Menschen im Alter von 60 Jahren und mehr gegenüber. Noch 1999 betrug dieser Quotient 41 und 1995 37. Den Modellrechnungen zufolge ist ein weiterer rasanter Anstieg zu erwarten:

> „Die langfristige Betrachtung zeigt einen weiteren erheblichen Anstieg des Altenquotienten. Nach der mittleren Variante der Vorausberechnung (Variante 5) würde der Altenquotient bis 2030 auf 71 empor schnellen und bis 2050 weiter bis auf 78 steigen." (Statistisches Bundesamt 2003: 33)

Bereits begonnen wurde eine grundlegende Reform der Alterssicherung, denn das bisherige Umlageverfahren (die Erwerbstätigen bringen die Mittel zur Zahlung der Renten der nicht mehr Erwerbstätigen auf, außerdem tragen sie den Aufwand für die heranwachsende Generation) würde zu einer immer stärkeren Belastung der Erwerbstätigen führen. Der Transfer von der jüngeren zur älteren Generation soll an Gewicht verlieren, die Eigenvorsorge verstärkt werden. In die Rentenformel, die sowohl die Anpassung der Bestandsrenten an die allgemeine

Wirtschaftsentwicklung als auch das jeweilige Rentenniveau bei Rentenbeginn regelt, wird ein sogenannter Nachhaltigkeits- oder Demografiefaktor eingeführt. Als Quotient aus der Veränderung der Zahl der Rentner und der Veränderung der Zahl der Beitragszahler fließt er zu einem Viertel minimierend in die Berechnung der Rentenanpassung ein, während drei Viertel zu Lasten der Beitragszahler und des Bundeszuschusses gehen.

So wie die gesamte Bevölkerung „altert" auch die Bevölkerung im erwerbsfähigen Alter, d.h. dass es mehr ältere Arbeitnehmer geben wird als jüngere. Daran knüpfen sich Erwartungen eines künftigen Arbeitskräftemangels (Fuchs 1999 sowie Fuchs in diesem Band), eines Rückgangs der Arbeitslosigkeit und notwendiger Veränderungen der Betriebsstrukturen (Deutscher Bundestag 2002: Enquete-Kommission „Demografischer Wandel").

Mit der Alterung einer geht verständlicherweise eine anteilsmäßige Zunahme von solchen Krankheiten, die im höheren Lebensalter auftreten, sowie eine starke Zunahme von älteren Menschen, die der Pflege bedürfen (Bickel 2001).

4 Vereinzelung

Schon zwischen den heutigen Generationen lassen sich gewaltige Unterschiede der Lebensverläufe feststellen, erst recht natürlich gegenüber früheren Generationen. Neben den durch Ehe und Familie normierten Lebenszyklus sind Lebensverläufe getreten, die durch Begriffe wie Vereinzelung oder Singularisierung, Pluralisierung und Polarisierung nur unzureichend gekennzeichnet sind und die – zusammen mit geändertem Erwerbsverhalten – die „Normalbiographie" selten werden lassen. Demografische Ursachen sind der Alterungsprozess der Bevölkerung, die Verlängerung der Bildungszeiten, das hohe Ausmaß von Scheidungen und Trennungen und die weitgehende Akzeptanz nichtehelicher Lebensformen (Engstler/Menning 2003: 23f.).

Im allgemeinen wird die Veränderung der Lebensverläufe negativ bewertet. So sah der österreichische Jugend- und Familiensoziologie Leopold Rosenmayr in der „Singularisierung" eine „psychosoziale Vereinsamungstendenz", die sich in individualisierten Gesellschaften bereits in der Herkunftsfamilie entwickelt und seine Fortsetzung im Erwachsenenleben als Alleinbleiben oder Alleinleben nach Trennung, Scheidung oder Verwitwung findet.

„Etwa 19 Prozent der Kinder [blieben] während ihrer gesamten Kindheit Einzelkinder. Die Hälfte der 6- bis 9-Jährigen wächst mit einem Bruder oder einer Schwester im Haushalt auf, 31 Prozent leben mit zwei und mehr Geschwistern zusammen. Verglichen mit 1996 hat der Anteil geschwisterloser 6- bis 9-jähriger Kinder in

1 Bevölkerungsentwicklung in Deutschland

Westdeutschland um 1,3 Prozentpunkte, in Ostdeutschland um 1,4 Prozentpunkte zugenommen." (Engstler/Menning 2003: 28f.)

Im „golden age of marriage" der Nachkriegsjahrzehnte gingen um neunzig Prozent eine Ehe ein, heute dagegen weniger als drei Viertel der Frauen und zwei Drittel der Männer. Das Erstheiratsalter stieg bei den Männern auf 31 Jahre, bei den Frauen auf 28 Jahre. Die Zahl von 19 Millionen Ehen (= 38 Millionen Verheiratete) wird sinken, der Anteil der Unverheirateten an der Bevölkerung steigen. Dies wird nicht ausgeglichen durch die nichtehelichen Lebensgemeinschaften, auch wenn ihre Zahl auf 2,1 Millionen, davon 29,5 Prozent mit Kindern, beträchtlich gestiegen ist und vermutlich noch zunimmt: „Die Hälfte aller ersten nichtehelichen Lebensgemeinschaften werden in eine Ehe überführt und knapp die Hälfte aller zweiten [...]. Diese Partnerschaftsform [scheint] eine Lebensform geworden zu sein und auch noch weiter zu werden, die merklich eine frühe Heirat im Lebensverlauf in den Hintergrund gedrängt hat" (Lauterbach 1999: 303f.).

Abbildung 2: Haushalte nach Größe (Hullen 2003)

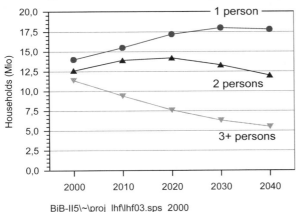

BiB-II5\~\proj_lhf\lhf03.sps 2000

Von den 39 Millionen Privathaushalten in Deutschland sind 37 Prozent Ein-Personen-Haushalte und 34 Prozent Zwei-Personen-Haushalte. Die durchschnittliche Zahl der Haushaltsmitglieder beträgt 2,14 (Ergebnisse des Mikrozensus 2002). Die Zunahme der Ein-Personen-Haushalte hat sich damit fortgesetzt. Im Jahr 1900 lebten gerade einmal 1,3 Prozent der Bevölkerung des Deutschen Reiches alleine. Ihre Haushalte machten 6,2 Prozent aller Haushalte aus.

1950 waren es im damaligen Bundesgebiet 6,5 Prozent der Bevölkerung in 19,4 Prozent der Haushalte, 1970 9,3 Prozent der Bevölkerung in 25,1 Prozent der Haushalte, und 1990 14,8 Prozent der Bevölkerung in 33,6 Prozent der Haushalte. Modellrechnungen ergeben, dass im Jahr 2040 jeder zweite Haushalt von nur einer Person bewohnt werden wird (Hullen 2003; Abb. 2). Der Anteil der Zwei-Personen-Haushalte wird, bedingt durch die Bevölkerungsstruktur, in den nächsten zwei Jahrzehnten, ebenfalls noch wachsen (36 Prozent), danach aber auf unter dreißig Prozent abnehmen. Die durchschnittliche Haushaltsgröße wird auf unter zwei Personen zurückgehen – eine Größe, die übrigens heute schon in vielen Städten die Norm ist.

Die Familiengründung findet heute, wenn überhaupt, später statt. Vielfalt und Fluktuation kennzeichnen besonders die länger gewordene Phase zwischen dem Auszug aus dem Elternhaus und der Familiengründung. Im mittleren Lebensalter zeigt sich weiterhin eine starke Konzentration auf Paarhaushalte mit Kind/ern. Für das höhere Lebensalter konstatieren Familiensoziologen den Typus der „multilokalen Mehr-Generationen-Familie", wenn sich die Haushaltsgröße erneut verringert, es aber doch nicht zur Auflösung familialer Beziehungen kommt (Schneider u.a. 1998).

5 Regionale Disparitäten

Entgegen den Erwartungen bzw. entgegen den Hoffnungen hat sich die Ost-West-Wanderung wieder verstärkt. Besonders die Kernstädte der Verdichtungsräume verlieren an Einwohnern, teils an das Umland, vor allem aber an die westlichen Bundesländer. Eine rare Ausnahme ist das Umfeld Berlins. Hatten die neuen Länder 1997 gerade einmal 10 000 Personen verloren, verzehnfachte sich der Wanderungssaldo bis zum Jahr 2001 auf nahezu 100 000 Personen (Mäding 2003; Abb. 4).

Vor allem die Jüngeren verließen die neuen Länder. Einer Befragung von Männern und Frauen zufolge, die aus dem Freistaat Sachsen weggezogen waren, war jede/r Zweite jünger als 30 Jahre. Hauptgründe des Fortzugs (40 Prozent) waren die Arbeitsaufnahme oder die Fortsetzung einer Tätigkeit am Zielort. An zweiter Stelle rangierte (15 Prozent) der Nachzug zum Ehepartner, gefolgt vom Wegzug der Befragten wegen besserer Verdienstmöglichkeiten. Somit waren bei der Hälfte aller Fortgezogenen Arbeitsmarktgründe ausschlaggebend. (Statistisches Landesamt (Gabriele Köster) 2002)

Die Gegenüberstellung der Wanderungssalden und der Veränderung des BIP zeigt, wie die Abwanderung wieder stieg, seitdem das Wirtschaftswachstum der neuen Länder nicht mehr über dem der alten Bundesländer lag (Mäding

1 Bevölkerungsentwicklung in Deutschland

2003; Abb. 3). Die negativen Folgen der Schrumpfung der Städte sind mit den Worten von Mäding:

"Schrumpfung produziert Wohnungsleerstände, sinkende Infrastrukturnachfrage, Schließung von Einrichtungen, weite Wege, Verfall von Immobilienwerten, fehlende Fachkräfte – kurz: Attraktivitätsverlust. Zwar sind ökologische Entlastungen wahrscheinlich (nachlassender Siedlungsdruck, sinkende Emissionen), aber diese allein werden die Abwärtsspirale kaum bremsen können [...] Politisch steht Schrumpfung heute noch als Symbol für Misserfolg, unabhängig von den geringen Einflussmöglichkeiten der Kommunalpolitik. Da das deutsche kommunale Einnahmensystem stark sensitiv auf abnehmende Bevölkerungszahlen reagiert, wird auch finanziell die Handlungskraft der schrumpfenden Städte und Gemeinden laufend verringert" (Mäding 2003a).

Mit dem Programm „Stadtumbau Ost" wird unternommen, das Wohnen in den Städten wieder aufzuwerten und der Abwanderung nach Westen und in das städtische Umfeld (Suburbansierung) entgegenzutreten. Schlüsselstrategien sind die dauerhafte Reduzierung der Angebotsüberhänge bei Mietwohnungen und zweitens die Intensivierung der Eigentumsbildung in den Städten (vgl. Dick/Mäding 2002).

Abbildung 3: Ost-West-Wanderung und Wachstum des BIP (Mäding 2003)

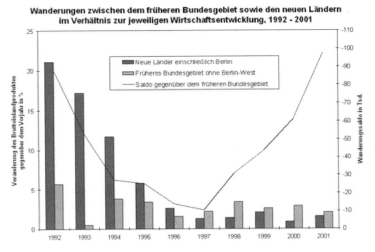

Abbildung 4: Bevölkerungsveränderung nach Regions- und Kreistypen (Mäding 2003)

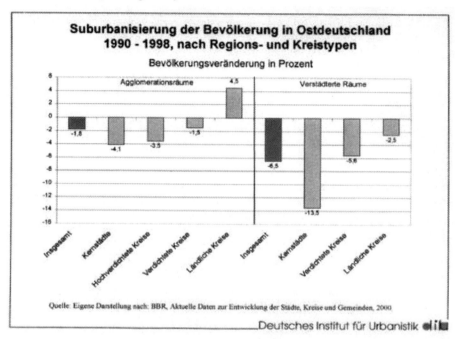

Literatur

Bickel, Horst (2001): Demenzen im höheren Lebensalter: Schätzungen des Vorkommens und der Versorgungskosten. In: Zeitschrift für Gerontologie und Geriatrie, 34. Jg., H. 2: 108-115.
Birg, Herwig (2001): Die demografische Zeitenwende. Der Bevölkerungsrückgang in Deutschland und Europa. München.
Birg, Herwig, (2003): Dynamik der demografischen Alterung, Bevölkerungsschrumpfung und Zuwanderung in Deutschland. Prognosen und Auswirkungen. In: Aus Politik und Zeitgeschichte, B20: 6-17.
Deutscher Bundestag (Hrsg.) (2002): „Demografischer Wandel - Herausforderungen unserer älter werdenden Gesellschaft an den Einzelnen und die Politik". Endbericht der Enquete-Kommission „Demografischer Wandel". Heidelberg.

Dick, Eugen; Mäding, Heinrich (Hrsg.) (2002): Bevölkerungsschwund und Zuwanderungsdruck in den Regionen. Mit welchen Programmen antwortet die Politik? Ein Werkstattbericht. Münster.

Engstler, Heribert; Menning, Sonja (2003): Die Familie im Spiegel der amtlichen Statistik. Lebensformen, Familienstrukturen, wirtschaftliche Situation der Familien und familiendemografische Entwicklung in Deutschland. Berlin (erw. Neuaufl.)

Europäische Kommission / Eurostat (Hrsg.) (2003): Europäische Sozialstatistik - Bevölkerung. Luxemburg (Amt für amtliche Veröffentlichungen der Europäischen Gemeinschaften).

Fuchs, Johann (1999): Die langfristige Entwicklung des Arbeitskräftepotentials in Deutschland unter besonderer Berücksichtigung demografischer Aspekte. Aus: Grünheid, Evelyn; Höhn, Charlotte (Hrsg.): Demografische Alterung und Wirtschaftswachstum. Seminar des Bundesinstituts für Bevölkerungsforschung 1998 in Bingen. Opladen. S. 69-88.

Hullen, Gert (2003): Projections of Living Arrangements, Households and Family Structures. Aus: Hullen, Gert (Hrsg.): Living Arrangements and Households - Methods and Results of Demografic Projections. Lebensformen und Haushalte - Methoden und Ergebnisse demografischer Modellrechnungen. Wiesbaden. (=Materialien zur Bevölkerungsforschung, 109)

Lauterbach, Wolfgang (1999): Die Dauer Nichtehelicher Lebensgemeinschaften. Alternative oder Vorphase zur Ehe? Aus: Klein, Thomas; Lauterbach, Wolfgang (Hrsg.): Nichteheliche Lebensgemeinschaften. Analysen zum Wandel partnerschaftlicher Lebensformen. Opladen. S. 269-307.

Mäding, Heinrich (2003): Schrumpfung als Herausforderung an eine künftige Stadtpolitik? In: Infobrief Stadt 2030, H. 10; http://www.newsletter.stadt2030.de/essay10.shtml.

Mäding, Heinrich (2003a): Zur Problematik der schrumpfenden Städte - Einführung in das Thema. Berlin; http://www.difu.de/index.shtml?/presse/030212_maeding.shtml

Schneider, Norbert F.; Rosenkranz, Doris; Limmer, Ruth (1998): Nichtkonventionelle Lebensformen. Entstehung, Entwicklung, Konsequenzen, Opladen.

Statistisches Bundesamt (Hrsg.) (2003): Bevölkerung Deutschlands bis 2050. Presseexemplar, Wiesbaden; http://www.destatis.de/presse/deutsch/pk/2003/Bevoelkerung_2050.pdf

Statistisches Landesamt des Freistaates Sachsen (Gabriele Köster) (Hrsg.) (2002): Sächsische Wanderungsanalyse. Ergebnisse einer Befragung 2002 bei ehemaligen sächsischen Bürgerinnen und Bürgern, die in der Zeit von Januar 2000 bis Juni 2001 in ein anderes Bundesland gezogen sind. Kamenz.

2 Entwicklung der Weltbevölkerung

Angelika Wagner

1 Historische Entwicklung der Weltbevölkerung

Nie zuvor lebten so viele Menschen auf der Erde wie heute: über 6,3 Milliarden. Jedes Jahr wächst die Menschheit um mehr als 77 Millionen – das sind etwa 144 Erdenbürger jede Minute. Ob die Größe der Weltbevölkerung in der zweiten Hälfte des 21. Jahrhunderts bei 9 Milliarden stagnieren oder sogar 12 Milliarden überschreiten wird, hängt entscheidend von unserem Handeln in den nächsten Jahren ab.

Zu der Zeit um Christi Geburt betrug die Weltbevölkerung etwa 300 Millionen Menschen. Bis in die Neuzeit wuchs die Weltbevölkerung nur sehr langsam, da den hohen Geburtenraten auch eine hohe Kindersterblichkeit und eine geringe Lebenserwartung gegenüberstand. Die erste Milliarde erreichte die Menschheit um 1800. Im Jahr 1900 lebten bereits 1,6 Milliarden Menschen auf der Erde. Bis zum Jahre 1927 waren es zwei Milliarden, 33 Jahre später drei Milliarden. Die Verbesserung der Gesundheitsversorgung in den weniger entwickelten Regionen der Erde und der Anstieg der Nahrungsproduktion nach dem zweiten Weltkrieg – die so genannte "Grüne Revolution" – verursachte einen raschen Anstieg der Lebenserwartung und einen Rückgang der Säuglingssterblichkeit. Im gleichen Zeitraum blieb in vielen Gesellschaften der Wunsch nach großen Familien jedoch bestehen. Zudem war der Zugang zu modernen Methoden der Familienplanung begrenzt. Folglich beschleunigte sich das Bevölkerungswachstum. So wurden 1974 vier und schon 1987 fünf Milliarden Menschen gezählt. Im Jahr 1999 wurde die Sechs-Milliarden-Grenze überschritten. Damit hatte sich die Weltbevölkerungszahl allein in einem einzigen Jahrhundert vervierfacht – ein in der Geschichte der Menschheit einmaliger Vorgang. Zurzeit wächst die Weltbevölkerung etwa alle 14 bis 15 Jahre um eine weitere Milliarde Menschen.

2 Entwicklung der Weltbevölkerung

Abbildung 1: Historische Entwicklung der Weltbevölkerung

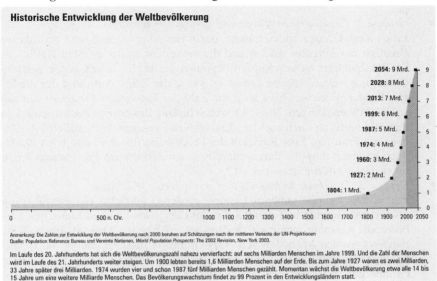

Anmerkung: Die Zahlen zur Entwicklung der Weltbevölkerung nach 2000 beruhen auf Schätzungen nach der mittleren Variante der UN-Projektionen
Quelle: Population Reference Bureau und Vereinte Nationen, *World Population Prospects*: The 2002 Revision, New York 2003.

Im Laufe des 20. Jahrhunderts hat sich die Weltbevölkerungszahl nahezu vervierfacht: auf sechs Milliarden Menschen im Jahre 1999. Und die Zahl der Menschen wird im Laufe des 21. Jahrhunderts weiter steigen. Um 1900 lebten bereits 1,6 Milliarden Menschen auf der Erde. Bis zum Jahre 1927 waren es zwei Milliarden, 33 Jahre später drei Milliarden. 1974 wurden vier und schon 1987 fünf Milliarden Menschen gezählt. Momentan wächst die Weltbevölkerung etwa alle 14 bis 15 Jahre um eine weitere Milliarde Menschen. Das Bevölkerungswachstum findet zu 99 Prozent in den Entwicklungsländern statt.

2 Divergenz der Trends

Das Weltbevölkerungswachstum findet heute zu 99 Prozent in den Schwellen- und Entwicklungsländern statt. Die Wachstumsunterschiede innerhalb der Entwicklungsregionen sind jedoch oft größer als die zwischen den Entwicklungs- und den Industrieländern. Eine Aufteilung in vier Ländergruppen erscheint deshalb angemessen (Fleisch/Hinz 2002: 33f):

- *Gruppe 1: Geringe Fertilität und Bevölkerungsschrumpfung*
  Die erste Gruppe bilden Länder, deren Bevölkerung bereits schrumpft, bzw. noch in der ersten Hälfte des 21. Jahrhunderts zu schrumpfen beginnt. Die Fertilität liegt in diesen Ländern seit längerem unter dem für eine Stabilisierung der Bevölkerung erforderlichen „Ersatzniveau" von durchschnittlich 2,1 Kindern pro Paar. In diese Gruppe gehören die meisten Industrienationen. So wird die Bevölkerung auf dem europäischen Kontinent (mit Ausnahme Nordeuropas[1]) einen Rückgang erleben. Aber auch Länder wie z.B.

---

[1] In Nordeuropa wird die Bevölkerungszahl bis 2050 um etwa 6 Prozent zunehmen (Deutsche Stiftung Weltbevölkerung 2003).

Kuba oder die Länder der ehemaligen Sowjetunion zählen zu dieser Gruppe.

- *Gruppe 2: Gesunkene Fertilität und geringes Wachstum*
  Eine zweite Gruppe bilden Länder, deren Bevölkerung aufgrund gesunkener Fertilität nur langsam wächst und die spätestens in der zweiten Hälfte des 21. Jahrhunderts zu schrumpfen beginnen dürfte. In diese Gruppe gehören China und weitere Länder Ostasiens sowie die USA. Aufgrund der niedrigen Kinderzahlen in China wird die Zahl der Einwohner Ostasiens nur um etwa 5 Prozent steigen. Die USA waren bislang das einzige Industrieland, in dem die Fertilität noch auf dem Ersatzniveau von durchschnittlich 2,1 Kindern pro Frau lag. Eine Revision der Fruchtbarkeitsrate in den USA hat jedoch ergeben, dass die durchschnittliche Kinderzahl pro Frau bereits leicht unter dieses Niveau gesunken ist.

- *Gruppe 3: Steigende Mortalität und verringertes Wachstum*
  Zur dritten Gruppe gehören Länder, in denen zunächst die Bevölkerung noch rapide wächst und parallel die Zahl der Aids-kranken Menschen verheerende Ausmaße annimmt. Spätestens im zweiten Quartal dieses Jahrhunderts werden Millionen von Aids-Opfern in diesen Ländern die Bevölkerungszunahme nahezu oder gänzlich zum Stillstand bringen. Zu dieser Gruppe gehören Länder in Afrika südlich der Sahara, allen voran Simbabwe, Botswana und Südafrika. Eine verbesserte Datenlage und die künftige Ausbreitung von HIV / Aids wird in Zukunft dazu führen, dass weitere afrikanische und asiatische Länder dieser Gruppe hinzugerechnet werden müssen.

- *Gruppe 4: Schnell wachsende Bevölkerungen*
  Die vierte Gruppe von Ländern wird in den nächsten 50 Jahren voraussichtlich durch einen sehr hohen Bevölkerungszuwachs gekennzeichnet sein. Zu dieser Gruppe zählen vor allem die ärmsten Länder dieser Erde. Die Bevölkerung dieser 49 Länder wird sich voraussichtlich von 668 Millionen auf 1,7 Milliarden Menschen mehr als verdoppeln. Die Fertilität ist hier nach wie vor hoch, wohingegen die Lebenserwartung eine der niedrigsten auf der Welt ist: Frauen in den so genannten *least developed countries* bekommen statistisch gesehen 5,5 Kinder und werden im Durchschnitt nur 50 Jahre alt.

3 Global langsamer – regional schneller

Global gesehen hat sich das Wachstum der Weltbevölkerung in jüngster Zeit verlangsamt. Die Kinderzahlen pro Frau haben sich in den letzten 40 Jahren halbiert. Noch 1960 hatten Frauen im Durchschnitt sechs Kinder. Gegenwärtig liegt der Weltdurchschnitt bei 2,8 Kindern je Frau. Die regionalen Unterschiede sind erheblich: Frauen in Entwicklungsländern (ohne China) bekommen durchschnittlich 3,7 Kinder. In Industrieländern bringen Frauen im Vergleich dazu im Schnitt 1,6 Kinder zur Welt. Experten gehen davon aus, dass die Kinderzahlen pro Frau auch in den Entwicklungsländern weiter sinken werden. Es hat sich jedoch gezeigt, dass der Rückgang der Fertilität keinen verlässlichen Mustern folgt. In Kuba, Südkorea und Thailand sind beispielsweise die Kinderzahlen pro Frau stark gesunken, auf durchschnittlich weniger als zwei Kinder pro Frau. In Ländern wie Pakistan, Bangladesch und Ägypten hat sich der Fertilitätsrückgang dagegen in jüngster Zeit verlangsamt: Frauen dieser Länder bekommen in ihrem Leben zwischen 3,5 und fünf Kinder. Darüber hinaus gibt es Länder, in denen sich die Fertilität seit vielen Jahren nicht verändert hat. In Uganda hält sich z. B. die Fruchtbarkeit seit etwa 30 Jahren konstant bei 7,1 Kindern pro Frau.

3.1 Ursachen des Bevölkerungswachstums – Direkte Faktoren

Die folgenden drei Faktoren stehen in einem direkten Zusammenhang mit dem weltweiten Bevölkerungswachstum: die pyramidenförmige Altersstruktur in vielen Ländern, die hohe Zahl ungewollter Geburten und der Wunsch vieler Paare nach mehr als zwei Kindern.

Der größte Faktor des Bevölkerungswachstums ist die „junge" Altersstruktur. Etwa die Hälfte der heutigen Weltbevölkerung ist unter 25 Jahre alt und stellt die größte Kinder- und Jugendgeneration aller Zeiten. Die zukünftige Entwicklung der Weltbevölkerung wird wesentlich davon abhängen, für wie viele Kinder sich die Elterngeneration von heute im Laufe ihres Lebens entscheiden wird. Doch selbst wenn ab sofort jedes Paar sich mit zwei Kindern lediglich selbst ersetzte, würde die Weltbevölkerung nicht unmittelbar aufhören zu wachsen. Aufgrund der großen Zahl der Menschen im fortpflanzungsfähigen Alter würde sie noch einmal mindestens um die Hälfte zunehmen – ein Phänomen, das oft als „Trägheit" des Bevölkerungswachstums bezeichnet wird.

Immerhin rund ein Drittel des gesamten Wachstums der Weltbevölkerung beruht auf ungewollten Schwangerschaften. Umfragen haben gezeigt, dass viele Frauen mehr Kinder bekommen, als sie sich wünschen. Am größten ist der Unterschied zwischen gewünschter und tatsächlicher Kinderzahl in Lateinamerika, am niedrigsten in afrikanischen Ländern südlich der Sahara. Millionen Frauen auf der ganzen Welt fehlt noch immer der Zugang zu adäquaten Verhütungsmethoden und Familienplanungsdiensten, so dass sie über Zahl und Abstand der Geburten oft nicht selbst entscheiden können (The Alan Guttmacher Institute 1995: 34).

Der dritte Faktor ist die gewünschte Familiengröße. Viele Paare wollen und bekommen mehr als zwei Kinder. Gerade in traditionellen Agrargesellschaften gelten große Familien als erstrebenswert. Zumal die Landwirtschaft viele Arbeitskräfte benötigt und Kinder für ihre Eltern oft die einzige Altersversorgung darstellen. Doch mit dem sinkenden Anteil der Landbevölkerung und der Verbesserung der Lebensverhältnisse – vor allem durch die Reduzierung der Kindersterblichkeit und die Einführung von Sozialsystemen – sinkt auch der Wunsch nach Kinderreichtum.

3.2 Ursachen des Bevölkerungswachstums – Indirekte Faktoren

Kultur, Religion, rechtliche und politische Rahmenbedingungen, Grad der Urbanisierung und die soziale Stellung von Mädchen und Frauen in der Gesellschaft wirken in unterschiedlichem Maße auf das menschliche Fortpflanzungsverhalten ein. Wie groß der Einfluss einzelner indirekter Faktoren auf die Bevölkerungsentwicklung ist, lässt sich im Hinblick auf ihre komplexe Interdependenz kaum bestimmen. Nach dem neuesten Stand der Forschung kann jedoch Folgendes festgehalten werden:

Bildung beeinflusst alle Aspekte des menschlichen Lebens, nicht zuletzt auch das reproduktive Verhalten von Menschen. Untersuchungen belegen, dass weniger gebildete Menschen in der Regel mehr Kinder haben als Menschen mit einem Schulabschluss. In den meisten Gesellschaften nimmt die Familiengröße mit steigendem Bildungsniveau ab. Die engste nachweisbare Verbindung zwischen Bildung und Fertilität ist dabei die Nutzungsquote von Kontrazeptiva: Höher gebildete Frauen wenden häufiger Verhütungsmethoden an[2] und haben weniger und gesündere Kinder[3] als Frauen ohne Schulbildung (Gelbard/Haub/Kent 1999: 25f).

Weitere wichtige indirekte Faktoren sind das Heiratsalter und der Geburtenabstand. Je später im Leben eine Frau ihr erstes Kind bekommt, umso weniger Kinder bekommt sie im Allgemeinen im Laufe ihres Lebens. Bei späterem Gebäralter, größerem Abstand zwischen den Geburten und geringerer Kinderzahl pro Familie ist die Mütter-, Säuglings- und Kindersterblichkeit in den Entwicklungsländern geringer. Auch diese Faktoren sind eng mit dem Bildungsgrad verknüpft: So sinkt zum Beispiel mit jedem zusätzlichen Schuljahr der Mutter

---

[2] Beispielsweise wendeten 1998 auf den Philippinen die Hälfte der Frauen im fortpflanzungsfähigen Alter, die eine weiterführende Schule besucht hatten, Verhütungsmittel an. Bei philippinischen Frauen im gleichen Alter ohne Schulbildung waren es nur 15 Prozent.
[3] Schwangerschaften gebildeter Frauen werden häufiger von Fachpersonal betreut, sie lassen öfter ihre Kinder impfen und sind besser in der Lage, im Krankheitsfall angemessen zu reagieren.

das Sterblichkeitsrisiko von Kleinkindern[4] um durchschnittlich fünf bis zehn Prozent. Zudem ist das Risiko bei der Geburt zu sterben für Frauen mit Schulbildung geringer als für Analphabetinnen, weil ihr Wissen über Gesundheit und Geburt oft größer ist, sie eher eine medizinische Schwangerenvorsorge und Geburtshilfe in Anspruch nehmen und sie oft besser ernährt sind (UNICEF 2003). Darüber hinaus verbessert Bildung die Berufsaussichten. Berufstätige Frauen wiederum heiraten später und verschieben eher den Zeitpunkt der ersten Geburt. Frühe Heiraten und Teenagerschwangerschaften sind in vielen Entwicklungsländern jedoch immer noch weit verbreitet. Zum einen schreiben oft Sitten und Gebräuche eine frühe Ehe vor. Zum anderen wollen Eltern ihre Töchter mit einer frühen Heirat finanziell und sozial absichern oder das eigene Familienbudget entlasten. Denn häufig sind es Mädchen aus armen Familien, die jung verheiratet werden. Eine frühe Heirat ist jedoch in der Regel mit großen gesundheitlichen Risiken und dem Verlust von Bildungs- und Entwicklungschancen für die junge Frau verbunden. In einigen Regionen bricht fast die Hälfte aller Mädchen die Schule ab, weil sie schwanger sind. Zwar haben zahlreiche Entwicklungsländer das Mindestalter für die Ehe erhöht, doch diese Gesetze werden wiederholt unterlaufen. Vor allem in ländlichen Gebieten sind Kinder- und Teenagerehen verbreitet (Otoo-Oyortey/Pobi 2003).

4   Zukünftige Entwicklung der Weltbevölkerung

Alle zwei Jahre gibt die Bevölkerungsabteilung der Vereinten Nationen ihre neuesten Berechnungen zur zukünftigen Entwicklung der Weltbevölkerung bis zum Jahre 2050 bekannt. Bereits geringe Unterschiede in der durchschnittlichen Kinderzahl pro Frau können sich erheblich auf die zukünftige Bevölkerungsgröße auswirken. Die Vereinten Nationen arbeiten aus diesem Grund mit drei verschiedenen Bevölkerungsprojektionen. In ihrer Revision aus dem Jahr 2003 gehen die Vereinten Nationen für die mittlere Variante erstmals davon aus, dass die durchschnittliche Kinderzahl pro Frau weltweit bis zum Jahr 2050 knapp unter das so genannte Ersatzniveau von 2,1 Kindern pro Frau sinken wird. Die Weltbevölkerung würde dann bis zum Jahr 2050 auf 8,9 Milliarden Menschen anwachsen. Sollte die durchschnittliche Kinderzahl um 2050 anstatt bei 2,02 bei 2,5 Kindern pro Frau liegen, würde die Weltbevölkerung bis zum Jahre 2050 auf 10,6 Milliarden Menschen anwachsen (hohe Variante). Bei einer durchschnittlichen Kinderzahl von 1,54 Kindern pro Frau würde die Bevölkerungszahl zur Mitte des Jahrhunderts den Stand von 7,4 Milliarden Menschen erreichen (niedrige Variante). Bliebe die Kinderzahl pro Frau im weltweiten Durchschnitt bis

---

[4] Mit Kleinkindern sind hier Kinder unter fünf Jahren gemeint.

2050 konstant auf dem heutigen Niveau, würde die Weltbevölkerung bis zum Jahr 2050 auf voraussichtlich 12,8 Milliarden Menschen anwachsen, sich also innerhalb der ersten Hälfte des 21. Jahrhunderts nochmals mehr als verdoppeln (UN 2003a).

Abbildung 2: Die verschiedenen Bevölkerungsprojektionen

Weltbevölkerungsprojektionen für 2300

Bevölkerung in Milliarden

- 43,6 Konstantes Wachstum
- 36,4 Hohe Variante
- 9,0 Mittlere Variante
- 2,3 Niedrige Variante

Quelle: Vereinte Nationen, The World Population in 2300, 2003.

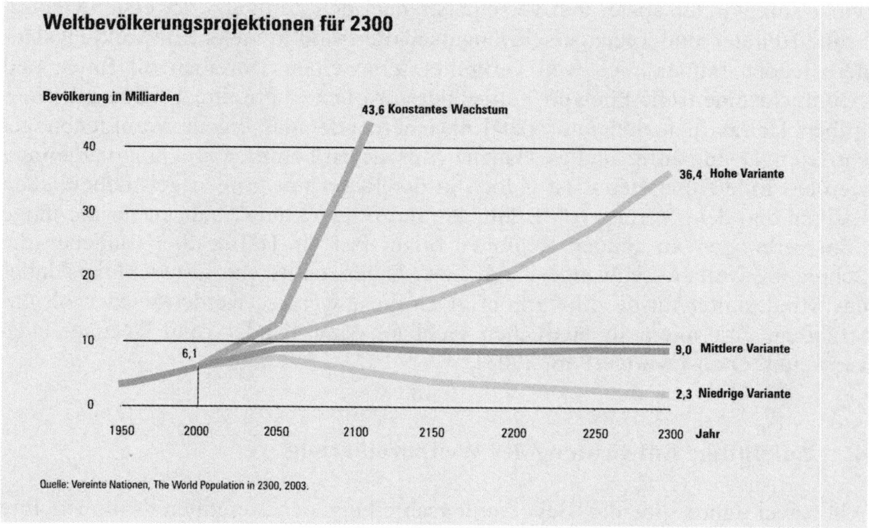

4.1 Die regionale Verteilung ändert sich

Das Wachstum der Weltbevölkerung bringt auch eine Veränderung der regionalen Verteilung der Menschen mit sich. Den größten *absoluten* Anteil am künftigen Wachstum der Weltbevölkerung wird nach wie vor Asien haben. Die mit 3,8 Milliarden Menschen bevölkerungsreichste Region der Erde wird nach der mittleren Variante bis zur Mitte des Jahrhunderts voraussichtlich um weitere 1,5 Milliarden Menschen wachsen. Dabei wird China als Land mit der weltweit höchsten Bevölkerungszahl wahrscheinlich bald von Indien abgelöst werden. Den größten *prozentualen* Anteil am Bevölkerungswachstum hat dagegen Afrika zu verzeichnen. Mit einer Wachstumsrate von 2,4 Prozent wird Afrika seinen Anteil an der Weltbevölkerung von derzeit 13,6 Prozent auf 20,5 Prozent im Jahr

2050 enorm steigern.[5] Die einzige größere Region der Welt, die im gleichen Zeitraum von einem Rückgang der Bevölkerung geprägt sein wird, ist Europa. Da die Kinderzahlen pro Frau in vielen europäischen Ländern einen historischen Tiefpunkt erreicht haben und keine Anzeichen einer Erholung zeigen, ist anzunehmen, dass der europäische Anteil an der Weltbevölkerung von heute 11,5 Prozent auf 7,2 Prozent in 2050 schrumpft (UN 2003b).

Abbildung 3: Regionale Verteilung der Weltbevölkerung

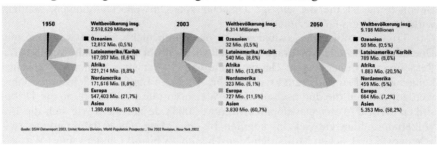

4.2 Welchen Einfluss hat Aids auf das Bevölkerungswachstum?

Auf das globale Wachstum der Weltbevölkerung hat die Aids-Epidemie bislang einen geringen Einfluss. Die regionalen Auswirkungen sind dagegen verheerend: Mit fast 70 Prozent aller Infizierten ist Afrika südlich der Sahara am schlimmsten von Aids betroffen. Die Immunschwächekrankheit ist in dieser Region inzwischen die häufigste Todesursache. Es ist abzusehen, dass die Bevölkerung der am schwersten von Aids betroffenen Länder – etwa Südafrika und Lesotho – in den nächsten Jahren schrumpfen wird. Zudem wird die durchschnittliche Lebenserwartung in diesen Ländern weiter dramatisch zurückgehen. In Botswana, das mit 35 Prozent die weltweit höchste Infektionsrate aufweist, dürfte die Lebenserwartung beispielsweise von 65 Jahren Anfang der 1990er Jahre auf 32 Jahre bis zum Jahr 2015 sinken (UN 2003b). Langfristig betrachtet wird, aufgrund der hohen Kinderzahlen pro Frau, die Bevölkerung in den meisten der von Aids betroffenen, afrikanischen Ländern dennoch weiter wachsen. Insgesamt wird der afrikanische Kontinent bis 2050 schätzungsweise um mehr als eine Milliarde zunehmen – von heute 795 Millionen auf 1,8 Milliarden Menschen.

---

[5] Zum Vergleich: Die Wachstumsrate Asiens beträgt 1,4 Prozent. Der Anteil Asiens an der Weltbevölkerung wird von heute 60,7 Prozent auf 58,2 Prozent leicht zurückgehen.

5 Bevölkerungswachstum und natürliche Ressourcen

Mit einem hohen Bevölkerungswachstum steigt unweigerlich auch der Ressourcenverbrauch und die Umweltbelastung nimmt zu. Mehr Menschen verbrauchen mehr Süßwasser, Brennholz und Energie. Im Folgenden sollen einige der Probleme angedeutet werden, die durch die weltweite Zunahme der Bevölkerung verschärft werden. Allerdings darf nicht übersehen werden, dass der Zusammenhang zwischen Umwelt und Bevölkerung sehr komplex ist. Eine Zunahme der Bevölkerung ist nie die einzige Ursache von Umweltschädigungen, sondern wirkt stets als ein Faktor unter vielen.

Trinkwasser ist ein kostbares Gut, das durch nichts ersetzt werden kann. Doch die wachsende Nachfrage nach Süßwasser droht vielerorts die verfügbaren Ressourcen zu übersteigen: Bereits heute haben über eine Milliarde Menschen keinen Zugang zu sauberem Frischwasser. Allein im Laufe der nächsten 20 Jahre werden weltweit die durchschnittlichen Wasservorräte pro Person um ein Drittel sinken (World Water Development Report 2003). Je nachdem wie sich die Bevölkerungszahlen entwickeln, könnten bis zur Mitte dieses Jahrhunderts zwischen zwei und sieben Milliarden Menschen in 48 bis 60 Ländern unter Wasserknappheit[6] leiden (Population Action International 2002). Die Vereinten Nationen warnen deshalb eindringlich davor, dass die globale Wasserkrise in Zukunft ein nie gekanntes Ausmaß erreichen könnte (World Water Development Report 2003).

Zugleich nimmt die Zahl der Länder stetig zu, die aus Mangel an fruchtbarem Ackerland auf eine Intensivlandwirtschaft oder Grundnahrungsmittelimporte angewiesen sind. Anfang der 1960er Jahre gab es nur vier Länder, die von Landknappheit betroffen waren, dass heißt, ihre landwirtschaftliche Nutzfläche lag unter einem Grenzwert von 0,07 Hektar pro Kopf. 1990 fielen bereits neun Länder unter diesen Grenzwert. Je nachdem wie sich die Bevölkerungszahlen entwickeln werden, könnten 2050 zwischen 34 und 53 Länder von Landknappheit betroffen sein. Global betrachtet nimmt die pro Kopf verfügbare landwirtschaftliche Nutzfläche seit Jahren ab: Betrug sie 1960 noch 0,44 Hektar, so war sie 1990 nur noch 0,27 Hektar groß. Im Jahr 2025 werden voraussichtlich nur 0,17 Hektar pro Person verfügbar sein (Engelman/Le Roy 1996: 8, 41). In der Theorie hat die landwirtschaftliche Erzeugung dank neuer Sorten, Düngemittel und Schädlingsbekämpfungsmittel und Bewässerung bisher mit der wachsenden Weltbevölkerung Schritt gehalten (FAO 2002). Doch angesichts der erschreckend ho-

---

[6] Nach Definition von Hydrologen herrscht in Ländern, deren verfügbares erneuerbares Süßwasserangebot pro Kopf und Jahr weniger als 1666 Kubikmetern beträgt, periodische oder ständige Wasserknappheit. Länder, deren jährliches Süßwasserangebot pro Kopf 1000 Kubikmeter unterschreitet, sind von Wassermangel betroffen. (Engelman/ Dye/ Le Roy 2000: 13).

hen Zahl von derzeit rund 800 Millionen chronisch unterernährten Menschen allein in den Entwicklungsländern muss dringend gehandelt werden (FAO 2003a: 31). Dabei zeigt sich auch hier wieder eine große Interdependenz der Faktoren: In vielen Entwicklungsländern fließen zwischen 70 und 80 Prozent des gesamten Wasserverbrauchs in die Landwirtschaft.[7] Sobald jedoch in einer Region das Süßwasser knapp wird, ist dort auch die landwirtschaftliche Produktion gefährdet. Um die steigende Zahl an Menschen dauerhaft ernähren zu können, müssen drei Ziele gleichzeitig und umgehend verfolgt werden: Steigerung der landwirtschaftlichen Produktion, Reduzierung der Umweltbelastung durch die Landwirtschaft und Verlangsamung des Bevölkerungswachstums (Engelman/Le Roy 1996: 55). Da eine Ausweitung der landwirtschaftlichen Flächen und eine Intensivierung des Anbaus früher oder später an ökologische Grenzen stoßen werden, kann eine Stabilisierung der Weltbevölkerung am ehesten dazu beitragen, die fruchtbaren Ackerflächen auf der Welt für die zukünftigen Generationen zu erhalten.

Neben Wasser und Land könnte in Zukunft auch die Ressource Wald zur Mangelware werden. Die Wälder werden in ihrer Bedeutung für den Menschen und die Natur oft unterschätzt. Sie tragen als größter Kohlenstoffspeicher wesentlich zur Stabilisierung des Klimas bei, regulieren den Wasserkreislauf und bieten Schutz vor Bodenerosion, Überschwemmungen und Lawinen. Darüber hinaus nehmen Holz und Holzerzeugnisse nach Öl und Erdgas den dritten Platz auf dem Weltrohstoffmarkt ein. Der Holzverbrauch pro Kopf liegt sowohl in den Industrie- als auch in den Entwicklungsländern bei 0,5 Kubikmetern im Jahr. Doch während in den Entwicklungsländern etwa 80 Prozent des Holzertrages zum Kochen und Heizen verwendet werden, verbraucht in den reichen Ländern die Industrie 80 Prozent des Holzes. Das Weltbevölkerungswachstum stellt für die weltweiten Waldbestände eine ernste Bedrohung dar. Um den steigenden Bedürfnissen einer wachsenden Zahl von Menschen nach Papier, Brenn- und Bauholz, Siedlungs-, Acker- und Weideland zu genügen, werden jedes Jahr riesige Waldflächen gerodet. Aufforstungen halten mit diesem Tempo nicht Schritt (FAO 2003b: 127ff). Seit 1960 ist die Waldfläche pro Kopf weltweit von 1,2 Hektar auf 0,6 Hektar halbiert worden. Bis 2025 dürfte sie auf 0,4 Hektar pro Kopf gesunken sein – eine Fläche, die kleiner als ein Fußballplatz ist. 0,1 Hektar Wald pro Kopf gilt als absoluter Mindestwert zur Deckung des einheimischen Holzbedarfs und wird als Kriterium für Waldmangel verwendet (Gardner-Outlaw/ Engelman 1999: 76). Etwa 1,8 Milliarden Menschen leben heute in 36 Ländern mit weniger als 0,1 Hektar Waldfläche pro Kopf. Bis 2025 wird sich die

---

[7] Zum Vergleich: In Europa verbraucht die Industrie über die Hälfte des Süßwassers. In Deutschland sind es sogar 86 Prozent.

Zahl der Menschen in waldarmen Ländern fast verdreifachen (Population Action International 2002).
Eng mit dem Verlust der globalen Waldbestände ist auch der Verlust an Artenvielfalt verbunden. Vor allem die tropischen Wälder bieten Lebensraum für eine Fülle von Pflanzen und Tieren. Doch bei der Geschwindigkeit mit der heute Wald- und Feuchtgebiete für die menschliche Nutzung erschlossen werden, schätzen Experten, dass pro Jahr etwa 1000 Arten von der Erde verschwinden – viele von ihnen sterben aus, bevor sie entdeckt werden. Nie zuvor in der dreieinhalb Milliarden Jahre alten Geschichte des Lebens hat eine einzige Spezies so viele Arten ausgerottet wie der Mensch (Cincotta/ Engelman 2001: 8, 12). Die Ursachen für dieses rasante Artensterben sind vielfältig, doch eine wichtige Rolle spielt die Zerstörung der natürlichen Lebensgrundlagen, die zu einem überwiegenden Teil durch eine große Bevölkerungsdichte[8] verursacht wird. Derzeit leben mehr als eine Milliarde Menschen in den 25 am stärksten gefährdeten artenreichen Regionen, den so genannten Biodiversitäts-Hotspots. In diesen Hotspots wächst die Bevölkerung mit jährlich 1,8 Prozent schneller als im Weltdurchschnitt, der bei 1,3 Prozent liegt. In den tropischen Regenwaldregionen nimmt die Bevölkerung sogar um 3,1 Prozent jährlich zu. Artenschutz und eine auf die menschlichen Bedürfnisse abgestimmte Bevölkerungspolitik müssen also Hand in Hand gehen, wenn man dem gegenwärtigen Artenverlust Einhalt gebieten möchte (Cincotta/Engelman 2001: 19, 105, 134).

Die globale Erwärmung der Erdatmosphäre und der damit verbundene Anstieg des Meeresspiegels stellt die wohl größte Bedrohung für die Umwelt dar. Die Mehrheit der Wissenschaftler ist sich einig, dass die vom Menschen produzierten Treibhausgase, insbesondere Kohlendioxid, die Hauptursache der Klimaveränderung ist. Der weltweite Kohlendioxidausstoß pro Kopf erreichte 1979 mit 1,23 Tonnen Kohlenstoff pro Jahr seinen Höhepunkt. Durch die Verwendung alternativer Brennstoffe und Energieeinsparungen sanken die Emissionen pro Person bis zum Jahr 1992 auf 1,12 Tonnen und damit unter das Niveau von 1971. Aufgrund des anhaltenden Weltbevölkerungswachstums stieg die jährliche Gesamtmenge jedoch weiter an. Mit rund 6,4 Milliarden Tonnen Kohlenstoff war die globale Jahresemission im Jahre 1995 etwa doppelt so hoch wie 1965. Die Industrieländer sind heute für rund 60 Prozent des weltweiten Kohlendioxid-Ausstoßes verantwortlich. 1995 trug beispielsweise jeder US-Amerikaner gut 16.000 Mal mehr als ein Somalier zur globalen Kohlendioxid-Emission bei. Im Zuge von Industrialisierung und Wirtschaftswachstum wird der Energieverbrauch auch in den Entwicklungsländern erheblich steigen. Nach Schätzungen der Vereinten Nationen werden in den nächsten ein bis zwei Jahrzehnten

---

[8] Die Bevölkerungsdichte wird in Einwohnerzahl pro Quadratkilometer ausgedrückt.

mehr als die Hälfte der jährlichen Treibhausgas-Emissionen aus Entwicklungsländern stammen (UNFPA 2001: 7).

6 Wirtschaftliche und soziale Aspekte des Bevölkerungswachstums

Ob Bevölkerungswachstum die wirtschaftliche Entwicklung behindert oder fördert, war lange Zeit Gegenstand wissenschaftlicher Auseinandersetzungen. Neuen Untersuchungen zufolge ist ein rasches Bevölkerungswachstum dem Wirtschaftswachstum abträglich (Kelly/Schmidt 1995). Gerade in den ärmsten Ländern führt eine sehr hohe Geburtenrate zur Überlastung der Gesundheits- und Bildungssysteme. Auch die Ergebnisse einer Vergleichsstudie mit Daten aus 120 Staaten, deuten darauf hin, dass Länder, in denen sich das Bevölkerungswachstum in den vergangenen Jahrzehnten verlangsamte, wirtschaftlich produktiver waren, mehr Rücklagen bilden und größere Investitionen vornehmen konnten. Insgesamt verzeichneten sie ein schnelleres Wirtschaftswachstum als vergleichbare Länder, in denen ein rasches Bevölkerungswachstum anhielt (Leisinger 1999: 102ff). Mehrere Länder in Ostasien sowie Mexiko und Brasilien haben beispielsweise die demografische Übergangsphase von hohen zu niedrigen Sterbe- und Geburtenraten, das so genannte „demografische Fenster", zu ihrem Vorteil genutzt. In Brasilien etwa hat der Fertilitätsrückgang zu einem Wirtschaftswachstum von jährlich 0,7 Prozent des Bruttoinlandsprodukts pro Kopf geführt (Birdsall/Kelley/Sinding 2001).

Umgekehrt gefährdet auch eine sehr hohe Sterberate, zum Beispiel durch Aids, den wirtschaftlichen Fortschritt. Man muss davon ausgehen, dass die wirtschaftliche Entwicklung in den besonders von Aids betroffenen Ländern Afrikas stark gehemmt wird. Denn Aids tötet vor allem junge Menschen: Etwa die Hälfte der Neuinfektionen – jährlich etwa insgesamt fünf Millionen – entfallen auf junge Menschen zwischen 15 und 24 Jahren. Fast alle wirtschaftlichen Sektoren leiden unter dem Verlust zahlreicher gut ausgebildeter Arbeitskräfte wie Lehrer, Ärzte, Techniker und Verwaltungsangestellte. Die Internationale Arbeitsorganisation (ILO) schätzt, dass in den am schwersten von Aids betroffenen Ländern bis 2020 zwischen 20 Prozent (Sambia) und 35 Prozent (Botswana) aller Arbeitnehmer der Seuche zum Opfer fallen werden (ILO 2003).

Nicht nur die wirtschaftliche Makroebene wird durch eine sehr hohe Sterbe- bzw. Geburtenrate beeinflusst. Auch auf der ökonomischen Mikroebene besteht eine enge Beziehung zwischen der Anzahl der Kinder und der Höhe der Sparquote. Je größer eine Familie ist, desto begrenzter sind die Mittel, die pro Kind für Nahrung, Kleidung, Gesundheit und Bildung zur Verfügung stehen. Umso größer ist auch die Gefahr, dass einige Kinder zugunsten der anderen benachteiligt werden. In ländlichen Gebieten wird beispielsweise das Ackerland unter vielen Erben aufgeteilt, was oft zu einer Verarmung der nachfolgenden Generation führt. Kleine Familien haben dagegen geringere Ausgaben und mehr Möglichkeiten zu sparen. Da ein Wirtschaftswachstum Investitionen voraussetzt und der Kapitalbedarf für Investitionen häufig aus den Ersparnissen gedeckt wird, beschleunigt eine Verlangsamung des Bevölkerungswachstums den Entwicklungsprozess. Weitere Faktoren, die das Wirtschaftswachstum auf der Mikroebene fördern, sind ein guter Gesundheitszustand und ausreichende Schulbildung, da sie die Leistungsfähigkeit erhöhen und den Verdienst des Einzelnen verbessern können.

Nach Angaben der ILO hatten im Jahr 2003 rund 186 Millionen Menschen auf der Erde keine Arbeit (ILO 2004, S.1). Allein um alle künftigen Berufsanfänger in den Arbeitsmarkt zu integrieren, sind in den nächsten zehn Jahren weltweit eine Milliarde zusätzliche Arbeitsplätze notwendig – vor allem in den Entwicklungsländern (Leisinger 1999: 65f).

Eine neuere demografische Herausforderung ist der schnell wachsende Anteil alter Menschen. Weltweit wird sich bis 2050 der Anteil der Menschen über 60 Jahre von heute etwa zehn Prozent der Weltbevölkerung mehr als verdoppeln. Der überwiegende Teil von ihnen wird in Entwicklungsländern leben. Im Zuge von Verstädterung und Industrialisierung erodieren dort nicht selten großfamiliäre und ländliche Solidarstrukturen. Privatwirtschaftliche und sozialstaatliche Altersversorgungssysteme sind aber für einen großen Teil der Bevölkerung auf absehbare Zeit faktisch unerreichbar. Um den Zwang zu mindern, möglichst viele Kinder als Alterssicherung zur Welt zu bringen, muss deshalb in den Entwicklungsländern mehr in soziale Sicherungssysteme und eine öffentliche Gesundheitsversorgung investiert werden.

Heute lebt fast die Hälfte der Weltbevölkerung in Städten. In 35 Jahren werden es fast zwei Drittel sein. Die Stadtbevölkerung wächst damit prozentual erheblich schneller als die Weltbevölkerung insgesamt. Die Ursachen für diesen Trend sind vielfältig. Bessere Arbeitsmöglichkeiten und soziale Dienstleistungen ziehen Menschen in die Städte. Und es sind vor allem junge Menschen im Elternalter, die vom Land in städtische Gebiete abwandern. In den Entwicklungsländern wird sich die städtische Bevölkerung innerhalb der nächsten drei Jahrzehnte voraussichtlich mehr als verdoppeln: von heute fast zwei auf fast vier Milliarden Menschen. Diese enorme Dynamik hat keine historischen Vorbilder. Beispielsweise wuchs Mexico City in nur 30 Jahren von einer auf acht Millionen Einwohner an. London benötigte für eine ähnliche Entwicklung 130 Jahre. Die zunehmende Verstädterung der Weltbevölkerung birgt gleichermaßen Chancen und Risiken. In den Städten sind die Erwerbsmöglichkeiten meist besser, der Zugang zu Gesundheitsdiensten und Bildungseinrichtungen ist leichter und die soziale Kontrolle geringer als auf dem Land. Auch die Akzeptanz von Familienplanung und der Wunsch nach kleineren Familien sind in Städten weiter verbreitet. Staatliche Investitionen kommen meist den Menschen in den Städten zugute, ländliche Gebiete werden häufig vernachlässigt. Doch andererseits gibt es auch große Risiken. Das schnelle Städtewachstum überfordert viele Verwaltungen. Slums und menschenunwürdige Lebensbedingungen sind häufig die Folge.

7 Bevölkerungspolitik – eine politische Herausforderung

Die künftige Entwicklung der Weltbevölkerung ist keine Schicksalsfrage, sondern beeinflussbar. Wie eine Verlangsamung des Weltbevölkerungswachstums zum Wohlergehen der Menschen aussehen müsste, darüber bestand 1994 auf der Weltbevölkerungskonferenz in Kairo weitgehend internationaler Konsens. Bis 2015 sollte demnach allen Menschen der Zugang zu einem breiten Angebot an Familienplanung und eine sie begleitende Gesundheitsversorgung offenstehen. Allerdings gerät die Verwirklichung des Kairoer Aktionsprogramms, durch die mangelhafte Zahlungsmoral der Geberländer zunehmend ins Stocken. Viele Länder – darunter auch Deutschland – sind weit hinter ihren Zusagen geblieben.

Dabei ist das Sinken der Geburtenrate in Entwicklungsländern nahezu ausschließlich auf die Anwendung von Methoden der Familienplanung und die Versorgung mit Gesundheits- und Familienplanungsdiensten zurückzuführen. Die wirtschaftliche Entwicklung eines Landes ist zwar auch ein wichtiger Faktor, doch gehen mit steigendem Einkommen nicht zwangsläufig die Fruchtbarkeitsraten zurück. Hinter einer sinkenden Geburtenzahl stehen in der Regel gezielte Investitionen in freiwillige Familienplanungsprogramme.[9] Das heutige – vergleichsweise niedrige – Bevölkerungswachstum in einigen südostasiatischen Ländern ist hauptsächlich die Folge von Programmen und Maßnahmen, die bereits vor Jahrzehnten initiiert wurden (Cincotta/Engelman 2001: 139).

Nach Angaben von UNFPA, dem Bevölkerungsfonds der Vereinten Nationen, zeigen die Finanzierungsdefizite des Kairoer Aktionsprogramms bereits negative Auswirkungen: Der Rückgang der Kinderzahlen pro Frau fiel weltweit geringer aus als erwartet, weil weniger Paare und Individuen Zugang zu Kontrazeptiva erhielten, die es ihnen ermöglicht hätten, die Zahl ihrer Kinder selbst zu bestimmen. Eine neue Studie bestätigt, dass jährlich etwa 52 Millionen ungewollte Schwangerschaften mit allen negativen Folgen verhindert werden könnten, hätten die mehr als 200 Millionen Frauen in Entwicklungsländern, deren

---

[9] Die große Bedeutung von Familienplanungsangeboten macht das Beispiel Bangladesch deutlich: Seit den 1980er Jahren haben sich im Zuge entsprechender Programme die Kinderzahlen von knapp sieben auf 3,3 Kinder fast halbiert, obwohl das Pro-Kopf-Einkommen des überwiegenden Teils der Bevölkerung extrem niedrig blieb und sich die sozio-ökonomischen Rahmenbedingungen sogar verschlechterten.

Bedarf an Kontrazeptiva zur Zeit nicht gedeckt ist, Zugang zu Familienplanungsdiensten (Singh/Darroch/Vlassoff/Nadeau 2004: 19).

Bevölkerungspolitische Maßnahmen sollten vor allem aus integrierten Projekten bestehen, die den Zusammenhang zwischen Bevölkerungswachstum, ökonomischer Entwicklung, Menschenrechten, medizinischer Versorgung, Bildung und Umweltzerstörung verdeutlichen. Denn sobald der Teufelskreis aus Armut, hohen Kinderzahlen und Ressourcenzerstörung unterbrochen wird, lassen sich in der Regel schnell Entwicklungserfolge und ein Rückgang hoher Geburtenraten erzielen (Fleisch/Klingholz 2003: 78). Stehen Frauen Mittel und Informationen für eine eigenverantwortliche Familienplanung zur Verfügung, machen sie davon auch in wachsendem Maße Gebrauch.

Auf lange Sicht verursacht zudem eine flächendeckende Versorgung mit Angeboten der reproduktiven Gesundheit weitaus weniger Kosten als die Kompensation der ökologischen Folgen eines weiterhin rasanten Bevölkerungswachstums – ganz abgesehen von den Vorteilen, die eine solche Versorgung für die allgemeine Gesundheit der Menschen sowie für die wirtschaftliche und gesellschaftliche Entwicklung ganzer Regionen bietet. Denn nicht zuletzt trägt eine Verlangsamung des Weltbevölkerungswachstums auch zur Armutsbekämpfung bei. Wie viele Menschen unter welchen Bedingungen auf der Erde leben können, wird davon abhängen, ob wir in den nächsten Jahren konsequent in Aufklärung und Familienplanung investieren und diese Maßnahmen zu einem festen Bestandteil der Entwicklungszusammenarbeit machen.

Literatur

Birdsall, Nancy/ Kelley Allen C./ Sinding, Steven W. (2001): Population Matters: Demografic Change, Economic Growth, and Poverty in the Developing World, Oxford.
Cincotta, Richard / Engelman, Robert (2001): Mensch, Natur! Report über die Entwicklung der Weltbevölkerung und die Zukunft der Artenvielfalt. Stuttgart.
Deutsche Stiftung Weltbevölkerung (2003): DSW-Datenreport 2003. Soziale und demografische Daten zur Weltbevölkerung, Hannover.
Engelman, Robert/ Dye, Bonnie/ Le Roy, Pamela (2000): Mensch, Wasser! Report über die Entwicklung der Weltbevölkerung und die Zukunft der Wasservorräte. 2. Aufl., Stuttgart.
Engelman, Robert/ Le Roy, Pamela (1996): Mensch, Land! Report über Weltbevölkerungsentwicklung und nachhaltige Nahrungsproduktion. Stuttgart.
Fleisch, Hans/ Klingholz, Reiner (2003): „Weltbevölkerung und nachhaltige Entwicklung", in: Globale Trends. Fakten, Analysen, Prognosen 2004/2005, hrsg. v. der Stiftung Entwicklung und Frieden, Bonn.
Fleisch, Hans/ Hinz, Catherina (2002): Dynamik und Divergenz. Bevölkerungspolitik in Entwicklungsländern, in: Internationale Politik 11: 31-36.

2 Entwicklung der Weltbevölkerung

FAO (2002): World Agriculture towards 2015/2030 – summary report, Rome.
FAO (2003a): State of Food Insecurity in the World, Rome.
FAO (2003b): State of the World's Forests 2003. Rome.
Gardner-Outlaw, Tom/ Engelmann, Robert (1999): Mensch, Wald! Report über die Entwicklung der Weltbevölkerung und die Zukunft der Wälder. Stuttgart.
Gelbard, Alene/ Haub, Carl/ Kent, Mary M. (1999): Das Weltbevölkerungswachstum. Entwicklung und Perspektiven, hrsg. v. der Deutschen Stiftung Weltbevölkerung, Hannover.
ILO (2003): Projected Labour Force Losses Due to AIDS, factsheet, http://www.ilo.org/public/english/protection/trav/aids/facts/stats_page.htm (letzter Zugriff: 16.2.2004).
ILO (2004): Global Employment Trends, Geneva.
Kelly, Alan C./Schmidt, R. M. (1995): „Aggregate Population and Economic Growth Correlations: The Role of Components of Demografic Change", in: Demografy 32 (4): 543-555.
Leisinger, Klaus M. (1999): Die sechste Milliarde, Weltbevölkerung und nachhaltige Entwicklung. München.
Otoo-Oyortey, Naana/ Pobi, Sonita (2003): Early Marriage and Poverty. Exploring links for policy and programme development, ed. by the Forum on Marriage and the Rights of Women and Girls in collaboration with the International Planned Parenthood Federation, London.
Singh, Susheela/ Darroch, Jaqueline E./ Vlassoff, Michael/ Nadeau, Jennifer (2004): Adding it up. The Benefits of Investing in Sexual and Reproductive Health Care, ed. by The Alan Guttmacher Institute and UNFPA, New York.
Population Action International (2002): People in the Balance. Population and Natural Resources at the Turn of the Millenium, 2002 update.
The Alan Guttmacher Institute (1995): Hoffnungen und Realitäten, hrsg. v. der Deutschen Stiftung Weltbevölkerung, Hannover.
World Water Development Report (2003): Water for People, Water for Life, hrsg. v. der UNESCO, Paris.
UNFPA (2001): Weltbevölkerungsbericht 2001, Bevölkerung und Umwelt. hrsg. v. der Deutschen Stiftung Weltbevölkerung, Stuttgart.
UNICEF (2003): Zur Situation der Kinder in der Welt 2004, Frankfurt/M.
UN (2003a): World Population Prospects: The 2002 Revision, Highlights, ed. by the Population Division of the Department of Economic and Social Affairs of the United Nations Secretariat, New York.
UN (2003b): World Population Prospects: The 2002 Revision Population Database, ed. by the Population Division of the Department of Economic and Social Affairs of the United Nations Secretariat, New York, http://esa.un.org/unpp/ (letzter Zugriff: 16.2.2004).

3 Migration
Einwanderungspolitik und demografische Entwicklung

Holger Kolb

Migration ist in der politischen Diskussion ein Dauerthema. Ulrich Herbert spricht von einem „ideologisch-moralischen Fundamentalismus" auf beiden Seiten des politischen Spektrums, der die Debatte um Ausländerpolitik zu einem Dauerstreitthema der innenpolitischen Auseinandersetzungen der letzten drei Jahrzehnte gemacht hat (Herbert 2001: 9). Klaus J. Bade schreibt dazu im „Manifest der 60": „Das vereinigte Deutschland hat Probleme. Eines davon ist der Umgang mit Migration und ihren Folgen" (Bade 1994: 13).

Zehn Jahre später hat sich daran nicht viel geändert. Migrationspolitische Fragestellungen gehören immer noch zu den am intensivsten diskutierten Problemen in Politik und Öffentlichkeit. Das Thema tangiert dabei vielfältige Bereiche und Politikfelder wie den Arbeitsmarkt, das Gesundheitswesen, das Erziehungs- und Ausbildungssystem, die Rechtsinstitutionen etc. Diese charakteristische Querstellung des Migrationsthemas wiederholt sich in der Migrationsforschung (Bommes 1999: 11).

Besonders öffentlichkeitswirksam thematisiert werden dabei die Bereiche Arbeitsmarkt und Bildung.[1] Damit in einem direkten Zusammenhang steht ein Thema, das bisher in der deutschen migrationspolitischen Diskussion (noch) keinen prominenten Stellenwert genießt: Die (möglichen) Auswirkungen von Einwanderung auf die demografische Entwicklung. Wissenschaftspolitisch betrachtet ist dieser geringe Einfluss zunächst auch wenig verwunderlich, gehört die Bevölkerungswissenschaft in Deutschland mit insgesamt nur vier Lehrstühlen zu den eher sparsam ausgestatteten Disziplinen. Dementsprechend als gering muss der Einfluss dieser Disziplin auf die Gestaltung von Migrationspolitik bisher angesehen werden.

---

[1] Theoretisch lässt sich die Bedeutung dieser beiden Bereiche durch die Unterscheidung zwischen Leistungs- und Publikumsrollen erklären. In der modernen, funktional differenzierten Gesellschaft besteht zwar grundsätzlich keine Möglichkeit, die verschiedenen Teilbereiche – Politik, Recht, Ökonomie, Erziehung, Gesundheit, Religion, Wissenschaft, Massenmedien, Familie – in eine Rangordnung zu bringen. Zwischen diesen Bereichen besteht kein Verhältnis der Hierarchie. In den Bereichen Arbeit und Ausbildung nehmen Individuen Leistungsrollen ein und beziehen dafür Geld, Reputation und Einfluss. Die in den anderen Lebensbereichen eingenommenen Publikumsrollen (als Mandanten, Patienten, Kunden, Laien, Wähler etc.) werden über das in den Publikumsrollen vermittelte soziale, kulturelle und ökonomische Kapital vorstrukturiert.

3 Migration

Im Rahmen dieses Beitrages soll es darum gehen, das Wechselverhältnis zwischen demografischer Entwicklung und deutscher Einwanderungspolitik im wesentlichen aus einer politikwissenschaftlichen Perspektive zu skizzieren. Dazu sollen in einem ersten Schritt kurz die von der Bevölkerungswissenschaft in vielen Studien projizierte demografische Entwicklung in Deutschland und die daraus ableitbaren sozialen und ökonomischen Konsequenzen nachgezeichnet werden. Danach wird es darum gehen, auf der Basis der geschilderten Ausgangssituation den bislang erkennbaren Zusammenhang zwischen demografischer Entwicklung und Einwanderung in Wissenschaft und Öffentlichkeit darzustellen. In verschiedenen Szenarien werden dabei bestimmte Handlungsmöglichen durchgerechnet. In einem dritten Teil dieses Beitrages werden anhand eines Rückgriffs auf die neuere deutsche Einwanderungsgeschichte bisherige Problemkonzipierungs- und Problemlösungsmodi im Bereich der Zuwanderungspolitik aufgezeigt. Dabei soll deutlich werden, dass ein über Einwanderungspolitik organisierter Faktorenimport in Deutschland längst ein gängiges Mittel ist, um bestimmte wirtschaftspolitische Ziele zu erreichen und somit institutionelle, historische Vorbilder für eine an demografischen Zielen ausgerichtete Einwanderungspolitik bestehen. Den Beitrag schließt eine Bestandsaufnahme für das „unerklärte Einwanderungsland" Deutschland (Thränhardt 1992) ab, die anhand jüngster Entwicklungen in der deutschen Einwanderungspolitik eine eventuelle feststellbare engere (und nun doch wieder gelöste) Verknüpfung zwischen beiden Teilbereichen demografische Entwicklung und Migration deutlich machen soll. Die angesprochenen Entwicklungen sind der Bericht der Unabhängigen Kommission Zuwanderung der Bundesregierung sowie das Zuwanderungsgesetz (ZuwG).

1 Demografische Probleme als „sozialpolitische Konstante"

Auch in der Öffentlichkeit in Europa ist die demografische Entwicklung bislang eher ein Randthema. Dabei ähneln sich die demografischen Entwicklungen in allen Ländern Europas auf fatale Weise. Europa fällt mehr und mehr in ein „demografisches Loch" und dieses wird im sozial- und wirtschaftspolitischen Diskurs zu einer nicht wegdiskutierbaren „sozialpolitischen Konstante" erklärt (Thränhardt 2002). Die Vertreter der Demografie als wissenschaftliche Disziplin sind sich dabei im Wesentlichen einig, dass die Umwälzungen, die durch die Veränderung der strukturellen Bevölkerungszusammensetzung entstehen, in einer gesamtwirtschaftlichen Perspektive keine Bagatellprobleme, sondern gravierend sind. Es ist mehrfach ökonometrisch nachgewiesen worden, dass die wirtschaftliche Entwicklung eines Landes ab der Unterschreitung einer gewissen Bevölkerungsschwelle extremen, gar irreversiblen Schaden nimmt (Felderer/Sauga 19988: 197 ff.). Zwar sind alle Länder Europas von diesem Horrorszenario noch weit entfernt (Miegel 1994: 118), dennoch zeigt sich bei der Betrachtung des demografischen *Status quo* und dessen unmodifizierter Extrapolation in die Zukunft ein düsteres Bild.

Eine zentrale Messgröße in der Bevölkerungswissenschaft ist die Fertilitätsrate. Diese berechnet, ausgehend von einer fiktiven Altersstruktur von 1000 Frauen in jedem Altersjahr im als gebärfähig definierten Alter von 15 bis 45 Jahren, die Zahl der Lebendgeborenen pro Frau. In Deutschland liegt die Fertilitätsrate in den letzten Jahren etwa bei 1,4. Deutsche Staatsangehörige weisen mit 1,2 einen etwas niedrigeren, ausländische Bürger mit 1,9 einen deutlich höheren Wert aus (Birg 2003: 6f.). Isoliert betrachtet ist dieser Indikator aber eine demografische Leergröße. Die anhand dieses Indikators vermittelte Dramatik der demografischen Entwicklung wird nämlich erst deutlich, wenn man die deutschen Fertilitätszahlen der in Ländern mit niedriger Sterblichkeit angenommenen Reproduktionsrate, die die für den Ausgleich der Elterngeneration durch deren Kinder notwendige Geburtenrate umschreibt, gegenüberstellt. Diese liegt mit 2,1 weit über dem derzeit erreichten Niveau. Damit ist ein signifikanter Geburtenrückgang auch für die nächsten Jahre zu erwarten, welcher nachhaltige Auswirkungen auf die Altersstruktur und die Strukturen der sozialen Sicherung in Deutschland hat, die durch zwei gegenläufige Entwicklungen beeinflusst werden.

So ist Deutschland als Folge der angesprochenen niedrigen Fertilitätsrate gleichzeitig von einer „Bevölkerungsexplosion der Älteren" und einer „Bevölkerungsimplosion der Jüngeren" betroffen (Birg/Flöthmann 2001). Die Zahl der über 60-Jährigen wird in Deutschland bis zum Jahr 2050 um etwa 10 Millionen zunehmen, während simultan dazu die Zahl der erwerbsfähigen Personen, also der Altersgruppe zwischen 20 und 60 Jahren, um 16 Millionen Menschen sinken wird. Besonders rasch wird dabei gerade angesichts des rasanten medizinischen Forschritts die Zahl der über 80-Jährigen wachsen. Von dieser Bevölkerungsgruppe wird es bevölkerungswissenschaftlichen Modellprojektionen zufolge im Jahr 2050 etwa 10 Millionen Menschen und damit genauso viele wie unter 20-Jährige geben (Birg 2003: 11). Besonders anschaulich wird dies durch die graphische Darstellung der Transformation der Alterspyramide in einen Alterspilz. Aufbereitete Daten des Statistischen Bundesamtes zeigen auch in absoluten Zahlen, wie gravierend sich die Altersstruktur der deutschen Bevölkerung in den nächsten 50 Jahren ändern wird. Sowohl das Durchschnittsalter als auch das Medianalter der deutschen Bevölkerung werden deutlich steigen.[2] Das ge-

---

[2] Das Durchschnittsalter einer Bevölkerung berechnet sich als arithmetisches Mittel der Altersverteilung, das Medianalter einer Bevölkerung stellt das Alter dar, das die Bevölkerung in eine jüngere und eine ältere Hälfte teilt.

3 Migration

schlechterübergreifende Durchschnittsalter steigt von 41,1 Jahren im Jahr 2000 auf 48,2 Jahre im Jahr 2045. Ab 2006 wird zudem das Medianalter, das noch unter dem Durchschnittsalter liegt, dieses überschreiten. Statistisch ist dies ein deutliches Indiz für eine sowohl durch Geburtenrückgang als auch steigende Lebenserwartung geprägte Änderung der Altersstruktur (Enquete-Kommission 2002: 33).

Von besonderer Bedeutung in diesem Zusammenhang sind die Folgen für den Arbeitsmarkt. Für die Demografie als wissenschaftliche Disziplin ist es nun möglich, Veränderungen des für die Entwicklung des Arbeitsmarktes entscheidenden Erwerbspersonenpotentials lange in die Zukunft hineinzuprojizieren. Dabei werden verschiedene Modellierungen verwendet, dementsprechend gibt es keine vollständigen Übereinstimmungen in den Projektionen. Allerdings lassen sich studienübergreifend dominierende Trends beispielsweise für das Erwerbspersonenpotential feststellen. So wird spätestens 2020 das Arbeitskräfteangebot aufgrund des natürlichen Bevölkerungsrückgangs zurückgehen. Die für den Arbeitsmarkt entscheidende Zahl der Erwerbsfähigen (Personen zwischen 15 und 65) wird bei einem steigenden Durchschnittsalter des „Eck-Arbeitnehmers" sogar bei Nettozuwanderungsüberschüssen zurückgehen, beeinflussbar wird lediglich der Zeitpunkt sein (DIW 2002).

Nun ist ein steigendes Durchschnittsalter ja nichts unerfreuliches, eine steigende Lebenserwartung ist schließlich ein gesellschaftliches Ziel, dem alle zustimmen können. Auch sonst sprechen keine Gründe prinzipiell gegen eine älter werdende Gesellschaft. Problematisch wird diese erst in Verbindung mit der Struktur der sozialen Sicherungssysteme. Die vier wichtigsten Säulen der sozialen Sicherung in Deutschland, die Renten-, Kranken-, Pflege- und mit Abstrichen auch die Arbeitslosenversicherung, basieren auf dem Umlageverfahren. Sie sind daher keine Versicherungen im eigentlichen Sinne, denn sie beruhen nicht auf dem Risiko-, sondern auf dem Solidarprinzip und stoßen daher bei steigenden relativen Anteilen der über 60-Jährigen und sinkenden absoluten Quantitäten und Anteilen der Altersgruppe der Beitragszahler an ihre Leistungsgrenzen.[3]

Der Trend der Alterung gilt zwar durchaus europaweit (Schölkopf 1999), allerdings verschärft in einer europäischen Perspektive die spezifische Organisationsform der deutschen Sozialversicherungen die sozial- und wirtschaftspolitischen Auswirkungen der demografischen Entwicklung. Dies wird vor allem für die Strukturen des Gesundheitswesens in Deutschland schwerwiegende Auswirkungen haben. Durch die Organisation über einkommensabhängige, zweckge-

---

[3] Die Diskussionen in Deutschland um vermehrte Zuzahlungen in der Krankenversicherung sowie die Einführung eines demografischen Faktors in die Rentenversicherung bei gleichzeitiger voller Übernahme des Pflegeversicherungsbeitrages durch die Rentner sind nur die offensichtlichsten Zeichen. Vgl. den Beitrag von Berthold Dietz in diesem Band.

bundene Beiträge (Solidarprinzip) induziert das deutsche Gesundheitssystem auf der Nachfrageseite einen direkten Leistungsanspruch, der nur schwer durch politische Interventionen reversibel gemacht werden kann.[4] Steuerfinanzierte Systeme wie etwa in Großbritannien können hingegen Gesundheitspolitik viel stärker in das allgemeine politisch-administrative System einordnen und zeichnen sich in dieser Frage durch eine höhere Handlungsfähigkeit aus, da Gesundheit „nur *eine* Komponente unter vielen ist und das Gesundheitssystem insgesamt eher unter dem übergeordneten Bezugsproblem „Gemeinwohl" behandelt wird" (Hoesch 2003: 109). Durch die Finanzierung aus Steuermitteln entfällt in diesen Ländern die Zweckbindung (Peffekoven 1980: 453).[5] In Deutschland sind Versicherte damit sozialversicherungsrechtlich in eine Rechteposition hineingewachsen, die eine Rückführung des Leistungsumfangs schwerer rechtfertigen lässt als in steuerfinanzierten Transfersystemen. Betrachtet man die Strukturen der sozialen Sicherung in Deutschland als zumindest kurz- bis mittelfristig irreversibel,[6] dann wird aus der demografischen Entwicklung in Form einer alternden, aber gleichzeitig sinkenden Bevölkerung ein damit einhergehendes ökonomisches Problem der Finanzierbarkeit der Sozialversicherungen deutlich.[7]

Die Folgen der demografischen Entwicklung auf Bevölkerungsstruktur, Arbeitsmarkt und soziale Sicherungssysteme lassen sich gut modellieren. Nachdem also die Diagnose relativ zielgenau getroffen werden kann, stellt sich nun die Frage nach den Therapiemöglichkeiten. Als mögliche Stellschraube zur Beeinflussung dieser nicht-erwünschten Entwicklung ist nun neben einer Erhöhung des inländischen Erwerbspersonenpotentials durch die Ausschöpfung des „Stille Reserve" genannten Anteils aus erwerbsorientierten, aber nicht arbeitslos registrierten Personen, steigenden Fertilitätsraten und einer Erhöhung der Lebensarbeitszeit prinzipiell auch ein Faktorenimport durch Zuwanderung ausländischer Erwerbspersonen möglich. Diese Möglichkeit und die prognostizierten Effekte dieser Option sollen nun im folgenden kurz dargestellt werden.

---

[4] Dies gilt sowohl aus rechtlichen Gründen als auch wegen der politischen Durchsetzbarkeit.
[5] § 3 der Abgabenordnung definiert Steuern als „Geldleistungen, die nicht eine Gegenleistung für eine besondere Leistung darstellen".
[6] Für die gesetzliche Rentenversicherung bestehen Vorschläge zur Umwandlung in ein kapitalgedecktes System. Der prominenteste Vertreter dafür ist der CDU-Politiker Kurt Biedenkopf. Seine Vorschläge konnten sich aber selbst in seiner eigenen Partei nicht durchsetzen.
[7] Sozialversicherungen gelten in der ökonomischen Theorie als meritorische Güter. Bei meritorischen Gütern kommt es zu einem im Urteil des Staates zu niedrigen Ausmaß des Güterangebotes, was die Staatsintervention rechtfertigt.

2 Migration als (Teil-)lösung des demografischen Lochs?

Ausgehend von einer vereinfachten gesamtwirtschaftlichen Produktionsfunktion mit den Faktoren Arbeit und Kapital, lassen sich nun verschiedene Varianten der Auswirkungen von Zuwanderung (Import des Produktionsfaktors Arbeit) auf Bevölkerungsstand und Bevölkerungsstruktur durchrechnen. Das Deutsche Institut für Wirtschaftsforschung (DIW), dessen Berechnungen im Folgenden zugrunde gelegt werden sollen, legt in der ersten Variante der Modellierung eine durchschnittliche jährliche Nettozuwanderung von 140.000 zugrunde. In der zweiten Variante wird diese auf 260.000 Zuwanderer nach Deutschland erhöht. Beide Annahmen sind nicht unrealistisch. Die erste Annahme entspricht dem durchschnittlichen Wanderungssaldo der Jahre 1996 bis 1998, während die Zahl 260.000 in etwa den langfristigen Durchschnitt der Jahre 1970 bis 1999 darstellt.[8]

Die unterschiedlichen angenommenen Nettozuwanderungen in die Bundesrepublik Deutschland verursachen nun unterschiedliche Erwartungen hinsichtlich Einwohnerzahl, Erwerbsbeteiligung und Arbeitskräfteangebot.

Hinsichtlich der Entwicklung der Einwohnerzahl ist in einer mittelfristigen Perspektive unabhängig von der gewählten Variante eine Absenkung zu erwarten. Bei einem jährlichen Zuwanderungssaldo von 140.000 wird bereits ab dem Jahr 2020 die Einwohnerzahl unter die 80 Millionen-Grenze, bis Mitte des Jahrhunderts auf etwa 66 Millionen fallen und damit sich etwa der Einwohnerzahl der alten Bundesrepublik Deutschland (ohne die neuen Länder) annähern. Bei einer angenommenen Nettozuwanderung der zweiten Variante (260.000) lässt sich 2020 noch eine ähnliche Einwohnerzahl wie 1998 errechnen. Erst danach ist in Deutschland mit einem Rückgang auf etwa 73 Millionen Einwohner zu rechnen.

Interessanter als die bloße Betrachtung der Entwicklung der Einwohnerzahl ist in diesem Zusammenhang die Betrachtung der Entwicklung des Arbeitskräfteangebots. Eine sinkende Einwohnerzahl an sich ist kein Problem, wachstumskritische Positionen erkennen darin sogar eine wohltuende entlastende Wirkung für Umwelt und Arbeitsmarkt. Problematisch wird dies nur, wenn sich diese Senkung in ein sinkendes Arbeitskräfteangebot umsetzt und damit ökonomisch bemerkbar wird. Neben der absoluten Zahl der Erwerbstätigen ist die Erwerbsbeteiligung eine zentrale Einflussgröße. Das DIW prognostiziert für diese Variable insbesondere bei der 60- bis 65-jährigen Männern einen Anstieg. Bis 2020 wird mit einer Zunahme der Erwerbsquote der deutschen männlichen Bevölkerung auf 75% und der ausländischen männlichen Bevölkerung auf 70% gerech-

---

[8] Daraus wird deutlich, dass der Wanderungssaldo zwischen Zugewanderten und Abgewanderten sich in den letzten Jahrzehnten verringert hat.

net. Auch beim weiblichen Bevölkerungsteil ist ein Anstieg zu erwarten, bei der deutschen Gruppe auf 25 %, bei den Ausländerinnen auf 28 %. Ein Anstieg der Erwerbstätigkeit bei Frauen insgesamt wird generell erwartet.

Auf der Basis dieser Annahmen lassen sich nun verschiedene Varianten des zukünftigen Arbeitskräfteangebots kalkulieren. Geht man von einer eher geringen Nettozuwanderung von 140.000 (DIW-Variante I) aus, dann ist in den nächsten 15 Jahren ein Arbeitskräfteangebot, das über dem des Ausgangsniveaus von 40,6 Millionen im Jahr 1998 liegen wird, zu erwarten. Erst dann wird bis 2020 eine leichte Verringerung auf 39,9 Millionen eintreten und bis 2050 das Angebot auf 27,3 Millionen absinken.

Legt man die zweite Variante zugrunde, die von einer Nettozuwanderung von 260.000 Menschen ausgeht, wird bis 2014 zunächst sogar ein Anstieg des Arbeitskräfteangebotes auf 41,7 Millionen prognostiziert. Bis 2020 geht dieses leicht auf 41,3 Millionen zurück. Danach wird es zu einer raschen Abnahme auf 36,9 Millionen bis zum Jahr 2030 bzw. 33,7 Millionen 2040 und bis 2050 schließlich auf 31 Millionen kommen. Haupteffekte der höheren Nettozuwanderung in der zweiten Variante der DIW-Modellierung sind also die Hinauszögerung des deutlichen Rückgangs des Arbeitskräfteangebotes um etwa fünf Jahre und dessen leichte Abschwächung, ohne allerdings den Rückgang insgesamt aufhalten zu können.

Aus diesen Modellierungen wird bereits deutlich, dass Zuwanderung in den besprochenen Größen für die Lösung demografischer Entwicklungen hinsichtlich des Arbeitskräfteangebotes keine Generallösung sein kann. Eine monokausale Antwort auf die beschriebenen demografischen Probleme durch die Zuwanderungsoption erscheint auf der Basis der präsentierten Zahlen gänzlich unrealistisch. Allerdings erscheint auch eine a priori Ablehnung der zuwanderungspolitischen Option zur Bewältigung der demografischen Umwälzungen angesichts der aufgezeigten Problemkomplexität vorschnell und leichtsinnig. Eine rationale Herangehensweise wäre es, gesteuerte, kriterienbasierte Zuwanderung als Ergänzungsstrategie mit zu berücksichtigen, allerdings ohne die alleinigen Hoffnungen darauf zu setzen.

3 Ökonomisch motivierte Zuwanderungen in der Bundesrepublik Deutschland

In der öffentlichen Diskussion wird oft der Eindruck vermittelt, dass Zuwanderung aus eigennützigen Motiven eine innovative und schlagzeilenträchtige Neuerung sei. Angesichts der langen, auch ökonomisch motivierten Zuwanderungsgeschichte in Deutschland ist dies allerdings nicht zutreffend. Bereits die Einwanderung in Form der so genannten Gastarbeiterzuwanderung in den 1950er und

3 Migration

1960er Jahren als die für die Bundesrepublik bis heute folgenreichste ausländische Zuwanderungsbewegung war staatlich, also durch legislative Maßnahmen, auf den Weg gebracht worden. Als 1973 der Anwerbestopp erlassen wurde, waren etwa 2,6 Mio. Ausländer in der Bundesrepublik sozialversicherungspflichtig beschäftigt (Bade 1992: 393-396). Ihr Anteil pendelte sich seit dem Ende der 1970er Jahre mit leichten Schwankungen bei knapp 2 Mio. ein (2002: 1,89 Mio.). In den Unternehmen gehörten die Arbeitsmigranten und anschließend auch ihre Kinder seit den 1960er Jahren zu den Kernbelegschaften in den – mittlerweile stark reduzierten – Produktionsbereichen (insb. verarbeitendes Gewerbe, Bauhauptgewerbe, Bergbau), für die sie anfangs angeworben worden waren (Thränhardt/Santel/Dieregsweiler 1994). Über diese Beschäftigungsbereiche hinaus sind Ausländer inzwischen in allen Wirtschaftsbereichen mit Ausnahme des Banken- und Versicherungsgewerbes sowie des öffentlichen Dienstes mit mehr als 10% zu einem stabilen Bestandteil der Erwerbstätigenbevölkerung geworden. Zwar ging die Initiative – dies ist in der Migrationsforschung weitgehend unbeachtet geblieben – zuerst von den Entsendeländern aus (Steinert 1995), doch war in Deutschland ein zusätzlicher Faktorenimport zur Aufrechterhaltung des Wirtschaftswachstums elementar notwendig. Das immense, heute noch kaum vorstellbare Wirtschaftswachstum verursachte in Deutschland einen heute wohl kaum mehr vorstellbaren Arbeitskräftemangel vor allem in arbeitsintensiven Branchen wie der Landwirtschaft und der Schwerindustrie, in denen eine Substitution von Produktionsfaktoren nur in sehr eingeschränkter Form möglich war. Zudem wirkte der Aufbau der Bundeswehr negativ auf die Verfügbarkeit des Produktionsfaktors Arbeit für privatwirtschaftliche Unternehmen. Dieser Sondereffekt des Aufbaus einer neuen staatlichen Institution entzog dem Arbeitsmarkt in relativ kurzer Zeit eine halbe Million junger Arbeitskräfte und trug damit entscheidend zu einer Erschwerung der optimalen Allokation gerade in arbeitsintensiven Brachen bei. Die Schließung der deutsch-deutschen Grenze und das damit einhergehende Ende eines innerdeutschen Arbeitskräfteimports verstärkten den Arbeitskräftemangel in Deutschland zusätzlich (Thränhardt 1996: 296). Zudem verringerten kriegsursächliche Sonderfaktoren wie der Eintritt der kriegsbedingt geburtenschwachen Jahrgänge in den Arbeitsmarkt, die politisch gewollte Reduzierung der durchschnittlichen Lebensarbeitszeit[9] durch die Absenkung des durchschnittlichen Renteneintrittsalters bei gleichzeitiger Verlängerung der Ausbildungszeiten, die Absenkung der Wochenarbeitszeit und die damals noch äußerst gering ausgeprägte Erwerbsneigung von Frauen das gesamt-

---

[9] Dementsprechend hat der damalige Bundeskanzler Erhard die Erhöhung der Lebensarbeitszeit als eine mögliche Allokationsalternative zur Anwerbung von ausländischen Arbeitnehmern aufgeführt. Die deutsche Volkswirtschaft könne auf ausländische Arbeitnehmer verzichten, wenn sich für jeden Deutschen die Wochenarbeitszeit um eine Stunde erhöhe, so Erhard wörtlich. Zitiert nach Thränhardt 1993: 17.

wirtschaftliche Angebot des Produktionsfaktors Arbeit (Pagenstecher 1995: 722). Mehrseitiger Druck auf das Angebot des Produktionsfaktors Arbeit induzierte aufgrund einer zumindest partiellen makroökonomischen Faktorenlimitationalität in arbeitsintensiven Branchen Wachstumsschwächen, die durch eine externe Zufuhr, also durch einen Produktionsfaktorenimport vermieden werden sollten. Auf eine plötzlich auftretende Überschussnachfrage nach dem Produktionsfaktor niedrig qualifizierte Arbeit musste reagiert werden. Die Komposition der angeworbenen Arbeitskräfte geschah dementsprechend vor allem nachfrageseitig (Schmidt 2002: 173). Zuwanderung diente also bereits vor Jahrzehnten als flexibles Instrument zur partiellen Kompensation bestimmter Faktorknappheiten auf dem Arbeitsmarkt.

Die geschilderte, größtenteils wirtschaftspolitisch und selektiv motivierte Herangehensweise an das Phänomen der Arbeitsmigration setzt sich auch nach dem allgemeinen Anwerbestopp von 1973 in der deutschen Arbeitsmigrationspolitik fort. Ausgehend von einem durch die Wiedervereinigung ausgelösten Bauboom (Reim/Sandbrink 1996, Rudolph 1996) und einer kurzfristig nicht erhöhbaren Kapitalintensität in der Branche musste es Bauunternehmen in Deutschland ermöglicht werden, schneller und kostengünstiger auf den Produktionsfaktor Arbeit zugreifen zu können (Hunger 2000a, 2000b). Ausgangspunkt dieser neuen Arbeitsmigration war der Abschluss von bilateralen Regierungsvereinbarungen der Bundesregierung mit einer Reihe osteuropäischer Staaten und der Türkei unmittelbar nach der Wiedervereinigung. Diese Verträge ermöglichten es Unternehmen aus dem Ausland, mit deutschen Unternehmen Werkverträge (§§ 631 – 651 BGB) abzuschließen und zur Leistungserbringung ihr Personal nach Deutschland zu schicken. Einen Großteil dieser Kontingente nahm der Bausektor in Anspruch. Nach Erfüllung des Werkvertrags sollten die Arbeitnehmer in ihre Heimatstaaten zurückkehren. Mit dem Abschluss der bilateralen quotenbasierten Abkommen hatte sich die Bundesregierung das Ziel gesetzt, wie im Falle der Anwerbung ausländischer Arbeitnehmer 1955-1973 die Möglichkeit zu eröffnen, durch einen kurzfristigen Import von Produktionsfaktoren branchenspezifische Allokationsprozesse zu optimieren und dadurch Wohlfahrtsgewinne zu realisieren. Wirtschaftspolitische Motive sind wie bei der Gastarbeiteranwerbung bei der Motivsuche dieser Anwerbemaßnahme sicher nicht als allein ausschlaggebende Gründe zu sehen, eher wird man von Motivbündeln ausgehen müssen. In der Entstehungs- und Anfangsphase war die Anwerbung dieser ausländischen Arbeitnehmer allerdings hauptsächlich wirtschaftspolitisch motiviert (Reim/Sandbrink 1996: 23-25). Durch die gewählte Beschäftigungsform konnte vor allem deutschen Bauunternehmen ein verbesserter und schnellerer Zugriff auf den Produktionsfaktor Arbeit ermöglicht werden. Für diese Aussage spricht die ökonomische Lage der Bauwirtschaft zum Zeitpunkt des Zustandekommens der ersten Anwerbeabkommen. Die Bauwirtschaft, die 1995 noch mit 2,6 Millio-

3 Migration

nen Beschäftigten und einem Bauvolumen von 492 Milliarden DM (251,5 Milliarden €) zu einem der wichtigsten Wirtschaftszweige in Deutschland gehörte, konnte beachtliche Wachstumsraten vorzuweisen,[10] litt aber unter einem Mangel an Bauchfacharbeitern (Hunger 2000a: 53). Der erhoffte wirtschaftspolitische Nutzen ähnelt dem der „Gastarbeiteranwerbung". Mit der Senkung von Baupreisen durch einen preiswerteren Einsatz des Produktionsfaktors Arbeit auf dem Bau sollte die Möglichkeit einer Stimulierung der Anlageinvestitionen geschaffen werden (Hunger 2000a: 86).

Im August 2000 trat die bisher letzte einwanderungspolitische, wirtschaftspolitisch motivierte Maßnahme in Kraft. Mit der als ‚Green Card' bekannt gewordenen Verordnung über die Arbeitsgenehmigung für hoch qualifizierte ausländische Fachkräfte der Informations- und Kommunikationstechnologie (IT-ArGV) sollten ursprünglich bis Ende Juli 2003 20.000 ausländische Computerspezialisten in Deutschland auf 5 Jahre befristet eine Arbeitserlaubnis erhalten (Kolb 2003a, 2003b). Die wachstumsträchtige ITK-Industrie hatte zuvor bei der Bundesregierung interveniert und den Fachkräftemangel als bedeutendes Wachstumshemmnis kritisiert. In ihrer formaljuristischen Ausgestaltung knüpft die IT-ArGV trotz der expliziten Bezugnahme auf das bisher arbeitsgenehmigungsrechtlich weitgehend vernachlässigte Feld der Hochqualifizierten weitgehend an die Traditionen der Gastarbeitnehmeranwerbung an und steht damit auch in einer theoretischen Perspektive in der Tradition deutscher Arbeitsmigrationspolitik, die staatliche Maßnahmen im Politikfeld der Einwanderungspolitik als Instrument einer gesamtwirtschaftlichen Faktorenallokationspolitik begreift. In allen drei beschriebenen Teilbereichen deutscher Arbeitsmigrationspolitik wurde das angestrebte Faktorenimportvolumen auf eine ähnliche Art und Weise zu organisieren versucht. Als Instrument wurden jeweils zeitlich befristete branchen- oder herkunftsspezifisch limitierte Rechtsverordnungen gewählt.

Aus diesem kurzen Abriss der deutschen Migrationsgeschichte wird deutlich, dass ein selektives Arbeitsmigrationsverständnis in der Bundesrepublik Deutschland seit langem etabliert ist. Anwerbung und Migration ist ein gängiges wirtschaftspolitisches Mittel, spezifische Faktorknappheiten zu kompensieren oder abzumildern. Wenn man nun über die Wechselwirkungen von Migration und demografischer Entwicklung spricht, erscheint der oftmals vermittelte Eindruck, dass Migration als partieller Lösungsansatz zur Kompensation ökonomischer, eben auch durch demografische Veränderungen ausgelöster Probleme etwas gänzlich neues und spektakuläres sei, gänzlich übertrieben. Selektive Einwanderungspolitik wird in Deutschland seit langem betrieben, zuletzt hauptsäch-

---

[10] Vgl. Reim/ Sandbrink 1996. S. 28. Mittlerweile ist die Bauwirtschaft in Deutschland allerdings der Krisensektor schlechthin und weist seit mehreren Jahren negative Wachstumsraten auf.

lich auf der Basis der 1990 eingeführten und danach mehrmals modifizierten Anwerbestoppausnahmeverordnung.

4 Institutionelle Reaktionen auf die demografischen Herausforderungen

Für eine selektive, demografischen Erfordernissen in Deutschland Rechnung tragende Einwanderungspolitik gibt es also durchaus historische Vorbilder, die auf volkswirtschaftliche Probleme flexibel und durchaus erfolgreich reagiert haben. Neu in Deutschland ist nun lediglich die explizite Bezugnahme auf die demografische Entwicklung als Auslöser für ökonomische Probleme hauptsächlich in den sozialen Sicherungssystemen. Ein erstes Beispiel hierfür ist sicherlich der Abschlussbericht der Unabhängigen Kommission Zuwanderung der Bundesregierung (Süssmuth-Kommission). Der Abschlussbericht schlägt vor, junge, „gut ausgebildete Menschen als Einwanderer nach Deutschland" anzuwerben (UKZU 2001: 84), um den kurz skizzierten radikalen Umbrüchen auch, aber nicht nur durch die Zuwanderungsoption zu begegnen und durch ein verstetigtes System dauerhafter Zuwanderung „einen nachhaltigen Beitrag, Rückgang und Alterung der Bevölkerung wirtschaftlich und sozial verträglich abzufedern," zu leisten (UKZU 2001: 87). Ökonomisch und demografisch motivierte Migrationspolitik muss selektiv sein. Daher schlägt die Kommission ein Punktesystem vor, „das ihre [der Zuwanderer, HK] Integrationsfähigkeit in die Gesellschaft und den Arbeitsmarkt berücksichtigt (UKZU 2001: 84).

Eine vergleichsweise direkte Umsetzung in die legislative Praxis hat dieser Vorschlag bereits wenige Zeit später im von Bundesinnenminister Schily im Sommer 2001 vorgestellten ersten Entwurf des Zuwanderungsgesetz (ZuwG) gefunden. Eine zentrale Innovation in dieser Version des ZuwG ist das im Süssmuth-Bericht vorgeschlagene Auswahlverfahren nach einem Punktesystem. Damit bestünde eine zusätzliche Option der Migrationssteuerung, die damit auf ökonomische und demografische Probleme flexibel reagieren könnte. Für die konkrete Auswahl der über das Punktesystem einreisenden Zuwanderer war im „ersten" ZuwG das Bundesamt für Migration und Flüchtlinge (BAMF) zuständig. Als Auswahlkriterien sind neben den als gegeben vorausgesetzten Punkten einer vorhandenen Berufsausbildung und der Fähigkeit, den eigenen Lebensunterhalt zu sichern, auch Alter, Qualifikation, Sprachkenntnisse, Beziehungen zu Deutschland sowie das Herkunftsland[11] vorgesehen. Zur Anwendung wäre das Verfahren allerdings nur gekommen, wenn dass BAMF und die Bundesagentur für Arbeit unter Einschluss einer Beteiligung des Sachverständigenrates für Zu-

---

[11] Damit soll im Wesentlichen eine Privilegierung von Arbeitskräften aus EU-Beitrittskandidaten ermöglicht werden.

wanderung und Integration bereits eine Höchstzahl für die Zuwanderung im Auswahlverfahren festgesetzt hätten .

Im Bereich der Arbeitsmigration hätte das Verfahren auf der Basis eines Punktesystems die ebenfalls im ZuwG vorgesehene Möglichkeit der Gewährung eines dauerhaften Aufenthaltsstatus' an Hochqualifizierte, die die derzeit noch bestehende „Insellösung" einer ‚Green Card' für eine bestimmte Qualifikationsgruppe, Spezialisten in der Informations- und Kommunikationstechnologie, ablösen sollte, ergänzt.

Nachdem das Zustandekommen des ZuwG aufgrund von Unregelmäßigkeiten bei der Stimmabgabe des Landes Brandenburg im Bundesrat vom Bundesverfassungsgericht für nichtig erklärt worden war, musste man zunächst davon ausgehen, dass in Deutschland weiterhin der Status Quo des Ausländergesetzes (AuslG) und seiner angegliederten Verordnungen gelten würde. Auch im Rahmen dieser Rechtsgrundlage besteht ein Instrumentarium, Zuwanderung flexibel und interessengestützt zu moderieren. So firmiert gerade die Anwerbestoppausnahmeverordnung als eine Art (durchaus umfangreicher) Ausnahmekatalog, der bestimmte Berufe und Tätigkeiten aus dem weiterhin geltenden Anwerbestopp ausnimmt. Arbeitsmarktmotivierte und damit zumindest indirekt demografischen Entwicklungen Rechnung tragende Zuwanderungssteuerung ist in Deutschland also bereits seit einiger Zeit durchaus möglich. In der politischen Auseinandersetzung um das ZuwG ist demnach auch die bereits bestehende Möglichkeit der arbeitsmarktorientierten Zuwanderungssteuerung als Hauptargument gegen die Einführung des Punktsystems angeführt worden. Kritiker des ZuwG verkennen allerdings dabei die grundlegenden Nachteile des bestehenden Instrumentariums. So ist die Vermittlung über die Anwerbestoppausnahmeverordnung gerade für die nachfragenden Arbeitgeber ein unübersichtlicher und zeitraubender Hürdenlauf durch einen migrationsdefensiven Paragraphendschungel.[12] Die in der Regel erforderte Arbeitsmarktprüfung und Prüfung des öffentlichen Interesses verursachen ein Prüfintervall, das den Anforderungen eines flexiblen Personaleinsatzes im internationalen Wettbewerb stehender Unternehmen kaum noch gerecht werden. Zudem vermittelt das bestehende rechtliche Instrumentarium aus diversen Ausnahmeverordnungen einen psychologischen Fehlstart für einen Einwanderungsprozess, da die ständige Betonung des Ausnahmecharakters erwünschte Einwanderungen nicht als erwünscht, sondern lediglich als geduldet markiert.

---

[12] Neben der angesprochenen ASAV besteht mit der Arbeitsgenehmigungsverordnung (ArGV) eine weitere relevante Verordnung für bestimmte Ausnahmetatbestände. Für kurze Aufenthalte enthält auch die Verordnung zur Durchführung des Ausländergesetzes (DVAuslG) entsprechende Möglichkeiten.

Der Hauptnachteil der bestehenden Regeln hinsichtlich des in diesem Beitrag besprochenen Themenfeldes ist allerdings, dass eine demografischen Erfordernissen folgende Einwanderungspolitik nur über den Umweg der Arbeitsmarktorientierung möglich ist. Es war schließlich eine zentrale Innovation im Abschlussbericht der Süssmuth-Kommission und daraus abgeleitet im ersten Entwurf des ZuwG, dass demografische Probleme erstmals in den Begründungszusammenhang mit Einwanderung und deren Steuerung miteinbezogen wurden. Die Einführung des Alters in Kombination mit sozioökonomischen Kriterien wie beruflicher Qualifikation und Sprachkenntnissen als Steuerungsparameter zukünftiger Zuwanderung nach Deutschland wäre ein erster Schritt einer konsequenten Neuausrichtung der Zuwanderung auch auf demografische Umwälzungen gewesen. Im bestehenden rechtlichen Instrumentarium (AuslG) fehlt dieser direkte demografische Bezug. Demografisch motivierte Zuwanderungssteuerung ist nach der derzeitigen Rechtslage lediglich indirekt als arbeitsmarktorientierte Zuwanderungssteuerung über die nach dem AuslG möglichen Ausnahmetatbestände möglich. Ein explizit demografischer Bezug fehlt.

Nun ist nach langen Verhandlungen zwischen Regierung und Opposition doch noch ein ZuwG in Bundestag und Bundesrat verabschiedet worden. Dieses weist allerdings – gerade aus einer demographischen Perspektive – weitreichende Unterschiede zu dem Ursprungsentwurf auf. In dem neuen, ab dem 1. Januar 2005 geltenden Gesetz ist die punktegestützte Zuwanderung nicht mehr enthalten. Damit ist eine Chance verpasst worden, Zuwanderungssteuerung auch an demografischen Kriterien auszurichten. Dabei ging es nicht um eine vermeintlich blauäugige Schnelldiagnose und -lösung der demografischen Umbrüche durch Zuwanderung, sondern um eine Erweiterung des Instrumentariums um eine Zuwanderungsoption, welche sicher nicht einmal die bedeutendste institutionelle Reaktion auf die demografischen Umbrüche dargestellt hätte, allerdings zu den in diesem Zusammenhang wichtigeren Politikfeldern der Familien- und Jugendpolitik (vgl. den Beitrag von Meyer in diesem Band) einen geeigneten Ergänzungsansatz dargestellt hätte.

Literatur

Bade, Klaus J. (1992): Deutsche im Ausland, Fremde in Deutschland. Migration in Geschichte und Gegenwart. München.
Bade, Klaus J. (Hrsg.) (1994): Das Manifest der 60. Deutschland und die Einwanderung. München.
Birg, Herwig (2003): Dynamik der demografischen Alterung, Bevölkerungsschrumpfung und Zuwanderung in Deutschland. In: Aus Politik und Zeitgeschichte. B20. S. 6-17.

Birg, Herwig/ Flöthmann, E.-Jürgen (2001): Demografische Projektionsrechnungen für die Rentenreform 2000. IBS-Materialien. Bd. 47. Bielefeld.
Bommes, Michael (1999): Migration und nationaler Wohlfahrtsstaat. Ein differenzierungstheoretischer Entwurf. Opladen.
Felderer, Bernhard/Sauga, Michael (1988): Bevölkerung und Wirtschaftsentwicklung. Frankfurt am Main.
Deutsches Institut für Wirtschaftsforschung (2000): Migration und Arbeitskräfteangebot in Deutschland bis 2050. Nr. 48, S. 809–817, Berlin.
Enquete-Kommission (2002): „Demografischer Wandel – Herausforderungen unserer älter werdenden Gesellschaft an den Einzelnen und die Politik" (2002): Schlussbericht. Berlin.
Herbert, Ulrich (2001): Geschichte der Ausländerpolitik in Deutschland. Saisonarbeiter, Zwangsarbeiter, Gastarbeiter, Flüchtlinge. München.
Hoesch, Kirsten (2003): ›Green Card‹ für Ärzte? Von der ›Ärzteschwemme‹ zum Ärztemangel im deutschen Gesundheitssektor, in: Uwe Hunger/Holger Kolb (Hrsg.): Die deutsche ›Green Card‹. Migration von Hochqualifizierten in theoretischer und empirischer Perspektive (IMIS-Beiträge 22). S. 99-113, Osnabrück.
Hunger, Uwe (2000a): Der rheinische Kapitalismus in der Defensive. Eine komparative Policy-Analyse zum Paradigmenwechsel in den Arbeitsmarktbeziehungen am Beispiel der Bauwirtschaft. Baden-Baden.
Hunger, Uwe (2000b): Temporary Transnational Labour Migration in an integrating Europe and the challenge to the German welfare State, in: Michael Bommes/Andrew Geddes (Hrsg.): Immigration and Welfare: Challenging the Borders of the Welfare State. London. S. 187-208.
Kolb, Holger (2003a): Einwanderung und Einwanderungspolitik am Beispiel der deutschen „Green Card". Osnabrück.
Kolb, Holger (2003b): Pragmatische Routine und symbolische Inszenierungen - zum Ende der »Green Card«, in: Zeitschrift für Ausländerrecht und Ausländerpolitik, Heft 7: 231-235.
Miegel, Meinhard (1994): Die Zukunft von Bevölkerung und Wirtschaft und Deutschland. In: Klaus J. Bade (Hrsg.): Das Manifest der 60. Deutschland und die Einwanderung. München. S. 118- 132.
Pagenstecher, Cord (1995): Die ungewollte Einwanderung. Rotationsprinzip und Rückkehrerwartung in der deutschen Ausländerpolitik. In: Geschichte in Wissenschaft und Unterricht. N. 12.. S. 722.
Peffekoven, Rolf (1980): Öffentliche Finanzen, in: Vahlens Kompendium der Wirtschaftstheorie und Wirtschaftspolitik. Band 1. München. S. 419-496.
Reim, Uwe/Sandbrink, Stefan (1996): Das Werkvertragsabkommen als Entsenderegelung für Arbeitnehmer aus den Staaten Mittel- und Osteuropas. ZeS-Arbeitspapier Nr. 12..
Rudolph, Hedwig (1996): The New Gastarbeiter System, in: New Community. 22. 2. S. 287-299.
Schmidt, Christoph M. (2002): Sozialstaat und Migration – Empirische Evidenz und wirtschaftspolitische Implikationen für Deutschland. In: Vierteljahreshefte zur Wirtschaftsforschung. 71, 2: 173–186

Schölkopf, Martin (1999): Altenpflegepolitik in Europa. Ein Vergleich sozialpolitischer Strategien zur Unterstützung pflegebedürftiger Senioren, in: Sozialer Fortschritt, 48., H. 11: 282–291.

Steinert, Johannes-Dieter (1995): Migration und Politik. Westdeutschland - Europa - Übersee 1945-1961, Osnabrück.

Thränhardt, Dietrich (1992): Germany – An Undeclared Immigration Country. In: Ders. (Hrsg.): Europe. A New Immigration Continent. Policies and Politcs in Comparative Perspective. Münster. S. 167-194.

Thränhardt, Dietrich (1993): Die Bundesrepublik Deutschland – ein unerklärtes Einwanderungsland. In: Ders.: Migration und Asyl in Europa. (Interkulturelle Studien 21). Münster. S. 3-22.

Thränhardt, Dietrich (1996): Geschichte der Bundesrepublik Deutschland. Frankfurt am Main.

Thränhardt, Dietrich (2002): Bevölkerungswachstum und Migrationen im Nahen Osten und die Zukunft der palästinensischen Flüchtlinge, in: Uta Klein/Dietrich Thränhardt (Hrsg.): Gewaltspirale ohne Ende? Schwalbach. S. 176-189.

Thränhardt, Dietrich/ Santel, Bernhard/ Dieregsweiler, Renate (1994): Ausländerinnen und Ausländer in Nordrhein-Westfalen. Die Lebenslage der Menschen aus den ehemaligen Anwerbeländern und die Handlungsmöglichkeiten der Politik, Düsseldorf (Landessozialbericht Bd. 6, Ministerium für Arbeit, Gesundheit und Soziales).

Unabhängige Kommission Zuwanderung (2001): Zuwanderung gestalten, Integration fördern. Berlin.

II Wandel sozialer Bezüge

4 Die Familie im demografischen Wandel

Thomas Meyer

Familien sind mit dem demographischen Wandel auf eine zweifache Weise verbunden. Einerseits sind die Familien durch ihre Familienbildungsprozesse direkte Auslöser und Motoren des demografischen Wandels. Art und Zeitpunkt der Gründung einer Familie, ihre Größe, Dauer und mögliche Auflösung und nicht zuletzt der Verzicht auf eine eigene Familiengründung sind Faktoren, die die Geburten- und Bevölkerungsentwicklung maßgeblich beeinflussen. Hinzu kommt, dass die Familie zunehmend als lediglich eine mögliche, wählbare Privatheitsform unter verschiedenen anderen empfunden wird. Nachfolgend soll im ersten Schritt der Wandel zentraler demografischer Kennziffern (Geburten-, Heirats-, und Scheidungszahlen) und im zweiten Schritt die Differenzierung privater Lebensformen genauer betrachtet werden.

1 Familialer Strukturwandel im Spiegel demografischer Kennziffern

1.1 Geburtenentwicklung

Bei dem viel diskutierten Rückgang der Geburtenzahlen handelt es sich um einen säkularen Trend, der in allen Industriegesellschaften zu beobachten ist. Die bedeutendste Wandlungsphase markiert hier der sog. „demografische Übergang", in dem sich die Anpassung der Kinderzahlen an die neuen sozioökonomischen Rahmenbedingungen der sich durchsetzenden Industriegesellschaft vollzieht. In der Zeit vom letzten Viertel des 19. Jahrhunderts bis zur Zeit nach dem Ersten Weltkrieg verringerte sich die Zahl der durchschnittlichen Geburten pro Frau von knapp fünf auf zwei Kinder.

Der Geburtenrückgang, der seit Mitte der 60er Jahre in Westdeutschland zu beobachten ist, erscheint manchen Beobachtern als so bedeutsam, dass sie von einem „zweiten demografischen Übergang" sprechen. Nach dem Nachkriegs-Babyboom (1955–1964) reduzierte sich die durchschnittliche Geburtenzahl pro Frau in gut zehn Jahren von 2,5 auf 1,4 – ein Wert, der, von kleinen Schwankungen abgesehen, seit über 25 Jahren stabil ist. Etwas niedriger liegt er derzeit in Europa nur noch in Italien und Spanien mit durchschnittlich 1,2 Kindern und in Griechenland mit 1,3 Kindern. Im Vereinigten Königreich, in Schweden und anderen skandinavischen Ländern liegt die Anzahl der Kinder pro Frau über dem deutschen Niveau. Frankreich weist durchschnittlich 1,7 Kinder je Frau auf, die USA seit zwei Jahrzehnten etwa 2,0.

Die anhaltende „Geburtenflaute" in Deutschland hat in der Abnahme der Mehrkinderfamilien eine zentrale Ursache; der Anteil der Frauen, die drei und mehr Kinder bekamen, ging von 27% beim Geburtsjahrgang 1940 auf 18% bei den 1955 geborenen Frauen merklich zurück (Lauterbach 1999a: 244). Die meisten Kinder wachsen also mit höchstens ein bis zwei Geschwistern auf. Seit Beginn der 1980er Jahre spielt die wachsende Kinderlosigkeit die bedeutendere Rolle.

Trotz des Trends hin zu kleineren Familien lässt sich die weit verbreitete Ansicht, die Einkindfamilie sei eine expandierender Lebensform der heute aufwachsenden Kindergeneration, nicht aufrechterhalten. Ganz im Gegenteil: Die Zahl der Einzelkinder (ca. 19% aller Kinder) ist im Westen Deutschlands tendenziell rückläufig. Der Anteil der Mütter, die ein zweites Kind bekommen liegt bei ca. 70% und ist in der Kohortenfolge relativ konstant geblieben. Das typische Muster lautet also, entweder ganz auf Kinder zu verzichten oder mindestens zwei Kinder zu bekommen.

Der Geburtenrückgang korrespondiert mit einer Zunahme der so genannten „späten Mutterschaft". Zwischen 1970 und 2000 ist das durchschnittliche Alter verheirateter Mütter bei der Geburt des ersten Kindes von 24,3 auf 29 Jahren gestiegen. Wegen der verlängerten Bildungs- und Ausbildungszeiten und dem Wunsch, vor der Elternschaft erste Berufserfahrungen zu machen, bekommen Frauen zunehmend auch im vierten Lebensjahrzehnt noch Kinder.

Der Geburtenrückgang ist ein unumkehrbarer säkularer Prozess, dem ein vielschichtiges Ursachengefüge zugrundeliegt. Eine wesentliche Rolle dürften dabei die folgenden strukturellen Trends spielen (Geißler/Meyer 2002: 57ff.):

1. *Funktions- und Strukturwandel der Familie.* Die Mithilfe der Kinder in der Familienwirtschaft und die Fürsorge der Kinder bei Krankheit und im Alter waren früher Motive für hohe Kinderzahlen. Der kontinuierliche Rückgang der Familienbetriebe und die stärkere Übernahme der Fürsorgeleistungen durch gesellschaftliche und staatliche Einrichtungen verminderte die „ökonomische" Bedeutung der Kinder für die Eltern. Heute dominiert das Ideal der Zweikindfamilie, die Statistiken verzeichnen bei deutschen Ehepaaren durchschnittlich 1,7 Kinder pro Familie, bei ausländischen knapp 2,1.

2. *„Emanzipation" und „Enthäuslichung" der Frau.* Kinder binden – angesichts der derzeitigen geschlechtstypischen Arbeitsteilung in der Familie – insbes. die Mütter ans Haus. Sie kollidieren daher z. T. mit dem sich ausbreitenden Wunsch der Frauen, einer Berufstätigkeit nachzugehen und sich auch anderweitig aus den engen Bindungen des häuslichen Bereichs zu lö-

sen. Bekannt ist, dass Frauen mit höherem Bildungsniveau häufiger auf Kinder verzichten. Bei den Akademikerinnen sind es mittlerweile schon mehr als 42%. Die stärkere Bildungs- und Berufsorientierung der Frauen kann zur Folge haben, dass die Realisierung bestehender Kinderwünsche so weit hinausgeschoben wird, dass nur noch ein Kind geboren werden kann, oder auch auf ein Kind gänzlich verzichtet wird.
3. Die *mangelnde staatliche Versorgung mit Kinderbetreuungsplätzen*. Besonders in Westdeutschland haben viele junge Eltern keine Möglichkeit, ihre Kinder in Kindergärten, Vorschulen oder Nachmittagseinrichtungen betreuen zu lassen. Zudem haben viele Eltern Zweifel an der Qualität der bestehenden Einrichtungen.
4. *Konsumdenken und anspruchsvoller Lebensstil*. Kinder bedeuten für die Familien nicht nur einen erheblichen Kostenaufwand, der zur sozioökonomischen Benachteiligung beiträgt, sondern der Erziehungsaufwand schränkt die Bewegungsfreiheit der Eltern, insbes. die der Mütter, räumlich und zeitlich ein. Sie treten daher bei vielen mit den gestiegenen materiellen und individualistischen Ansprüchen in Spannung, mit dem Wunsch nach hohem Lebensstandard und persönlicher Ungebundenheit.
5. *Strukturelle Rücksichtslosigkeit gegenüber der Familie* (Kaufmann 1995: 169ff.). Die gesellschaftlichen Strukturen werden mit ihrer fortschreitenden Spezialisierung und Rationalisierung immer ausschließlicher auf die Bedürfnisse der Erwachsenen zugeschnitten, während gegenüber den spezifischen Bedürfnissen von Kindern mehr oder weniger Gleichgültigkeit vorherrscht. Kinder werden zwar nicht abgelehnt, aber den familialen Leistungen fehlt es an gesellschaftlicher Anerkennung und materieller Unterstützung. Mehr noch: Die strukturellen Gegebenheiten verschaffen denjenigen Konkurrenzvorteile, die auf die Übernahme der Elternverantwortung verzichten. Man hat den Eindruck, dass eine Welt für Erwachsene geschaffen wurde, in der 40% Familien mit mehr drei und mehr Kindern – wie dies noch vor 100 Jahren der Fall war – nicht mehr vorstellbar sind.

Darüber hinaus lassen sich weitere Ursachenkomplexe ausmachen, wobei unklar bleibt, welches Gewicht den verschiedenen Faktoren zukommt:

1. *Scheu vor langfristigen Festlegungen und Erhalt von Wahlmöglichkeiten.* Individualisierung und Pluralisierung haben die Handlungsoptionen stark erweitert und die Bereitschaft gemindert, sich langfristig und unumkehrbar festzulegen. Kinder kollidieren mit diesen Tendenzen, weil sie die Eltern für längere Zeit in ihrer Flexibilität einengen (Birg 2001). Die Zunahme der Wahlmöglichkeiten für die Lebensgestaltung führt dazu, dass der Kinderwunsch in Konkurrenz zu anderen Lebensentwürfen tritt.

2. Emotionalisierte und verengte Paarbeziehungen. Der Strukturwandel der Familie und der Formen privaten Zusammenlebens hat eine Emotionalisierung der Paarbeziehungen zur Folge. Zweierbindungen können sich zu „Zwecken in sich" verengen, wobei dann Kinder als Last, Konkurrenz oder Störung erlebt werden.
3. *Zunehmende gesellschaftliche Akzeptanz von Kinderlosigkeit.* Im Zuge der Pluralisierung und Differenzierung der Privatheit gewinnen Lebensformen ohne Kinder zunehmend an gesellschaftlicher Akzeptanz und treten in legitime Konkurrenz zur „Normalfamilie" (Meyer 1992: 67ff.). Elternschaft hat ihren scheinbar naturwüchsigen Charakter verloren. Einen sozialen Druck, überhaupt Kinder zu haben, gibt es nicht mehr.
4. *Gestiegene Ansprüche an die Elternrolle.* Durch die Pädagogisierung der Gesellschaft, den hohen Stellenwert der Schule und die „Emanzipation des Kindes" haben sich die Anforderungen und Ansprüche an die Eltern als Erzieher erheblich erhöht (Meyer 2002b). Die stärkere Ausrichtung des Familienlebens auf die Kinder kann gerade bei pädagogisch engagierten Eltern zu Erziehungsunsicherheiten und psychischen Belastungen führen.
5. *Rationalisierung und Familienplanung.* Die Geburt eines Kindes wird durch Aufklärung, bessere Methoden der Empfängnisverhütung (z. B. durch die Pille) oder auch durch Schwangerschaftsabbruch planbarer. Der Satz „Kinder hat man" gilt nicht mehr. Man erwartet Familienplanung als Ergebnis reiflicher Überlegungen. Die heiße Diskussion um den Schwangerschaftsabbruch weist allerdings darauf hin, dass nicht jede Elternschaft bewusst und geplant entsteht. Auch das generative Verhalten unterliegt zwar dem allgemeinen Rationalisierungs- und Säkularisierungsprozess, aber „Irrationalitäten" sind weiterhin im Spiel.
6. Die *ungünstige Wirtschaftslage* und die *Arbeitslosigkeit* tragen zum Verzicht auf Kinder bei. Hinzu kommt, dass durch die vermehrte Vergabe zeitlich befristeter Arbeitsstellen, eine längerfristige Planung des eigenen Lebens problematisch und Kinder zum finanziellen Risikofaktor werden lässt. Zumal von vielen Ostdeutschen werden materielle – im Westen sind es eher postmaterielle –Gründe für den Gebrtenrückgang genannt. Immer weniger kann sich jeder eine Familie leisten, sie besitzt vielmehr zunehmend die Attribute eines Luxusgutes.

1.2 Eheschließungen

Die Ehe hat in den letzten Jahrzehnten einen enormen Attraktivitätsverlust erfahren. Der Anteil der Nicht–Heiratenden ist in Deutschland kontinuierlich gewachsen. Von den heute lebenden jüngeren Männern und Frauen werden ungefähr

30% (1970: weniger als 5%) zeitlebens ledig bleiben – ein für Friedens- und Wohlstandszeiten außerordentlicher Wert. In Großstädten wie Berlin, Hamburg oder Bremen, in den die Zahl der Ledigen höher liegt als in ländlichen Regionen, waren von der Frauengeneration 1959/1963 bereits 1998 ungefähr 30% ledig, und nur noch jede zweite Frau war verheiratet (zudem hatten rund 40% keine Kinder geboren) (Schwarz 2001: 17, 27).

Neben der Heiratsmüdigkeit gilt es den Anstieg des durchschnittlichen Erstheiratsalters hervorzuheben. Im Zuge verlängerter Ausbildungszeiten, der Zunahme von nichtehelichen Lebensgemeinschaften (NELG) und allein Lebenden hat sich das Alter in den letzten Jahren stetig erhöht. Bei den Frauen lag der durchschnittliche Wert 2001 bei 28,8 und bei den Männern bei 31,6 Jahren.

Das höhere Heiratsalter korrespondiert mit der Tendenz vieler junger Leute, länger in der Herkunftsfamilie zu verweilen. Gegenwärtig leben noch mehr als 90% der 19jährigen bei ihren Eltern. Selbst nach dem 25. Lebensjahr wohnen von den jungen Männern heute in den alten Bundesländern noch 24% und von den Frauen 10% mit ihren Eltern zusammen („Nesthockerphänomen") (Nave-Herz 1999: 53). Es sei noch erwähnt, dass neben der rückläufigen Heiratsneigung auch die Bereitschaft, sich nach einer Scheidung oder Verwitwung wieder zu verheiraten, in den vergangenen Jahrzehnten in beiden Teilen Deutschlands nachgelassen hat.

1.3 Scheidungen

Ein zentraler Indikator für den Wandel von Ehe und Familie ist die seit dem Ende des letzten Jahrhunderts zu beobachtende Zunahme der Scheidungen. In der alten Bundesrepublik haben sich vor allem seit 1960 die Scheidungszahlen erhöht. Die Wahrscheinlichkeit einer Eheauflösung hat sich in den letzten beiden Jahrzehnten des 20. Jahrhunderts fast verfünffacht. Nachdem sich die Entwicklung in den 90er Jahren nochmals forciert hatte, werden gegenwärtig fast 40% der in den letzten Jahren geschlossenen Ehen wieder aufgelöst. Eine Häufung der Ehescheidungen findet um das fünfte und sechste Ehejahr statt. Seit zwei Jahrzehnten zeichnet sich aber auch verstärkt das Verhaltensmuster der späten Scheidung ab. Das Scheidungsrisiko zwischen dem 20. und 30. Ehejahr ist heute mehr als doppelt so hoch wie Mitte der 1970er Jahre. Damals wurden bundesweit rund neun Prozent der Ehen geschieden, die zwanzig Jahre und länger bestanden, heute sind es fast 20%. Ursachen hierfür sind die zunehmende Erwerbstätigkeit und damit Unabhängigkeit der Frauen im mittleren Lebensalter sowie die gestiegene Lebenswartung. Letzteres hat dazu geführt, dass sich die Ehedauer von ca. 20 auf 40 bis 50 Jahre in den letzten hundert Jahren deutlich verlängert hat. Ge-

4 Die Familie im demografischen Wandel

genwärtig gibt es zwei typische Zeitpunkte, in den Ehen scheitern: beim Schritt vom Paar zur Familie und umgekehrt, beim Schritt von der Familie zum Paar. Befunde aus der Forschung können dazu beitragen einige Hintergründe des Scheidungsgeschehens zu erhellen (Peuckert 2002: 155ff.; Lakemann 1999: 69ff.)

- In mehr als der Hälfte (52%) der 1998 geschiedenen Ehen, waren minderjährige Kinder vorhanden. Schätzungen gehen davon aus, dass rund 19% der ehelichen Kinder eines Tages zu Scheidungswaisen werden (*Schwarz* 2001, 23).
- Mit zunehmender Kinderzahl sinkt die Scheidungswahrscheinlichkeit. Ehestabilisierende Effekte lassen sich besonders beim Vorhandensein von Kindern unter 5 Jahren nachweisen.
- Ehescheidungen kommen im großstädtischen Kontext deutlich häufiger als in ländlichen Regionen vor.
- Mehrheitlich, in knapp zwei Drittel aller Fälle, wird der Scheidungsantrag von Frauen eingereicht.
- Nach einer Trennung „flüchten" Männer erheblich schneller als Frauen in eine erneute Beziehung.
- Ehen von Partnern mit mittlerem Bildungsniveau sind durch eine vergleichsweise geringe Scheidungswahrscheinlichkeit charakterisiert.
- Relativ instabil sind Ehen, in denen die Frau ein höheres Bildungsniveau hat als der Mann.
- Ehen, in denen beide Partner berufstätig sind, werden signifikant häufiger geschieden als sog. „Hausfrauenehen".
- Ungefähr zwei Drittel der Geschiedenen gehen – wenngleich mit fallender Tendenz – eine erneute Ehe ein, die dann aber einem auffallend hohen Trennungsrisiko unterliegt.

Wie ist nun die Entwicklung der Scheidungen hin zum „massenstatistischen" Phänomen zu deuten? Unstrittig ist es, dass hier ein massiver kultureller Geltungsverlust des herkömmlichen, auf Dauerhaftigkeit setzenden Ehemodells zum Ausdruck kommt. Indem das gültige Eheverständnis die Scheidung nicht nur rechtlich, sondern auch kulturell akzeptiert und in seine Definition einschließt, sieht die Gesellschaft den Partnerwechsel im Laufe eines Erwachsenenlebens mehr und mehr als durchaus „normal" und als die legitime Form ehelicher Konfliktlösung an. Die Scheidung hat so gesehen nicht nur ihren Charakter einer moralischen Verfehlung verloren, sondern immer häufiger wird sie – unabhängig davon, dass sie für alle Betroffenen zumeist ein dramatisches Ereignis darstellt – als Schritt einer Befreiung und als Ausweis für Unabhängigkeit gedeutet.

Abbildung 1: Entwicklung der Scheidungen: von 100 Ehen wurden geschieden

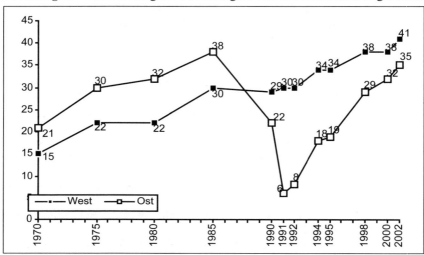

Quelle: Meyer 2002: 410 und Auskünfte des Statistischen Bundesamts

Obwohl die Ehe ihre zwanghafte Kohäsion verloren hat und die Zahlen ein klare Sprache sprechen, sollte man vor überzogenen Interpretationen warnen. Einerseits sind die Scheidungsziffern in der Bundesrepublik niedriger als in vielen anderen Ländern, wie etwa Dänemark, Schweden, Österreich Großbritannien und den USA. Andererseits spricht einiges dafür, dass die Ehe nicht wegen ihrer nachlassenden Bedeutung, sondern umgekehrt wegen ihrer überragenden subjektiven Relevanz für den einzelnen instabiler geworden ist. Viele Anhaltspunkte weisen darauf hin, dass die individuellen Ansprüche an die Ehebeziehungen sprunghaft gestiegen sind. Man will nicht ein bloßes Arrangement des Miteinander-Auskommens, sondern höchstes Glück und andauernde Erfüllung; je höher freilich die Erwartungen sind, desto leichter wird die alltägliche Partnerschaft als unbefriedigend empfunden. Im Zweifelsfall wird die Qualität der Partnerschaft höher bewertet als ihre Dauerhaftigkeit.

Unternimmt man den Versuch, den Scheidungsboom zu erklären, ist auf das Phänomen der sog. „Scheidungsspirale" (Diekmann/Engelhardt 1995) zu verweisen. Diese Metapher soll darauf hinweisen, dass die einmal in Gang gesetzte Entwicklung gleichsam einem eigendynamischen Drang zur Beschleunigung unterliegt – eine These, die sich vielfach begründen lässt. Unstrittig ist, dass der Wahrnehmung steigender Scheidungsrisiken „eine sich selbst erfüllende Prognose" innewohnt, da durch sie die Zweifel an der Dauerhaftigkeit der Ehe gewissermaßen kulturell institutionalisiert werden. Dies schlägt sich typischerweise in einer Verringerung der „ehespezifischen Investitionen" nieder: Man verzichtet bspw. auf den Erwerb von Wohneigentum – ein Verzicht, der nachweisbar das Scheidungsrisiko erhöht. Die Kalkulation von Scheidungsrisiken verstärkt aber etwa auch die Neigung der Frauen, einen Beruf zu ergreifen – ein Sachverhalt, der statistisch gesehen ebenfalls das Trennungsrisiko steigen lässt. Die Scheidungsspirale kommt aber auch dadurch in Schwung, dass die hohen Trennungsraten die Chancen einer neuen Partnerbeziehung nachhaltig verbessern. Geschiedene können mit guten Gründen hoffen, mit anderen Geschiedenen oder Getrennten eine erneute Partnerschaft einzugehen.

Zentral ist die These von der sog. „Scheidungstransmission" (Diekmann/Engelhardt 1995); sie besagt, dass Ehepartner, deren eigene Eltern geschieden wurden, einem erhöhten Risiko unterliegen, selbst geschieden zu werden. Belegt ist, dass Personen in einer zweiten Ehe ein höheres Scheidungsrisiko aufweisen als Personen, die sich in einer ersten Ehe befinden. In die gleiche Richtung weist eine jüngere Studie, die zeigt, dass die Erfahrung einer (vorehelichen) Partnerschaftstrennung die Stabilität einer späteren Ehe negativ beeinflusst (Hellwig 2001). Dass der Scheidungsentwicklung, einmal in Fahrt gekommen, eine Tendenz zur Beschleunigung innewohnt, lässt sich aus individualisierungstheoretischer Perspektive schlussendlich auch noch damit begründen, dass derjenige, der eine Ehe aufrechterhält, dies heutzutage stets in dem Wissen tut, dass es Alternativen gibt. Die Beibehaltung einer Ehe wird also mehr und mehr als eine bewusste Wahlentscheidung wahrgenommen, die sich im Lichte alternativer Optionen als „bestmögliche" ausweisen muss. Dieser Rechtfertigungszwang treibt die Maßstäbe und den Begründungsdruck, an dem Glück bemessen wird, nach oben, so dass die Auflösung von Ehen regelrecht vorprogrammiert zu sein scheint (Beck–Gernsheim 1996: 293f.).

2 Der Monopolverlust der Familie: Differenzierung privater Lebensformen

Bis weit in die 1960er Jahre hinein, dem „golden age of marriage", war die sog. „Normalfamilie" eine kulturelle Selbstverständlichkeit und ein millionenfach fraglos gelebtes Grundmuster. Sie galt der großen Bevölkerungsmehrheit als die einzig gesellschaftlich „richtige" und rechtlich legitimierte private Lebensform. Man heiratete relativ früh, und den Statistiken ist eine enorme Ehefreudigkeit zu entnehmen. 95% der Bevölkerung hatten wenigstens einmal im Leben geheiratet. Die Zahl der Ehescheidungen war niedrig, erwerbstätige Mütter waren relativ selten. Die Ehe mit Kindern war die übliche und normale Lebensform eines erwachsenen Menschen. Ledig blieben nur katholische Priester und Ordensleute, Frauen, die wegen des Männermangels nach dem Zweiten Weltkrieg keinen

Ehepartner finden konnten, sowie die kleine Gruppe der dezidiert Eheunwilligen (Schwarz 2001: 17). „Unkonventionelle" und „alternative" Lebensformen wurden bestenfalls als „Notlösungen" toleriert, in der Regel aber mit offenen oder verdeckten Sanktionen bedacht.

Im Zuge der Pluralisierung privater Lebensformen erweist sich eine auf die „Normalfamilie" beschränkte Perspektive als familiensoziologisch unzureichend. Ehe und Familie haben infolge des erweiterten Spektrums an Handlungsspielräumen an Attraktivität verloren, und anders strukturierte Variationen des privaten Zusammenlebens drängen stärker in den Vordergrund. Das relativ einheitliche Muster, auf das sich der säkulare Entwicklungsprozess der Familie hinbewegte, hat sich binnen weniger Jahre aufgelöst und einer bislang unbekannten Pluralität von Privatheitsmustern Raum geschaffen. Die Privatheit polarisiert sich zunehmend in einen wachsenden Nicht–Familiensektor (kinderlose Paare, allein Lebende, living apart together) und einen schrumpfenden Familiensektor (Ehepaare mit Kindern, allein Erziehende, Nichteheliche Lebensgemeinschaften mit Kindern), wobei die Größenordnung zwischen beiden Gruppen ca. ein Drittel (Nicht–Familiensektor) zu zwei Drittel (Familiensektor) beträgt.

Nachfolgend sollen nur die wichtigsten der „neuen" privaten Lebensformen etwas ausführlicher erläutert werden. Es bleibt kein Raum, auch diejenigen Lebensformen genauer zu betrachten, die zwar zunehmend zu den selbstverständlichen, aber quantitativ eher marginalen Bestandteilen unserer Privatheitskultur gehören (etwa: Parternschaften in unterschiedlichen Haushalten (dual–carrer families, living apart together, Shuttle-Beziehungen) Wohngemeinschaften, gleichgeschlechtliche Partnerschaften).

2.1 Nichteheliche Lebensgemeinschaften

Bei einer Analyse des Strukturwandel privater Lebensformen, zumal derjenigen, die das partnerschaftliche Zusammenleben betreffen, verdienen die NELG eine besondere Aufmerksamkeit. Einerseits hat sich diese Privatheitsform in den vergangenen Jahrzehnten mit großer Dynamik ausgebreitet; andererseits findet der Rückgang der Eheneigung, der Anstieg des Heiratsalters und der Bedeutungsverlust der Verlobung in ihr eine zumindest teilweise Erklärung.

In den letzten Jahren hat sich die Zahl der NELG ständig erhöht. Im April 2001 waren es 2,1 Millionen. Im früheren Bundesgebiet lebten bei 22% und in Ostdeutschland bei knapp der Hälfte (47%) minderjährige Kinder im Haushalt.

Neben der quantitativen Entwicklung ist die hohe soziale Akzeptanz dieser ehedem rechtlich und sozial diskreditierten Lebensformen bemerkenswert. Hier ist die Tendenz zur Entdiskriminierung „alternativer" Lebensformen jenseits von Ehe und Familie besonders gut erkennbar. Das unverheiratete Zusammenleben gilt heute nicht mehr als „Hort der Sittenlosigkeit", noch ist es die Lebensform derjenigen, die ausdrücklich nicht heiraten wollten oder konnten. Vielmehr sind die NELG als eigenständige Lebens- und Erprobungsphase junger Paare mittlerweile fast schon zu einer Norm geworden. Es gibt heute nur noch wenige, die ohne vorheriges Zusammenwohnen eine Ehe eingehen. Mittlerweile gilt es – zumal angesichts steigender Scheidungsziffern – als leichtsinnig, eine Person zu heiraten, mit der man nicht vorher eine Zeitlang probeweise zusammengelebt hat.

Die Motive, die den NELG zugrunde liegen, sind vielschichtig: Während die einen eine Ehe auf Probe eingehen, möchten andere eine Alternative zur Ehe wählen. Kaum noch angebracht ist es jedoch, die NELG als eine bewusste und ideologisch unterbaute Distanzierung vom Modell der bürgerlichen Ehe und Familie anzusehen. Heute herrscht eher eine Indifferenz gegenüber der Ehe vor, oder es sind ganz einfach wirtschaftliche und rechtliche Gründe, die der Entscheidung für das unverheiratete Zusammenleben zugrunde liegen.

Unstrittig ist es, dass sich durch die Etablierung der NELG die Sinnzuschreibung der Ehe verändert hat. Obschon durchaus die Tendenz erkennbar ist, Ehe als eine autonome Verbindung zu begreifen, die auch ohne Zusammenleben mit Kindern sinnvoll erscheint, wird sie in der großen Mehrzahl der Fälle wegen eines Kinderwunschs oder einer bereits vorhandenen Schwangerschaft eingegangen. Daher ist die Vorbereitung auf Kinder auch der zentrale Punkt, der die Ehe gegenüber einer sonstigen Partnerschaft unterscheidet, die in der wechselseitigen Emotionalität und Affektivität ihre Basis hat.

Überwiegend bildet eine NELG zwar keine beständige biographische Phase. Die tendenzielle Ausweitung der Dauer von NELG, die nicht selten mehrere Jahre bestehen, zeigt jedoch an, dass sie nicht bloß als eine Vorphase zur Ehe, sondern als eigenständige Lebensform angesehen werden sollten.

Die jüngeren Altersgruppen spielen eine zentrale Rolle bei der Verbreitung der NELG; bei den 20–29-Jährigen stellen sie heute die dominierende Lebensform dar; dennoch sollten die NELG nicht ausschließlich als Phänomen der sog. Postadoleszenz, d.h. des dritten Lebensjahrzehnts angesehen werden. Diese Lebensform gewinnt gerade auch nach dem Scheitern einer Ehe an Bedeutung und macht einen großen Anteil der unverheirateten Paare mit Kindern („nichteheliche Stieffamilien") aus. Wenngleich die NELG im Zuge ihrer Expansion über alle Soziallagen und Regionen der Bundesrepublik hinwegstreuen, sind ihre Mitglieder immer noch eher wohlhabend und gebildet. Zumal Frauen in NELG verfügen im Vergleich mit ihren verheirateten Geschlechtsgenossinnen über eine durchschnittlich bessere Ausbildung. Sie äußern sich oftmals skeptisch gegenüber den traditionellen, an Familie und Ehe geknüpften Rollen und erhoffen sich in alternativen Lebensformen erweiterte Handlungsspielräume.

2.2 Kinderlosigkeit/Kinderlose Ehen

Der Anstieg der Kinderlosigkeit, der in allen westlichen Industrieländern, besonders drastisch aber in Deutschland, beobachtet werden kann, wurde bereits als maßgeblicher Erklärungsfaktor des Geburtenrückgangs erwähnt. Bis vor wenigen Jahrzehnten galt die eheliche Kinderlosigkeit als ein in erster Linie medizinisch bedingtes Problem. Als gängige Lebensform stellt sie dagegen ein Novum der jüngeren Zeit dar. Mit guten Gründen spricht man auch von „neuer" Kinderlosigkeit, weil sie erstmals bei ausgeglichenen Alters– und Geschlechtsproportionen und ohne das Einwirken sozialer Extremsituationen eingetreten ist. Neu ist aber auch, dass kinderlose Paare im Vergleich zu früher nicht nur seltener diskriminiert, sondern immer häufiger auch die positiven Seiten der Kinderlosigkeit akzentuiert werden.

Der Anteil der zeitlebens kinderlosen Frauen hat sich im Generationenverlauf stetig erhöht. Vom Jahrgang 1940 sind 10,6%, vom Jahrgang 1950 15,8% und vom Jahrgang 1960 26,0% der Frauen kinderlos geblieben (Birg 2001: 73). Für die nachfolgenden Jahrgänge wird sogar ein Wert von ungefähr einem Drittel erwartet.

Exakte Angaben zur Zahl kinderloser Ehen liegen in Deutschland nicht vor. Für die Ehen, die in den 1980er Jahren geschlossen wurden, geht man von einem Anteil von knapp 15% aus. Dabei ist der Verzicht auf Kinder oftmals mehr die Folge einer wiederholten Verschiebung der Familiengründung als das Resultat einer früh und bewusst getroffenen Entscheidung gegen Kinder. Die Paare verbinden mit der Heirat oftmals durchaus einen Wunsch nach Kindern, der vor allem wegen der Vereinbarkeitsproblematik von Beruf und Familien zuerst zurückgestellt wird und sodann gewollt oder auch ungewollt in ein dauerhaftes Leben ohne Kinder mündet. Viele Paare scheinen sich im Laufe der Zeit mit einer Existenz ohne Kinder anzufreunden und möchten die gewohnte Lebensweise nicht durch Nachwuchs verändert wissen. Es sind vor allem voll erwerbstätige und höher qualifizierte Frauen, die sich für Beruf und Karriere und gegen Kinder entscheiden. Dies überrascht nicht. Berücksichtigt man die mit dem Bildungserwerb verbundenen Investitionen, so ist eine Familiengründung gerade für diese Gruppe mit historisch einzigartig hohen Opportunitätskosten, d.h. Einbußen durch einen völligen oder teilweisen Verzicht auf Erwerbstätigkeit und Karriere, verbunden. Neben dem „Karrieremilieu" gibt es allerdings noch das Milieu der sog. „konkurrierenden Optionen", das in hohem Maße auf Kinder verzichtet (Dorbritz 1999). Gemeint sind Frauen mit einem niedrigen bis mittleren Familieneinkommen, die wegen der hohen Kinderkosten Einschränkungen des Lebensstandards befürchten, die sie nicht hinnehmen wollen. Grundsätzlich spricht einiges dafür, dass die Bereitschaft abgenommen hat, sich durch die Übernahme von Elternverantwortung langfristig festzulegen, weil Kinder in einer dynamischen Wirtschaftsgesellschaft die Anpassungsfähigkeit an die Erfordernisse des Arbeitsmarktes (Birg 2001: 73) ebenso verringern wie die Realisierung der Verheißungen der Freizeit- und Konsumgesellschaft. Festzuhalten bleibt: Mit den kinderlosen Paaren hat sich ein Zusammenhang aufgelöst, der ehemals als untrennbar gedacht wurde – die Verknüpfung von Partnerschaft und Elternschaft. (Tyrell/Herlth 1994). Eine Ehe einzugehen und Kinder zu bekommen, steht in zunehmendem Maße zur individuellen Disposition. Damit gehört aber ein bislang unstritig zusammengehörendes Handlungsmuster nicht mehr zum fraglosen Bestandteil des familialen „Normalzyklus".

2.3 Allein Erziehende

Als Einelternfamilien oder allein Erziehende werden Familienformen bezeichnet, in denen eine Elternteil die Erziehungsverantwortung für ein oder mehrere Kinder besitzt, mit dem oder denen es in einer Haushalsgemeinschaft zusammenwohnt. Die Begriffe sind insofern irreführend, da das Kind zwar nur mit einem Elternteil zusammenlebt, jedoch - abgesehen vom Fall der Verwitwung - weiterhin zwei Eltern besitzt. Durch eine Scheidung wird nur die Beziehung zwischen den Ehepartnern, in der Regel nicht aber diejenige zwischen dem Kind und seinen beiden Elternteilen beendet. Hinzu kommt, dass sich ein beträchtlicher Teil der „allein Erziehenden" in einer eheähnlichen Partnerschaft befindet.

Im Jahr 2003 gab es in Deutschland rund 1,5 Millionen Einelternfamilien mit Kindern unter 18 Jahren. Weiterhin handelt es sich ganz überwiegend um Mutterfamilien und nur selten, wenngleich mit steigender Tendenz, um Vaterfamilien (West: 19%, Ost: 14%). Mittlerweile lebt fast jeder siebte Heranwachsende bei einer allein erziehenden Mutter oder einem Vater.

In den neuen Ländern, wo die Einelternfamilien auch nach der Vereinigung, leicht aber kontinuierlich zugenommen haben, ist die Lebensform „allein erziehend" u.a. wegen der geringeren Heiratsneigung deutlich weiter verbreitet als in Westdeutschland. Wichtig ist, wie oben schon erörtert wurde, dass allein erziehend nicht zwangsläufig mit „allein stehend" gleichgesetzt werden darf. Untersuchungen zeigen, dass rund ein Drittel der Befragten wenn auch nicht im gemeinsamen Haushalt, so aber doch in einer festen Partnerschaft lebt. Ausgehend von ihrer primären Erziehungsverantwortung definieren diese sich allerdings mehrheitlich als allein erziehend und nicht als neue „ideelle Familie". Denn die wenigsten der neuen Partner schlüpfen in eine ausdrückliche Stiefelternrolle. Nach dem Gesagten ist die Vielfalt der Lebenssituationen von allein Erziehenden bereits angedeutet. Dies zeigt sich auch an dem sehr unterschiedlichen Ausmaß der Kontakte zwischen Kind und zweitem leiblichen Elternteil. Völlig abgebrochen sind diese nur bei einem Viertel der Kinder (Schneider u.a. 2001: 17).

Dass die allein Erziehenden eine in hohem Maße heterogene Gruppe sind, zeigt sich auch an dem sehr unterschiedlichen Grad der Freiwilligkeit bzw. des Zwangs, der dieser Lebensform zugrunde liegt. Nach der Untersuchung von Schneider u.a. (2001: 425) haben ungefähr 31% der Befragten diese Lebensform freiwillig, 22% bedingt freiwillig und weitere 22% zwangsläufig gewählt. Bei der Betrachtung der Einelternfamilien gilt es besonders deren grundlegend veränderten Entstehungszusammenhang hervorzuheben. War früher die Verwitwung die Hauptursache, ist der Zuwachs an Einelternfamilien – ebenso wie derjenige so genannter Stieffamilien, für die keine genauen Zahlen vorliegen – vor allem eine Folge des Scheidungsgeschehens. Das allein Erziehen ist daher auch immer weniger eine Lebensform der Verwitweten (7%), denn der Geschiedenen bzw. der verheiratet getrennt Lebenden (57%) und der Ledigen (37%), die seit den 80er Jahren eine zunehmend wichtigere Rolle spielen (Meyer 2002: 419).

2.4 Allein Lebende und „Singles"

Zu den säkularen Trends der Gesellschaftsentwicklung gehört die kontinuierliche Entwicklung weg von sehr großen Haushalten hin zu kleinen Zwei– und vor allem Einpersonenhaushalten.[i] Im deutschen Kaiserreich, das hinsichtlich der Bevölkerungszahl mit Westdeutschland vergleichbar ist, gab es um die Jahrhundertwende rund 1 Million allein wohnende Menschen, 2002 waren es in den alten Ländern rund 11,7 Millionen (Deutschland 2002: 14,3 Mill.). Besonders nach 1945 nahm der Anteil der Einpersonenhaushalte an der Gesamtzahl aller Haushalte rapide zu (1925: 7%, 1957: 18%, 1975: 28%, 2000: 37%). Ein wichtiger Grund für die Ausbreitung der Einpersonenhaushalte findet sich in der in den letzten Jahrzehnten deutlich gestiegenen Lebenserwartung. Die zahlenmäßig stärkste Gruppe der allein lebenden ist dementsprechend nach wie vor die der über 65jährigen. 1997 machen diese über fünf Millionen Haushalte aus, in ihnen leben – der höheren Lebenserwartung entsprechend – zu 83% Frauen. Seit den 60er Jahren wird die Entwicklung der Einpersonenhaushalte allerdings verstärkt von jüngeren Altersgruppen vorangetrieben. Die Zahl der 25–45-Jährigen „Singles" hat sich zwischen 1972 und 2000 von gut einer Million auf 4,3 Millionen vervierfacht – eine Vervielfältigung, an der mehrheitlich Männer und mit zunehmender Tendenz Frauen beteiligt sind.

Die Ursachen der Entwicklung liegen auf der Hand. Immer weniger Jugendliche verlassen erst anlässlich ihrer Heirat das Elternhaus oder wechseln direkt in einen Paarhaushalt. Zudem wird die Tendenz zum Alleinleben durch die Wohlstandsentwicklung, die verlängerten Bildungs- und Ausbildungszeiten, die veränderten Sexualnormen und die Mobilitätsimperative des Arbeitsmarktes vorangetrieben. Hinzu kommt die generell gesunkene Heiratsbereitschaft und die hohen Scheidungszahlen. Hinter dem viel diskutierten Phänomen der Single–Haushalte verbergen sich sehr häufig nicht allein lebende Personen, sondern Beziehungen ohne gemeinsamen Haushalt („*living apart together*"). Ungefähr ein Viertel der 18–55-Jährigen allein Lebenden leben de facto in einer Partnerschaft. Ebenfalls dokumentiert ist, dass die Mehrheit der „Singles" prinzipiell positiv gegenüber einer Partnerschaft eingestellt ist und dass lediglich eine Minderheit definitiv auf eine feste Partnerschaft verzichten möchte.

Es ist ratsam, einen engen Single–Begriff zugrunde zu legen, der nur die allein Lebenden im jüngeren und mittleren Lebensalter umfasst, die keinen festen Partner haben und aus eigenem Willen auf längere Zeit allein leben wollen. Folgt man dieser Definition, lässt sich ein „harter Kern" an Singles bestimmen, der höchstens 3% der erwachsenen Bevölkerung ausmacht (Hradil 1998: 10). Dennoch: Auch wenn diese Zahl klein ist, wird zukünftig von einem Wachstum älterer Singles auszugehen sein, die keine Ehe oder Familie gegründet haben und daher auch nicht auf Unterstützungsleistungen seitens Kinder oder Partner zurückgreifen können.

Fragt man nach den sozialen Merkmalen der jüngeren allein Lebenden, fällt auf, dass sie ein signifikant höheres Bildungsniveau aufweisen als Verheiratete, ein überdurchschnittliches Einkommen erzielen, häufiger in großen Städten leben und eher postmaterialistischen Werten anhängen als gleichaltrige, nicht allein wohnende Personen. Aufschlussreich ist, dass „weibliche Singles" das Alleinwohnen insgesamt positiver bewerten als Männer. Zumal hoch qualifizierte Frauen, für die sich Ehe und Familie als Berufs– und Karrierehindernis erweisen, gewinnen dieser Lebensform Vorteile ab und sehen in ihr eine längerfristige Perspektive (Bachmann 1992). Dennoch ist das Alleinleben eine Lebensform, die freiwillig und dauerhaft nur von einer Minderheit angestrebt wird und zumeist nur eine Übergangsphase im Lebenslauf darstellt.

3 Die demografische Alterung und ihre Folgen

Der beschriebene Wandel demografischer Kennziffern, allen voran die verlängerte Lebenserwartung sowie die Pluralisierung privater Lebensformen hat weit reichende Folgen: Der Familienanteil an einem individuellen Leben ist heute geringer als noch vor wenigen Jahrzehnten, kurz: die Familienphase schrumpft. Dagegen haben sich die Lebensspanne vor einer Familiengründung und besonders die nachelterliche Phase ausgedehnt. Vor allem der Kombination von geringer Geburtenhäufigkeit und hoher Lebenserwartung ist es zu zuschreiben, dass sich die familialen Generationenstrukturen nachhaltig verändern. Die Gesellschaft entwickelt sich immer mehr zu einer Drei- tendenziell sogar zu einer Viergenerationengesellschaft. Während aber den vertikalen Beziehungen (Kinder,

Eltern, Großeltern) immer wichtiger werden, haben die ehemals so bedeutsamen horizontalen Familien- und Verwandtschaftsbeziehungen aufgrund des Geburtenrückgangs an Bedeutung verloren („Bohnenstangenfamilie"). Dabei ist nicht nur von einer größeren Generationenanzahl pro Familie auszugehen, sondern zugleich haben sich die Beziehungen zwischen den Generationen vertieft. Damit ist auch schon angedeutet, dass eine auf die so genannte „Kernfamilie", auf Vater, Mutter, Kind beschränkte Sichtweise familiensoziologisch zu kurz greift. Es ist vielfach belegt, dass intensive Beziehungen zwischen den Generationen über die Haushaltsgrenzen hinweg Bestand haben und einem engen Zusammenhalt und regelmäßigen Austausch nicht im Wege stehen. Wenn die Kinder erwachsen sind, wünscht sich die mittlere und ältere Generation eine Form des Miteinanders, die sich durch die Formel „innere Nähe bei äußerer Distanz" kennzeichnen lässt. In den Familien sind heute Konflikte zwischen den Generationen seltener als früher. Die wechselseitigen Kontakte und die materiellen und immateriellen Unterstützungs- und Hilfeleistungen zwischen den Eltern und ihren erwachsenen Kindern sind in Ost und West nicht nur zahlreich, sondern haben in den letzten Jahrzehnten sogar zugenommen. Die moderne „Großfamilie" ist eine multilokale Familie, die zwar nur noch selten unter einem Dach lebt, die aber auch in der „individualisierten Gesellschaft" der Gegenwart ein ungebrochenes lebenslanges Zugehörigkeits- und Solidargefühl verbindet (Sydlik 2000).

Fazit: Bei der Pluralisierung geht es weniger um die Entstehung „neuer" privater Lebensformen als darum, dass neben der weiterhin dominierenden „Zweielternfamilie" andere Privatheitsmuster an Gewicht gewonnen haben. Allerdings ist die Pluralität eine begrenzte. Der Strukturwandel hat nicht zu einer Beliebigkeit der Lebensführung geführt, sondern die Vielfalt der Lebensformen ist auf wenige Grundtypen beschränkt. 81% der Bevölkerung im Alter von 35–44 Jahren leben in den drei wichtigsten Lebensformen: verheiratet mit Kindern, verheiratet ohne Kinder, allein lebend/ledig (BiB 2000: 17). Zugenommen und diversifiziert haben sich insbesondere kinderlose private Lebensformen (kinderlose nichteheliche Lebensgemeinschaften, kinderlose Ehen, „Singles"); aber auch die Struktur familialer Lebensformen hat sich durch die steigende Anzahl von nichtehelichen Lebensgemeinschaften mit Kindern, Alleinziehenden und sog. Stieffamilien zu Lasten der „Normalfamilie" verändert. Wichtiger noch als die quantitativen Verschiebungen innerhalb des Gefüges privater Lebensformen ist freilich die normative Enttraditionalisierung. Die Vorstellungen dessen, was als normal anzusehen ist, haben sich erheblich geweitet, und die Vorstellungen davon, was als abweichend zu gelten hat, sind entsprechend großzügiger geworden.

Auch wenn wir Zeugen einer Entwicklung sind, die das traditionelle Familienmodell nachhaltig verändert, ist vor überzogenen Verfalls- und Krisenszenarien zu warnen (Meyer 2002a). Die „neuen" privaten Lebensformen, die die

Konturen des deutschen Familienbildes zunehmend kennzeichnen, werden nur von einer Minderheit als idealer und dauerhafter Privatheitsstatus angesehen. Die hohe subjektive Bedeutung von Ehe und Familie ist den rückläufigen Heiratsquoten und dem hohen Stellenwert von Ausbildung und Berufsleben zum Trotz kulturell in keiner Weise in Frage gestellt. Entgegen den verbreiteten Annahmen eines Bedeutungsverlustes sucht nach wie vor die Mehrheit der Gesellschaftsmitglieder ihr individuelles Glück vornehmlich in Familie, Partnerschaft und persönlichen Beziehungen. Die „Normalfamilie" ist zwar in ihrem Monopolanspruch relativiert und ihre Rollenverbindlichkeiten haben sich gelockert. Dennoch bleibt das Kleinfamilienmodell für die Mehrheit der Bevölkerung Fixpunkt und Leitbild der privaten Lebensorientierungen.

4   Herausforderungen für die Politik

Die unterschiedlichsten Experten sind sich darin einig, dass der aus dem demografischen Wandlungsgeschehen hervorgehende gesellschaftspolitische Handlungsbedarf groß ist. Hierzu sollen abschließend nur noch drei Aspekte Erwähnung finden:

- In Anbetracht der Geburtenkrise wird es eine der zentralen Aufgaben sein, die Vereinbarkeit von Erwerbstätigkeit, Familien- und Pflegearbeit zu erleichtern. Denn das traditionelle Hausfrauenmodell hat bei der jungen Generation wohl unwiederbringlich seine Anziehungskraft verloren. Erforderlich erscheinen zum einen der Ausbau eines qualifizierten Systems der außerhäuslichen Betreuung und zum anderen eine familienfreundliche flexible Organisation der Arbeitswelt. Unter dem Aspekt der Gleichberechtigung sind Regelungen erforderlich, die auf eine stärkere Integration der Männer, Väter, und Söhne in die Familienarbeit drängen.
- Kleiner werdende Familien und kinderlose Lebensformen führen dazu, dass der Unterstützung und Förderung außerfamilialer Netzwerke ein größere Stellenwert einzuräumen sein wird. So werden Jahr 2040 etwa bis zu einem Drittel der älteren Menschen keine Kinder haben und ein noch höherer Anteil wird ohne eigene Enkel sein.
- Durch die Zunahme der Hochbetagten und der Zahl der Pflegefälle ist im Zuge der zunehmenden Frauenerwerbstätigkeit von einem Rückgang des familialen Pflegepotentials auszugehen, so dass die Anspruchnahme (kostenaufwändiger) stationärer Pflege steigt.

Literatur

Bachmann, Ronald (1992): Singles, Frankfurt a.M.
Beck–Gernsheim, Elisabeth. (1996): Nur der Wandel ist stabil. Zur Dynamik der Familienentwicklung. In: Familiendynamik 21, S. 284-304.
BiB - Bundesinstitut für Bevölkerungsforschung (,Hrsg.) (2000): Bevölkerung. Fakten – Trends –Ursachen – Erwartungen. Wiesbaden.
Birg, Herwig (2001): Die demografische Zeitenwende. Der Bevölkerungsrückgang in Deutschland und Europa, München
Diekmann, Andreas/Engelhardt, H. (1995): Wird das Scheidungsrisiko vererbt. In: Informationsdienst soziale Indikatoren Nr. 14, S. 1-5
Dorbritz, Jürgen (1999): Stirbt die Familie? In: FAZ vom 20. Dezember.
Geißler, Rainer/Meyer, Thomas (2002): Struktur und Entwicklung der Bevölkerung. In: In: Rainer Geißler: Die Sozialstruktur Deutschlands. Die gesellschaftliche Entwicklung vor und nach der Vereinigung. 3. Auflage, Wiesbaden. S. 49-80
Hradil, Stefan (1998): Die Seismographen der Modernisierung. Singles in Deutschland. In: Aus Politik und Zeitgeschichte B 53, S. 9-16.
Kaufmann, Franz-Xaver (1995): Zukunft der Familie im vereinten Deutschland. Gesellschaftliche und politische Bedingungen, München.
Lakemann, Ulrich (1999): Familien- und Lebensformen im Wandel. Eine Einführung für soziale Berufe. Freiburg i. Breisgau.
Lauterbach, Wolfgang (1999): Familie und private Lebensformen. In: W. Glatzer/I. Ostner (Hrsg.): Deutschland im Wandel. Sozialstrukturelle Analysen. Opladen, S. 239–254.
Meyer, Thomas (1992): Modernisierung der Privatheit. Differenzierungs- und Individualisierungsprozesse des privaten Zusammenlebens, Opladen.
Meyer, Thomas (2002a):Das "Ende der Familie": Szenarien zwischen Mythos und Wirklichkeit. In: Uwe Schimank/Ute Volkmann (Hg.): Soziologische Gegenwartsdiagnosen II: Vergleichende Sekundäranalysen, Opladen, S. 199-224.
Meyer, Thomas (2002b): Moderne Elternschaft – neue Erwartungen, neue Ansprüche. APUZ B 22-23, S. 40-46.
Meyer, Thomas (2002): Privatheitsformen im Wandel. In: Rainer Geißler: Die Sozialstruktur Deutschlands. 3. Auflage, Wiesbaden. S. 401-433.
Nave-Herz, Rosemarie (1999): Die Nichteheliche Lebensgemeinschaft als Beispiel gesellschaftlicher Differenzierung. In: Wolfgang Lauterbach/Thomas Klein (Hg.): Nichteheliche Lebensgemeinschaften, Opladen, S. 37-62
Peuckert, Rüdiger (2002): Familienformen im Wandel. 4. Aufl. Opladen.
Schneider, Norbert u.a. (2001): Alleinerziehen – Vielfalt und Dynamik einer Lebensform, hg. vom BMFSFJ, Stuttgart/Berlin/Köln.
Schwarz, Karl (2001): Bericht 2000 über die demographische Lage in Deutschland. In: Zeitschrift für Bevölkerungswissenschaft 26, S. 3–54.
Szydlik, Marc (2000): Lebenslange Solidarität? Generationenbeziehungen zwischen erwachsenen Kindern und Eltern. Opladen.

5 Lebenswelt der Kinder

Christian Alt

Familie ist derzeit noch immer der unumstrittene Lebensmittelpunkt von Kindern. Glaubt man jedoch den Medien, ist unklar, welche Bedeutung die Familie für das Aufwachsen der Kinder in Zukunft haben wird. Die hier geäußerten Meinungen reichen von „Gibt's die denn noch, die Familie?" über „Wozu noch Familie?" bis hin zu „Familie ist tot". Damit erscheint es zutiefst unsinnig, sich nach der Bedeutung kindgerechter Lebenswelten zu fragen. Warum sollte man sich überhaupt noch mit kindgerechten Lebensformen und deren Bedeutung für Kinder und Jugendliche beschäftigen, wenn deren Basis, die Familie, ungesichert erscheint. Vielleicht sollte man sich eher die Frage stellen, ob, da es offenbar keine Familien mehr gibt, es auch keine Kinder mehr gibt?

Dies tuend, möchte ich auf folgende Begebenheit verweisen. Jeden Freitagnachmittag wiederholt sich ein Ereignis in Deutschland, welches der Annahme des Ausbleibens von Kindern widerspricht. Wer zu dieser Zeit versucht, einen Bus, eine Trambahn oder einen Zug zu besteigen, der muss Berge von Schulranzen überwinden, sich durch lärmende und rangelnde Kinder einen Weg bahnen und auf Ohren betäubenden Lärm gefasst sein. Es gibt sie also noch – die Kinder. Wer genauer hinsieht, erkennt auch die aus der eigenen Jugendzeit bekannten Verhaltensweisen und Probleme der hier versammelten Altersgruppen. Allem Anschein nach hat sich nicht viel verändert. Und doch ist das Leben dieser Kinder nicht mehr jenes, welches wir aus unserer eigenen Kindheit und Jugend kennen, was uns und auch unseren Eltern als Kindheit vertraut war. Die heutige Kindheit, so hört man allenthalben, ist bedroht, unsicher und zuweilen perspektivlos. Grund dafür ist eine Veränderung der Bedingungen, unter denen die Kinder aufwachsen müssen.

1 Demographischer Wandel und Generationensolidarität

Wenn es zu Beginn des 21. Jahrhunderts ein Thema gibt, welches sich in der sozialpolitischen Debatte um die Zukunft unserer Gesellschaft wie ein roter Faden hindurch zieht, dann ist es die Bevölkerungsentwicklung. Mit anderen Worten: Wir, die Gesellschaft, sind momentan äußerst besorgt über die starke Abnahme der Geburten und ihre gravierenden Folgen. In der laufenden politischen Diskussion wird diese Tatsache insbesondere durch die Entwicklung der Renten, durch die Auswirkungen des unbezahlbaren Gesundheitssystems, durch die Folgen der Globalisierung auf dem Arbeitsmarkt – mit den bekannten Begleiterscheinungen von Regionalisierung der Chancen und Perspektivlosigkeit der Regionen –, durch die Ausbildungssituation der nachwachsenden Generation und deren Ausrichtung und nicht zuletzt auch durch die Migration und ihre Bedeutung für künftige Generationen heftig und kontrovers diskutiert. Zu selten aber wird darüber gesprochen, wie groß die Veränderungen waren, noch sind und wahrscheinlich sein werden, mit welchen Auswirkungen man deshalb zu rechnen hat.

Eine geringe Fertilitätsquote und eine steigende Lebenserwartung verändern die Altersstruktur in unserer Gesellschaft nachhaltig. Folgt man den Berechnungen der Bevölkerungsforschung so wird die bundesdeutsche Gesellschaft altern, schrumpfen und infolge von Zuwanderung heterogener werden (vgl. den Beitrag von Hullen in diesem Band). Alte, bislang relativ stabile soziale Sicherungssysteme geraten unter erheblichen Druck und tangieren den – bislang nirgends aufgeschriebenen – Generationenvertrag.

Die ökonomischen Bedingungen dieses Vertrages beruhten auf der Regel, dass die Generation der Erwerbstätigen die Versorgung deren Elterngeneration und der nachfolgenden Kindergeneration garantiert. Eine schwindende Kinderzahl gefährdet jedoch dieses System, indem rein zahlenmäßig zu Wenige für den Erhalt der vielen nicht Erwerbstätigen zur Verfügung stehen oder stehen werden.

Ohne hier in die Betrachtung der allgemeinen Entwicklung wieder umfassend einzusteigen sei nur an einige Eckdaten und Einflussfaktoren erinnert:

- Gab es in den 1960er Jahren 18 oder mehr Geburten pro 1000 Einwohner, so sind es heute gerade noch einmal 10 Geburten. Die Babyboomerzeiten von 1960 bis 1964 stellten im Vergleich zu den Jahren davor oder danach den absoluten Höhepunkt einer Entwicklung dar, die eng verknüpft war mit dem „goldenen Zeitalter der Familie". Sichtbares Kennzeichen dieser Zeit waren Familien mit drei und mehr Kindern. Der Rückgang in den darauffolgenden Jahren ist vor allem auf die Tatsache zurückzuführen, dass sich immer mehr Menschen zu einem Verzicht auf Kinderreichtum entschlossen haben. Die Familie mit zwei Kindern war das präferierte Modell der 1970er und 80er Jahre. „So sank beispielsweise in der ehemaligen DDR der Anteil der dritten und weiteren Kinder an allen Geborenen zwischen 1965 und 1975 von 33 auf 11 Prozent" (Engstler 1997: 96).
- Als gesellschaftlich mindestens in gleicher Weise bedeutsam hat sich die wachsende Kinderlosigkeit herausgestellt. In den alten Bundesländern lag der Anteil der Zeit ihres Lebens kinderlos gebliebenen Frauen bis zum Geburtsjahrgang 1950 bei etwa 13-15%. Heute geht man davon aus (Engstler

1997), dass ca. jede vierte Frau kinderlos bleiben wird. Bleibt es bei der Fortsetzung des bisherigen Trends wird bald ein Drittel aller Frauen zeitlebens kinderlos bleiben" (Schwarz 1996: 117). Auffällig in diesem Zusammenhang ist der überproportional hohe Anteil von Fachhochschul- und Hochschulabsolventinnen unter diesen Frauen. „Etwa 40% der 35-39jährigen Akademikerinnen haben keine Kinder im Haushalt[1]. Von den gleichaltrigen deutschen Hausfrauen mit Hauptschulabschluss führen nur 21 Prozent einen kinderlosen Haushalt" (Engstler 1997: 96).

- Dahinter steht zum einen oft die bewusste Entscheidung gegen Kinder, da in der Gesellschaft das Vorhandensein von Kindern zu einem Kriterium wurde, welches es den Eltern zunehmend schwerer macht, den Lebensstandard der kinderlosen Erwachsenen halten zu können.
- Zum anderen zeigen die Untersuchungen zur Bildungsforschung und zu den Auswirkungen der Bildungsexpansion, dass verlängerte Ausbildungszeiten und eine höhere Qualifikation – Angebote, die insbesondere von Frauen in der Vergangenheit wahrgenommen worden sind – zu einem Aufschub des Heirats- und Fertilitätsverhaltens geführt haben, welcher in vielen Fällen die Realisierung des latenten Kinderwunsches nicht mehr zulässt (vgl. Tölke 1989, 1991; Blossfeld 1987; Huinink 1989, Löhr 1991). Nicht bewusste Entscheidungen, sondern strukturelle Bedingungen wären in diesem Fall für die oben aufgezeigte Entwicklung verantwortlich.

2   Kinder, Familie und der demographische Wandel

Aufwachsen hat viel zu tun mit Erziehung oder – soziologisch einwandfreier – mit Sozialisation. Die lange Zeit gültige Vorstellung, dass sich die damit in Zusammenhang stehenden Handlungen, Einstellungen und Werte auf einen Normalitätsentwurf hin abbilden lassen, erweist sich heute als zunehmend obsolet. Im Gegenteil: Es existiert heute keine allgemeingültige Bedeutung von Vorstellungen, Einstellungen und Werten mehr. Weder die kirchlichen Wertvorstellungen, noch bestimmte Verhaltenscodices, z.B. im Generationenverhältnis, noch politische Werthaltungen können heute wirklich den Anspruch auf Allgemeinverbindlichkeit erheben. Da aber mit diesen Codices die Art und Weise unseres alltäglichen Umganges mit anderen geregelt werden sollen, da sich damit Verhalten als vorhersehbar und nicht als völlig willkürlich erweisen soll, da sich damit Einstellungen und Vorstellungen als gemeinsam herausstellen sollen, ist der Wegfall dieser „Normalität" eine besondere Herausforderung unserer Gesell-

---

[1] Das Fehlen von Kindern im Haushalt in diesem Alter kann als angemessener Indikator einer endgültigen Kinderlosigkeit angesehen werden.

schaft. Nimmt man an, dass Familie, die eben jene allgemein verbindlichen Werte und Normen vermitteln soll, in ihrer Existenz gefährdet ist, stellt sich die Frage, wer die Codices unseres Zusammenlebens vermitteln und einüben soll? Wer übernimmt dies alles, wenn Familien diese Aufgaben nicht mehr leisten (können)? Nach welchen Vorstellungen soll heute noch erzogen werden, wenn die eingangs gemachten medialen Vorstellungen tatsächlich greifen?

Im 11. Kinder und Jugendbericht der Bundesregierung findet man einen entsprechenden Hinweis: Das Aufwachsen der Kinder geschieht danach in öffentlicher Verantwortung. Kinder und deren Lebensbedingungen werden damit zu einem die Öffentlichkeit interessierenden Bereich, der besondere Aufmerksamkeit verdient. Dabei geht dieser Bericht zunächst einmal ganz explizit davon aus, dass die Grundlage aller Sozialisation nach wie vor in der Familie gelegt wird. Gleichzeitig wird festgestellt, dass die Familie nicht – wie vielfach behauptet – von Auflösung bedroht ist, sondern sich lediglich gewandelt hat. Die Mehrheit der Kinder wächst nach wie vor in der Familie auf. Diese hat aber auf Grund des strukturellen Wandels, wie aber auch auf Grund der gesellschaftlichen Veränderungen (Frauenerwerbstätigkeit), ihre beherrschende Vormachtstellung in diesem Prozess verloren. Öffentliche Einrichtungen haben demgegenüber an Bedeutung gewonnen, nicht zuletzt die Kindergärten, Schulen und Ganztagesbetreuungen. Daneben ist aber auch die Bedeutung der Peergroups sowie die der Medien heute mitverantwortlich für das Zurückdrängen der Familien im Prozess der Sozialisation.

Aufwachsen in öffentlicher Verantwortung heißt gemäß der Auffassung des Kinder- und Jugendberichtes, dass Staat und Gesellschaft die Lebensbedingungen von Kindern und Jugendlichen so gestalten müssen, dass die Eltern und die jungen Menschen für sich selbst und für einander Verantwortung tragen können. Dies heißt nicht, dass die jungen Menschen aus der Familie raus müssen und rein in die öffentlichen Einrichtungen. Es heißt auch nicht, dass alle Leistungen der Familie öffentlich übernommen werden. Aufwachsen in öffentlicher Verantwortung meint vielmehr, die Familie dort zu entlasten, wo sie die Anforderungen nicht mehr erfüllen kann, ferner sie in ihrem Bemühen um Sozialisationserfordernisse zu unterstützen und sie in ihren Möglichkeiten der Durchsetzung von Zielen zu stärken. Den Verfassern des Berichtes ist es dabei durchaus bewusst, dass dies unter dem Vorzeichen der Pluralisierung der Lebenslagen eine besondere Herausforderung für alle Familien darstellt. Die Schwierigkeiten dieser Vorstellung zeigen sich schnell, wenn man sich eine idealtypische Familie näher betrachtet. Für sich selbst genommen entwickelt diese Familie ein stringentes Konzept von Verhaltensvorschriften, Werten, Normen und Einstellungen. Es entsteht ein Codex, der das Zusammenleben der Mitglieder dieser Familie regelt. Man ist sich auch sicher, dass die gewählten Maßnahmen geeignet sind, die damit verbundenen Ziele zu erreichen. Gleich welcher Lebensform diese Familie angehört, die innerfamilialen Bedingungen des Aufwachsens von Kindern und Jugendlichen sind stringent und werden als „Normalität" erlebt. Familien existieren aber nicht im luftleeren Raum. Sie sind Teil eines Ganzen. Die Forderung nach dem Aufwachsen in öffentlicher Verantwortung nimmt genau auf diesen Umstand Bezug. Wie bereits dargestellt, geht man durchaus konsensual von einer Zunahme des Einflusses öffentlicher Einrichtungen auf den Sozialisationsprozess aus. In dem Maße aber, in dem Familien durch öffentliche Einrichtungen unterstützt werden, wächst die Anforderung an die in der Familie zu erbringende Leistung in Puncto Sozialisation. In den die Sozialisationsprozess unterstützenden Einrichtungen, können die Kinder und Jugendlichen andere „Normalitäten" wahrnehmen. Sie haben – vielleicht erstmals – die Möglichkeit zwischen der eigenen Normalität und der Normalität der Anderen zu vergleichen. Dieser Vergleich lässt zu, dass vieles, was bislang unhinterfragt als normal galt, jetzt in Frage gestellt werden kann. Es werden Alternativen bekannt, die ebenfalls die Möglichkeit bieten, bestimmte Vorstellungen oder Ziele zu erreichen. Möglicherweise sind diese neuen Erfahrungen sogar besser geeignet anstehende Probleme zu meistern. Damit werden u.U. strukturelle Probleme der eigenen Lebensform offensichtlich, wird die Beschränktheit eigener Vorstellungen unübersehbar. Die Vielfalt von Orientierungen und Einstellungen, von Werten und Normen erschwert es den Einzelnen, wie auch der Familie, die Entscheidungen zu treffen, die für das eigene Leben sinnvoll und richtig sind. In Ermangelung eines gesellschaftlich verbindlichen Normalitätsentwurfes müssen jetzt individuell Lebensentwürfe erstellt und behauptet werden. Die Vielfalt der möglichen Alternativen führt in diesem Kontext rasch dazu, dass die sich im Laufe der Zeit etablierten Lebensverläufe weit mehr den Charakter einer „Bastelbiographie" haben als den einer Normalbiographie. Folgt man den Ausführungen von Hradil (1994), so lassen sich diese Veränderungen der Gesellschaft seit den 1970er Jahren feststellen. Er leitet daraus die Notwendigkeit ab, Familie nicht mehr nur als sozialisationstheoretisches Konzept zu verstehen. Vielmehr sollte deren Kompetenz und Funktion als „Clearingstelle" im Vermittlungsprozess mit stetig pluraler werdenden Außenimpulsen beachtet werden. Familie hat in der Moderne die zusätzliche Funktion zwischen dem Innen und Außen von Familie zu vermitteln.

Für Eltern wie Kinder heißt dies, sie müssen sich zunehmend mit einem Erziehungsprozess auseinandersetzen, der mehr und mehr reflexiv wird. Wenn Konstanz durch Vielfalt und Flexibilität ersetzt wird, steigen die Anforderungen an diejenigen, die sich mit diesen Phänomenen auseinander setzten müssen. So reicht es eben nicht mehr, und darin liegt vielleicht der Hauptgrund für den Gegensatz zwischen der Erziehungsleistung früherer Generation und der heutigen, ein Erziehungsziel zu haben und zu versuchen, dieses mit gegebenen Mitteln zu erreichen. Heute müssen durch die Öffnung des Sozialisationsprozesses in den öffentlichen Raum auch mögliche Alternativen stets Gegenstand der Auseinandersetzung über den Sinn und Unsinn von Erziehung sein. Diese Anforderungen können in einzelnen Fällen durchaus als Zumutungen angesehen werden. Nicht jeder Mann und jede Frau ist in der Lage, die damit verbundenen Aufgaben auch zu erfüllen. Und hier schließt sich der Kreis wieder. Aufwachsen in öffentlicher Verantwortung heißt insbesondere Unterstützung und Stärkung der Familie bei den Aufgaben, die durch die Erziehung von Kindern auf die Familie zukommen.

Wenn ich vorhin noch geschrieben habe, dass innerhalb der Familie die Vorstellungen über geeignete oder ungeeignete Maßnahmen im Rahmen der Erziehungsleistungen stringent seien, so gilt dies nur mehr sehr bedingt. Insbesondere der Einfluss neuer Kommunikationsstrukturen und die wachsende Bedeutung der (neuen) Medien werden dafür verantwortlich gemacht, dass auch innerhalb der Familie Erziehung zu einem reflexiven Prozess geworden ist. Für die Eltern bedeutet dies ein frühzeitiges Infragestellen eigener Vorstellungen und Werte, eine sich perpetuierende Auseinandersetzung mit sich ändernden Zielen und Herausforderungen. Für die Kinder aber heißt es ein hohes Maß an Flexibilität und Offenheit gegenüber einer Vielzahl von Alternativen zu entwickeln, die als zusätzliche Herausforderung sowohl an sich selbst als auch an die Eltern immer wieder herangetragen werden. Wen also wundert es da noch, dass heute über Familie nicht mehr als einem Hort der Geborgenheit gesprochen wird, sondern in zunehmenden Maße Familie als derjenige Ort beschrieben wird, in dem Aushandlungsprozesse Normalität geworden sind. Zur Disposition steht, was innerhalb und außerhalb der Familie Gültigkeit haben soll.

Vor dem Hintergrund dieser beiden Folien – demographische Veränderungen einerseits und familialer Wandel andererseits – will ich einen Blick in die Zukunft wagen. Dabei soll der Fokus zunächst auf die Kinder selbst gerichtet werden, deren Anzahl, deren Familie und deren institutionelle Umwelt. Danach geht es mir darum, aufzuzeigen, wie die mit Kindern betrauten Institutionen möglicherweise unter den künftigen Bedingungen agieren werden.

3   Wie viele Kinder fehlen uns?

Nachdem sich die Fertilitätsraten schon seit über 30 Jahren auf einem Niveau befinden, das weit unterhalb des Wertes liegt, der die Bevölkerung auf einem gleich bleibenden Bevölkerungsstand halten würde, zeigen sich die Auswirkungen dieses Verhaltens heute schon deutlich. So wurden beispielsweise auf der Höhe der Babyboomerzeit 1964 1,3 Mio. Kinder in Deutschland geboren. 1971 waren es noch eine Million Kinder und 30 Jahre später noch 766 999. Damit fehlen zur Jahrtausendwende ca. 500 000 Kinder im Jahr, geht man von den Geburtenzahlen der 1960er Jahre aus. Kinder, die nicht geboren werden, vermin-

5 Lebenswelt der Kinder

dern gleichzeitig die Anzahl möglicher Eltern. Ihr Fehlen potenziert also eine Entwicklung, von der bereits festgestellt wurde, dass sie zu einer sinkenden Population führen wird. Damit kann man heute schon sicher absehen, das eine Umkehr dieses Prozesses in absehbarer Zeit nicht machbar sein wird. Wollte man diesen Effekt – es fehlen bereits seit einer Generation Kinder, die Eltern werden könnten – binnen einer Generation ausgleichen, so müsste heute jede Frau im gebärfähigen Alter mindesten sechs bis sieben Kinder bekommen. Erst mit solch einer Anstrengung würden die fehlenden Menschen ersetzt werden können. Allein diese Zahlen verdeutlichen, dass wir mit der vorherrschenden Entwicklung uns abfinden müssen.

Betrachtet man sich die Folgen des Fertilitätsverhaltens der heutigen Elterngeneration für die Zukunft, d.h. man extrapoliert diese Entwicklung der Kinderzahlen auf die nächsten 10 Jahre, so ergibt sich folgende Bild, wenn man sich dabei ausschließlich auf die Altersgruppe der Kinder unter sieben Jahre beschränkt:

Abbildung 1: Prognostizierter Rückgang der Kinderzahl in der Altersgruppe der bis unter 7 Jährigen

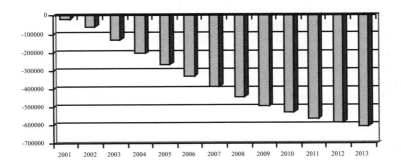

Ausgehend vom Jahr 2000 wird sich die bekannte Entwicklung bis weit in das nächste Jahrzehnt hinein erstrecken. Auf diesem Weg werden noch einmal bis zu 600.000 Kinder weniger geboren werden, d.h. pro Geburtsjahr ein durchschnittlicher Rückgang um 10.000 Geburten. Erst Mitte dieses Jahrzehntes wird der Rückgang der Geburten abflachen. Wenn wir aber bereits heute darüber klagen, dass uns Eltern fehlen, die niemals geboren wurden, so wird mit dieser Projektion deutlich, dass dieser Prozess noch lange nicht abgeschlossen ist.

4 Kinder und ihre Familien

Kinder werden eine immer kleinere Bevölkerungsgruppe. Aber nicht nur darin werden sich künftige Generationen von den früheren Generationen unterscheiden. Kinder, und dies wird immer deutlicher, werden in zunehmendem Maße zwei berufstätige Eltern haben. Dieser Trend deutet sich heute bereits in der Altersgruppe der Schulkinder an und wird sich zunehmend auch in den Altersgruppen zeigen, die heute noch überwiegend von den nicht erwerbstätigen Müttern betreut werden. Unter dem Schlagwort des work-live-balance wird bereits intensiv darüber nachgedacht, wie sich Arbeit und Beruf gerade unter dem Aspekt berufstätiger Mütter vereinbaren lässt. Flexiblere Öffnungszeiten der Kindertagesstätten, Ganztagsbetreuung und Betriebskindergärten sind nur einige der Themen, die hier eine große Rolle spielen. Kinder werden künftig damit rechnen müssen, dass sie bereits in jungen Jahren ganztags von professionellen Kräften betreut werden. Gleichzeitig wird es immer weniger Kinder geben. Das muss, wie die Erfahrung mit den Wiedervereinigung zeigte, durchaus kein Nachteil für die Lebensbedingungen von Kindern sein. Die Konkurrenzsituation um die wenigen Kinder wird die Einrichtungen dazu veranlassen, die Ausstattung und das Angebot so zu gestalten, dass es den Bedürfnissen der Kinder und ihren Familien zunehmend gerechter wird. Davon kann heute vielfach noch keine Rede sein. Erste Befunde zur Betreuungssituation von Vorschulkindern zeigen uns, dass in den städtischen Zentren Ganztagsbetreuung zunimmt und die Kinder vollzeiterwerbstätiger Mütter in wachsender Anzahl einem Betreuungsmix unterliegen, welches neben der institutionellen Betreuung und der Betreuung durch die Eltern durch die Beschäftigung bezahlter Kräfte charakterisiert ist.

Andererseits wissen wir, dass die Fertilitätsraten der Migranten deutlich höher sind als bei den Deutschen. Dies führt heute bereits dazu, dass in der Altersgruppe der 5-6-Jährigen etwas jedes fünfte Kind über einen Migrationshintergrund verfügt. Damit ist die Tatsache angesprochen, dass entweder ein Elternteil oder das Kind selbst nicht deutscher Herkunft ist. Dieser Trend wird sich fortsetzen. Für die Kinder, die in Deutschland ihre Kindheit verbringen werden, heißt dies, dass sie bereits sehr früh mit andern Ethnien und Kulturen zusammentreffen werden. So wird es durchaus normal sein, dass der beste Freund aus der Türkei kommt und die beste Freundin auch noch russisch spricht. Dies war für Kinder nie ein Problem und wird es auch künftig nicht sein. Es ist jedoch schon oben angesprochen worden, dass diese Vielfalt an Kulturen und Ethnien stets verbunden ist mit einer Pluralität an Werten und Normen. Kinder, für die es normal ist, multikulturell aufzuwachsen, werden diese Erfahrungen auch in ihre Familie hineintragen. Damit steigt die Anforderung an die Eltern, sich als Clearingstelle zu bewähren und die unterschiedlichen Eindrücke und Erfahrung auch

5 Lebenswelt der Kinder

angemessen verarbeiten zu können. Es lässt sich unschwer ausmahlen, dass diese Funktion der Familie mit wachsendem Alter der Kinder anspruchsvoller wird. ‚Weniger Kinder' wird nicht automatisch heißen, keine Geschwister zu haben. Zwar sind bereits heute die kinderreichen Familien nur mehr eine verschwindend geringe Minderheit. Dennoch kann man feststellen, dass wenn sich Eltern für ein Kind entschieden haben, dies oft auch die Geburt eine zweiten Kindes impliziert. Für den Geburtenrückgang ist insbesondere der deutliche Anstieg der Kinderlosigkeit verantwortlich. Wie sich Eltern zukünftig entscheiden werden, ist ungewiss. Die Entscheidung für oder gegen Kinder wird insbesondere davon abhängen, welche Unterstützungsleistung Familien durch die etablierten Institutionen erhalten werden. Man kann davon ausgehen, dass sich der derzeitige Trend zur Kinderlosigkeit in dem Maße fortsetzen wird, wie die Bedingungen für Familien mit Kindern unverändert schlecht sein werden. Dies fängt bei der Vereinbarkeit von Familie und Beruf an und endet nicht zuletzt bei der Betreuung der Kinder. So zeichnet sich bereits heute ab, dass Kinderbetreuung im Vorschulalter für junge Familien ein echter Kostenfaktor ist. Diejenigen Kinder, die mit 5-6 Jahren keinen Kindergarten besuchen (ca. 4%; vgl. DIW 2004), stammen zu einem großen Teil aus unterprivilegierten Schichten der Bevölkerung, die sich den Kindergarten aus verschiedenen Gründen nicht leisten können. Einer davon ist die Arbeitslosigkeit eines Elternteils. Wenn gleichzeitig die Ganztagsplätze insbesondere an jene Kinder vergeben werden, deren Eltern ganztags erwerbstätig sind und überwiegend aus höher qualifizierten Bildungsschichten kommen, dann werden derzeit Weichen gestellt, die zugunsten der sowieso schon privilegierten Bevölkerungskreise verlaufen. Kindertagesstätten werden dann möglicherweise nicht mehr in der Lage sein, die vorhandenen Unterschiede auszugleichen, sondern werden diese womöglich noch verstärken, da diejenigen Kinder, die sozial benachteiligt sind, diese Betreuungseinrichtungen nicht besuchen können.

In einem Punkte werden sich die Kinder in Zukunft von allen anderen, bisherigen Kindern unterscheiden. Sie werden nicht mehr nur Großeltern haben und diese auch bewusst kennen lernen, sie werden vermehrt auch Urgroßeltern haben, die sie als lebende Verwandte zu ihrem Netzwerk zählen können. Mit der immer noch wachsenden Lebenserwartung von Männern und Frauen wird diese Art der familiären Beziehungen real werden. Da wir wissen, dass Großeltern immer noch einen erheblichen Anteil der Kinderbetreuung übernehmen, liegt hierin auch einen Chance für die Kinder und ihre Familien. In dem Maße, wie sich die Lebenserwartung erhöht, wächst auch das Potential der Betreuung durch die Großeltern. Auch wenn wir nicht davon ausgehen dürfen, dass die neuen Großeltern sich ebenso wie die bisherigen Großeltern der Kinderbetreuung verpflichtet fühlen werden, so spricht doch das größere Potential dafür, dass die künftigen Enkel in diesem Bereich einen großen Fundus familialer Betreuung vorfinden werden.

5 Kinder und ihre institutionelle Umwelt

Kinderbetreuung im Rahmen von Institutionen ist schon immer als soziale Arbeit verstanden worden. Dabei gilt, dass Sozialarbeit stets in engem Zusammenhang mit Reformvorhaben im sozialen Bereich standen. Einige solcher Vorhaben sind z.b. die Armenfürsorge, Hilfsangebote bei Arbeitslosigkeit, die Altenpflege oder die Jugendfürsorge. Im weitesten Sinne also auch die Kinderbetreuung. Dabei lässt sich seit Bestehen der Profession „soziale Arbeit" ein Trend feststellen, der schon bald nach ihrer gesellschaftlichen Etablierung zu einer immer größeren Spezialisierung führte. Letztlich verstanden sich viele der darin Beschäftigten als jene Protagonisten, die aus dem Vorhandensein offensichtlicher gesellschaftlicher Probleme den Anspruch ableiteten, allen Menschen in ihren (gemeinsamen) Bedürfnissen gerecht zu werden.

Diese ideale Vorstellung entspricht aber nicht den existierenden Rahmenbedingungen sozialer Praxis. Hier müssen Funktionen und Entscheidungen übernommen werden, die sich aus diversen politischen Vorgaben ergeben. Sozialpolitik, Migrationspolitik, Bildungs- und Gesundheitspolitik, Kommunalpolitik aber auch übergreifende europäische Themen zwingen die Berufstätigen im Bereich sozialer Arbeit immer wieder und immer häufiger zur Neudefinition der Tätigkeit, zu neuen Einsatzgebieten und immer neuen Dienstleistungen. Nicht von ungefähr wird heute vor einer Fragmentierung der sozialen Arbeit gewarnt, vor dem Zustand also, in dem man nach marktüblichen Grundsätzen soziale Leistungen zu erbringen hat, die auf den „Märkten" verhandelt werden sollen.

Hier nun setzen meine Überlegungen zu möglichen Auswirkungen der Bevölkerungsentwicklung auf die Tätigkeitsbereiche der sozialen Arbeit als Dienstleistungsangebot auf. Soziale Arbeit existiert nicht im luftleeren Raum, sondern ist in besonderer Weise den gesellschaftlichen Gegebenheiten verbunden. So darf man sich auch nicht wundern, wenn sich die soziale Arbeit gemäß den Anforderungen einer pluralisierenden Gesellschaft neu strukturieren und orientieren muss. Dabei wird sie auch nicht umhin kommen, sich marktorientiert zu verhalten. Dies gilt insbesondere hinsichtlich der Tatsache, dass soziale Arbeit in wegbrechenden, ehemals zentralen Feldern sich behaupten möchte (z.B. den Kindertagesstätten) und auf neuen Märkten, z.B. erlebnisorientierten Freizeitaktivitäten für Jung und Alt, vermutlich gegen den erklärten Widerstand kommerziell orientierter Konkurrenten, Fuß fassen soll und man darüber hinaus weiterhin auf traditionellen Gebieten (z.B. im Sozialdienst) präsent bleiben muss.

5 Lebenswelt der Kinder

So gab es nach der Wende in den neuen Bundesländern in Folge der drastisch gesunkenen Geburtenzahlen einen sich zunehmend verschärfenden Konkurrenzkampf der vorhandenen Betreuungseinrichtungen um die wenigen, verbliebenen Kinder. Positiv fielen dabei die am Bedarf von Kindern und Familien orientierten Betreuungsangebote auf, das erhöhte Engagement bei der Ausstattung der Einrichtungen und der dargebotenen Zusatzangeboten, wie aber auch eine erhöhte Kommunikationsbereitschaft zwischen Eltern und Betreuern um die Belange der Kinder. Negativ wirkten die Steuerungsmechanismen, die in dem einsetzenden Konkurrenzkampf zum Tragen kamen. Preis, Angebot und Nachfrage regelten so manche Betreuungssituation und führten zu vielfachen Entlassungen beim Personal und zur Schließung von Einrichtungen. Angesichts der eben beschriebenen Bevölkerungsentwicklung wird sich dieser Zustand im Osten der Republik nicht grundlegend ändern und im Westen werden wir damit rechnen dürfen, dass es auch hier zu ganz ähnlichen Effekten kommen wird. Während aber die Klientel von der Entwicklung profitiert, führt sie bei den institutionellen Trägern des öffentlichen Betreuungsangebotes zu einem harten Verdrängungswettbewerb. Für die Dienstleister im Bereich der sozialen Arbeit bedeutet dies nicht mehr eine Orientierung an der Politik, sondern eine Orientierung an dem sich verändernden „sozialen Markt".

Zum andern aber – und dies ist ein Zeichen davon, wie sehr sich heute die Orientierung an der Politik durchgesetzt hat – sollen Kindertagesstätten zu einem Bildungsort für Kinder werden und dies nicht erst in der Folge der Pisa-Studie. Moderne Gesellschaften verdanken ihr Wissen den etablierten Institutionen des Lernens. Dazu zählten immer schon die Schule und selbstverständlich die Familie. Mit den Veränderungen, die wir in diesen Bereichen wahrnehmen können, hat sich aber auch unser Verständnis dessen geändert, welchen Stellenwert die Wissensvermittlung in diesen beiden Bereichen tatsächlich hat. Neuere Untersuchungen kommen immer häufiger zu dem Schluss, dass neben der formalisierten Bildung der Schule und der basalen Wissensvermittlung der Familie weitere Formen des Lernens Not tun.

Heute stellen wir uns immer öfters die Frage, ob unter Berücksichtigung der veränderten sozialen Bedingungen des Aufwachsens von Kindern Kindertageseinrichtungen nicht jene Orte sein sollten, an denen Kinder Dinge lernen und erleben können, die ihnen im Alltag des Familienlebens aber auch hinterher in den Schulen versagt bleiben. Dies erscheint vor den oben skizzierten Entwicklungen immer plausibler, da immer weniger gemeinsame Zeit mit den Personen in der Familie verbracht werden. Diese können Kinder in öffentlichen Einrichtungen kompensieren, indem sie dort sehr viel mehr und anderes lernen, als sie dies unter den naturwüchsigen Bedingungen der Herkunftsfamilie im Durchschnitt tun können. Damit erwächst den Kindertageseinrichtungen eine neue, bislang nicht zugestandene Qualität. Konkret bedeutet dies, dass Kitas nicht mehr länger das Image einer Verwahranstalt oder eines Ersatzangebotes für eine reine Familienkindheit hätten, sondern dass ihre Attraktivität darin begründet läge, eine echte Alternative zu bislang etablierten Bildungsorten zu sein. Lernen – eine von allen in ihrer Nachhaltigkeit als unerlässlich angesehene Voraussetzung für das Leben in modernen Gesellschaften – würde zum zentralen Thema auch und gerade im Bereich der Kindertagesstätten. Dazu notwendig ist eine Diskussion darüber, welches denn die Inhalte dieses Lernprozesses sein können oder sollen. Angesichts der oben beschriebene Veränderungen im Bereich Familie aber auch der durch die Pisa-Studie offenkundig gewordenen Defizite ließen sich hier unschwer einige Schwerpunkte benennen. Da diese Lernorte aber zunehmend multikulturell zusammengesetzt sein werden, ergibt sich daraus – auch dies ist im 11. Kinder und Jugendbericht bereits nachzulesen – ein deutlich erhöhter Qualifizierungsbedarf für die in diesen Institutionen tätigen Personen. Dies bezieht sich nicht nur auf die Sprachkenntnisse, sondern insbesondere darauf, den Umgang mit unterschiedlichen Werten und Vorstellungen, mit sehr verschiedenen Bedürfnissen und Eigenheiten angemessen bewerkstelligen zu können.

6 Zusammenfassung

Will man die oben beschriebene Entwicklung an einem kleinen Beispiel aus der Familiensoziologie verdeutlichen, so ergäbe sich folgendes Bild: Familien mit kleinen Kindern verhielten sich lange Zeit nach einem politisch gewollten Grundmuster. Die ersten Jahre nach der Geburt eines Kindes (0-6-Jahre) blieb die Mutter beim Kind daheim und versorgte daneben Ehemann und Hauhalt. Nach der Einschulung (des jüngsten Kindes) wurden viele Mütter wieder (teilzeit-)erwerbstätig. Ein nicht zu vernachlässigender Teil der Mütter aber blieb auch weiterhin ganz der Familie verpflichtet. Unterstützt und damit entlastet wurden diese Mütter ab den 1960er Jahren durch institutionelle Betreuungsangebote. Vom vierten Lebensjahr an durften Kinder in den Kindergarten. Vor 1960 war es hingegen der erklärte politische Wille, dass die Betreuung der Kinder bis zum sechsten Lebensjahr durch die Mutter zu erfolgen hat.

Durch die Bildungsreform in den 1970er Jahren entwickelte sich auf der Seite der Frauen ein neues Bewusstsein. Sie waren es, die in besonderer Weise an der Bildungsexpansion partizipierten und mit immer höheren Bildungsabschlüssen aufwarten konnten. Der Arbeitsmarkt reagierte prompt auf diese Entwicklung und bot diesen Frauen entsprechende Stellen vornehmlich im Dienstleistungssektor an. Nicht reagiert haben die institutionellen Betreuungsangebote. Rigide Öffnungszeiten, mangelnde Flexibilität bei den Betreuungsangeboten und ungünstige Entfernungen zum Wohnort oder dem Arbeitsplatz führten zu einer

5 Lebenswelt der Kinder

steigenden Nachfragen nach Tagesmüttern. Diese Entwicklung ist unschädlich, solange genügend Kinder nachwachsen. Nachdem aber hochqualifizierte Frauen später und in der Regel weniger Kinder bekommen, wurden und werden die institutionellen Betreuungsangebote zunehmend weniger frequentiert. Initiativen hingegen, die an den Bedürfnissen junger Familien und deren modernen Mütter orientiert sind, sehen heute einer immer rosigeren Zukunft entgegen. So sind betriebsstättennahe Kinderbetreuungseinrichtungen – angefangen von Kleinstkindern bis hin zu Vorschulkindern – mit flexiblen Öffnungszeiten, der Möglichkeit der Einnahme eines gemeinsamen Mittagessens von Mutter und Kind und einer Ganztagesbetreuung heute so gefragt wie nie zuvor. Dabei werden sie sowohl von den Betrieben als auch von den Familien in ihrem Tun unterstützt. Voraussetzung für die Entstehung solcher Initiativen ist aber eine Marktorientierung und nicht eine Orientierung an politisch Gewolltem.

Soweit das bisherige Bild. Schaut man ein wenig in die Zukunft, so wird man feststellen müssen, dass sich gerade die Soziale Arbeit als Dienstleistungsangebot bei der heute angenommenen Entwicklung der Bevölkerung bis zum Jahr 2050 in – wie ich meine – zentralen Bereichen zunehmend marktorientierter verhalten wird, indem sie sich entweder im Wettbewerb behaupten oder sich künftig vermehrt auch kommerziellen Interessenten stellen muss. Soziale Arbeit im Bereich von Kindern und Jugendlichen wird sich, auch wenn schon gelegentlich davor gewarnt wurde, fragmentarisieren. Dies bietet für die Kinder die Chance, in den entsprechenden Einrichtungen all jene Sachen kennen zu lernen, die möglicherweise im Kontext der Familie nicht erlebt werden können. Selbst die Tatsache, dass Kinder in Zukunft über deutlich mehr Großeltern und sehr wahrscheinlich auch noch Urgroßeltern verfügen werden, wird die größere Abwesenheit der Eltern durch deren Erwerbstätigkeit nicht kompensieren können. Dies ist allein der Tatsache geschuldet, dass die jungen Alten selbst noch erwerbstätig sein werden, die alten Alten aber evtl. nicht mehr den Anforderungen einer ganztägigen Kinderbetreuung gewachsen sind. Unterstellt man also die Fragmentierung, ist damit automatisch die Aufsplitterung kindlicher Lebenswelten verbunden. Möglicherweise aber nicht in einem desaströsen Sinne, nach dem Motto „survival of the fittest", sondern eher im Sinne einer sich pluralisierenden Gesellschaft, in der Mannigfaltigkeit, Multikulturalität und Optionenvielfalt als wichtig und richtig angesehen werden. Für unsere Kinder ist oder wird dies ganz normal sein, für die Gesellschaft wird es zur Normalität werden.

Literatur

Alt, Christian (2001): Kindheit in Ost und West. Opladen.

Blossfeld, Hans-Peter (1987): Berufseinstieg und Segregationsprozeß. Eine Kohortenanalyse über die Herausbildung von geschlechtsspezifischen Strukturen im Bildungs- und Berufsverlauf. In: Weymann, A. (Hrsg.): Bildung und Beschäftigung. Grundzüge und Perspektiven des Strukturwandels. Göttingen. S.281-314.

Engstler, Heribert (1997): Die Familie im Spiegel der amtlichen Statistik. Bonn.

Hradil, Stefan (1994). Sozialisation und Reproduktion in pluralistischen Wohlfahrtsgesellschaften. In: Sünker, Heinz / Timmermann, Dieter / Kolbe, Fritz-Ulrich (Hrsg.). Bildung, Gesellschaft und soziale Ungleichheit. Frankfurt: Suhrkamp, 89-119.

Huinink, Johannes (1989): Das zweite Kind. Sind wir auf dem Weg zur Ein-Kind-Familie? In: Zeitschrift für Soziologie, Jg. 18, Heft 3, S.192-207.

Löhr, Henrike (1991): Kinderwunsch und Kinderzahl. In: Bertram, H. (Hrsg.): Die Familie in Westdeutschland. Opladen, S.461-496.

Schwarz, Karl (1996): Familienbildung gestern und heute aus regionaler Sicht. Zeitschrift für Familienforschung Nr. 8, S. 117-131.

Tölke, Angelika (1989): Lebensverläufe von Frauen. Familiäre Ereignisse, Ausbildungs- und Erwerbsverhalten. München.

Tölke, Angelika (1991): Partnerschaft und Eheschließung – Wandlungstendenzen in den letzten fünf Jahrzehnten In: Bertram, H. (Hrsg.): Die Familie in Westdeutschland – Stabilität und Wandel familialer Lebensformen. Opladen.

6 Lebenslagen älterer Menschen

Karin Stiehr

Die nächsten beiden Generationen älterer Menschen werden Hauptakteure im demografischen Wandel der kommenden 50 Jahre sein: sowohl in der Rolle derjenigen, deren Lebenslagen durch externe Faktoren erheblich beeinflusst werden, als auch in der Rolle derer, die über maßgebliches Gestaltungspotenzial verfügen. Die absehbare Alterungsprozess der Gesellschaft beruht auf drei Faktoren, deren Ausmaß zwar Anlass zu Spekulationen gibt, nicht aber deren Eintritt:

- Die Geburtenrate wird auf einem niedrigen Niveau verharren.
- Die Lebenserwartung wird weiterhin zunehmen.[1]
- Zuwanderungen werden den Bevölkerungsrückgang und die Verschiebung der Altersstruktur nur abmildern, nicht aufhalten.

In der Zusammensetzung der Bevölkerung werden ältere Menschen immer stärker an Präsenz gewinnen. 1999 kamen auf 100 20- bis unter 60-Jährige 41,3 Personen im Alter von 60 und mehr Jahren. Nach einem mittleren Szenario der Bevölkerungsentwicklung wird dieser „Altenquotient" auf 69,6 im Jahr 2030 und 74,7 im Jahr 2050 gestiegen sein. Im Verhältnis sogar noch schneller nimmt der „Hochbetagtenquotient" zu: Während es 1999 auf 100 Personen zwischen 20 und 80 Jahren 4,8 Personen ab dem 80. Lebensjahr gab, werden dies – auf der obigen Berechnungsgrundlage – 9,5 im Jahr 2030 und 15,6 im Jahr 2050 sein (Deutscher Bundestag 2002: 26ff.). Man wird, wie im 4. Bericht zur Lage der älteren Generation formuliert, es künftig als Regel und nicht als Ausnahme betrachten, dass ein Mensch 80 Jahre alt wird. „Höchstaltrige" sind eine weitere schnell wachsende Bevölkerungsgruppe. Feierten nur 158 Menschen 1965 ihren 100. Geburtstag, so waren es bereits im Jahr 1998 2.948 Personen, davon 2.583 Frauen (BMFSFJ 2002: 57).

Für die Bestimmung des Zeitpunkts, ab dem ein Mensch als „älter" oder „alt" gilt, existiert keine allgemein gültige Regel. Biologische Definitionen orientieren sich an der körperlichen Verfassung, die von der Zahl der gelebten Jahre

---

[1] Vgl. Deutscher Bundestag 2002: 33. Von der weiterhin insgesamt zunehmenden Lebenserwartung werden vor allem Männer profitieren, die sich der stets höheren Lebenserwartung von Frauen annähern.

erheblich abweichen kann. Arbeitsmarktorientierte Definitionen machen den Ausstieg aus dem Erwerbsleben zum Indikator des „älteren Menschen". Angesichts fließend gewordener Ausstiegsalter und -muster, etwa im Rahmen von Altersteilzeitarbeitsplätzen, verliert diese Definition jedoch zunehmend an Gültigkeit. Orientiert man sich wie in diesem Artikel zur Bestimmung der Gruppe älterer Menschen an einer unteren Altersgrenze von 50 Jahren, so ergeben sich andere Probleme: man hat es mit gleich drei Generationen zu tun. Die jüngeren Älteren, die mittlere Generation der Älteren und die Hoch- bzw. Höchstaltrigen unterscheiden sich in ihren Lebenslagen wesentlich. Beide, der 100-Jährige und seine 50-jährige Enkelin, gehören dann der Gruppe älterer Menschen an.

Die Lebenslagen älterer Menschen werden durch ein ganzes Bündel von persönlichen und gesellschaftlichen Determinanten geprägt. Alter ist nur einer von vielen Faktoren und nicht zwangsläufig für alle Kontexte der wichtigste. Andere sind zum Beispiel die Zugehörigkeit zu einer Ethnie, Arbeits- und Einkommenssituation, rechtliche Verhältnisse, Standortbedingungen und Geschlecht (vgl. u.a. Amann 2000: 64 und Backes 2000: 93ff.).

So erlebten bzw. erleben ältere Frauen häufiger als ihre männlichen Altersgenossen zum Beispiel Benachteiligungen in ihrer schulischen und beruflichen Bildung, hatten infolgedessen einen schlechteren Zugang zu gut bezahlten Arbeitsplätzen und ein größeres Risiko der vorzeitigen Ausgrenzung aus dem Arbeitsmarkt. Aus den vorgenannten Faktoren wiederum resultiert ihr höheres Armutsrisiko im Alter. Hinzu kommt eine größere Arbeitsbelastung durch unbezahlte Arbeit, vor allem in der Betreuung von Kindern und pflegebedürftigen Angehörigen sowie in sozialen Netzwerken. Ein an sich erfreulicher Umstand, die längere Lebenserwartung von Frauen, geht jedoch derzeit einher mit höheren Risiken der Isolation. Darüber hinaus gehen diese prekären Lebensbedingungen einher mit einem schlechteren Zugang älterer Frauen zur Mitwirkung an Entscheidungsprozessen und an der politischen Vertretung ihrer Interessen (vgl. Stiehr/Huth 2001: 69ff.).

Die implizite Subsummierung älterer Frauen unter „ältere Menschen" wird diesen spezifischen Bedingungen nicht gerecht. Aber auch hier wird der demografische Wandel Wirkungen zeigen: Das Hereinwachsen der Generation der Babyboomers in das 3. Lebensalter wird ab dem nächsten Jahrzehnt dazu führen, dass der Anteil besser gebildeter, länger erwerbstätiger und politisch erfahrener älterer Frauen wesentlich ansteigen wird.

Ältere Menschen sind schon heute eine höchst heterogene Gruppe, und nichts deutet darauf hin, dass sich die Vielfalt ihrer persönlichen und sozialen Lebensbedingungen reduzieren wird. Im Folgenden wird dargestellt, welcher Wandel in den Bereichen „Arbeit", „Einkommen", „Gesundheit" und „Integration" die Lebenslagen älterer Menschen beeinflussen wird. Im Rahmen des für diesen Artikel vorgesehenen Platzes wird versucht, die Entwicklungen für Teilgruppen unter den älteren Menschen möglichst angemessen zu differenzieren.

1 Arbeit

Im Jahr 2000 gab es in Deutschland 44,4 Mio. Erwerbspersonen, darunter 36,6 Mio. Erwerbstätige[2]. Den knapp 4 Mio. registrierten Arbeitslosen standen etwas mehr als eine halbe Million offene Stellen gegenüber. Ältere Arbeitnehmer und insbesondere Arbeitnehmerinnen waren und sind überdurchschnittlich häufig von Arbeitslosigkeit und Langzeitarbeitslosigkeit betroffen. Beklagt werden eine ganze Reihe von Formen von verdeckten inner- und außerbetrieblichen Benachteiligungen für ältere Erwerbstätige und Arbeitslose, u.a. bei Vermittlungen oder dem Zugang zu Weiterbildungsmaßnahmen (vgl. auch Naegele 1996, und BMFSFJ 2001: 164).

Seit langem gelten ältere Menschen als Problemgruppe auf dem Arbeitsmarkt. Für sie schienen Lösungen, vor allem in Form eines vorzeitigen Ausscheiden aus dem Erwerbsleben, jedoch auf der Hand zu liegen, und sie wurden von einem breiten Bündnis getragen: Nur eine Minderheit der Älteren war daran interessiert, bis zum gesetzlichen Rentenalter zu arbeiten. Arbeitgeber hingegen sahen es als unproblematisch an, ältere durch jüngere Arbeitnehmerinnen und Arbeitnehmer mit vergleichsweise niedrigen Gehältern – und oft weniger Fehlzeiten – auszutauschen, und von Gewerkschafts- und Regierungsseite wurde diese Praxis im Sinne erwünschter arbeitsmarktpolitischer Effekte und als Ausdruck der Solidarität der Generationen begrüßt. Als Trend der letzten drei Jahrzehnte ergab sich somit ein Austritt aus dem Erwerbsleben in immer jüngeren Jahren (vgl. Deutscher Bundestag 2002: 62).

Dieser immer weitergehenden „Verjüngung" des Alters wird inzwischen von staatlicher Seite nach Kräften entgegengetreten. Ab dem Jahr 2012 wird es eine reguläre, für Männer und Frauen einheitliche Altersgrenze von 65 Jahren geben, ab der eine Versichertenrente ohne Abzüge möglich ist. In wenigstens gleicher Weise wie die Finanzierungsprobleme eines Rentensystems, dessen Konzeption nicht voraussah, dass Menschen nach ihrem Austritt aus dem Erwerbsleben weitere 25 bis 30 Jahre leben, wird jedoch auch der demografische Wandel zu einer Verlängerung der Erwerbsphase beitragen.

---

[2] „Erwerbspersonen setzen sich aus den Erwerbstätigen und den Erwerbslosen zusammen. ... Erwerbslose sind Personen ohne Arbeitsverhältnis, die sich jedoch um eine Arbeitsstelle bemühen, unabhängig davon ob sie beim Arbeitsamt als Arbeitslose gemeldet sind. Insofern ist der Begriff der Erwerbslosen umfassender als der Begriff der Arbeitslosigkeit." (Deutscher Bundestag 2002: 57)

„Spätestens nach 2020", heißt es im Bericht der Enquête-Kommission Demografischer Wandel, „wird auf Grund des natürlichen Bevölkerungsrückgangs das Angebot an Arbeitskräften deutlich zurückgehen. Auch die Anzahl der Personen im erwerbsfähigen Alter (15 bis unter 65 Jahren) geht zurück. [...] Parallel dazu steigt das Durchschnittsalter des Erwerbspersonenpotenzials. Diese langfristigen Trends gelten für die alten wie für die neuen Bundesländer" (Deutscher Bundestag 2002: 67).

Der hier genannte Wendepunkt des Jahres 2020 ist Ausdruck einer vergleichsweise vorsichtigen Schätzung; von vielen Seiten wird die Trendwende bereits für 2010 erwartet. Faktoren, die für Prognosen des künftigen Erwerbsverhaltens eine wichtige Rolle spielen, sind u.a. Regelungen zum Leistungsbezug für gesetzliche Renten, das Ausmaß der Zuwanderung und die Ausschöpfung des zusätzlichen Erwerbspotenzials von Frauen, insbesondere älterer und ausländischer Frauen.

Unterschiedliche Annahmen zu diesen Entwicklungen führen zu abweichenden Resultaten: Die Schätzungen zur Zahl der Erwerbspersonen im Jahr 2050 schwanken zwischen 27,3 Mio. und 31 Mio. Verglichen mit dem Jahr 2000 hätte sich diese Zahl also um wenigstens 13,4, vielleicht aber sogar 17,1 Mio. Personen vermindert. Alle Prognosen gehen von einem besonders starken Anstieg von wenigstens 60-jährigen Erwerbspersonen von weniger als 4% aller Erwerbspersonen auf rund 12% bis zum Jahr 2030 aus und danach dem Verharren zwischen 10% und 11% (a.a.O.: 70). Das Erwerbspersonenpotenzial wird also durch immer weniger und immer älter werdende Arbeitnehmerinnen und Arbeitnehmer charakterisiert.

Einige Aspekte der künftigen Entwicklung geben Hoffnung, dass inner- und außerbetriebliche Formen der Ausgrenzung oder Benachteiligung älterer Arbeitnehmer wenn auch nicht aufgehoben, dann doch weniger ausgeprägt sein werden. In der sich zweifellos entwickelnden „Wissensgesellschaft", in der sekundäre Dienstleistungen wie Forschung und Entwicklung, Organisation und Management, Betreuung und Beratung, Lehre und Publikation gegenüber allen anderen Bereichen an Bedeutung gewinnen werden, werden die spezifischen Erfahrungs- und Wissensressourcen älterer Arbeitnehmerinnen und Arbeitnehmer gefragter als heute sein.

Zugleich werden sich bei den älteren Erwerbstätige im Vergleich zu heute um Menschen mit wesentlich höherem Qualifikationsniveau und damit verbundenen geringeren persönlichen Zugangsbarrieren gegenüber formalen Formen des lebenslangen Lernens, wie betriebliche Fort- und Weiterbildungsmaßnahmen, handeln. Bereits heute wird ein wachsendes Interesse älterer Menschen an institutionalisierten Bildungsangeboten registriert (vgl. BMSFSJ 2001: 53). Im eigenen Interesse der Arbeitgeber wird es liegen, Qualifizierungsmaßnahmen auch Älteren zugänglich zu machen; eine Investition, die angesichts des höheren Renteneintrittsalters in der Regel auch betriebswirtschaftliche Kriterien erfüllt. Trotzdem spricht einiges dafür, dass nur gut qualifizierte ältere Erwerbstätige zu den Gewinnern des demografischen Wandels gehören werden. Für andere Teilgruppen unter den Älteren wird weiterhin gelten, dass sie zu den besonders risikoanfälligen Gruppen auf dem Arbeitsmarkt zu rechnen sind. Dies wird vor allem dann der Fall sein, wenn die derzeitige Praxis eines mit dem Alter steigenden Lohn- und Gehaltsniveaus aufrechterhalten bleibt.

Der längere Verbleib im Erwerbsleben wird – als andere Seite der Medaille – auch Folgen für die Erbringung unbezahlter Arbeit haben. Soweit es sich um freiwillige Arbeit, etwa Ehrenämter, handelt, ist davon auszugehen, dass das Potenzial jüngerer Älterer, die sich nach dem Ausstieg aus dem Erwerbsleben ein neues Betätigungsfeld suchen, zurückgehen wird. Angesichts des aber immer besseren Gesundheitszustands und wachsenden Aktivitätsinteresses älterer Menschen lässt ein späterer Ausstieg aus dem Erwerbsleben aber auch nicht die Prognose zu, dass das freiwillige Engagement älterer Menschen insgesamt beeinträchtigt wird.

Anders könnte es mit den vielfältigen Formen der unbezahlten Arbeit in familiären und sozialen Netzwerken aussehen, die in hohem Maße insbesondere von älteren Frauen ausgeübt werden. Hier ist u. a. an die Unterstützung in der Erziehung von Enkelkindern zu denken, an die Pflege der hochbetagten Eltern oder des Ehegatten, aber auch eine Vielzahl von Unterstützungsleistungen für Freunde, Bekannte und Nachbarn. Eine stärkere Einbindung von Frauen insbesondere der Altersgruppe zwischen 55 und 64 in die Erwerbsarbeit wird entweder zu einer Reduktion dieser unbezahlten Arbeitsleistungen führen oder zu ihrer noch stärkeren Be- bzw. Überlastung, als dies heute schon feststellbar ist.

2 Einkommen

Prognosen zur Einkommenssituation älterer Menschen im Zuge des demografischen Wandels gestalten sich noch komplizierter als in anderen Bereichen – zu viele schwer kalkulierbare Faktoren spielen hier eine Rolle. Zukünftige Einkommenslagen im Alter hängen nicht nur von Beschäftigungsmöglichkeiten und Erwerbseinkommen in den mittleren Jahren, also von den Arbeitsmarktentwicklungen insgesamt ab, sondern auch von Abgaben und Transferzahlungen und gesetzgeberischen Maßnahmen, die Auswirkungen auf die Leistungen der sozialen Sicherungssysteme haben. Auch die Konsumgüternachfrage und -struktur wird durch den bevölkerungsstrukturellen Wandel beeinflusst, die wiederum die Wirtschaftslage insgesamt beeinflusst. Die Vielzahl all dieser sich gegenseitig beeinflussenden Faktoren machen tragfähige Prognosen unmöglich; dennoch lassen sich auf der Grundlage bisheriger Entwicklungen einige vorsichtige Rückschlüsse ziehen.

Für die Jahre nach der deutschen Wiedervereinigung lässt sich zunächst einmal feststellen, dass sich die wirtschaftliche Situation von Rentnern- und Pensionärshaushalten maßgeblich verbessert hat. 1998 lag das verfügbare Einkommen der Haushalte älterer Menschen nur 3% unter jenem der Arbeitnehmerhaushalte, und auch der Anteil älterer Menschen an den Sozialhilfeempfängern ist deutlich niedriger als der anderer Altersgruppen (vgl. Kruse 2001: 72; BMSFSJ 2001: 200). Zwischen 1993 und 1998 haben sich nicht nur die Beträge erhöht, mit denen Rentner- und Pensionärshaushalte wirtschaften konnten, sondern auch die Unterschiede zwischen den alten und neuen Bundesländern verringerte sich. Deutlich niedriger lag jedoch das Nettoeinkommen allein lebender Rentnerinnen verglichen mit Einpersonenhaushalten von Rentnern als Folge der geschlechtsspezifischen Erwerbsbeteiligung der heute im Rentenalter befindlichen Männer- und Frauengeneration (vgl. Münnich 2001: S. 546f). Insbesondere hochaltrige alleinstehende Frauen sind einem erheblichen Armutsrisiko ausgesetzt. Das Einkommen alleinstehender hochaltriger Männer lag nur 2% unter dem nationalen Durchschnitt, das Einkommen alleinstehender hochaltriger Frauen dagegen um 25% (vgl. Adolph/Heinemann 2002: 30).

Das System der Alterssicherung in Deutschland setzt sich aus drei Säulen zusammen. Die gesetzliche Rentenversicherung, ergänzt um Systeme der Beamtenversorgung, die Alterssicherung für Landwirte und die berufsständischen Versorgungswerke, ist die wichtigste Einrichtung der ersten Säule. Die zweite Säule umfasst die Zusatzversorgung für Angestellte und Arbeiter im öffentlichen Dienst und die betriebliche Altersvorsorge im Bereich der Privatwirtschaft. Für Selbständige kommt als alleinige Säule die private Altersvorsorge in Frage; diese wird auch von Nichtselbständigen in großem Umfang genutzt (vgl. Deutscher Bundestag 2002: 149).

Einkünfte aus der gesetzlichen Rentenversicherung sind derzeit die wichtigste Grundlage des Lebensunterhalts älterer Menschen und werden es auf absehbare Zeit auch bleiben. Heutige Änderungen im System der gesetzlichen Rentenversicherung haben Folgen für das Einkommen künftiger Rentnerhaushalte, zu denen bereits Simulationsrechnungen vorliegen. So wurde exemplarisch zugrundegelegt, dass eine Reduzierung des Eckrentenniveaus von 70 auf 64 % des durchschnittlichen Nettoarbeitsentgelts und eine Veränderung der Besteuerung von Altersrenten vorgenommen wird. Unter dieser Voraussetzung erfolgt eine deutliche Verschiebung der Nettoeinkommen in untere Einkommensklassen, allerdings nicht gleichförmig für alle beteiligten Gruppen.

Von Verschlechterungen besonders betroffen werden Haushalte in Ostdeutschland sein, in denen, als zusätzliche Erschwernis, die private Altersvorsorge noch weniger ausgeprägt ist als in Westdeutschland. Weiterhin wird prognostiziert, dass es durch die allgemeine Senkung des Rentenniveaus zu einer Erhöhung der Empfänger von Sozialhilfeleistungen kommt. Dabei wird in Westdeutschland die Zunahme auf etwa eine Viertel und in Ostdeutschland etwa ein Drittel geschätzt. Auch Frauen werden von dieser Entwicklung besonders betroffen. Während nur 50% der Renten von männlichen gesetzlich Rentenversicherten heute auf einem niedrigeren Niveau als dem regulären mit 45 Entgeltpunkten beruhen, stellt dies bei Frauen mit 95% sogar den Regelfall dar (vgl. BMSFSJ 2001: 209; 153).

Die Einkommenslage künftiger Rentnerinnen und Rentner wird sich wesentlich daran bemessen, inwieweit es ihnen in der Phase ihrer Erwerbstätigkeit gelingt, eine substantielle private Altersvorsorge zu treffen. Dies ist angesichts prekärer Beschäftigungslagen der heutigen mittleren Generation in Verbindung mit hohen Arbeitslosenquoten für große Teile der Betroffenen zweifelhaft (vgl. Kruse 2001: 78). Hinzu kommen steigende Belastungen durch Sozialabgaben, wobei insbesondere im Gesundheitsbereich der Leistungsumfang merklich zurückgeht und entsprechende Befürchtungen auch bei den Pflegeversicherungsleistungen nicht unbegründet sind. Dies alles legt die Vermutung nahe, dass in Zukunft viele Ältere in finanziell deutlich eingeschränkteren Verhältnissen als heute leben werden.

„Angesichts der Vielzahl von Einflussfaktoren für die Finanzlage im Alter", so das Resümee im 3. Bericht zur Lage der älteren Generation, „ist es nicht erstaunlich, dass ein hohes Maß an Heterogenität hinsichtlich der im Alter verfügbaren finanziellen Ressourcen besteht. Diese ist auch für die Zukunft zu erwarten und könnte sich noch verstärken. Dies ist vor allem abhängig von Entwicklungen in der Erwerbsphase sowie institutionellen Regelungen, insbesondere im Steuer- und Sozialversicherungsrecht. Wie sich in Zukunft die finanzielle Situation im Alter entwickeln wird, ist unterschiedlich zu betrachten, je nachdem, ob es sich um Personen handelt, die noch in der Erwerbsphase stehen, wie nahe sie dem Rentenalter sind, oder ob sie schon aus dem Erwerbsleben ausgeschieden sind. Für künftige Rentner werden sich Einschränkungen des Leistungsrechts auswirken, die in den letzten Jahren beschlossen wurden. [...] Die Entwicklung auf dem Arbeitsmarkt und die strukturellen Veränderungen im Erwerbsleben haben für den Anspruchserwerb größte Bedeutung" (Bundesministerium für Familie, Senioren, Frauen und Jugend 2001: 210f.).

3 Gesundheit

Der Gesundheitszustand künftiger Rentnergenerationen gehört zu den Kernfragen in Überlegungen zur langfristigen Finanzierung der sozialen Sicherungssysteme. Ein steigender Anteil hoch- und höchstaltriger Menschen – in Verbindung mit einer sinkenden Zahl erwerbstätiger Beitragszahler – legt nahe, dass Einnahmen und Ausgaben der Kranken- und Pflegeversicherung in eine bedenkliche Schieflage geraten. Eine besonders starke Zunahme der Zahl von Menschen ab dem 80. Lebensjahr wird denn auch zunächst zwischen 2010 und 2020 erwartet, wenn der Hochbetagtenquotient nach den vorliegenden Prognosen von 6,5 auf 8,7 ansteigen wird. Ein weiterer sprunghafter Anstieg von 11,6 auf 15,6 wird für die Dekade zwischen 2040 und 2050 vorhergesagt (BMSFSJ 2001: 210f).

Ein hoher Anteil Hochaltriger bedeutet jedoch nicht zwangsläufig die Zunahme von Menschen in schlechtem Gesundheitszustand. Zwei Modelle konkurrieren in der Einschätzung des Verhältnisses zwischen Alter und Krankheitsrisiko: Das pessimistische Modell verbindet die immer frühere Erkennung und Behandlung von Krankheiten mit einer Verlängerung der Überlebenszeiten, jedoch auch Chronifizierung der Krankheiten. Vor allem in den letzten Lebensjahren seien Menschen dann von Multimorbidität, funktionalen Einschränkungen und erhöhter Pflegebedürftigkeit betroffen. Nach dem optimistischen Modell bleiben Menschen bei gesunder Lebensweise und Ernährung, verbesserter Hygiene und Arbeitsschutzbestimmungen und bei medizinisch-technisch besseren Verfahren und Behandlungsweisen länger oder ganz von funktionalen Einschränkungen bis ins hohe Alter verschont.

Die Analyse von Mikrozensusdaten aus den Jahren 1978 bis 1995 zum Gesundheitszustand der Geburtsjahrgänge 1907, 1913 und 1919 belegt, dass sich die später Geborenen im Alter in einer besseren gesundheitlichen Verfassung befanden als ihre Vorgänger und dies auch subjektiv so empfanden. Auffällig ist jedoch weiterhin, dass beide der oben genannten Modelle empirisch vorfindbar sind, aber im Auftreten von der Schichtzugehörigkeit abhängen (vgl. Deutscher Bundestag 2001: 184f. und Kruse 2001: 61f.). Hohes Bildungsniveau und Einkommen verbinden sich häufiger mit gesunder und präventiver Lebensführung und der Partizipation am medizinischen Fortschritt; beides zentrale Voraussetzungen für das Erreichen eines hohes und gesundes Alters. Für Angehörige unterer Schichten hingegen trifft häufiger zu, dass sie chronische Krankheiten in früheren Jahren erwerben und im Alter von Multimorbidität betroffen sind.

Auch wenn langfristig Hoffnung besteht, dass die Phase der Pflegebedürftigkeit im hohen Alter reduziert werden kann, wird im Zuge des starken Zuwachses in der Gruppe der über 80-Jährigen die Zahl behinderter, gesundheitlich beeinträchtigter und pflegebedürftiger älterer Menschen vorerst stark zunehmen. Ende 1999 gab es in Deutschland 1,8 Mio. Menschen, die Leistungen der Pflegeversicherung empfingen, und nach mittleren Prognoseszenarien wird sich die Zahl der Pflegebedürftigen bis zum Jahr 2040 auf etwa 2,5 Mio. gesteigert haben (BMSFSJ 2001: 88). Bei derzeit nur eingeschränkten medizinischen Behandlungsmöglichkeiten werden demenzielle Erkrankungen in den kommenden Jahrzehnten besonders zunehmen. Allein in den nächsten 20 Jahren wird für die

Fallzahlen von Personen mit Hirnleistungsstörungen ein Anstieg von fast 50 % vorausgesagt (vgl. Garms-Homolovà 2001: 87). Inwieweit das heutige Niveau der Versorgung pflegebedürftiger Menschen in Privathaushalten – wo mehr als zwei Drittel der Bezieher von Leistungen der Pflegeversicherung leben (vgl. Adolph/Heinemann 2002: 43) – auch in Zukunft aufrecht erhalten werden kann, ist fraglich. Es wird davon abhängen, ob neben älteren Frauen, den primären Leistungserbringerinnen im Pflegebereich, auch andere gesellschaftliche Gruppen gewonnen werden können, sich an der Bewältigung des Pflegeproblems zu beteiligen. Dabei kommt dem Ausbau und der bedarfsgerechten Weiterentwicklung von Angeboten der ambulanten und stationären Versorgung wesentliche Bedeutung zu.[3] Insbesondere die Bedarfslagen von Demenzkranken, älteren Migrantinnen und Migranten, älteren Alleinstehenden und älteren Menschen mit Behinderung, deren Anteile unter den Pflegebedürftigkeiten steigen wird, werden hier Aufmerksamkeit bedürfen.

Die zu Beginn dieses Abschnittes genannten Potenziale für das Erreichen eines gesunden, funktional nicht eingeschränkten hohen Alters setzen ein funktionierendes Gesundheitssystem voraus, das Maßnahmen der Prävention und medizinische Versorgung, Rehabilitation und Pflege auf weiterhin hohem Niveau anbietet. Hier zeichnen sich aber Probleme ab:

- Weil es im Alter eine höhere Inanspruchnahme der Leistungen des Gesundheitssystems gibt, wird die Verlängerung der Lebenserwartung den Kostendruck auf die Kranken- und Pflegeversicherung verstärken.
- Gleichzeitig führt die demografische Entwicklung zu einer Verringerung der Beitragszahler und damit einer tendenziell sinkenden Einnahmebasis der Versicherungen. Einsparpotenziale durch eine langfristig angelegte Prävention werden auf bis zu 30% der heutigen Kosten des durch Krankenversicherungen finanzierten Systems geschätzt. Für die Pflegeversicherung werden Einsparungsmöglichkeiten gesehen, wenn ihre Leistungen mit denen der Krankenversicherung abgestimmt oder in beide Systeme integriert würden (vgl. Deutscher Bundestag 2001: 188; 265ff.).

Auch wenn es gelingt, die medizinischen Behandlungsausgaben insgesamt zu senken, werden die Pro-Kopf-Behandlungsausgaben demografisch bedingt ansteigen und damit zu höheren Prämien und Beiträgen in den gesetzlichen und privaten Krankenversicherungen führen. Nach unterschiedlichen Szenarien

---

[3] Noch spielen Urlaubspflege, Kurzzeitpflege, Tages- und Nachtpflege in den Leistungen der Pflegeversicherung nur eine randständige Rolle. Dies lässt Rückschlüsse sowohl auf die noch nicht weit entwickelte Angebotsstruktur, aber auch auf mögliche Akzeptanzprobleme auf der Nachfrageseite zu. Vgl. Adolph und Heinemann 2002: 44.

könnten diese in den Jahren 2030 und 2050 zwischen 15 und 30% liegen. Prognosen zu den Beitragssätzen der Pflegeversicherung gehen von ihrer Verdopplung, nämlich einer Steigerung auf 3 bis 3,3% im Jahr 2040 aus (a.a.O.). Alles deutet darauf hin, dass das Ausschöpfen individueller Optionen zur Vermeidung bzw. Reduzierung des Krankheits- und Pflegebedarfs dazu führen wird, dass Menschen älter, gesünder und unabhängiger als jemals zuvor sein werden. Zugleich steht zu befürchten, dass sich durch Umstrukturierungen im Gesundheitssystem die schon heute deutliche Schere zwischen Angehörigen der unteren und oberen Schichten noch weiter öffnen könnte.

Hier ist besondere Hoffnung darauf zu richten, dass Einsparmaßnahmen die Qualität der Leistungen nicht zwangsläufig senken werden: So liegt die Lebenserwartung der deutschen Bevölkerung im internationalen Vergleich derzeit nur im Mittelfeld und unter dem europäischen Durchschnitt. Schwächen des Gesundheitssystems zeigen sich vor allem in den Sterblichkeitsraten bei Herzkrankheiten, die in Deutschland höher liegen als z.B. in den Niederlanden, Kanada oder den USA. Insgesamt lässt sich feststellen, dass die deutsche Gesundheitsversorgung international zwar einen guten Platz im oberen Mittelfeld belegt, hierfür aber einen größeren Mittelaufwand als andere Länder betreibt (vgl. Deutscher Bundestag 2001: 183).

4 Integration in familiäre und soziale Netzwerke

Die Einbindung in Gemeinschaften, seien es Familie, Freundeskreis, Nachbarschaft und andere kleinräumige Bezüge, ist ein wichtiges Kriterium für subjektiv erfahrene Lebensqualität und spielt deshalb auch für die Betrachtung der Auswirkungen des demografischen Wandels auf künftige Generationen älterer Menschen eine Rolle. Grundsätzlich gilt zunächst, dass die zunehmende Lebensdauer von Menschen die Wahrscheinlichkeit für das Zusammenleben von drei bis vier Generationen steigert und die Vielfalt der Lebenskontexte im Prinzip erhöht.

Die zunehmende Tendenz zur Individualisierung und Pluralisierung von Lebensstilen hat schon heute zu starken Veränderungen in familiären Strukturen geführt, etwa durch sinkende Geburtenraten, zunehmende Scheidungsquoten, die steigende Zahl von Single-Haushalten und größere räumliche Distanzen zwischen Eltern und ihren erwachsenen Kindern. Auch Scheidungen und Wiederheiraten bei Menschen über 50 Jahren nehmen zu.

Im Zuge des demografischen Wandels wird es tendenziell zu einer Zunahme partnerlos alternder Menschen kommen. So wird prognostiziert, dass sich der Anteil alleinlebender Männer zwischen 65 und 79 Jahren von 17% im Jahr 2000 auf 35% im Jahr 2040 mehr als verdoppeln wird. Dem gegenüber wird der Anteil von älteren Frauen mit Ehemann oder Lebensgefährten ansteigen, eine Entwick-

6 Lebenslagen älterer Menschen

lung, von der auch hochaltrige Frauen, die heute überwiegend alleine leben, profitieren werden (Adolph/ Heinemann 2002: 8ff.).

Die oben erwähnten Individualisierungstendenzen haben bisher trotz aller Befürchtungen nicht zur Auflösung von familiären Kontakt- und Unterstützungsnetzen geführt; sie haben sie lediglich geändert. Der von Leopold Rosenmayr 1978 geprägte Begriff der „Intimität auf Abstand" bestimmt in hohem Maße die Beziehungsstrukturen zwischen Familienmitgliedern. „Der größte Teil älterer und alter Menschen", heißt es im 3. Bericht zur Lage der älteren Generation, „ist gegenwärtig in tragfähige familiale Netzwerke eingebunden. In diesen haushaltsübergreifenden Mehrgenerationenfamilien finden intensive Austauschbeziehungen zwischen den Familiengenerationen statt. Individualisierung, Wertewandel und Berufsmobilität haben bislang zu keiner familialen Entsolidarisierung geführt. Für den Zeitraum der kommenden zwei Jahrzehnte kann davon ausgegangen werden, dass alte Menschen auch weiterhin in hohem Maße über familialen Austausch emotionalen Beistand und instrumentelle Unterstützung erhalten" (BMSFSJ 2001: 239).

Als Folge der demografischen Entwicklung wird es jedoch nicht nur viel mehr ältere Menschen mit einem potenziellen Unterstützungsbedarf geben, auch die Zahl älterer kinderloser Menschen, älterer Alleinlebender ohne Angehörige und älterer Ehepaare ohne Angehörige wird zunehmen. Zwar belegen zahlreiche Erhebungen, dass ein hohes Maß an Kontakt und Unterstützung nicht nur aus familiären, sondern auch aus sozialen Netzwerken bezogen werden kann. Dennoch geraten letztere an Grenzen, wenn es um langfristige und höchst beanspruchende Leistungen, wie zum Beispiel im Falle der Pflegebedürftigkeit von Menschen, geht. Mit der steigenden Zahl kinderloser Ehepaare, Singles und neuen Formen des Zusammenlebens werden Möglichkeiten der intergenerationellen familiären Unterstützung zwangsläufig abnehmen. Hier stellt sich die Frage, wie diese Lücken zu schließen sind.

In den Blick fällt zunächst das spezifische Produktivitätspotenzial älterer Menschen selbst. Schon heute nehmen sie die dritte Lebensphase in wachsendem Maße als Erlebnis- und Aktivitätszeit wahr. So hat etwa das Interesse an kulturellen und ehrenamtlichen Tätigkeiten in den vergangenen 20 Jahren gegenüber Aktivitäten wie Einkaufen oder Spazieren gehen zugenommen (vgl. Hilbert/Naegele 2001: 152). Abgesehen von zahlreichen Unterstützungsleistungen, die ältere Menschen innerhalb ihrer eigenen Familie erbringen, sind viele als Ehrenamtliche für gemeinnützige Organisationen oder in selbst initiierten Projekten tätig. Die Bereitschaft für ein Engagement außerhalb der Familie korreliert mit dem Bildungsniveau: besser gebildete Ältere – und ihr Anteil nimmt zu – sind eher davon überzeugt, dass ihr Engagement persönlich und gesellschaftlich bedeutsam ist (vgl. Kruse 2001: 39).

Die Förderung einer sozialen Teilhabe, die sich an den Bedürfnissen anderer orientiert ist, seit mehr als einem Jahrzehnt expliziertes Ziel sozialpolitischer Maßnahmen auf kommunaler, Landes- und Bundesebene. Der 3. Bericht zur Lage der älteren Generation spricht hier von einer „mitverantwortlichen Lebensführung", die ihren Ausdruck in den für andere Menschen erbrachten Leistungen und Hilfen sowie in der Übernahme von Verantwortung durch die Ausübung freiwilliger und ehrenamtlicher Tätigkeiten in der Kommune, der Nachbarschaft, in Vereinen, Verbänden und Organisationen finde. Die Mehrzahl der Älteren erfülle die Voraussetzungen für diese Formen des Engagements (BMSFSJ 2001: 60f.).

Auch wenn die Potenziale älterer Menschen im Hinblick auf Selbsthilfe und Ehrenamt in höherem Maße als heute ausgeschöpft werden könnten, so bleibt zu bedenken, dass die Anzahl von Menschen im 4. Lebensalter, das durch den Verlust von familiären und sozialen Beziehungen gekennzeichnet ist und deshalb besonderer Integrationsmaßnahmen bedarf, in einer gesellschaftlich zuvor nie gekannten Weise steigen wird. Am Ausbau und der Innovation der Strukturen der sozialen Altenarbeit wird deshalb kein Weg vorbei führen. Auch hier sind Maßnahmen einer gemeinschaftlich organisierten Selbsthilfe zwar denkbar; gleichzeitig werden jedoch konventionelle Formen, die von Älteren mit eingeschränkter Mobilität und größerem Unterstützungsbedarf gewünscht werden, nicht obsolet werden. Als ergänzende Dienste werden sie eng mit pflegerischen Leistungen zu verzahnen sein, um die Hilfen voll zur Wirkung zu bringen.

5 Resümee

Zusammengefasst lassen sich die Folgen des demografischen Wandels für die Lebenslagen älterer Menschen, den heutigen jungen Frauen und Männer, dahingehend charakterisieren, dass sie weit weniger als in der Gegenwart durch sozialstaatliche Leistungen geprägt und gesichert, sondern Ergebnis individueller Gestaltungen über die gesamte Biografie hinweg sein werden. Im Einzelnen bedeutet dies

- eine längere Erwerbsphase, zumindest für die Bildungsprivilegierten unter den Älteren, die diese Chance für ihre finanzielle Sicherung nach dem Austritt aus dem Berufsleben nutzen werden;
- ein Einkommen im Alter, bei dem sich der Anteil aus gesetzlichen Rentensystemen gegenüber der privaten Vorsorge verringern wird, und einem entsprechend erhöhten Armutsrisiko für Menschen, denen in den mittleren Jahren keine oder nur eingeschränkte Möglichkeiten für private Vorsorgemaßnahmen zur Verfügung standen;

- ein längeres und gesünderes Leben vor allem für einkommens- und bildungsprivilegiertere Ältere, auf dem derzeitigen medizinischen Stand jedoch verbunden mit dem erhöhten Risiko einer demenziellen Erkrankung in den letzten Lebensjahren,
- die Einbindung in Kontakt- und Unterstützungsnetze, in denen traditionelle und neue Formen der außerfamiliären Vergemeinschaftung die abnehmende Zahl von Familienangehörigen ersetzen müssen.

Insgesamt ist davon auszugehen, dass sich die Lebenslagen, Bedarfe und Interessen der älteren Generationen weiter ausdifferenzieren werden. Die Nutzung neuer Technologien wird für ältere Menschen im Jahr 2050 eine Selbstverständlichkeit sein, womit ein hohes Maß an Problemen, die beispielsweise im Falle eingeschränkter Mobilität entstehen, weitaus weniger gravierend als heute sein werden. Ältere Menschen in Deutschland werden einer Vielzahl von Ethnien angehören. Die Unterschiede zwischen den Lebenslagen älterer Männer und Frauen werden im Vergleich zur heutigen Situation weniger ausgeprägt sein. Dennoch steht zu befürchten, dass sich spezifische Benachteiligungen von Frauen, die sich aus diskontinuierlichen Erwerbsbiografien ergeben, nicht weniger gravierend auswirken werden.

„Älteren Menschen kommt", so heißt es auf der Website des Bundesministeriums für Familie, Senioren, Frauen und Jugend, „eine Schlüsselrolle bei der Bewältigung der anstehenden Herausforderungen des demografischen Wandels zu. Ihre Erfahrungen und Potenziale sind für die Gesellschaft unverzichtbar."[4] Individuell gedeutet heißt dies, dass die Gestaltungsmöglichkeiten der bzw. des Einzelnen maßgeblich darüber entscheiden werden, wie die jeweilige Lebenslage im Alter beschaffen sein wird.

Literatur

Adolph, Holger und Heinemann, Heike (2002): Zur Lebenssituation älterer Menschen in Deutschland. Ausgewählte Daten und Kurzinformation, DZA-Diskussionspapier Nr. 37, Berlin.
Amann, Anton (2000): Sozialpolitik und Lebenslagen älterer Menschen, in: Backes, Gertrud M. und Clemens, Wolfgang (Hg.): Lebenslagen im Alter, S. 53 – 74, Opladen.
Backes, Gertrud M. (2000): Geschlechtsspezifische Lebenslagen in West und Ost – Altern in den alten und neuen Bundesländern, in: Backes, Gertrud M. und Clemens, Wolfgang (Hg.): Lebenslagen im Alter, S. 93 – 113, Opladen.

---

[4] Vgl. http://www.bmfsfj.de/Politikbereiche/aeltere-menschen,did=12452.html

BMSFSJ - Bundesministerium für Familie, Senioren, Frauen und Jugend (2001): Dritter Bericht zur Lage der älteren Generation: Alter und Gesellschaft, Berlin.

BMSFSJ - Bundesministerium für Familie, Senioren, Frauen und Jugend (2002): Vierter Bericht zur Lage der älteren Generation in der Bundesrepublik Deutschland: Risiken, Lebensqualität und Versorgung Hochaltriger – unter besonderer Berücksichtigung demenzieller Erkrankungen, Berlin.

Deutscher Bundestag (2002): Schlussbericht der Enquête-Kommission „Demographischer Wandel – Herausforderungen unserer älter werdenden Gesellschaft an den Einzelnen und die Politik", Drucksache 14/8800 vom 28.03.2002.

Garms-Homolová (2001): Unterstützungssysteme für Hilfe und Pflege im Alter, in: Pohlmann, Stefan: Das Altern der Gesellschaft als globale Herausforderung – Deutsche Impulse, S. 122 – 171, Stuttgart, Berlin, Köln.

Hilbert, Josef und Naegele, Gerhard (2001): Unterstützungssysteme für Hilfe und Pflege im Alter, in: Pohlmann, Stefan: Das Altern der Gesellschaft als globale Herausforderung – Deutsche Impulse, S. 83 – 108, Stuttgart, Berlin, Köln.

Kruse, Andreas (2001): Differenzierung des Alters, in: Pohlmann, Stefan: Das Altern der Gesellschaft als globale Herausforderung – Deutsche Impulse, S. 23 – 82, Stuttgart, Berlin, Köln.

Münnich, Margot (2001): Zur wirtschaftlichen Lage von Rentner- und Pensionärshaushalten, in: Statistisches Bundesamt (Hg.), Wirtschaft und Statistik 7/2001, S. 546 – 571.

Naegele, Gerhard (1996): Alters- und Beschäftigungsentwicklung der nächsten Jahrzehnte – Probleme und mögliche Lösungsvorschläge, in: Frerichs, Frerich (Hg.): Ältere Arbeitnehmer im Demographischen Wandel – Qualifizierungsmodelle und Eingliederungsstrategien, S. 23 – 32, Münster.

Rosenmayr, Leopold (1978): Das menschliche Lebensalter, München.

Stiehr, Karin und Huth, Susanne (Hg.) (2001): Chancengleichheit für ältere Frauen in Politik und Gesellschaft. Ansatzpunkte für verbandliche und politische Maßnahmen zur Berücksichtigung der spezifischen Lebenslagen älterer Frauen, Stuttgart, Marburg, Erfurt.

7 Zwischen Konflikt und solidarischem Ausgleich
Die Generationenperspektive im demografischen Wandel

Margherita Zander

Demografischer Wandel ist keine neue Erscheinung – vielmehr basiert die Alterung unserer Gesellschaft auf einem säkularen Prozess, der aktuell und in naher Zukunft zweifellos eine Beschleunigung erfährt (vgl. Geißler/Meyer 1996: 336).[1] Dennoch sei darauf hingewiesen, dass es zwischen empirisch feststellbaren demografischen Veränderungen und deren öffentlicher Wahrnehmung zu unterscheiden gilt. Für die sozialwissenschaftliche Theorie und Empirie ist das Phänomen des demografischen Wandels, wie sich anhand von Zahlenreihen belegen lässt, nicht neu (vgl. Deutscher Bundestag 1998: 114). Auf gesellschaftlicher Ebene haben wir es dagegen mit einer relativ aktuellen öffentlichen Debatte über die zunehmende Alterung der Bevölkerung und die damit einhergehenden Verschiebungen im Generationenverhältnis zu tun. Diese Debatte wird gleichzeitig forciert durch eine veränderte Sicht auf den Sozialstaat und die dabei wohl anstehende wohlfahrtsstaatliche Neuverteilung von Rechten und Pflichten zwischen den Generationen. Sozialstaatliche Reformnotwendigkeiten werden jedoch auch durch andere Faktoren bedingt wie den Wandel der Lebensformen und des Geschlechterverhältnisses, strukturelle Probleme des Arbeitsmarktes, Auswirkungen von Globalisierung und Europäisierung, um nur einige zu nennen.

Im Zuge dieser öffentlichen Debatten hat der Ruf nach mehr „Generationengerechtigkeit" neues Gewicht bekommen. Das Postulat der „Generationengerechtigkeit" droht sogar andere, durchaus gleichrangige, sozialpolitische Zielvorstellungen wie „soziale Gerechtigkeit" oder „Geschlechtergerechtigkeit" in den Hintergrund zu drängen. „Generationengerechtigkeit" herzustellen, kann aber nur eine zusätzliche Herausforderung an sozialstaatliche Gestaltung bedeuten, sie ist nicht alternativ zu anderen Zielen zu sehen. Der folgende Beitrag bewegt sich

---

[1] Sehen wir uns also zunächst die Verschiebungen in der Altersstruktur der Bevölkerung im zeitlichen Rückblick an. Bildet man drei Altersgruppen (vgl. Deutscher Bundestag 1998: 114): d.h. eine erste Gruppe der 0 bis 20-Jährigen, eine zweite der 20 bis 65-Jährigen sowie eine dritte der über 65-Jährigen und betrachtet die Entwicklung der Relation zwischen diesen Altersgruppen von 1871 bis 1995 – so ergibt sich folgendes, mittlerweile wohl allgemein bekanntes Bild: prozentual gesehen hat die Gruppe der Kinder und Jugendlichen (0-20-Jährigen) seit 1871 kontinuierlich abgenommen (von 43,4% auf ca. 21%); der Anteil der über 65-Jährigen ist im gleichen Zeitraum von 4,6% (1871) auf 15,6 (1995) angestiegen; die mittlere Altersgruppe der 20 bis 65-Jährigen liegt 1995 – von einigen zwischenzeitlichen Schwankungen abgesehen – im Ergebnis mit einem Anteil von 62,9% etwas höher als im Ausgangszeitpunkt (51,9%).

daher zwischen vier Polen, die durch enge Wechselwirkungen charakterisiert sind: Ausgehend von einer sicherlich als konflikthaft wahrgenommenen Ausgangssituation (*Generationenkonflikt*) orientiert er sich perspektivisch an *Generationensolidarität* als nach wie vor erstrebenswerter Norm gesellschaftlichen Zusammenhalts sowie an *Generationengerechtigkeit* als gestalterischem Prinzip und gesellschaftspolitischer Zielvorstellung. Die zu Grunde liegende Leitidee ist, dass es im Zuge des demografischen Wandels darum geht, den *Generationenvertrag* unter Berücksichtigung der anstehenden quantitativen und qualitativen Verschiebungen und Veränderungen neu auszuhandeln; dabei gilt es die vielfältigen und komplexen Austauschbeziehungen zwischen den Generationen zu berücksichtigen (vgl. Zander 2001).

1 Generationen im familiären und gesellschaftlichen Kontext

1.1 Was ist eine Generation?

Mit „Generationen" als gesellschaftlichem Phänomen befassen sich mehrere wissenschaftliche Disziplinen; demzufolge existieren auch unterschiedliche Definitionen und Vorstellungen davon, was unter einer Generation zu verstehen ist. Grundsätzlich kann man zwischen einem biologisch-naturwissenschaftlichen, einem sozialwissenschaftlichen sowie einem sozial- und gesellschaftspolitischen Verständnis unterscheiden. Daneben gibt es ein Alltagsverständnis von Generation(en), das zudem stark medial geprägt ist.

Marc Szydlik unterscheidet zwischen *familialen* und *gesellschaftlichen* Generationen (vgl. Szydlik 2000: 19 ff.):

- *familiale Generationen* sind auf der soziologischen Mikroebene angesiedelt, d.h. damit bezeichnet man die Glieder einer familiären Abstammungslinie (Großeltern, Eltern, Kinder, Enkel);
- *gesellschaftliche Generationen* sind – makrosoziologisch betrachtet – Personen, die in einem Zeitraum von wenigen Jahren geboren wurden und demzufolge bestimmte Lebens- und gesellschaftliche Erfahrungen gemeinsam haben.

Nach dem bekannten Generationssoziologen Karl Mannheim ist allerdings auch ein gemeinsames Generationenbewusstsein Voraussetzung, um von einer Generation im eigentlichen Sinne zu sprechen (vgl. Szydlik 2000: 23); andernfalls sollte man zutreffender die Bezeichnung Altersgruppen oder Kohorten verwenden. Heinz Bude spricht in diesem Kontext auch von einer „generationellen Selbstidentifikation" (vgl. Bude 2000: 21).

7 Die Generationenperspektive im demografischen Wandel

Je nachdem, was als gemeinsames verbindendes Merkmal zugrunde gelegt wird, lassen sich *gesellschaftliche Generationen* weiter differenzieren:

- *Politische Generationen* können beispielsweise an Hand gemeinsamer historischer Erfahrungen gebildet werden, d.h. auf der Basis gemeinsam erfahrener gesellschaftlicher Ereignisse, wobei dies auch das Auftreten als öffentliche Akteurinnen und Akteure beinhalten kann (z.B.: die 68er Generation, die Nachkriegsgeneration).
- *Kulturelle Generationen* sind Alterskohorten, die durch spezifische Lebenserfahrungen, Einstellungen und Stile geprägt sind, die länger anhalten als kurzlebige Moden; auch hierfür können die 68er als Beispiel angeführt werden, wenn man sich auf die von ihnen geprägten, alternativen Lebensstile und ihre Lebensführung bezieht.
- *Ökonomische Generationen* sind Kohorten, die durch die spezifischen Chancen und Risiken der materiellen Lebensperspektiven einer Epoche Gemeinsamkeiten aufweisen. Szydlik führt hierfür z.B. die Generation der „Babyboomer" an, die eine besonders enge Ausbildungs- und Arbeitsmarktsituation vorgefunden hat (Sydlik 2000: 25).

1.2 Generationenbeziehungen und Generationenverhältnisse

In Anlehnung an Franz X. Kaufmann (1997) möchte ich begrifflich eine weitere, stärker sozialpolitisch gefärbte Unterscheidung treffen, vor allem auch deshalb, weil ich in meinem Beitrag auf das Wechselspiel zwischen individuellen Orientierungen und gesellschaftlichen Rahmenbedingungen eingehen möchte. Dabei geht es um die Einordnung der Generationen in den gesellschaftlichen Kontext oder genauer in den sozialpolitischen Gestaltungsprozess. Diese soziale Konstruktion von Generationen basiert auf der gesellschaftlichen Arbeits- und Funktionsteilung sowie auf der Verteilung von Rechten und Pflichten in einem solidarischen Gemeinwesen. Dieses sollte sich allerdings auch an anderen Gerechtigkeitsdimensionen wie der „sozialen Gerechtigkeit" und der „Geschlechtergerechtigkeit" orientieren.

Mit Franz Xaver Kaufmann kann man zwischen *Generationenbeziehungen* und *Generationenverhältnissen* unterscheiden (a.a.O.: 17 ff.):

- *Generationenbeziehungen* entwickeln sich in direkter sozialer Interaktion zwischen Angehörigen verschiedener Altersgruppen, sowohl innerhalb der Familie (zwischen familialen Generationen wie Großeltern, Eltern, Kindern, Enkeln) als auch außerhalb der Familie (z.B.: in Schule, Ausbildung und Arbeitswelt, Freizeit- und Kulturbereich, bürgerschaftlichem Engagement).

Damit betrachten wir – soziologisch gesprochen – soziale Phänomene und Austauschbeziehungen materieller wie immaterieller Art auf der Mikro- oder Mesoebene.
- *Generationenverhältnisse* sind demgegenüber im Wesentlichen durch sozialstaatliche Institutionen vermittelte Zusammenhänge in den Lebenslagen unterschiedlicher Altersgruppen, d.h. durch sozialstaatliche Rahmenbedingungen werden sozialpolitische Generationen generiert oder konstruiert (z.B.: Schulkinder, Auszubildende, erwerbstätige Generation, Rentnerinnen und Rentner). Damit bewegen wir uns – wiederum in der soziologischen Fachterminologie – auf der Makroebene der Gesellschaft.

Im Mittelpunkt unserer Betrachtung sollen die Wechselwirkungen stehen, die sich für die Generationenbeziehungen (auf der Mirkoebene) aus den sich wandelnden Generationenverhältnissen (auf der Makroebene) zukünftig ergeben (können) und umgekehrt. Dabei liegt es auf der Hand, dass die für die nächsten Jahrzehnte sich abzeichnende Verschiebung der quantitativen Relationen zwischen den Altersgruppen auch die Generationenbeziehungen und Generationenverhältnisse nachhaltig beeinflussen wird. Darüber, in welcher Weise diese Wechselwirkungen zum Tragen kommen werden, lassen sich allenfalls mehr oder weniger plausible Annahmen treffen. Dies soll hier versucht werden.

Den Ausgangspunkt hierfür bildet der skizzierte sozialpolitische „Generationenbegriff", der von den derzeit üblichen Funktions- und Arbeitsteilungen ausgeht und sich gleichzeitig auf eine Einteilung in Lebensphasen oder Lebenszyklen bezieht, die ebenfalls sozialpolitisch mit gestaltet sind. Diesbezüglich ist es Usus, folgende Dreiteilung vorzunehmen:

- die *Kinder- und Jugendgeneration*, die sich in der Bildungs- und Ausbildungsphase befindet,
- die *mittlere Generation*, die einerseits in die Erwerbsphase und andererseits – zumindest teilweise – in die Familienphase eingebunden ist,
- die *ältere Generation*, die aus dem Erwerbsleben ausgestiegen bzw. ausgegliedert ist und mehr oder weniger im Ruhe- oder Unruhestand lebt.

Diese Dreiteilung war immer schon zu grob, um die intergenerative Rollen- und Funktionsverteilung innerhalb der Gesellschaft zu beschreiben. Sie wird aber für die Zukunft noch weniger zutreffend sein. Insbesondere die ältere Generation differenziert sich zunehmend – auch infolge der gestiegenen Lebenserwartung – aus (vgl. auch Hurrelmann 2001: 3 ff.). Für die zukünftige Entwicklung gilt es einerseits die Durchlässigkeit zwischen diesen Lebenszyklen zu betonen (Stichwort: lebenslanges Lernen, späte Vaterschaften). Andererseits wird es infolge des demografischen Wandels sowie der weiterhin steigenden Lebenserwartung auch zu vielfältigen Verschiebungen in der Rollen- und Funktionszuteilung zwischen den Generationen kommen. Gleichzeitig wird eine stärkere Ausdifferenzierung von Generationen vorzunehmen sein, z.b.: nicht nur bezüglich der älteren Generation, sondern auch bezüglich der mittleren Generationen, die ja auch hinsichtlich ihrer altersmäßigen Abgrenzung Verschiebungen erfahren wird. Dabei sind sowohl Verschiebungen nach oben (späterer Eintritt in die Altersphase durch Heraufsetzung des Rentenalters) als auch nach unten denkbar (sofern die Ausbildungszeiten verkürzt werden und ein früherer Einstieg ins Erwerbsleben gelingt). Letzteres könnte sich wiederum auf die Familienphasen auswirken, z.B. frühere Familiengründung.

Zu bedenken ist des Weiteren, dass innerfamiliär und auch außerfamiliär in Zukunft mehr Generationen miteinander bzw. gleichzeitig leben werden (z.b. die Vier- wenn nicht gar Fünf-Generationenfamilien). Zudem deutet manches darauf hin, dass es in Folge des Strukturwandels der Familien und Lebensformen, v.a. der Kleinfamilie mit weniger Kindern und dem starken Singletrend, zu einer Verschiebung in der Gewichtung von innerfamilialen hin zu außerfamilien Generationenbeziehungen kommen kann (Stichwort: neue soziale Netze und Wahlverwandtschaften).

2 „Generation" als Kategorie im demografischen Wandel

Wenn wir den Prozess des demografischen Wandels aus der Generationenperspektive betrachten, dürfen wir diesen nicht nur eindimensional als gesellschaftlichen Alterungsprozess begreifen. Vielmehr gilt es die damit einhergehenden Veränderungen der familiären und außerfamiliären Generationenbeziehungen zu analysieren und gleichzeitig auch die Wechselwirkungen zu sehen, die sich in Relation zu den gesellschaftlichen Generationenverhältnissen bisher ergaben und weiterhin ergeben werden. Dass auch die gesellschaftliche, vor allem sozialpolitische Vorprägung dieses Wechselverhältnisses keineswegs einen statischen Charakter hat, erfahren wir derzeit nicht zuletzt durch die Vielzahl der sozialpolitischen Reformdebatten (Stichwort: Agenda 2010). All dies signalisiert, dass der Prozess des demografischen Wandels keineswegs ein „Naturereignis" darstellt, sondern einen gesellschaftlichen Prozess, den es sowohl auf individueller Ebene (z.B. hinsichtlich der Flexibilisierung von Lebensphasen und der weiteren Lebenserwartung) als auch auf gesellschaftlicher Ebene (z.B.: Verschiebungen in den Generationenverhältnissen) zu gestalten gilt.

2.1 Verschiebungen der zahlenmäßigen Relationen

Sehen wir uns zunächst die quantitativen Prognosewerte für die zukünftigen Entwicklungstrends bis zum Jahr 2020 bzw. 2050 aus der Generationenperspektive an. Grundsätzlich sei dazu bemerkt, dass Prognosewerte zur zukünftigen Bevölkerungsentwicklung zwar einen hohen Plausibilitätsgrad haben, die Fehlerquote aber mit der Ausweitung von Prognosezeiträumen zunimmt. Bei der Bildung der Altersgruppen folgen wir der offiziellen Einteilung des Statistischen Bundesamtes (vgl. Statistisches Bundesamt 2003; Deutscher Bundestag 2002: 64). Die dort vorgenommenen Grenzziehungen mögen zwar diskussionsbedürftig sein; dies würde aber für jede andere gewählte Einteilung ebenfalls zutreffen. Vorab sei bemerkt, dass die mittlere Generation der 25- bis 65-Jährigen dabei einen spezifischen Bezugspunkt bildet, weil sie als die erwerbstätige und gleichzeitig als die (Kinder und Ältere) versorgende Generation angesehen wird und ihr damit im Verhältnis zu den anderen Altersgruppen eine besondere gesellschaftliche Funktion und Stellung zukommt (zu den folgenden Zahlen vgl. Deutscher Bundestag 2002: 64)[2]:

- *Kinder von 0 – bis unter 15 Jahren (Kinderquotient)*[3]: Diese Gruppe wird in Relation zur mittleren Generation zunächst weiter sinken - von 27,6% (1999) auf 23,0% (2020), danach wieder leicht ansteigen auf 24,3 % (2030), um bis 2050 erneut auf 23,7% zu sinken.
- *Jugendliche von 15 bis unter 25 Jahren (Jugendquotient)*: Dieser Quotient verläuft in Zukunft ebenfalls in einer Wellenlinie, d.h. er wird zunächst noch steigen von 19,6% (1999) auf 20,5% (2010), danach auf 18,2 % (2020) absinken. Bis 2040 ist eine Steigerung auf 19,5% zu erwarten und danach wiederum ein Absinken auf 18,5% im Jahre 2050.
- *Die ältere Generation der über 65-Jährigen (Altenquotient)*: Der Anteil dieser Altergruppe steigt bekanntlich besonders an und zwar von 28,6% (1999) auf 50,7% im Jahr 2030 und auf 57,3% im Jahr 2050.
- *Der Hochbetagtenquotient (80- bis 100-Jährige)* steigt ebenfalls kontinuierlich an von 4,8% (1999) auf 9,0% im Jahr 2030 und weiter auf 15,6% im Jahr 2050.

Auszugehen ist also von zwei gegenläufigen Trends: Während der Anteil der Kinder und Jugendlichen sich in einem Auf und Ab bewegt, aber grundsätzlich eine abnehmende Tendenz aufweist (v. a. bei den 0 - 15-Jährigen), steigt die Zahl der älteren Menschen fortlaufend an. Dies gilt insbesondere für die Gruppe der Hochbetagten. Bezogen auf die Gesamtquote – d.h. die Relation der unter 25-

---

[2] Diese Funktionszuteilung ist sicherlich etwas zu schematisch, aber sie bildet in der Konstruktion der sozialen Sicherung immer noch den Referenzpunkt. Alternativ könnte man hierfür die Obergrenze auch bei 60 Jahren ansetzen, da dies aktuell eher dem durchschnittlichen Rentenzugangsalter entspricht. Da aber gleichzeitig davon auszugehen ist, dass in Zukunft das Rentenalter hochgesetzt wird, wurde hier die Variante mit 65 Jahren gewählt.
[3] Die einzelnen Quotienten wie Kinder-, Jugend- und Altenquotient drücken immer die Relation der jeweiligen Gruppe zur mittleren Generation der 25- bis 65-Jährigen aus.

und über 65-Jährigen zur mittleren Generation – kompensieren sich zunächst diese gegenläufigen Trends bis 2010/2015. Zwischen 2020 und 2030 wird dann – infolge einer starken Zunahme der über 65-Jährigen – ein steiler Anstieg der so genannten Gesamtquote[4] als sehr wahrscheinlich angesehen.

2.2 Qualitative Veränderungsaspekte (auf der Beziehungsebene)

Während sich zu den Verschiebungen auf der quantitativen Ebene die erwartbaren Trends einigermaßen verlässlich einschätzen lassen, können zur qualitativen Entwicklung, d.h. auf der beziehungsmäßigen Ebene, allenfalls Vermutungen angeführt werden, die sich aus aktuellen, empirisch ermittelten Trends ableiten. Das heißt, jede konkrete Aussage dazu bewegt sich auf sehr unsicherem Fundament, zumal es dabei um sehr komplexe Wechselbeziehungen geht, die sich allenfalls bezogen auf die aktuelle Situation ermitteln und beschreiben lassen. Die folgenden Annahmen, die weitgehend in Anlehnung an den Zweiten Zwischenbericht der Bundestags-Enquete-Kommission „Demografischer Wandel" (vgl. Deutscher Bundestag 1998: 666 ff.) formuliert werden, sind unter diesem Vorbehalt zu betrachten. Dennoch soll versucht werden, intergenerationell relevante beziehungsmäßige Aspekte herauszuarbeiten, die sich aus den quantitativen Verschiebungen ergeben können.

Eine Folge der weiterhin steigenden Lebenserwartung bei gleichzeitig voranschreitender Pluralisierung der Lebens- und Familienformen dürfte zweifellos sein, dass sich auch das Spektrum der möglichen Generationenbeziehungen in den einzelnen Lebensphasen erweitert (vgl. Deutscher Bundestag 1998: 614; 642). Unter anderem basiert diese Annahme darauf, dass auf Grund der gestiegenen Lebenserwartung die gemeinsame Lebenszeit verschiedener Familiengenerationen ausweitet. Neben der 3-Generationen-Familie wird es zunehmend auch die 4- und teilweise sogar die 5-Generationen-Familien geben. Allerdings können die Abstände zwischen den Generationen – infolge späterer Elternschaft – zunehmend größer werden, so dass sich daraus wiederum ein gegenläufiger Trend ergeben könnte. Die meiste Lebenszeit werden die verschiedenen Generationen einer Familie in getrennten Haushalten verbringen, zunehmend auch an verschiedenen Orten. Insofern ist auch die Rede von der „multilokalen Mehrgenerationenfamilie". Aktuellen Untersuchungen zufolge leben die unterschiedlichen Familiengenerationen dennoch häufig in relativer räumlicher Nähe – vier Fünftel leben in einer Entfernung bis zu einer Stunde oder sogar am selben Ort bzw. im gleichen Haus (vgl. Deutscher Bundestag 1998: 617). Angesichts wach-

---

[4] Gesamtquote meint den Anteil der Kinder- und Jugend- sowie Altenquote in Relation zur mittleren Generation).

sender Mobilitätserfordernisse dürfte künftig die räumliche Entfernung ein zunehmendes Hindernis für direkte Kontakte zwischen den familiären Generationen darstellen. Unterstützungs- und Hilfeleistungen, die an räumliche Nähe gebunden sind, dürften demzufolge abnehmen oder nur bei vergrößerten Anstrengungen geleistet werden können.

Demografisch gesehen wird die Bedeutung der vertikalen verwandtschaftlichen Beziehungen (d.h. der Eltern-Kind-Beziehung) steigen, während gleichzeitig die horizontale Ebene, d.h. die Verwandtschaft auf der Ebene der Gleichaltrigen (Geschwister, Verschwägerte, Cousinen und Vettern) an Gewicht verliert. Aufgrund der abnehmenden Kinderzahl werden die familiären Netze also einerseits kleiner oder auch enger, da die Seitenverwandtschaft schrumpft; in diesem Kontext ist der Begriff der „Bohnenstangenfamilien" geprägt worden (vgl. Backes 1998: 19). Zunehmenden Einfluss auf die familiären Generationenbeziehungen wird andererseits auch die Scheidungs-, Trennungs- und Wiederverheiratungstendenz haben – hier sei nur das Phänomen der Patchwork-Familien angeführt, das es auch in der Generationenperspektive zu betrachten gilt. Daraus ergibt sich eine Erweiterung und Veränderung von Verwandtschaftsbeziehungen, beispielsweise durch eine Zunahme und Pluralisierung von angeheirateter Seitenverwandtschaft. Ebenso ergeben sich Veränderungen auf der vertikalen Ebene, z.B. nach Trennung und Scheidung zwischen ehemaligen Schwiegereltern und Schwiegerkindern, bzw. zwischen Großeltern und Enkelkindern, d.h. mit einer Wiederverheirat kann eine neue Enkelgeneration für Großeltern dazu kommen. Die Verwandtschaftsbeziehungen bekommen somit einen stärker zeitlich begrenzten Charakter, werden tendenziell komplexer und eventuell auch unverbindlicher.

Besondere Aufmerksamkeit verdient des Weiteren die Zunahme von kinderlosen Paaren und Single-Haushalten. In Zukunft wird (mit den Geburtsjahrgängen ab 1955) auch der Anteil der lebenslang Kinderlosen zunehmen: um 2020 wird etwa ein Drittel der über 65-Jährigen weder Kinder noch Enkel haben. Außerdem wird der Anteil derjenigen steigen, die zwar noch eigene Kinder, aber (aufgrund der Kinderlosigkeit der Kinder) keine Enkel haben werden. Die Folge davon ist, dass zunehmend mehr Menschen im Alter allein stehen werden. Für das Jahr 2030 ist davon auszugehen, dass der Anteil von alleinlebenden alten Menschen auf 41% angestiegen sein wird, wobei das „Schicksal" des Alleinlebens u.a. auf Grund der längeren Lebenserwartung vor allem Frauen trifft. Hinzu kommt, dass – derzeit jedenfalls beobachtbar – Alleinlebende auch geringere außerfamiliäre Kontakte haben. Allerdings muss Alleinleben nicht unbedingt Einsamkeit bedeuten, wohl aber soziale Isolation.

Angesichts derartiger struktureller familiärer Entwicklungstendenzen wird der Blick verständlicherweise auf die Ergebnisse von außerfamiliärer Netzwerkforschung gelenkt:

7 Die Generationenperspektive im demografischen Wandel 111

Bei kleiner und enger werdenden Familienbeziehungen kommt außerfamiliären Netzwerken eine wachsende Bedeutung zu, insbesondere auch Freunden und Nachbarschaften. Dies gilt vor allem für die Gruppe der kinderlosen Älteren, aber auch für sog. „verwaiste Eltern", d.h. wenn die Kinder entweder keine Möglichkeit der Unterstützung haben oder die Kontakte abgebrochen sind. Bezogen auf außerfamiliäre Netzwerke zeigt die Erfahrung, dass solche bereits im mittleren Alter geschaffen werden müssen, wenn sie im hohen Lebensalter zum Tragen kommen sollen.

3 Die Generationen in der „Ambivalenz" zwischen Konflikt und Solidarität

Derart komplexe und weitreichende gesellschaftliche Wandlungsprozesse lösen natürlich Verunsicherungen und Ängste auf unterschiedlichen Ebenen aus. So wichtig es ist, dass die mit dem demografischen Wandel einhergehenden gesellschaftlichen und individuellen Herausforderungen öffentlich diskutiert werden, muss auch darauf hingewiesen werden, dass teilweise jedenfalls die Art und Weise, in der die Thematik medial und publizistisch aufgegriffen wird, eher diffuser Stimmungsmache als der sicherlich notwendigen Aufklärung dient. Ohne hier ausführlicher darauf eingehen zu können, sei hier prototypisch auf zwei Autoren hingewiesen, die das Generationenthema zugespitzt skandalisieren. Es handelt sich dabei zum einen um den „Kampf der Generationen" von Reimer Gronemeyer (2004) und „Das Methusalem-Komplott" von Frank Schirrmacher (2004). Beide sind Verfechter der These, dass der demografische Wandel und vor allem die Alterung unserer Gesellschaft quasi „naturgemäß" zu einem „Krieg der Generationen" führen werde, wenn nicht bewusst und heftig gegengesteuert wird.

3.1 „Generationenkrieg"? - Die publizistische Zuspitzung

Gronemeyer hat bereits 1989 mit seinem Buch „Die Entfernung vom Wolfsrudel" eine gleich lautende These vertreten und behauptet, dass sich die deutsche Gesellschaft am Rande eines Generationenkrieges befinde. Seine extrem kulturpessimistische Negativ-Vision für das Jahr 2030 skizziert eine Szenerie, die unweigerlich in einem Altersklassenkampf enden müsse: „Die Woopies (well-off-older-People) von heute sind die erste und letzte Generation, die sich dem Rausch des Wohlfahrtsstaates und des ungebremsten Konsums hingeben kann. Die Alten werden künftig eher als gierige Greise, als unersättliche Parasiten erscheinen. Der Boden ist bereitet für den Altersklassenkampf. Von der Jahrtausendwende an könnte er die Welt tiefer spalten als Rassenhass, Geschlechterkrieg oder Klassenkampf zwischen Kapital und Arbeit" (Gronemeyer 1989: 125). Wie das Zitat verdeutlicht geht es Gronemeyer dabei weniger um eine differenzierte Auseinandersetzung mit gesellschaftlichen Entwicklungstrends, sondern um Polarisierungen, die eine generelle Zuspitzung des Gegeneinanders von gesellschaftlichen Gruppen betonen. Sein neues Buch „Kampf der Generationen" wird auch wiederum mit ähnlichem Duktus eingeführt: „ Es droht eine Klimakatastrophe im Generationenverhältnis: schon fordern Jungpolitiker die Begrenzung von Medizinkosten für Alte...,Wissenschaftler sprechen von einer fälligen Rationierung. Man muss heute den Generationenkonflikt nicht mehr beschwören, er ist da." (Gronemyer 2004:9). Als Lösung skizziert Gronemeyer darin wohl die Perspektive einer neuen Altengeneration, die sich auf neue „Kompetenzen des Verzichts" und der Selbsthilfe besinnt; dennoch stehen alle Zeichen auf Krieg.

Ähnlich dramatisiert werden die sich abzeichnenden demografischen Veränderungen (insbesondere die Alterung und Schrumpfung der Bevölkerung) auch von Schirrmacher (2004). Er sieht nicht nur die Gefahr eines Kampfes um materielle gesellschaftliche Güter und Positionen, sondern er vertritt gleichzeitig die Auffassung, dass im Zuge der konfrontativen Zuspitzung von Interessengegensätzen zwischen den Generationen „biologisch konditionierte Affekte" [sic!] gegen die Älteren wieder stärker zum Ausbruch kommen werden (vgl. Schirrmacher 14.05.04, in: Netzzeitung.de). Dabei stellt er eine Verbindungslinie zwischen dem „Kampf der Generationen" und dem „Kampf der Kulturen" her, indem er sich auf Huntington bezieht, der die Theorie vertrete, dass sich Gesellschaften, die zu mehr als 20% aus Jugendlichen bestehen, als politisch instabil erwiesen hätten. An der Stelle verknüpft er die Vorstellung eines durch die Alterung der Gesellschaft drohenden nach innen gerichteten „Krieges" der Generationen mit der terroristischen Gefährdung von außen, die dem alternden europäischen Abendland durch die jungen islamischen und bevölkerungsmäßig wachsenden Gesellschaften bevorstehen könne (Schirrmacher 2004:49 ff.). Bei der Skizzierung derartiger Kampfszenarien werden alle Tabus fallen gelassen, wenn Schirrmacher in einem Interview mit Bezug auf die amerikanische Forschung zur Verlängerung der Lebenserwartung folgendes Statement abgibt: „Was die amerikanischen Forscher suchen, ist aber etwas ganz anderes. Und ich kann nur zitieren, was seit Vaupels biodemografischer Arbeit von 2002 [...] ziemlich gesichert erscheint: Wir wissen nun nicht einmal mehr, ob es eine Grenze der Lebenserwartung gibt. Und wenn es sie gibt, das zeigen alle aktuellen Forschungen, sind wir jetzt nicht einmal in der Nähe dieser absoluten Linie. Das wiederum wirft ein wirtschaftliches Problem auf. Jemand, der 20 Jahre länger lebt als von den Behörden vorhergesagt, ist nicht mehr finanzierbar. Das führt dann schließlich zur Frage der Euthanasie" (Schirrmacher 1 4.05.04 und ders. 2004: 129 f.).

Beide Autoren sind zwar darauf bedacht, einen Ausweg zu skizzieren – Gronemeyer plädiert für ein „konspiratives Alter", das auf Verzicht und Selbstbegrenzung bedacht ist; Schirrmacher fordert die alternde Generation zu einem „Komplott" gegen die Altersdiskriminierung durch ein positives Selbstverständnis auf – dennoch stehen sie durch ihre dramatisierende Darstellung beispielhaft dafür, wie die Debatten über den demografischen Wandel polarisierend missbraucht werden können.

3.2 „Generationsolidarität" als Postulat in der „Ambivalenz"

Demgegenüber wird hier davon ausgegangen, dass Veränderungen sowohl auf individueller wie auf gesellschaftlicher Ebene immer auch Konflikte beinhalten und konflikthaft verlaufen können, dass es sich dabei jedoch um gestaltbare Prozesse handelt. Auf gesellschaftlicher Ebene war es immer schon Aufgabe von Sozialpolitik – in Orientierung an mehrheitlich getragenen Vorstellungen von sozialer Gerechtigkeit – einen Ausgleich zwischen divergierenden gesellschaftlichen Interessenlagen herzustellen. In diesem Kontext ist auch die aktuelle Diskussion über eine gerechte oder gerechtere intergenerative gesellschaftspolitische Verteilung von Ressourcen, Aufgaben und Positionen (Generationengerechtigkeit) zu sehen (vgl. Deutscher Bundestag, 2002: 75 ff.).

Auf der normativen Ebene werden intergenerative Beziehungen sowie das Generationenverhältnis in den politischen Debatten meist mit Bezugnahme auf Konzepte wie *Generationensolidarität oder Generationengerechtigkeit* diskutiert (vgl. SPD 2000). Unterstellt wird dabei, dass wir bisher sowohl innerfamiliär und außerfamiliär als auch gesamtgesellschaftlich eine weitgehend akzeptierte Balance zwischen den Generationen hinsichtlich Aufgaben- und Ressourcenverteilung sowie gesellschaftlicher Partizipation hergestellt hätten. Diese Balance drohe für die Zukunft infolge der sich abzeichnenden quantitativen Verschiebungen im Generationenverhältnis verloren zu gehen.

Eine solche Interpretation unterliegt – nach Kurt Lüscher (vgl. Lüscher/Schultheiss 1993 und Lüscher 2000) – leicht der Gefahr einer Überhöhung, ähnlich wie auch die Generationenbeziehungen der Vergangenheit häufig idealisiert werden (vgl. Ehmer 2000). Übersehen wird, dass die innerfamilialen Generationenbeziehungen ebenso wie die gesellschaftlich gestalteten Generationenverhältnisse von Ambivalenzen gekennzeichnet sind. Lüscher, der das sozialwissenschaftliche „Konzept der Ambivalenz" auf die Analyse der Generationenfrage übertragen will, schlägt folgende Definition dafür vor: „Von Ambivalenzen soll in sozialwissenschaftlichen Analysen die Rede sein, wenn Polarisierungen des Fühlens, des Denkens, des Handelns, ferner Polarisierungen in sozialen Beziehungen, Strukturen und Prozessen zu einem bestimmten Zeitpunkt oder für eine bestimmte bzw. offene Zeitspanne als prinzipiell unauflösbar interpretiert werden." (Lüscher 2000: 144). Das Spezifische von Ambivalenzen ist demzufolge, dass die Konflikte und Polaritäten grundsätzlich als „unauflösbar oder unlösbar" gelten. Ob in diesem Sinne eine Ambivalenz gegeben ist, kann nach Lüscher interpretativ durch jeweils unterschiedliche Instanzen wie die Handelnden selbst, durch Dritte (wie Therapeuten) oder durch wissenschaftliche Interpretation festgestellt werden (vgl. Lüscher 2000: 144).

Diesem Verständnis zufolge können sowohl die Beziehungen zwischen der Kinder- und Elterngeneration als auch zwischen der mittleren und älteren Generation von Ambivalenzen geprägt sein. Beispielhaft sei auf die Situation der familiären Pflege verwiesen: Hierbei kann es auf Grund des normativ vorgegebenen Verpflichtungscharakters, die Versorgung und Pflege von älteren Angehörigen (insbesondere der Eltern) zu übernehmen, durchaus zu Konflikten mit Existenzsicherungsnotwendigkeiten oder Selbstverwirklichungsbestrebungen der in die familiäre Pflege eingebundenen Personen – wie wir wissen sind dies vorwiegend Frauen – kommen. Da ähnlich gelagerte Interessenkonflikte bzw. strukturelle Polaritäten in mehrfacher Hinsicht das alltägliche Miteinander der Generationen kennzeichnen, erscheint es angebracht zur Beschreibung dieser Beziehungen auf Lüschers „Konzept der Ambivalenz" zurück zu greifen. Es gilt also das intergenerative Verhältnis sowohl auf der Mikro- wie auf der Makroebene durch das gleichzeitige Vorhandensein von Differenz und Ähnlichkeit, Nähe und Distanz, Abhängigkeit und Autonomiebestreben zu charakterisieren, um nur einige Spannungsmomente zu benennen (vgl. Lüscher 2000: 149 ff.). Mit anderen Worten: Beide Ebenen lassen sich nicht adäquat analysieren, wenn wir eindimensional die Betrachtung von Konflikten (Dramatisierung) oder von Solidarität (Idealisierung) in den Vordergrund stellen. Vielmehr geht es darum, die Vielfalt der Erfahrungen und Möglichkeiten in ihrer essenziellen Paradoxität zu begreifen und das „Konzept der Ambivalenz" als heuristischen Bezugspunkt für die Generationenanalyse zu Grunde zu legen.

3.3 Austauschbeziehungen zwischen den Generationen

Wir gehen also von einem keineswegs konfliktfreien Spannungsverhältnis aus; dennoch erscheint uns eine Dramatisierung des zukünftigen Generationenverhältnisses unangebracht. Nicht zuletzt sind es empirische Befunde zu den realen Austauschbeziehungen zwischen den Generationen, die einer dramatisierenden Interpretation den Boden entziehen (vgl. Künemund/Motel 2000: 122 ff.). Diese Austauschbeziehungen beinhalten im familiären Rahmen sowohl private intergenerative Hilfeleistungen als auch ökonomische Transfers (Geld und Vermögen). Nicht übersehen werden darf dabei, dass dieser Austausch in beide Richtungen verläuft, d.h. dass jede Generation in der Position als Gebende und Nehmende betrachtet werden muss. So fließen beispielsweise Geldleistungen und Vermögensübertragung von der älteren zur mittleren oder zur Enkelgeneration (seltener umgekehrt). In vielen Fällen wäre dies nicht möglich, wenn die ältere Generation nicht über die gesellschaftlich geregelte Altersversorgung abgesichert wäre, für die die mittlere Generation im sozialstaatlichen Kontext herangezogen wird. Gleichzeitig sind die familiären Generationenbeziehungen auch nach wie in hohem Maße von personalen Hilfeleistungen getragen; auch diese verlaufen keineswegs eingleisig (vgl. Naegele/Schmidt 1998). Die ältere Generation beteiligt sich beispielsweise als Großeltern an der Betreuung der Enkelgeneration; Pflegeleistungen werden vielfach auch intragenerativ in der älteren Generation zwischen Partnern gegenseitig erbracht. Ebenso engagiert sich die ältere Generation auch in bürgerschaftlichem Bereich – sowohl in intragenerativen Projekten der Selbsthilfe als auch in intergenerativen Kontexten (vgl. Naegele/Rohleder 2002).

Einen wichtigen Aspekt stellt im Verhältnis der Generationen der kulturelle Austausch dar. Gesellschaftlicher Wandel vollzieht sich in einem komplexen Wechselspiel zwischen Wahrung von Tradition und Innovation; hierfür spielt das Zusammenwirken unterschiedlicher Generationen eine entscheidende Rolle. Dieses vollzieht sich vorwiegend im Bereich des intergenerativen Lernens, der als weiteres Beispiel dafür angeführt werden kann, dass Austauschbeziehungen nicht nur eingleisig verlaufen (vgl. Winkler/Zander 2003). Das bisher vorherrschende gesellschaftliche Sozialisationsmuster war dadurch geprägt, dass die junge Generation von der mittleren Generation und teilweise auch von der älteren Generation erzogen wurde und von ihnen gelernt hat. Bezogen auf die Zukunft zeichnet sich diesbezüglich – zumindest für kulturelle Teilbereiche wie für innovative Technikprozesse und neue Technologien – gewissermaßen ein Umkehrungsprozess ab. In diesem Bereich lernen die Älteren eher von den Jüngeren als umgekehrt, weil die Jüngeren in der Regel technischen Innovationen gegenüber aufgeschlossener sind (Weymann 2000).

Auch wenn hier nur exemplarisch auf die Austauschbeziehungen zwischen den Generationen eingegangen werden konnte, so dürfte doch deutlich geworden sein, dass die „Verflechtungen" zwischen den Generationen derart vielfältig sind und dass eine Aufkündigung der grundsätzlichen *Generationensolidarität* – trotz aller Ambivalenzen – nicht befürchtet werden muss. Vielmehr wird die zunehmende Ausdifferenzierung der verschiedenen Generationen auch eine entsprechende Vielfältigkeit auf der Ebene der Beziehungsgestaltung zur Folge haben. Entscheidend ist jedoch, dass diese in ihrem Wechselverhältnis zu den gesellschaftlich gestalteten Generationenverhältnissen gesehen werden. In den öffentlichen Debatten über die Notwendigkeit, den gesellschaftlichen „*Generationenvertrag*" bezogen auf Alterssicherung, aber auch generell die soziale Sicherung (z.B.: die Kosten- und Leistungsseite der Krankenversicherung) neu zu gestalten, werden häufig nur die finanziellen Transfers betrachtet, die über die sozialstaatliche Gestaltung gelenkt werden und wodurch eine gesellschaftliche Umverteilung zwischen den Generationen stattfindet. Eine derart begrenzte Betrachtungsweise greift aber völlig zu kurz (vgl. auch Bäcker 2002).

Die beiden Ebenen – intergenerative, interpersonale Generationenbeziehungen (in Familie, Alltag, Schule, Betrieb usw.) sowie die gesellschaftliche Gestaltung der Generationenverhältnisse (z.b.: Kinderbetreuung, Pflege, Alterssicherung) – bedingen sich gegenseitig, bzw. werden von Wechselwirkungen geprägt. So ging man z.b. davon aus, dass mit der Einführung der Pflegeversicherung nicht nur die ältere Generation eine materielle Unterstützung für notwendige Pflegeleistungen erhalten soll, sondern dass dadurch gleichzeitig auch die Rahmenbedingungen für familiär erbrachte Pflegeleistungen (durch Geldleistungen) verbessert werden. Selbstredend verändern sich Generationenbeziehungen und -verhältnisse im historischen Kontext des sozialen Wandels. Die Generationenabfolge ist in jeder Hinsicht als dynamischer Prozess zu begreifen, der sich im Spannungsfeld von Kontinuität und Bruch, von Reproduktion und Innovation bewegt.

3.4 Gegen- oder Miteinander der Generationen? – Neue Formen der politischen Partizipation

Die quantitativen Verschiebungen zwischen den Generationen – und insbesondere die Alterung der Gesellschaft – werden häufig als Indiz dafür genommen, dass sich die gesellschaftlichen Machtverhältnisse zu Gunsten der älteren Generationen verschieben werden. Mit Bezugnahme auf das wachsende Wählerpotential der älteren Generation wird unterstellt, dass diese ihre zahlenmäßige „Übermacht" zur Durchsetzung generationenspezifischer Interessen nutzen werden. Diese Möglichkeit ist zwar nicht auszuschließen; die zu Grunde liegende Annahme unterstellt jedoch ein Gegeneinander der Generationen und mangelnde Bereitschaft zu gesamtgesellschaftlicher Verantwortungsübernahme durch die ältere Generation. Auch hierfür dürfte wiederum entscheidend sein, wie sich die Generationenbeziehungen und demzufolge auch die gesellschaftlichen Generationenverhältnisse in Zukunft entwickeln.

„Wir brauchen eine Gesellschaft, welche die innovativen Potentiale aller drei Generationen freisetzt. Die drei Generationen sollten durch finanziellen, kulturellen und sozialen Transfer von Leistungen jeweils voneinander, die Gesellschaft sollte insgesamt von Synergieeffekten ihres besseren Zusammenwirkens profitieren" (Hurrelmann 2001: 3). Dies setzt voraus, dass sich alle Generationen an der Gestaltung der gesellschaftlichen Verhältnisse beteiligen (können).

Perspektivisch steht also nicht nur eine neue Ressourcenverteilung, d.h. von Einkommen, Transfers, Zeit usw., sondern auch eine neue Aufgaben- und Rollenzuteilung zwischen den Generationen auf der Agenda des neuen Jahrhunderts. Folgerichtig müsste sich daraus auch eine Neuverteilung gesellschaftlicher Positionen ableiten, was auf politischer Ebene auf eine stärkere Beteiligung der jüngeren Generation hinauslaufen müsse.

Die Perspektive lautet: den *Generationenvertrag* neu aushandeln, wobei sich dieser nicht nur auf die Altersicherung und die anderen Sozialversicherungssysteme beziehen darf, sondern die Verteilung aller Zukunftsressourcen im Blick haben muss. Dies wird nur möglich sein, wenn die junge Generation gleichberechtigt an der politischen Macht teil hat, d.h.: auch in den Parlamenten und in Regierungsfunktionen stärker vertreten ist. Diesbezüglich sei unter anderem auf die intendierte Stärkung der Rechte von Kindern und Jugendlichen durch die UN-Kinderrechts-Konvention hingewiesen. Es geht dabei um altersangemessene politische Beteiligungsmöglichkeiten wie z.B. um die Stärkung der Anhörungsrechte von Kindern und Jugendlichen auf kommunaler Ebene oder die Ausweitung ihrer Mitbestimmungsrechte im Schul- und Bildungssystem. Zu diskutieren gilt es u. U. eine weitere Herabsetzung des Wahlalters, z.B. auf 14 Jahre. In jedem Fall würde dies auf eine intergenerative Machtverschiebung im politischen Entscheidungsprozess hinauslaufen, wobei neben der Frauenquote auch an eine Jugendquote zu denken wäre. Hurrelmann plädiert dafür, Kinder und Jugendliche als Seismographen der Gesellschaft ernst zu nehmen und sie als Pioniere für ein neues ganzheitliches Politikverständnis zu betrachten (vgl. Hurrelmann 2001: 3 f.).

Ausgehend von den aufgezeigten Ambivalenzen und den sich abzeichnenden quantitativen und qualitativen Verschiebungen ist also eine Neujustierung des gesellschaftlichen Generationenvertrages angesagt. Gefordert ist diesbezüglich nicht nur ein unverfänglicher Generationen-Dialog, sondern ein politisch institutionalisierter Aushandlungsprozess, der auf einer fair geregelten Partizipation aller Generationen beruht. Als Orientierung für die konkrete Ausgestaltung dieses Verhältnisses könnte eine Parallelität zur Entwicklung in den familiären Beziehungen aufgegriffen werden: Innerfamiliär zeichnet sich in der Eltern-Kind-Beziehung ein Trend hin zu „Verhandlungshaushalten" ab (d.h.: Aushandlung als Erziehungsprinzip); entsprechend könnte/sollte man sich auch für die zukünftige Entwicklung des gesellschaftlichen Generationenverhältnisses an der Idee der intergenerativen Aushandlung und des intergenerativen Dialogs orientieren.

4 Resümee:

Über die Beziehungen zwischen den Generationen und in der geteilten Verantwortlichkeit füreinander realisiert sich ein wichtiges Moment des gesellschaftlichen Zusammenhalts. Die gesellschaftliche Gestaltung des Generationenverhältnisses ist keineswegs auf die materiellen Aspekte begrenzt: die sozialstaatliche Ausgestaltung dieses Verhältnisses ist zudem in enger Wechselwirkung mit der Entwicklung der familiären Generationenbeziehungen zu sehen. Die soziale Absicherung der älteren Generation kommt auch der mittleren und jüngeren Generation zu Gute (z.b. durch Geldtransfers oder durch Entlastung bei der Pflege). Die Wechselwirkungen zwischen der familiären und der gesellschaftlichen Ebene können sich allerdings derart komplex gestalten, dass nicht in jedem (Einzel-)Fall materielle Gerechtigkeit hergestellt werden kann. Die Folge davon kann sein, dass sich – trotz gegenteiliger Bemühungen – dennoch Konstellationen ergeben können, in denen es Verlierer und Verliererinnen einerseits sowie Gewinner und Gewinnerinnen andererseits gibt. Die Komplexität des Unterfangens erhöht sich umso mehr als es bei der Herstellung von *Generationengerechtigkeit* nicht nur die Querschnittperspektive (d.h. das Verhältnis des aktuellen Ausgangszustandes zwischen den Generationen) einzunehmen, sondern auch die Längsschnittperspektive zu beachten gilt (d.h.: die Generationen in ihrem Lebensverlauf). Dabei wird es schwerlich zu verhindern sein, dass es sowohl Gewinner- und Verlierergenerationen geben wird.

Abschließend sei noch einmal betont, dass Generationengerechtigkeit nicht als isoliertes sozialstaatliches Postulat zu betrachten ist, sondern dass sich diese nur im Zusammenwirken mit anderen Gerechtigkeitsprinzipien sinnvoll realisieren lässt. Würde das Prinzip der Generationengerechtigkeit alternativ – oder in Konkurrenz – zur sozialen Gerechtigkeit und zu sozialem Ausgleich verfolgt, würde dies zu einer Verfestigung oder sogar Zuspitzung von sozialer Ungleichheit (z.B.: in Zukunft wieder verstärkter Armut im Alter) führen. Desgleichen wird für die zukünftige Gestaltung der Generationenbeziehungen und Generationenverhältnisse die weitere Ausprägung des Geschlechterverhältnisses von zentraler Bedeutung sein. Mit Blick auf die historische Entwicklung haben Helga Krüger und Claudia Born den Paradigmenwechsel, der im Geschlechterverhältnis zwischen der 1950er und 70er Jahre-Generation erfolgt ist, neuerdings auch unter der Generationenperspektive untersucht (vgl. Krüger/Born 2000). Als Kriterium für diesen Paradigmenwechsel galt ihnen einerseits die zunehmende Erwerbsorientierung der Frauen und andererseits die zunehmende Familienorientierung der Männer. Die zukünftige Entwicklung dieses Verhältnisses und die damit einhergehende Verschiebung in der Aufgaben- und Rollenverteilung zwischen den Geschlechtern wird zweifellos entsprechende Auswirkungen auf die zukünftige Ausgestaltung der Generationenbeziehungen und des Generationenverhältnisses haben.

Literatur

Bäcker, Gerhard (2002): Generationengerechtigkeit im Sozialstaat: Generationenvertrag und Alterssicherung. In: Schweppe, Cornelia (Hrg.): Generation und Sozialpädagogik. Theoriebildung, öffentliche und familiale Generationenverhältnisse. Weinheim/München: 125-151
Bude, Heinz (2000): Die biographische Relevanz der Generationen, in: M. Kohli/M. Szydlik (Hrg.) (2000): Generationen in Familie und Gesellschaft. Opladen: 19-36
Deutscher Bundestag (Hrg.) (1998): Demografischer Wandel. Zweiter Zwischenbericht der Enquete-Kommission „Demografischer Wandel". Bonn.
Deutscher Bundestag (Hrg.) (2002): Enquete-Kommission Demografischer Wandel. Herausforderungen unserer älter werdenden Gesellschaft an den Einzelnen und die Politik. Berlin.
Ehmer, Josef (2000): Ökonomische Transfers und emotionale Bindungen in den Generationenbeziehungen des 18. und 19. Jahrhunderts. In: M. Kohli/M. Szydlik (2000): a.a.O.: 77-97
Geißler, R./Meyer, T. (1996): Die Sozialstruktur Deutschlands. Zur gesellschaftlichen Entwicklung mit einer Zwischenbilanz zur Vereinigung. Opladen.
Gronemeyer, Reimer (1989): Die Entfernung vom Wolfsrudel. Düsseldorf.
Gronemeyer, Reimer (2004): Kampf der Generationen, München.
Hurrelmann, Klaus (2001): Warum die junge Generation stärker partizipieren muss, in: Aus Politik und Zeitgeschichte, B 44/2001: 3-6
Kaufmann, Franz Xaver (1997): Generationenbeziehungen und Generationenverhältnisse im Wohlfahrtsstaat, in: J. Mansel/G. Rosenthal/A.Tölke (Hrsg.) (1997): Generationen-Beziehungen, Austausch und Tradierung, Opladen: 17-30
Kohli, M./Szydlik, M. (Hrg.) (2000): Generationen in Familie und Gesellschaft. Opladen.
Krüger, H./Born, C.: Vom patriarchalen Diktat zur Aushandlung – Facetten des Wandels der Geschlechterrollen im familialen Generationenverbund, in: M.Kohli/M. Szydlik, a.a.O.: 203-221
Künemund, Haral/Motel, Andreas (2000): Verbreitung, Motivation und Entwicklungsperspektiven privater intergenerationeller Hilfeleistungen und Transfers. In: M. Kohli/ M. Szydlik (Hrg.) (2000): a.a.O.: 122-138
Lüscher, K./Schultheiss, F. (Hrg.) (1993): Generationenbeziehungen in „postmodernen Gesellschaften". Analysen zum Verhältnis von Individuum , Familie, Staat und Gesellschaft. Konstanz
Lüscher, Kurt (2000): Die Ambivalenz von Generationenbeziehungen – eine allgemeine heuristische Hypothese, In: M. Kohli/M. Szydlik (2000): a.a.O.: 138-162
Naegele, G./Rohleder, C. (2002): Bürgerschaftliches Engagement und Freiwilligenarbeit im Alter als gesellschaftliche Gestaltungsaufgabe. Konsequenzen und Praxisempfehlungen. In: Impulse. Zeitschrift des Instituts für Gerontologie, Heft 2: 2-3

Naegele, G./Schmidt, W. (1998): Anmerkungen zur Zukunft der Generationenbeziehungen. In: Veelken, L./Gösken, E./Pfaff, M. (Hrg.): Jung und Alt: Beiträge und Perspektiven in intergenerativen Beziehungen. Hannover: 89-122

Schirrmacher, Frank (2004): Das Methusalem-Komplott. München.

Schirrmacher, Frank (2004 b): Interview vom 14.05.04. In: Netzzeitung.de

SPD (2000): Für eine neue Solidarität der Generationen. Papier zum Generationenkongress der SPD am 23.Juni 2000. Berlin.

Szydlik, Marc (2000): Lebenslange Solidarität? Generationenbeziehungen zwischen erwachsenen Kindern und Eltern. Opladen.

Statistisches Bundesamt (2003): Pressemitteilung vom 6. Juni 2003. Wiesbaden.

Weymann, Ansgar (2000): Sozialer Wandel, Generationenverhältnisse und Technikgenerationen, in: M. Kohli/M. Szydlik (Hrg.): a.a.O.: 36-58

Winkler, M./Zander, M. (2003): Demografischer Wandel – das verdrängte Problem. In: Sozialextra, Heft 6: 6-11

Zander, Margherita (2001): Generationenkonflikt – Generationensolidarität – Aktuelle Ausgangssituation und Veränderungsperspektiven. In: Heinrich-Böll-Stiftung (Hrg.): Dokumentation der Konferenz „Demografische Entwicklung. Chancen für neue Generationen- und Geschlechterverhältnisse – Berlin 9./10. November 2001."

III Verändertes Leben

8 Konsequenzen des demografischen Wandels für den Arbeitsmarkt der Zukunft

Johann Fuchs, Doris Söhnlein, Brigitte Weber

Die demografischen Trends werden am Arbeitsmarkt deutliche Spuren hinterlassen. Erstens wird mit abnehmender Bevölkerungszahl die Zahl der arbeitsfähigen Menschen zurückgehen. Zweitens führt eine „alternde" Bevölkerung zu einem höheren Altersdurchschnitt bei den Arbeitskräften.

Meistens wird das demografische Problem aus Sicht der Renten betrachtet. Wenn in Zukunft immer weniger arbeitsfähige Menschen immer mehr nicht mehr arbeitsfähige ältere Menschen ernähren müssen, könnte dies das soziale Sicherungssystem ernsthaft bedrohen, weil mit wachsendem Missverhältnis von Beitragszahlern und Leistungsempfängern die Beitragshöhe zunehmen wird.

Beitragszahler sind Arbeitskräfte. Stehen zu wenige geeignete Arbeitskräfte zur Verfügung, können die Betriebe in ihrer Gesamtheit nicht die aufgrund des Kapitalbestandes gegebenen Produktionsmöglichkeiten ausschöpfen. Es wird weniger produziert, weniger verkauft und weniger verdient. Auch wenn es sich bei dieser Kette um keine zwingende Notwendigkeit handelt und nicht alles empirisch gesichert ist, darf diese Möglichkeit nicht außer Betracht gelassen werden.

Die von der Bevölkerung bereitgestellte Menge an Arbeitskraft, das Arbeitsangebot, ist also eine wesentliche Determinante für das Einkommen und den Wohlstand einer Volkswirtschaft. Die künftig zu erwartenden Veränderungen beim Arbeitskräfteangebot stehen deshalb im Mittelpunkt des folgenden Abschnitts. Dort werden der Rückgang und die Alterung des Arbeitskräftepotenzials quantifiziert; darüber hinaus geht es um die Frage, wie wahrscheinlich diese Entwicklungen sind.

Kapitel 2 behandelt die Frage, wie sich demografische Entwicklung auf die Zahl und die Struktur der Arbeitsplätze, also den betrieblichen Bedarf an Arbeitskräften, auswirkt. Eingegangen wird auch auf den von vielen Seiten befürchteten Verlust an internationaler Wettbewerbsfähigkeit, den die Alterung der Arbeitskräfte nach sich ziehen könnte.

Einige der angesprochenen Probleme, die im Zusammenhang mit dem demografischen Wandel auf den Arbeitsmarkt zukommen, lassen sich mit dem Stichwort Fachkräftemangel zusammenfassen. Das abschließende Kapitel ver-

8 Arbeitsmarkt der Zukunft

sucht deshalb die Möglichkeiten und Grenzen aufzuzeigen, die in der Erschließung heimischer Personalreserven liegen.

1 Demografischer Wandel und das Angebot an Arbeitskräften

1.1 Grundlagen

Unter „Arbeitsangebot" wird im Weiteren die Zahl der Personen verstanden, die als Arbeitnehmer oder Selbständige erwerbstätig sind oder die zwar keinen Arbeitsplatz haben, aber grundsätzlich arbeitsbereit sind. Zu den „Arbeitsbereiten" zählen neben den offiziell erfassten Arbeitslosen auch die nicht in den offiziellen Arbeitslosenstatistiken enthaltenen Personen der sog. Stillen Reserve. Die Stille Reserve bezeichnet den Personenkreis, der unter günstigeren Arbeitsmarktbedingungen grundsätzlich arbeiten möchte. Die Gesamtheit aus Erwerbstätigen (Arbeitnehmer und Selbständige), Arbeitslosen und der Stillen Reserve wird Erwerbspersonenpotenzial oder manchmal auch Arbeitskräftepotenzial genannt. Das Erwerbspersonenpotenzial stellt bis zu einem gewissen Grad die Obergrenze der am Arbeitsmarkt verfügbaren Arbeitskräfte dar.

Die demografische Entwicklung wirkt sich sowohl direkt über die Bevölkerungsanzahl als auch indirekt über die Bevölkerungsstruktur auf dieses in Personen gemessene Erwerbspersonenpotenzial aus. Zeigen lässt sich das, indem man das Erwerbspersonenpotenzial analytisch in die beiden Komponenten Bevölkerung und Erwerbsbeteiligung zerlegt:

Erwerbspersonenpotenzial = Erwerbsquote x Bevölkerung

Gemessen wird die Erwerbsbeteiligung mit der Erwerbsquote, dem Anteil der Erwerbsbevölkerung an der gleichaltrigen Bevölkerung. Weil jüngere Menschen häufig noch in Ausbildung stehen und ältere oft schon in Rente sind, sind die Erwerbsquoten in diesen Altersgruppen viel niedriger als in den mittleren Altersgruppen. Die Erwerbsbeteiligung ist folglich altersabhängig.

Bestimmungsfaktoren der Erwerbsbeteiligung sind also u.a. das Bildungsverhalten und die gesetzlichen Regelungen zum Rentenzugang, einschließlich der Frühverrentung. Bei Frauen sind außerdem die Angebote zur Kinderbetreuung und zur Teilzeitarbeit von größter Bedeutung. Bei Ausländern spielt ihre Integration in die Gesellschaft eine wichtige Rolle.

Das Erwerbspersonenpotenzial hängt damit von der Bevölkerung im erwerbsfähigen Alter ab. In den alten Bundesländern stieg die Bevölkerungszahl der 15 bis 65-Jährigen von 38,6 Mio. in 1970 um rd. 6,6 Mio. auf 45,2 Mio. in

2002 an. Zugleich nahm der Anteil Älterer in den alten Bundesländern deutlich zu und beinahe spiegelbildlich der der Jüngeren ab. Diese Entwicklungen sind ein Reflex auf den Baby-Boom der 1950er und '60er Jahre und den in den frühen '70er Jahren einsetzenden Geburtenrückgang.

Die Demografie gibt eine klare Richtung für die künftige Entwicklung des Erwerbspersonenpotenzials vor (zu den Grunddaten vgl. den Beitrag von Hullen in diesem Band). Derzeit sind (noch) sehr viele Menschen im erwerbsfähigen Alter, aber die nachfolgenden Altersjahrgänge sind zahlenmäßig schwächer besetzt. Bei unveränderter Geburtenentwicklung werden künftig deutlich weniger Menschen im erwerbsfähigen Alter sein als heute. So waren z.b. am Jahresende 2002 exakt 678.180 Kinder im Babyalter (unter einem Jahr), dagegen 1.334.951 39-Jährige (1963 geboren); eine Relation von etwa 1:2. Selbst wenn man von Sterbefällen absieht wird sich in 39 Jahren die Zahl der dann 39-Jährigen ungefähr halbiert haben.

In einer längerfristigen dynamischen Betrachtung ergibt sich aus dieser Altersstruktur ein ziemlich komplizierter Verlauf mit einer Wellenbewegung, mit vereinzelten Spitzen und Tälern. Davon wird im Weiteren abstrahiert und stattdessen nur die grundlegende Richtung herausgearbeitet.

1.2 Analyse des Erwerbspersonenpotenzials in Ost und West

In *Westdeutschland* stieg das Erwerbspersonenpotenzial von 26,9 Mio. in 1970 um 5,5 Mio. Personen auf fast 32,4 Mio. Erwerbspersonen in 1995 an (Thon/Bach 1998).[1] Seitdem hat es sich allerdings nur noch in mäßigem Umfang erhöht. Diese Veränderungen beim Erwerbspersonenpotenzial lassen sich analytisch in die Komponenten Demografie (natürliche Bevölkerungsbewegung aus Geburten und Sterbefällen), Wanderungen und Erwerbsbeteiligung zerlegen.

Die zwischen 1970 und 1995 beobachtete Zunahme des westdeutschen Erwerbspersonenpotenzials ist zu einem erheblichen Teil auf die steigende Erwerbsbeteiligung deutscher Frauen zurückzuführen (+2,7 Mio.). Dem standen sinkende Erwerbsquoten bei deutschen Männern und Ausländern/Ausländerinnen gegenüber, mit einem negativen Effekt auf das Arbeitsangebot in Höhe von fast –3,3 Mio. Zusammen genommen resultiert daraus ein negativer Effekt aufgrund der Erwerbsbeteiligung (–0,5 Mio.).

---

[1] Das Statistische Bundesamt hat 1999 und 2000 die Erwerbstätigenzahlen der Volkswirtschaftlichen Gesamtrechnung rückwirkend deutlich nach oben korrigiert, um die sog. geringfügige Beschäftigung angemessen zu berücksichtigen. In der Vorausschätzung des Erwerbspersonenpotenzials ist diese Datenrevision noch nicht berücksichtigt. Der langfristige Trend des Erwerbspersonenpotenzials wird allerdings durch die Demografie dominiert, so dass die Projektion tendenziell nach wie vor gültig ist.

8 Arbeitsmarkt der Zukunft

Als ursächliche Faktoren der höheren Erwerbsbeteiligung der deutschen Frauen werden allgemein genannt: die immer besser werdende Ausbildung, die zunehmende Verfügbarkeit von Teilzeitarbeitsplätzen, der Wertewandel weg von der „Nur-Hausfrau" hin zur emanzipierten berufstätigen Frau, die niedrige Geburtenhäufigkeit, u.a. Der Rückgang der Erwerbsquote der Männer hängt vor allem mit einem späteren Berufseintritt (längere Bildungszeiten) und einem frühen Ausscheiden aus dem Beruf (Frühverrentung) zusammen.[2]

Der Trend geht auch weiterhin in Richtung einer steigenden Erwerbsbeteiligung, z.b. aufgrund eines höheren Renteneintrittsalters, vermehrter Teilzeit usw. Insbesondere die Erwerbsquoten der verheirateten 30- bis 50-Jährigen deutschen Frauen dürften künftig deutlich höher liegen als heute (Fuchs/Thon 1999).

Zuwanderungen aus dem Ausland führten im Betrachtungszeitraum zu einem Anstieg des Erwerbspersonenpotenzials. Die Wanderungsgewinne teilen sich auf in einen Nettozuzug von Deutschen (+2,1 Mio.) und von Ausländern (+1,8 Mio.). Dabei war nur der Wanderungssaldo der Deutschen (v.a. Aussiedler) immer positiv, während die Zu- und Fortzüge bei den Ausländern starke konjunkturelle Einflüsse zeigen und deshalb phasenweise auch negative Wanderungssalden auftraten.

Auch für die Zukunft ist mit Zuwanderung aus dem Ausland zu rechnen. Allerdings ist die Höhe der künftigen Außenwanderung kaum prognostizierbar.

Der demografische Effekt (ohne Wanderungen) war von 1970 bis 1995 mit fast 2,2 Mio. Personen zwar positiv, doch hat sich dieser Einfluss im Betrachtungszeitraum gedreht: Bis Ende der 1980er Jahre verringerte sich das Erwerbspersonenpotenzial aufgrund der Bevölkerungsentwicklung. Seit Beginn der 1990er Jahre würde es aufgrund des – isolierten – Einflusses des Geburtendefizits schrumpfen. Alle Anzeichen sprechen dafür, dass dieser Trend anhält.

Eine besondere Situation liegt in *Ostdeutschland* vor. Nach der Wiedervereinigung ging die Zahl der Beschäftigten von fast 10 Mio. auf heute etwa 7,2 Mio. (ohne West-Pendler) zurück. Das Arbeitskräfteangebot ist aber nicht im selben Maße wie die Beschäftigung zurückgegangen. Zunächst ist die hohe registrierte Arbeitslosigkeit zu beachten und zudem hat sich in den neuen Ländern auch eine beträchtliche Stille Reserve aufgebaut. Nach Schätzungen des IAB fehlen in den neuen Ländern in 2003 Arbeitsplätze für fast 2,3 Mio. Menschen (Arbeitslosigkeit und Stille Reserve). Zusammen mit den Erwerbstätigen ergibt das ein Potenzial an ostdeutschen Arbeitskräften von beinahe 9,5 Mio. Personen im Jahr 2003 (Autorengemeinschaft 2004).[3] Diese Zahl liegt damit nur unwe-

---

[2] Einen Überblick über die Erwerbsbeteiligung der Ausländer geben Roloff/Schwarz (2001: 54 ff.).
[3] Die Zahlen sind aufgrund unterschiedlicher Gebietsabgrenzung nicht ganz vergleichbar. In den ostdeutschen Zahlenangaben für das Jahr 2003 sind Westberliner mit enthalten.

sentlich unter dem für 1990 ermittelten Wert, obwohl die Bevölkerung seitdem um ca. 1 Mio. Menschen gesunken ist.

Neuere Untersuchungen bestätigen diese Tendenz auch anhand der Erwerbsquoten. Nach der Wiedervereinigung kam es zu keinem nennenswerten Rückgang der Erwerbsquoten, insbesondere auch nicht bei denen der Frauen (Fuchs/Weber 2004). Aufgrund der schlechten Arbeitsmarktlage sind zwar weniger Frauen als früher beschäftigt, aber die meisten Frauen wünschen sich weiterhin, berufstätig zu sein.

1.3 Projektion des Arbeitskräftepotenzials bis 2040

Das Institut für Arbeitsmarkt- und Berufsforschung (IAB) hat ein Bündel von Projektionsvarianten gerechnet, mit drei Varianten zur künftigen Entwicklung der Erwerbsbeteiligung (konstante Erwerbsquoten, einem schwächeren und einem stärkeren Anstieg der Erwerbsquoten), mit einer Basisvariante für die natürliche Bevölkerungsentwicklung und mit sechs Wanderungsvarianten, die unterschiedlich hohe Wanderungssalden simulieren (ohne Wanderungen, 100.00 bis 500.000 jährliche Nettozuwanderung von Ausländern). Das folgende Bild weist für ausgewählte Varianten das projizierte Erwerbspersonenpotenzial aus.

Variante 1 zeigt den starken Rückgang des Erwerbspersonenpotenzials, der sich aus der Fortschreibung der Bevölkerung mit den Geburten und Sterbefällen ergibt, wenn man von Wanderungen absieht und die Erwerbsquoten konstant hält. Dieser Rückgang ist also ausschließlich von den zu geringen Geburtenzahlen verursacht.

Das Geburtendefizit wirkt primär über zweierlei Kanäle: Zum einen sinkt die Anzahl der Erwerbsbevölkerung. Darüber hinaus wird die Altersstruktur „ungünstiger", d.h. die stärkeren Altersjahrgänge – aus Zeiten des „Baby-Booms" - wachsen in ein Alter hinein, in dem die Erwerbsbeteiligung geringer ist und zugleich werden die mittleren Altersgruppen, mit hohen Erwerbsquoten, zahlenmäßig schwächer, weil zu wenige Junge nachkommen.

Eine höhere Erwerbsbeteiligung von Frauen und älteren Menschen kann den Rückgang des Erwerbspersonenpotenzials abbremsen, nicht aber völlig aufheben. Darauf weisen die Varianten 1 bis 3 hin, die sich lediglich hinsichtlich der Höhe der Erwerbsbeteiligung unterscheiden. Die Variante 3 dürfte dabei weitgehend eine Obergrenze für die Erwerbsbeteiligung angeben.

8 Arbeitsmarkt der Zukunft

Abbildung 1: Erwerbspersonenpotenzial 1995 bis 2040

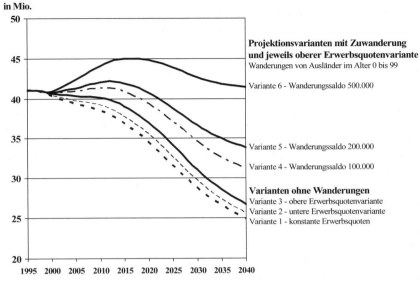

Quelle: Fuchs/Thon 1999.

Nettozuwanderungen können vorübergehend sogar zu einem Anstieg des Erwerbspersonenpotenzials führen. Bei einigermaßen realistischen Wanderungsannahmen überwiegt langfristig der Einfluss der natürlichen demografischen Entwicklung (Varianten 4 und 5). Erst eine – kaum vorstellbare, aber für Vergleichszwecke gerechnete – jährliche Nettozuwanderung von 500.000 Personen (siehe Variante 6) gleicht den demografisch bedingten Rückgang des Erwerbspersonenpotenzials langfristig aus.

Offensichtlich können weder die zu erwartende steigende Erwerbsbeteiligung noch die Zuwanderung, sofern diese im „normalen" Rahmen bleibt, den demografisch bedingten Arbeitskräfterückgang ausgleichen. Auf der Basis eines realistischen bis vielleicht sogar leicht optimistisch einzuschätzenden Annahmebündels wäre für den Zeitraum von 2000 bis 2040 eine Abnahme des Erwerbspersonenpotenzial im Umfang von rund 7 Mio. Personen zu erwarten. Die folgende Übersicht zeigt die Bedeutung der natürlichen Bevölkerungsentwicklung aus Geburten und Sterbefällen für diese Entwicklung.

Rückgang des Erwerbspersonenpotenzials von 2000 bis 2040	ca. – 7 Mio.
davon aufgrund des	
• demografischen Effekts (Geburten und Sterbefälle)	– 15,5 Mio.
• Verhaltenseffekts, obere Variante (mehr Frauen, mehr Ältere)	+ 1,6 Mio.
• Wanderungseffekts (bei jährlicher Nettozuwanderung von 200.000 Ausländern	+ 7 Mio.

Nun sollte man die Projektionen hinsichtlich des absoluten Umfanges der Bevölkerung und des Erwerbspersonenpotenzials nicht als Punktprognosen auffassen. Wichtig ist vor allem die Tendenz, wobei die verschiedenen Projektionsvarianten in ein und dieselbe Richtung weisen, nämlich nach unten. Es stellt sich die Frage, wie sensitiv die Projektionen hinsichtlich der demografischen Grundannahmen sind.

Die Mortalitätsentwicklung und die Fertilität sind in hohem Maße stabil. Größere, insbesondere sprunghafte Abweichungen von den bisherigen Trends sind eher unwahrscheinlich. Die Sterblichkeit ist für den Arbeitsmarkt zudem von völlig untergeordneter Bedeutung, was daran liegt, dass die Sterberaten bis zum 60. Lebensjahr sehr niedrig sind.

Hinsichtlich der Geburten ist zu beachten, dass bereits seit mehr als 30 Jahren nur rund 1,4 Kinder pro Frau geboren werden. Für eine langfristig stabile Bevölkerungszahl wären aber etwa 2,1 Kinder notwendig, also 50 % mehr. Darüber hinaus würde sich selbst ein starker Anstieg der Geburten vorerst kaum auf den Arbeitsmarkt auswirken. Beispielsweise kommen im Jahr 2000 geborene Kinder erst im Jahr 2015 ins erwerbsfähige Alter (ab 15 Jahre). Dabei haben die wenigsten mit 15 ihre Ausbildung abgeschlossen. Zum Arbeitskräfteangebot zählen sie im Allgemeinen aber erst nach Abschluss ihrer (schulischen/universitären) Ausbildung. Damit kennen wir heute schon die einheimischen potenziellen Arbeitskräfte der kommenden 20 Jahre, denn diese sind bereits am Leben!

Kaum prognostizierbar sind die Wanderungsbewegungen. Das war der Grund, warum eine Fülle von Projektionsvarianten gerechnet wurde. Die Varianten decken das denkbare Spektrum ab und zeigen, dass selbst bei hohen Zuwanderungssalden die Bevölkerung und das Arbeitskräfteangebot sinken.

Alles in allem sprechen diese Argumente dafür, dass der erwartete Rückgang der Bevölkerung und letztlich damit auch die demografische Alterung eine sehr hohe Wahrscheinlichkeit haben.

8 Arbeitsmarkt der Zukunft

1.4 Alterungstendenzen des Arbeitskräftepotenzials

Die Alterszusammensetzung des Erwerbspersonenpotenzials entwickelt sich weitgehend parallel zu dem der Bevölkerung. Für das Jahr 2040 werden prozentual deutlich mehr ältere Arbeitskräfte (50 Jahre und älter) erwartet als heute (Abb. 2). Im Jahr 2000 waren 23 % des Erwerbspersonenpotenzials 50 Jahre und älter. Im Jahr 2040 ist nach der Projektion fast jeder Dritte mindestens 50 Jahre alt. Diese Verschiebung in der altersmäßigen Zusammensetzung der Arbeitskräfte geht hauptsächlich zu Lasten der mittleren Altersgruppe, deren Anteil am Erwerbspersonenpotenzial deutlich sinkt. Der Anteil der jüngeren Arbeitskräfte (im Alter von 15 bis unter 30 Jahre) am Erwerbspersonenpotenzial verändert sich nämlich nur wenig.

Abbildung 2: Altersstruktur des Arbeitskräftepotenzials 2000 – 2040 (jährlicher Wandersaldo 200.000, untere Variante der Erwerbsquoten)

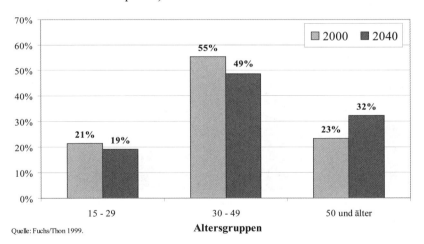

Quelle: Fuchs/Thon 1999.

Simulationsrechnungen zeigen, dass diese Altersstruktur des Arbeitskräfteangebots von anderen Annahmen wenig beeinflusst wird. Die Belegschaften in den Betrieben werden also sehr wahrscheinlich künftig im Durchschnitt deutlich älter sein.

In Hinblick auf die Diskussion um einen Arbeitskräftemangel ist ein Blick auf die absoluten Zahlen nützlich. Die Zahl der älteren Arbeitskräfte wird in den nächsten Jahren stark ansteigen (Abb. 3). Nach dem Jahr 2020 nimmt ihre Zahl jedoch deutlich ab. Es sind die „Baby-Boomer", die 60 Jahre nach ihrer Geburt an die Rentenaltersgrenze heranrücken. Die 2030 sichtbare geringere Anzahl Älterer ist eine Folge des Geburtenrückgangs zu Beginn der 70er Jahre. Gleichzeitig stehen den Betrieben in Zukunft weitaus weniger jüngere Arbeitskräfte zur Verfügung als heute. Noch 1996 lag das Erwerbspersonenpotenzial der unter 30-Jährigen bei rund 10,3 Mio. Bis zum Jahr 2040 wird die Zahl der Jüngeren in Abhängigkeit von der Erwerbsbeteiligung auf etwa 6,2 Mio. bis 6,6 Mio. sinken.

Diese Entwicklung basiert auf einer durchschnittlichen Nettozuwanderung von 200.000 Personen (über alle Altersgruppen) pro Jahr. Weil die Zuziehenden im Durchschnitt jünger sind als die Fortziehenden, wäre bei einer schwächeren Nettozuwanderung der zahlenmäßige Rückgang bei den jungen Arbeitskräften sogar noch stärker.

Abbildung 3: Erwerbspersonenpotential der Jüngeren und der Älteren am Beispiel der IAB-Projektionsvariante mit 200.000 jährlicher Nettozuwanderung und unterer Erwerbsquoten-Variante

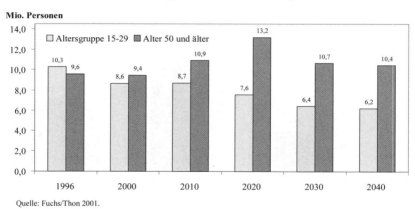

Quelle: Fuchs/Thon 2001.

2 Nachfrageeffekte des demografischen Wandels

2.1 Tendenzen beim künftigen Bedarf an Arbeitskräften

Die vorliegenden Tendenzen beim Arbeitskräfteangebot sind im Kontext mit der künftigen Arbeitsnachfrage zu sehen. Wenn die demografische Entwicklung die Zahl der verfügbaren Arbeitskräfte senkt, dann könnte dies den Arbeitsmarkt

8 Arbeitsmarkt der Zukunft

entlasten, denn bilanztechnisch gesehen würde c.p. die Unterbeschäftigung reduziert, die ja nichts anderes als die Differenz von Arbeitskräfteangebot und -nachfrage ist.

Es stellt sich die Frage, wie viele Arbeitskräfte die Wirtschaft in Zukunft braucht. Möglicherweise reichen angesichts der demografischen und der Produktivitätsentwicklung viel weniger Arbeitskräfte, um die Gesellschaft mit Gütern und Dienstleistungen zu versorgen. Auch könnten alternde Belegschaften weniger produktiv sein, weniger innovativ und damit international weniger wettbewerbsfähig.

Eine Projektion des Arbeitskräftebedarfs für die „ganz lange Sicht" ist aber mit noch weitaus gewaltigeren Schwierigkeiten behaftet als eine Langfristvorausschätzung des Arbeitskräfteangebots. Zu groß sind die Unsicherheiten hinsichtlich der wirtschaftlichen Entwicklung, der Produktivität und der Arbeitszeit – um die prinzipiellen Determinanten der Arbeitskräftenachfrage zu nennen.

Die aktuellste Vorausschätzung mit einem Prognosehorizont, bei dem auch die demografischen Trends zum Tragen kommen, enthält der Bericht der „Rürup-Kommission" („Kommission für die Nachhaltigkeit in der Finanzierung der Sozialen Sicherungssysteme", Bundesministerium für Gesundheit und Soziale Sicherung, 2003). Die Rürup-Kommission schätzt für 2040 rund 36,1 Mio. in Deutschland Erwerbstätige. Gegenüber dem Ausgangswert von 38,7 Mio. Erwerbstätigen aus dem Jahr 2002 ist dies zwar ein deutlicher Rückgang, aber kein völliges „Wegbrechen".

Selbst wenn man längerfristig eine deutlich sinkende Erwerbstätigkeit befürchtet, immerhin wird dies ja aktuell aufgrund der Verlagerung von Arbeitsplätzen in die EU-Beitrittsländer diskutiert, sollte man das im Kontext mit einem Erwerbspersonenpotenzial sehen, welches im Jahr 2040 auch im Falle einer weitgehenden Ausschöpfung des Erwerbspersonenpotenzials (obere Projektionsvariante) und einem Wanderungssaldo von jährlich 200.000 Personen nur noch bei rund 34 Mio. Personen liegen dürfte. (Inwieweit es noch weitere personelle Reserven im Inland gibt, wird im abschließenden Kapitel noch diskutiert.)

Der Optimist kann aus diesem Vergleich lesen, dass in etwas fernerer Zukunft das Arbeitsangebot und die Nachfrage nach Arbeit näher zusammen liegen als heute, d.h. der Rückgang des Erwerbspersonenpotenzials mildert den Druck am Arbeitsmarkt. Der Pessimist wird aber auf die Möglichkeit steigender struktureller Ungleichgewichte verweisen, u.a. weil die absolute Anzahl qualifizierter Arbeitskräfte sinkt.

2.2 Hoher Bedarf an qualifizierten Arbeitskräften

Die künftige Wirtschaftsstruktur Deutschlands dürfte durch hochwertige Produkte mit hoher Forschungs- und Entwicklungsintensität und durch hochwertige, überwiegend unternehmensbezogene Dienstleistungen (wie z.b. Beratungs- und Finanzdienste) sowie eine weiter zunehmende internationale Arbeitsteilung gekennzeichnet sein. Globalisierung und technologische Entwicklung stehen in einer engen Wechselbeziehung. Verschärfter internationaler Wettbewerb durch Fortschritte im Bereich der IT-Techniken zwingt zu zusätzlichen Innovationsbemühungen und immer kürzeren Produktzyklen. Dies erhöht den Druck auf Ausweitung und Internationalisierung der Absatzgebiete, um bei verkürzter Produktlebensdauer die hohen Entwicklungskosten amortisieren zu können.

Die sinkende Bevölkerung schwächt zunächst die inländische Güternachfrage. Es wird allerdings weniger ein Rückgang befürchtet, als vielmehr, dass der Zuwachs schwächer ausfällt. (Die theoretischen Zusammenhänge beschreibt z.B. Grömling 2004: 70 ff.)

Die Alterung hingegen bedingt Veränderungen in der Nachfragestruktur (auch dazu Grömling, 2004: 84 ff.). Letzteres führt zu Verschiebungen in einigen konsumnahen Industriebereichen, wenn beispielsweise die Nachfrage nach Tiefkühl- und Fertigprodukten zunimmt. Auch braucht eine mangels Geburten sinkende und alternde Bevölkerung eben mehr Rollstühle als Kinderwagen. Zu den „Gewinnern" des demografischen Wandels zählt wahrscheinlich das Gesundheitswesen, trotz der Finanzierungsproblematik. Hier sind der steigende Bedarf und die beschränkten Rationalisierungsmöglichkeiten die treibenden Kräfte.

Interessant ist die Situation im Bau. Dort wirken der Rückgang der Bevölkerungszahl und der wahrscheinliche Anstieg der Ein-Personen-Haushalte, mit durchschnittlich größeren Pro-Kopf-Wohnflächen als größere Haushalte, gegenläufig. Die Annahme, dass die Ein-Personen-Haushalte zunehmen, wird mit der zunehmenden Zahl älterer Singles begründet. Der Bedarf an Wohnraum sinkt deshalb nicht im selben Maß wie die Bevölkerung.

Auch indirekte Effekte sind zu beachten. Beispiel: Sollen Ältere länger arbeiten und müssen sie sich dazu weiterbilden, dann steigert dies die privaten Bildungsausgaben. Im Gegensatz dazu dürften die staatlichen Bildungsausgaben aufgrund rückläufiger Schüler- und Studentenzahlen eher sinken.

Nicht übersehen werden sollte, dass – auch innerhalb der Branchen – Unternehmen sehr unterschiedlich vom demografischen Wandel tangiert sein können. Sein Einfluss variiert mit der Unternehmensgröße, dem Grad der Technologieintensität, der Wissensintensität usw. Deswegen gibt es Befürchtungen, dass z.B. technologieorientierte Unternehmen künftig vor größere Probleme gestellt sein könnten, wenn dynamische innovative hochqualifizierte Arbeitskräfte knapp werden sollten. Der sektorale Wandel und die technologischen und sozioökonomischen Veränderungen wirken sich auf die Art und die erforderliche Qualifikation der Arbeit aus. Den größten Anteil an den Veränderungen der Tätigkeitsstruktur haben die Tätigkeiten, die in den Bereichen der Disposition und Entscheidungsvorbereitung, der Forschung und Entwicklung und der Dienstleistungen angesiedelt sind (Dostal/Reinberg 1999). Hier sind die Qualifikationsanforderungen bereits relativ hoch und werden weiter steigen. Die meisten der übrigen Tätigkeiten werden an Gewicht verlieren, auch bei ihnen ist jedoch eine deutliche Tendenz zur Höherqualifizierung erkennbar.

Der Tätigkeitswandel erfordert eine kontinuierliche Höherqualifizierung der Erwerbstätigen. Der Bedarf an betrieblich ausgebildeten Fachkräften (einschl. Berufsfachschulen) und vor allem an Hochschulabsolventen wird künftig höher sein als heute (Dostal/Reinberg 1999). Der Bedarf an ungelernten Arbeitskräften wird dagegen zurückgehen (Reinberg/Hummel 2003).

2.3 Alterung und Produktivitätsentwicklung

Die demografische Entwicklung erhöht wahrscheinlich den Altersdurchschnitt der Beschäftigten in den Betrieben. Die Anzahl jüngerer Arbeitskräfte wird in den kommenden Jahrzehnten deutlich zurückgehen. Damit müssen die Betriebe Innovationen künftig mit älteren Belegschaften realisieren.

Wie sich diese „Alterung" auf die gesamtwirtschaftliche Produktivität auswirkt, hängt angesichts steigender Anforderungen in hohem Maße von der Leistungsfähigkeit und -bereitschaft der älteren Mitarbeiter ab (z.B. Gräf 2003: 24 ff.; Hofmann/Meier 2001: 34 ff.). Sofern Älteren der Umgang mit neuen Technologien schwer(er) fällt, und dies könnte nach den vorliegenden arbeitswissenschaftlichen Erkenntnissen durchaus der Fall sein, würde die Wachstumsrate der gesamtwirtschaftlichen Produktivität abgeschwächt.

Nun sind neue Technologien nicht die einzige Form betrieblicher Innovation und Ältere könnten Jüngeren in mancher Hinsicht durchaus überlegen sein. Die Optimierung von Betriebsabläufen oder die Schaffung neuer Produkte, als Reaktion auf Marktveränderungen oder Kundenwünsche, mag den spezifischen Fähigkeiten älterer Mitarbeiter vielleicht sogar mehr entsprechen, wenn man an die Bedeutung des beruflichen (Hintergrund-)Wissens, der Fähigkeit, komplexe Zusammenhänge zu analysieren usw. denkt. „Das habe ich halt so im Gefühl" beschreibt diesen Umgang mit komplexen Sachverhalten (Plath 2000: 8).

Außerdem sind die heutigen „Älteren" nicht wirklich alt. Ein heute 60-Jähriger ist „jünger" und leistungsfähiger als ein 60-Jähriger vor einigen Jahrzehnten.

Problematisch für die internationale Wettbewerbsfähigkeit der deutschen Wirtschaft könnte sein, dass sich die Alterung möglicherweise ungünstig auf die Gründungsrate auswirkt, denn nicht in jeder Altersgruppe ist der Drang oder der Wunsch, sich selbständig zu machen, gleich (vgl. Röhl 2004: 177). Für die Innovationsfähigkeit und Produktivität dürften aber gerade neu in den Markt eintretende Unternehmen nicht unwichtig sein, üben sie doch tendenziell einen Druck in Richtung mehr Effizienz aus.

Letztlich hängen Innovationsfähigkeit, Produktivität und Wettbewerbsfähigkeit zumindest teilweise davon ab, inwieweit es gelingt, eine mögliche altersbedingte Abschwächung des Produktivitätsfortschritts aufzufangen, z.B. durch Qualifizierung, entsprechende Arbeitsplatzgestaltung usw.

Für die internationale Wettbewerbsfähigkeit ist natürlich auch die Kostenentwicklung zu beachten. Höhere Sozialleistungen (Renten, Gesundheitsausgaben) treiben die Lohnnebenkosten nach oben. Mit einem zunehmenden Anteil älterer Beschäftigter steigen im Falle von Senioritätsentlohnung die Lohnkosten. Begrenzt wird der Effekt dieser potenziellen Verschlechterung der Wettbewerbsfähigkeit dadurch, dass nahezu alle Industrieländer vor demselben Problem der Alterung stehen.

3 Beschäftigungspolitische Optionen zur Erschließung von Personalreserven

Bevölkerungs- und Arbeitskräfterückgang und die damit verbundene Alterung stellen Wirtschaft und Gesellschaft vor neue Probleme. Nach Zeiten hoher Arbeitslosigkeit droht vor allem auf berufsfachlichen oder regionalen Teilarbeitsmärkten Fachkräftemangel. Deshalb sind Überlegungen zur Ausschöpfung von heimischen Beschäftigungsreserven anzustellen, wobei im Mittelpunkt Frauen und ältere Menschen stehen.[4]

3.1 Steigerung der Erwerbstätigkeit von Frauen und von Älteren

In der öffentlichen Diskussion werden immer wieder Überlegungen laut, die Erwerbstätigkeit von Frauen müsse nur steigen, dann würde das demografische

---

[4] Für eine weitergehende Behandlung siehe Gräf (2003), Walwei (2001) sowie Fuchs/Thon (2001).

Problem schon (fast) gelöst sein. In der in Kapitel 8.2 erwähnten Projektion des IAB nimmt aber insbesondere das weibliche Arbeitsangebot erheblich zu und trotzdem sinkt das Erwerbspersonenpotenzial deutlich. Wie sehr die Erwerbsbeteiligung der Frauen steigt, sei exemplarisch an der Potenzialerwerbsquote verheirateter deutscher Frauen im Alter von 40 bis 44 Jahren hervorgehoben. Vor etwa 40 Jahren (1960) lag deren Erwerbsquote bei 37 %. Die Berechnungen für 1996 ergaben eine Potenzialerwerbsquote von 75%. Und nach der Projektion steigt die Quote innerhalb der nächsten 40 Jahre (2040) auf nicht weniger als 93% nach der unteren bzw. 98% nach der oberen Projektionsvariante. Nennenswerte Spielräume für einen noch höheren Anstieg gibt es offensichtlich nicht.

Ein derartig kräftiger Anstieg der potentiellen Frauenerwerbsbeteiligung ist zudem – wenn überhaupt – nur unter bestimmten Bedingungen zu verwirklichen. Vorausgesetzt wird eine weitere Zunahme der Erwerbswünsche von Frauen. Außerdem muss es eine realistische Möglichkeit zur Berufstätigkeit geben (Vereinbarkeit von Familie und Beruf). Vor allem sind weitere Anstrengungen notwendig, die Rahmenbedingungen der Erwerbsarbeit von Frauen günstiger zu gestalten, unter anderen durch mehr Teilzeitarbeitsplätze sowie mehr und bessere Kinderbetreuungseinrichtungen.

Die Erwerbsquoten der Älteren, hier der 55- bis unter 65-Jährigen, wurden in der Projektion – entgegen dem langjährigen Trend – angehoben, um die angestrebte Heraufsetzung der gesetzlichen Altersgrenzen zu berücksichtigen. Man könnte an eine weitere Steigerung der Alterserwerbstätigkeit denken, die über den bereits berücksichtigten Ansatz hinausgeht. Simuliert man einen Anstieg der Erwerbsbeteiligung der 60- bis 64-Jährigen (Männer wie Frauen, Deutsche wie Ausländer, in Ost und West) auf 90 %, dann führt das 2040 zu einem gegenüber den IAB-Varianten zusätzlichen Arbeitskräftepotenzial von rund 2,6 Mio. Und würden nach Einführung einer „Rürup-Rente" die Erwerbsquoten der 65- bis 67-Jährigen auf 70 % klettern, dann stünden im Jahr 2040 weitere 1,6 Mio. (ältere) Arbeitskräfte zur Verfügung. Die Annahmen von 90 % respektive 70 % sind zweifelsfrei extrem und doch gelingt es auch damit nur den demografisch bedingten Abwärtstrend beim Erwerbspersonenpotenzial zu bremsen, nicht aber zu stoppen.

Mit dieser „Vollausschöpfung" der Reserven Älterer würde außerdem erheblich in die Alterszusammensetzung in den Betrieben eingegriffen. Der Anteil älterer Arbeitskräfte wäre dann noch deutlich höher als im Abbildung 2.

3.2 Die qualitative Dimension und die Arbeitzeitfrage

Eine Politik, die alleine auf die – in Köpfen gemessene – quantitative Beeinflussung des Erwerbspersonenpotenzials abzielt, wird den künftigen Problemstellungen nicht gerecht. Ein weiterer Faktor ist die Qualifikationsstruktur der Erwerbspersonen, die sich mehr noch als die rein quantitative Komponente des Arbeitskräfteangebots als Engpassfaktor für das Wirtschaftswachstum herausstellen könnte.

Die Befunde des IAB zu den derzeit zu beobachtenden Tendenzen sprechen eine deutliche Sprache: Über fast alle Altersgruppen hinweg sind die Potenziale der Hochqualifizierten schon heute weitgehend ausgeschöpft. Zugleich ist die Bildungsexpansion zum Stillstand gekommen (Reinberg 2001). Es ist nicht zu erwarten, dass künftig mehr Hoch- und Fachhochschulabsolventen zur Verfügung stehen als heute. Im Gegensatz zu den Hoch- und Fachhochschulabsolventen sind „Nicht formal Qualifizierte", also Un- und Angelernte, häufiger arbeitslos und ihre Erwerbsbeteiligung ist deutlich niedriger. Reserven sind derzeit also vor allem bei den weniger Qualifizierten zu finden, die es auf breiter Basis wohl zunächst einmal nachzuqualifizieren gilt.

Aktuell wird auch eine längere Wochenarbeitszeit gefordert – obgleich aus ganz anderen als demografischen Gründen. Angesichts der prognostizierten Entwicklung des Erwerbspersonenpotenzials könnte man die durch die frühere Arbeitszeitverkürzung entstandenen „Zeitreserven" als Puffer nutzen, um den in Köpfen gerechneten Rückgang teilweise auszugleichen. Auf diese Möglichkeit wird gerne hingewiesen, und bis zu einem gewissen Grad ist das auch möglich (z.B. Gräf 2003: 19 f.). In der Zukunft dürften jedoch höheren Weiterbildungsanstrengungen (vor allem von älteren Beschäftigten) erforderlich sein. Dies beansprucht Zeit. Damit tritt ein gewisser Trade-off zwischen angebotenen Arbeitsvolumen (Arbeitszeit x Arbeitskräfte) und dessen Qualität auf, der nicht so einfach zu lösen ist.

Prinzipiell leichter dürfte eine Ausweitung der Arbeitszeit von Teilzeitbeschäftigten sein. Dabei tritt die Frage auf, ob dies von den Betroffenen gewünscht wird. Da es sowohl unerfüllte Verlängerungswünsche als auch Verkürzungswünsche gibt, dürfte der „Nettoeffekt [dieser Wünsche] zunächst einmal offen" sein (Walwei 2001: 7).

Die Analysen zeigen, wie eng die Grenzen der Erschließung bzw. der Aktivierung heimischer Personalreserven gesetzt sind. Aus heutiger Sicht – unter dem Eindruck einer Rezession – und selbst in den kommenden 10 bis 15 Jahren mögen Gedanken um die Erschließung von heimischen Personalreserven vielleicht nicht vordringlich sein. Bedenkt man die Wirksamkeit und die Fristigkeit eines jeden Ansatzes, spricht vieles dafür, dieses Problem rechtzeitig anzugehen und mehrere Wege zugleich einzuschlagen. Wahrscheinlich wird es nur mit einem Bündel an Maßnahmen gelingen, die demografische Herausforderung zu meistern.

Langfristig wird wohl auch die Bedeutung von Zuwanderung zunehmen, so wie es in der Grafik zur Projektion des Erwerbspersonenpotenzials bis 2040 hervortritt. Nachdem fast alle entwickelten Länder den gleichen demografischen Trends unterworfen sind, wird sich die westliche Welt darauf einstellen müssen, dass der grenzüberschreitende Wettbewerb um qualifizierte Fachkräfte zunehmen wird. Also wird es für die Länder und jeweiligen Arbeitgeber darauf ankommen, möglichst attraktiv für die Qualifiziertesten zu sein. Dies wird wohl nur mit einer gezielten Zuwanderungspolitik gelingen, die einen „langen Atem" beweist.

Literatur

Autorengemeinschaft (2004): Der Arbeitsmarkt 2004 und 2005. IAB-Kurzbericht, 5/2004
Bundesministerium für Gesundheit und Soziale Sicherung (2003): Bericht der „Kommission für die Nachhaltigkeit in der Finanzierung der Sozialen Sicherungssysteme". PDF-File
Dostal, Werner/Reinberg, Alexander (1999): Arbeitslandschaft 2010 – Teil II: Ungebrochener Trend in die Wissensgesellschaft. IABKurzbericht, 10/ 27.8.1999
Fuchs, Johann/Thon, Manfred (2001): Wie viel Potenzial steckt in den heimischen Personalreserven? IABKurzbericht, 15/27.8.2001
Fuchs, Johann/Thon, Manfred (1999): Potenzialprojektion bis 2040. Nach 2010 sinkt das Angebot an Arbeitskräften. IABKurzbericht, 4/20.5.1999
Fuchs, Johann/Weber, Brigitte (2004): Frauen in Ostdeutschland: Erwerbsbeteiligung weiter hoch. IAB-Kurzbericht, 4/2.2.2004
Gräf, Bernhard (2003): Deutsches Wachstumspotenzial: Vor demografischer Herausforderung. Deutsche Bank Research, Aktuelle Themen, Nr. 277, 14.7.2003.
Grömling, Michael (2004): Wirtschaftswachstum. In: Institut der deutschen Wirtschaft (Hrsg.): Perspektive 2050. Ökonomik des demografischen Wandels. Köln: 67-96
Hofmann, Herbert/Meier, Volker (2001): Beschäftigungseffekte und demographische Entwicklung. Literaturstudie. Endbericht. Ifo Institut für Wirtschaftsforschung
Plath, Hans-Eberhard (2000): Das habe ich halt so im Gefühl. IAB-Materialien, 1: 8-9
Reinberg, Alexander (2001): Bildungsexpansion in Westdeutschland. Stillstand ist Rückschritt. Wirtschaftlicher und demografischer Wandel erfordern einen neuen Anlauf in den Bildungsanstrengungen auf allen Ebenen. IABKurzbericht, 8/18.4.2001
Reinberg, Alexander/Hummel, Markus (2003): Geringqualifizierte: In der Krise verdrängt, sogar im Boom vergessen. IAB-Kurzbericht, 19/11.11.2003
Röhl, Karl-Heiner (2004): Unternehmensstrukturen. In: Institut der deutschen Wirtschaft (Hrsg.): Perspektive 2050. Ökonomik des demografischen Wandels. Köln: 173-191

Roloff, Juliane/Schwarz, Karl (2002): Bericht 2001 über die demographische Lage in Deutschland mit dem Teil B „Sozio-ökonomische Strukturen der ausländischen Bevölkerung". In: Zeitschrift für Bevölkerungswissenschaft, Jg. 27, H1: 3-68

Schäfer, Holger/Seyda, Susanne (2004): Arbeitsmärkte. In: Institut der deutschen Wirtschaft (Hrsg.): Perspektive 2050. Ökonomik des demografischen Wandels. Köln: 97-120

Thon, Manfred/Bach, Hans-Uwe (1998): Die Schätzung von Potenzial-Erwerbsquoten, Stiller Reserve und Erwerbspersonenpotenzial für die alten Bundesländer 1970 bis 1995. IABWerkstattbericht, 8/4.8.1998

Walwei, Ulrich (2001): Arbeitsmarktbedingte Zuwanderung und bedenkenswerte Alternativen. Strategien zur Erschließung von Personalreserven. IABWerkstattbericht, 4/21.3.2001

9 Bildungsziele und Bildungsinstitutionen in der demografischen Schere

Horst Dichanz

Ein praktischer Fall macht deutlich, worum es geht: Der Stadtrat einer kleinen Kreisstadt in Nordrhein-Westfalen mit ca. 32 000 Einwohnern, hat im Oktober 2003 beschlossen, bis zum Jahre 2008 von den insgesamt neun Grundschulen drei zu schließen. Die protestierenden Eltern haben sich in einer Bürgerinitiative zum Erhalt der Schulen zusammengeschlossen und einen Bürgerentscheid erzwungen, durch den am 25.4.2004 der Ratsbeschluss überprüft wurde. Wegen zu geringer Teilnahme an der Abstimmung scheiterte das Verfahren, so dass der Ratsbeschluss gültig ist.

Die geplanten Schließungen wurden mit klassischen Argumenten aus der Schulentwicklungsplanung begründet:

- Zu niedrige Geburtenraten und damit zu geringe Schülerzahlen
- Verkleinerung des schulischen Angebotes
- Gefährdung der Zweizügigkeit der Grundschulen
- Überalterung der Wohnbevölkerung
- Keine Expansion der Ortsteile in der Ortsentwicklung
- Entstehung neuer Baugebiete an anderer Stelle mit neuem Bedarf
- Hoher Ausländeranteil

Auch die Gegenargumente der Bürgerinitiative, die die Schließung zu verhindern suchte, sind im Prinzip bekannt:

- Erhalt des Prinzips der Nachbarschaftsschule
- Wohnortnahe Schule
- Erhalt eines „Kulturzentrums" im Ortsteil
- Günstiges Schulklima kleiner Schulen
- Vermeidung gefährlicher Schulwege
- Ersparen von Schulbusfahrten
- Erhalt gewachsener Schülerfreundschaften

Das Hauptargument für die schulpolitische Maßnahme der Schließung der Schulen ist ein demografisches: Absinken der Schülerzahlen aufgrund der ungünstigen Altersstruktur in den Ortsteilen und Schulbezirken. Dieser Sachverhalt wird mit Methoden der traditionellen Schulplanung ermittelt: Die über die Standesämter greifbaren Geburtszahlen in der jeweiligen Gemeinde werden auf den Schulbesuch hochgerechnet, die Zahl der Schulkinder in den einzelnen Schulbezirken ermittelt und auf die Schulen verteilt. Bei zu geringen Kinderzahlen werden Schulen dem Bedarf angepasst.

Ein weiteres Merkmal dieser Schulentwicklungsplanung folgt traditionellen Mustern: Erwachsene denken über Schule und Schulorte für Kinder und Jugendliche nach und entscheiden über neue Entwicklungen.

Obwohl dieser Denkansatz anerkannt ist und oft praktiziert wird, ist er als Basis zukunftsorientierter Bildungsplanung schulpolitisch, gemeindepolitisch und demografisch einseitig und teilweise überholt. Eine genauere Betrachtung der demografischen Entwicklung macht dies deutlich.

1 Älter werden der Gesellschaft - leer stehende Schulen ?

Das forsa-Institut hat im Auftrage der Bertelsmann-Stiftung im Mai 2003 eine Studie zum „Demografischen Wandel aus Sicht der Bundesbürger" veröffentlicht, die einige bemerkenswerte Daten enthält (forsa 2003). Die Bundesbürger rechnen nach dieser repräsentativen Studie damit, dass in den nächsten 30 Jahren die Bevölkerung deutlich schrumpfen wird. Der Anteil der 60-Jährigen wird sich bis dahin vervierfachen. Andere Studien rechnen damit, dass um 2050 der Anteil der über 80-Jährigen mindestens 13 % ausmachen wird. Diese Schrumpfungen können weder durch Geburten noch durch Zuwanderung ausgeglichen werden, deshalb sehen Schätzungen die Bevölkerung um 2050 bei ca. 55 Millionen. Wie verlässlich diese Einschätzungen und Prognosen im Einzelnen sind, sei dahin gestellt. Der Trend insgesamt ist nicht mehr zu bestreiten.

Trotz dieser relativ klaren Sachlage ist das Problembewusstsein in der Bevölkerung noch ausgesprochen gering. 52 % der Bundesbürger haben nach forsa den Begriff „demografischer Wandel" noch nie gehört, 7% erklären ihn falsch und 7% erklären korrekt, was damit gemeint ist. Von den Folgen, die die Befragten erwarten, ist vor allem eine erwähnenswert: 60% rechnen damit, dass sich der Lebensstandard der Deutschen erheblich verschlechtern wird. Sie trauen der Politik nur wenige Fähigkeiten zu, diese Entwicklung zu beeinflussen. 76% sind der Meinung, Politik sei nur am Tagesgeschäft interessiert, 78% meinen, Politiker trauten sich nicht, der Bevölkerung unangenehme politische Entscheidungen zuzumuten. Als mögliche Lösungen sehen sie eine stärkere Förderung der Familien (83%) und eine bessere Unterstützung ehrenamtlicher Tätigkeiten (58%).

9 Bildungsziele und Bildungsinstitutionen in der demografischen Schere

Die Untersuchung macht eines klar: Das im Eingangsbeispiel skizzierte Problem der aus demografischen Gründen notwendigen Schulschließung in einigen Gemeinden ist nur Teil eines viel größeren, umfassenden Problems, das die gesamte Gesellschaft und viele ihrer Teilbereiche betrifft. Aber: Was hat das zunehmende Älterwerden einer Gesellschaft mit Einzelentscheidungen über Schulen zu tun? Ein Blick auf die Funktionen der Schulen soll dies verdeutlichen.

2 Bildungsfunktionen und ihr Kontext

Das Eingangsbeispiel dokumentiert, dass demografische Daten und Entwicklungen bislang weitgehend konservativ genutzt und interpretiert werden. Seit vielen Jahrzehnten ist die Schulentwicklungsplanung einseitig fixiert auf „Planungsverfahren zur Deckung des regionalen Schulbedarfs" (Arneth 1972: 830). Sie stellen und beantworten die Frage: Welchen Schulraum muss die Gemeinde, der Kreis zur Verfügung stellen, damit alle Kinder im schulpflichtigen Alter ihrer Schulpflicht nachkommen und ihr Recht auf Unterricht verwirklichen können? Eine derartige Sichtweise der Abhängigkeit der Schulentwicklungen von demografischen Entwicklungen und finanziell-ökonomischen Faktoren ist einseitig, sie verspielt die Chance einer konstruktiven Schulentwicklungspolitik und akzeptiert vorschnell den Determinismus einer finanziell-ökonomisch orientierten Schulpolitik.

Erst allmählich wächst bei uns die Einsicht, dass Schulentwicklung nicht als abhängige Variable der Bevölkerungsentwicklung zu sehen ist, sondern als wichtiger Teil einer Infrastruktur-Entwicklung, und dass „eine rationelle Auslegung der Infrastruktur Voraussetzung für ihre eigene Erhaltung und insbesondere ihren weiteren Ausbau" (Arneth 1972: 831) ist, die die Interdependenz von Bevölkerungsentwicklung und bildungspolitischen Alternativen erkennen muss.

Die derzeitige Planungspraxis geht meist aus von den Zahlen des Bevölkerungswachstums (bzw. Bevölkerungsschwunds) und orientiert sich an Aufgaben und Funktionen, die seit Jahrzehnten unverändert und in Gesetze und Verordnungen gegossen sind. Sie lassen einer Kreativität und Phantasie der Kommunen und Kommunalpolitiker kaum Raum und beharren in bekannten Strukturen. Viele Kommunen haben noch nicht bemerkt, dass die Aufgabe des „lebenslangen Lernens" nicht nur Sache des einzelnen Bürgers, sondern auch Gegenstand einer flexiblen Gemeinde-Bildungspolitik sein muss. Die Nutzung der Schulgebäude für rein schulische Zwecke stellt letztlich eine Vergeudung kommunaler Ressourcen dar, die an zahlreichen Stellen einer Gemeinde dringend gebraucht würden. Sie lässt unbeachtet, dass gerade in kleineren Ortsteilen Schulen häufig andere Funktionen als nur die „Beschulung" von Kindern erfüllen. Sie sind oft

Sammel- und Kristallisationspunkt für Aktivitäten von Kindern und Erwachsenen außerhalb der Schulzeit (Vereine, Nachbarschaftsgruppen, Sportgruppen, Freizeitaktivitäten, politische Gruppen …) und bilden regional oder lokal wichtige „KulturKerne" oder sind Ausgangspunkte für Netzwerke.

Was in anderen Branchen und gesellschaftlichen Sektoren längst Usus ist, fehlt in der mittel- und langfristigen Bildungspolitik fast völlig: Die Wahrnehmung und Berücksichtigung veränderter demografischer Entwicklungen. Die Wirtschaft spricht inzwischen von der „Alterskultur", in der rund 1,5 Billionen Euro und eine jährliche Kaufkraft von ca. 90 Mrd. Euro darauf warten, „abgeschöpft" zu werden. Insbesondere die Mode- und Medienindustrie, ganz auffällig die Fernsehproduzenten, führen uns täglich ihre diesbezügliche Wachheit und Flexibilität gegenüber demografischen Veränderungen vor Augen. Senior-Marketingagenturen schicken Senioren-Trendscouts auf die Straße, um möglichst früh zu erkunden, was bei der Generation der „Fiftyfree" in ist (vgl. Täubner 2004).

Eine mittel- und langfristige Schul- und Bildungspolitik, die die demografischen Entwicklungen berücksichtigt und angesichts veränderter Altersstrukturen und biographischer Verläufe über andere und *neue* Aufgaben und Funktionen öffentlicher Bildungsinstitution nachdenkt und dazu Modelle und Strukturen entwickelt, steckt bei uns noch in den Kinderschuhen. Insbesondere die Berücksichtigung des Alterungsprozesses unserer Gesellschaft findet sich nur selten in den schulischen und bildungspolitischen Entwicklungsplänen der Gemeinden wieder. Zwar gehören Erste-Hilfe-Kurse für Senioren, altenspezifische Angebote zur Computer- und Internetnutzung sowie die bekannten kulturhistorischen Fahrten etc. schon seit einiger Zeit zum Angebot der Volkshochschulen und anderer Bildungsträger. Auch die Universitäten haben mit ihrem Seniorenstudium ein dankbares Publikum erschlossen. Aber zu einem strukturellen Umdenken in der Bildungspolitik haben diese wohlmeinenden Angebote, die häufig den Ruf eines „Sozialangebotes" haben, nicht geführt. Erst allmählich wird, wie in manchen Teilen der Wirtschaft, z.B. in der Mode erkannt, dass das Älterwerden unserer Gesellschaft zu strukturellen Veränderungen führt, die nicht nur Anpassungen an neue Voraussetzungen verlangt, sondern auch Chancen bietet zur Entwicklung völlig neuer Produkte, Strukturen und neuer Lebensqualität. So ist augenblicklich die Autoindustrie dabei, die älteren Kunden als interessante Klientel zu entdecken, die ganz andere Bedürfnisse hat als der flotte jugendliche Fahrer. Solche Umorientierungen sind im Bildungssektor nur hin und wieder zu finden, zu einer Strukturdebatte haben sie noch nicht geführt. Dies würde allerdings auch eine gründliche Diskussion der derzeitigen Ziele der verschiedenen Bildungsinstitutionen verlangen.

3 Neuinterpretation des Bildungsbegriffs

Mit einer derartigen Diskussion ist allerdings die aktuelle Schul- und Bildungspolitik auf ihren verschiedenen Ebenen deutlich überfordert, sie muss sich bei der zuständigen Wissenschaft, der Erziehungswissenschaft, Orientierungen holen. Dort muss die Überprüfung traditioneller Funktionen von Bildungsphasen und Bildungsinstitutionen stattfinden, müssen Aufgaben und Strukturen den aktuellen Bedingungen angepasst und der Begriff „Bildung" aktualisiert werden. Dabei ist, wie schon in der Vergangenheit, keine allgemeine Universalität zu erwarten, Die politischen Erfahrungen haben längst klar gestellt, „dass Bildung ohne Durchgang durch die Wissenschaften nicht möglich, im Durchgang durch sie aber nicht schon wirklich ist" (Benner/Brüggen 2004: 213). Trotz möglicher Klärungen durch die (Erziehungs-)Wissenschaft bleiben genügend originäre Aufgaben für die bildungspolitische Umsetzung übrig, die häufig nach anderen, eigenen Gesetzen erfolgt.

Benner/Brüggen beziehen in einer ausführlichen historischen Untersuchung Bildung „auf die Frage nach dem Ziel und Zweck menschlicher Selbst- und Fremdformung." Auch betonen sie das Fehlen einer „einzigen und allgemeingültigen Klärung" (2004: 174).

Das traditionelle Verständnis des Bildungsbegriffs, wie es vor allem die geisteswissenschaftliche Pädagogik über Jahrzehnte geprägt und dominiert hat, scheint den aktuellen Anforderungen nicht mehr gewachsen zu sein. Zu theoretisch, zu philosophisch-historisch kopflastig und zu weit außerhalb demografischer Fakten sind die immer ausgreifenderen Interpretationen geworden, zu überdehnt die Aktualisierungen, als dass sie für die unterrichtliche und erzieherische Praxis noch nachvollziehbare Bedeutung hätten. So sieht z.B. Wolfgang Klafki, einer der einflussreichsten Vertreter einer ständigen Aktualisierung des Bildungsbegriffs in den von ihm beschriebenen „epochaltypischen Schlüsselproblemen" die Notwendigkeit, mit ihnen eine „Theorie des gegenwärtigen Zeitalters und seiner zukünftigen Potenzen" zu formulieren. Die von ihm genannten Beispiele wie „Krieg und Frieden", „Problematik des Nationalitätsprinzips" oder die „Umweltproblematik" (vgl. Klafki 1993) dokumentieren Problemkomplexe, die erahnen lassen, wie groß die Anstrengungen der Pädagogik sein müssen, um am Bildungsbegriff in seiner philosophisch-historischen Ableitung noch festhalten zu können. Ob die Protagonisten eines „klassischen Bildungsbegriffs" unter Umständen den „master narratives", den „großen historischen Erklärungsmustern" aufgesessen sind, die Foucault als „institutionelle Monster" bezeichnet hat, wird hier nicht diskutiert. „Diese sind ein Gemisch aus Legenden, moralischen Geboten und einer kosmologischen Beschreibung der Ursprünge" (Watts, 2002: 114). Watts zählt hierzu ausdrücklich die „universellen Werte der klassischen

Aufklärung" (ebd.), zu der insbesondere die geisteswissenschaftliche Pädagogik eine enge Beziehung pflegte.

Die Versuche, Bildungsaufgaben für Migrantengruppen mit anderen Muttersprachen und einem anderen kulturellen Hintergrund auf der Basis traditioneller Werte zu bestimmen hat – spätestens in den erschreckende Ergebnissen der verschiedenen PISA-Untersuchungen – gezeigt, wie wenig hilfreich diese Diskussion von Bildungsaufgaben ist, wenn sie nicht aktuelle demografische Entwicklungen berücksichtigt.

Die Bestimmung der Bildungsaufgaben bezog sich lange Zeit und selbstverständlich auf Kinder und Jugendliche, auf Heranwachsende. Erst um 1900 verbreitete sich die Einsicht, dass auch Erwachsene noch nicht fertig sind und weiter lernen müssen, dass eine ständige Weiterbildung unerlässlich wird. Heute ist die Rede vom „lebenslangen Lernen" ein Gemeinplatz, und die Aufgaben verändern sich ständig.

Vor diesem Hintergrund ist der Bildungsbegriff in der bildungspolitischen Tagesdebatte der letzten Jahre entideologisiert worden: Bundesbildungsministerin Buhlmann ebenso wie die Vorsitzende der Deutschen Gesellschaft für Erziehungswissenschaft meinen mit „Bildung" intentional-formale Akte, wie sie z.B. in Bildungsinstitutionen, etwa den öffentlichen Schulen, angeboten werden (vgl. Bulmahn 2002, Gogolin 2002). Die mühsame, zum Teil aufgeblähte Diskussion voriger Jahrzehnte ist zurückgegangen, was die Verständigung erleichtert. Auch ich verstehe unter „Bildung" jene Angebote und Vorgänge, die den einzelnen dazu führen und befähigen, Wissen aufzunehmen und zu verwerten, mit dem er sein Leben besser meistern kann.

1996 machte die KMK auf die wachsende Internationalisierung aufmerksam und betonte: "...ökonomische und ökologische, politische und soziale Entwicklungen vollziehen sich in hohem Maße in weltweiten Bezügen. Lösungen für Schlüsselprobleme erscheinen nur noch im Bewusstsein Einer Welt tragfähig" (KMK 1996). In der Kommentierung dieser KMK-Verlautbarung weist Krüger-Potratz (2002) auf „andere Differenzlinien" hin, „wie z.B. Sozialstatus, Stadt/Land, Geschlecht oder Religion/Konfession", die als Orientierungen Eingang in das Bildungswesen gefunden hätten. Offensichtlich gehört die „sprachliche, ethnische, nationale und kulturelle Differenz" zum festen Repertoire der interkulturellen Erziehung und markiert damit die oben angemahnte Orientierung an demografischen Fakten. Eine Differenzierung nach altersdemografischen Merkmalen fehlt aber auch hier. Von einer neuen Verteilung der Altersgruppen und ihrer Funktionen in der Gesellschaft ist in dem gesamten Berichtsband zum Thema „Übergangsgesellschaften" (DGfE 2002) nicht die Rede. Die Anfrage bei der Erziehungswissenschaft, welche neuen Aufgaben Schule und Bildungssystemen angesichts veränderter Alterskohorten zu lösen haben, erfährt (noch) keine Antwort.

4 Lebenslanges Lernen – wer, warum und wo?

Die oben skizzierten demografischen und bildungstheoretischen Veränderungen stellen u.a. die traditionelle Fixierung der Schule auf Heranwachsende auf den Prüfstand, womit eines der selbstverständlichsten Merkmale bisheriger Schulentwicklungsplanung infrage gestellt wird. Bereits heute zeigen zuverlässige Prognosen, dass in einigen Orten der neuen Bundesländer die Schülerzahlen um bis zu zwei Drittel (!) zurückgehen werden. Solche Entwicklungen stellen die Gemeinden vor zahlreiche neue Fragen:

- Was soll mit den leer gewordenen Schulen (Schulgebäuden) geschehen?
- Was soll mit den nicht mehr benötigten Lehrern und Lehrerstudenten geschehen?
- Welche neuen Schulen und Schulwege müssen künftigen Schülern zugemutet werden?
- Sind die heutigen Anforderungen an einen „ordentlichen" Schulbetrieb noch aufrecht zu erhalten?
- Ist das dreigliedrige Schulsystem als Modell der schulischen Grundversorgung noch geeignet?
- Was bedeutet es, wenn einer immer kleiner werdenden Zahl von lernenden Schülern eine immer größere Zahl von „nicht mehr lernenden" älterer Menschen gegenübersteht?
- Müssen für die „älteren", nicht mehr schulpflichtigen Menschen nicht neue Formen von Lernmöglichkeiten geschaffen werden, die deutlich über die bisherigen Angebote der Erwachsenenbildung hinaus gehen und sich dennoch nicht nur auf das individuelle Lernen verlassen?
- Welche Möglichkeiten gibt es, in solche neuen Formen die elektronischen Medien und die Schaffung von Bildungsnetzwerken einzubeziehen?
- Was bedeuten solche Umstrukturierungen langfristig für die Struktur von Bildungsinstitutionen, ihre Aufgaben und Organisationsformen?
- Welche Konsequenzen ergeben sich für die vermittelten Inhalte und Werte in diesen Bildungsinstitutionen?

Bei solchen Überlegungen ist zu berücksichtigen, dass zwar einerseits die Mobilität der Bevölkerung infolge der Motorisierung weiter zunimmt, sie aber andererseits bei älteren Personen dramatisch abnimmt, wenn sie sich vom Individualverkehr überfordert fühlen und ein Personennahverkehr kaum oder nicht zur Verfügung steht. Wohnnahe Versorgungs- und Kontaktzentren können hier viele Defizite auffangen, wie Beispiele aus vielen Nachbarländern, den USA und Kanada zeigen.

Der bei uns häufig zu beobachtende vorwiegend auf das Zentrum einer Gemeinde oder einer Stadt konzentrierte Strukturaufbau überfordert langfristig nicht nur das Zentrum, sondern fördert den allmählichen Niedergang von Randzonen.

In der Sprache der Werbebranche ist heute Bildung zu betrachten als ein „non aging process", der auf keine bestimmte Altersgruppe mehr zu beziehen ist, da sich der Höhepunkt des Lebens verschoben hat und damit auch die Bildungsphasen andere geworden sind. Zwar lassen sich nach wie vor bestimmte Alterskohorten bestimmten Bildungsaufgaben und -phasen zuordnen, die klare Bindung bestimmter Altersgruppierungen an Schul- und Weiterbildungsphasen wird aber immer fragwürdiger. Dies beginnt – ebenfalls nach PISA – mit der Flexibilisierung der vorschulischen Erziehung und des Schulbeginns und reicht bis zu Bildungsangeboten, die noch für das hohe Alter Qualifizierungsangebote enthalten. Die Individualisierung und Flexibilisierung etablierter Bildungsgänge in unserem Bildungssystem („schnelles Abitur" nach Wahl) zeigt sich erst in Ansätzen und wird immer noch schwer zugelassen und kaum gefördert. Eine Zusammensicht der veränderten Aufgaben unseres Schul- und Bildungssystems als Ganzem und eine darauf folgende kooperierende Organisation sind kaum festzustellen.

Zurück zu unserem Eingangsbeispiel: Die entscheidende Frage, die das Bürgerbegehren in der Gemeinde zur Weiterführung der Grundschulen aufwirft, ist folgende: Wer hat den größeren Sachverstand – die Kommune und die Sachbearbeiter der Schulverwaltung oder die Bürger, vor allem die Eltern der betroffenen Kinder?

In Dänemark, in den USA und Kanada hieße die Antwort: Die Bürger entscheiden, wohin es in ihrer Gemeinde gehen soll. Dort hat mit wenigen Einschränkungen die Gemeinde mit ihren Organen das Sagen. Diese Perspektive ist in der deutschen Bildungspolitik noch ungewohnt und bedarf umfangreicher spezieller Randbedingungen, in denen die in einer fast 300-Jährigen Geschichte gewachsenen starken staatlich-zentralistischen (auf Länderebene) Voraussetzungen gelockert und verändert werden. In den Gemeinden der Bundesrepublik, auch in Frankreich, Griechenland und Spanien erfolgt die Schulentwicklungsplanung nach Vorgaben der jeweiligen Zentralregierung (z.T. auf Länderebene).

In einer frühen Debatte der 1980er Jahre um das Gewicht des Staates in der Schul- und Bildungspolitik findet sich eine Forderung von Dettling, der Vorschläge dazu entwickelt, „wie sich das Bildungswesen wieder in die Gesellschaft hinein öffnen kann... Erziehung als öffentliche Aufgabe hieße dann: nicht nur zu fragen, was die Öffentlichkeit, die öffentliche Hand für Schulen und Hochschulen tun könne und müsse, sondern auch zu fragen, was Erziehungs- und Bildungswesen für die Öffentlichkeit leisten könne und müsse." (Dettling 1988: 77f.) Eine solche Perspektive, die auch in der Bildungspolitik die Notwendigkeit

9 Bildungsziele und Bildungsinstitutionen in der demografischen Schere

und Chancen einer aktiv-konstruktiven Rolle der Agenten, der Lernenden und ihrer Vertreter sieht, ist in Deutschland nach wie vor ungewohnt. Zwar wird in jüngster Zeit die Frage der Beteiligung der Gemeinden und „autonomerer" (!) Schulen im Anschluss an die Ergebnisse der verschiedenen PISA-Studien häufiger aufgeworfen, die Diskussion bezieht sich aber eher auf Fragen der grundsätzlichen bildungspolitischen Orientierung oder auf Elemente des Gesamtsystems als auf kommunal oder regional umsetzbare Veränderungen. Dem hält Dettling seine These entgegen, „dass in diesem dualistischen Spannungsfeld (Staat versus Markt, öffentlich versus privat) die Zukunftsfragen des Erziehungs- und Bildungssystems nicht mehr angemessen thematisiert werden können". Dieser ordnungspolitische Dualismus sei inzwischen entzaubert (a.a.O.: 78).

Auf die begrenzte Funktionsfähigkeit der traditionellen Institutionen und Funktionen deutet auch die Tatsache hin, dass entscheidende Impulse heute nur noch selten von den dafür eigentlich vorgesehenen Institutionen und Organen der Schulverwaltung, sondern viel mehr von außerstaatlichen Institutionen ausgehen (z.b. dem Institut für Schulentwicklungsforschung der Universität Dortmund, der Bertelsmann Stiftung, der Bosch-Stiftung u.a.). Sie arbeiten an Lösungen und unterstützen Modelle mit neuen Aufgaben in neuen Strukturen, aus denen sich der Staat zurückzieht oder zurückgenommen wird. Die Aufgaben von Bildung und Erziehung bestehen dann „im Herstellen und Ermutigen von Situationen, die Kompetenzen und Kreativitäten fördern und freisetzen" (a.a.O.: 81). Die seinerzeit von Dettling thematisierte Frage „Wie kann man Schule als sozialen Ort, als Teil einer kommunalen Infrastruktur wieder revitalisieren?" (a.a.O.: 83) muss heute auf alle Bildungsinstitutionen ausgedehnt werden. Sie werden das Bild unserer fest gefügten, klar begrenzten Institutionen stark verändern und viel mehr Flexibilität, Kreativität und Autonomie in der Nähe der Kunden erfordern. Hierfür gibt es zwei gewichtige Gründe:

1. Die Veränderungen in der demografischen Zusammensetzung unserer Bevölkerung
2. Die neuen Möglichkeiten und Formen der Wissensverwaltung und des Wissenserwerbs in Verbindung mit der Entwicklung der Informationstechnologie

Auf den ersten Zusammenhang sind wir schon ausführlich eingegangen. Der zweite Zusammenhang ist ein so umfassendes Thema, dass ich es nur kurz anschneiden kann.

5 Chancen der (elektronischen) Bildungsnetzwerke

Man muss nicht den Begriff „virtuelle Bildung" (Nuissl 2001) bemühen, um das Gewicht der neuen Informationstechnologie (IT) für Lern- und Bildungsprozesse zu unterstreichen. In allen Bereichen des Bildungswesen – vom Kindergarten bis zur Erwachsenenbildung – finden sich zahlreiche Beispiele für gelungene Praxis und überzeugende Konzepte dafür, dass die Informationstechnologien Lernprozesse ermöglichen und erleichtern können, wenn bestimmte individuelle und organisatorische Vorbedingungen erfüllt sind.

Die bisherigen didaktischen Erfahrungen mit IT scheinen die Erweiterung didaktisch-methodischer Möglichkeiten mit den Mitteln der elektronisch-digitalen Informations- und Kommunikationstechnik zu belegen, die Lehrpersonen und Lehrinstituten zahlreiche neue Hilfsmittel an die Hand geben, mit denen die unterschiedlichsten Lernprozesse individueller Lerner an verschiedenen Orten und zu unterschiedlichen Zeiten sowohl durch den Lerner selbst wie durch eine Bildungsinstitution vororganisiert, motiviert, geordnet, geführt und evaluiert werden können. Allerdings bleibt auch unter den Bedingungen neuer Medien Lernen ein individueller Prozess, der innerhalb einer Person abläuft – unsichtbar, kaum zu steuern, nicht sicherzustellen. Bis heute gibt es keine sichere Möglichkeit, jemanden durch Lehre oder Lehrarrangements lernen zu machen, seien sie Kinder oder älteren Menschen. Alles, was Vorschule, Schule, Hochschule und Weiterbildung leisten können, auch was ein Medienarrangement kann, ist, Lerner neugierig zu machen, sie zu motivieren, ihnen eine anregende Lernumgebung anzubieten und individuelle Lernunterstützungen zu entwickeln. Wie diese Angebote und Unterstützungen genutzt werden, ist Sache der Lerner.

Die Steuerungsmöglichkeiten eines Lernenden durch multimediale Lehr-Lernsysteme sind deshalb prinzipiell begrenzt. „Lernaktivitäten lassen sich nicht deterministisch durch Planungs- und Entwicklungsaktivitäten des didaktischen Designs vorwegnehmen. Statt von intendierten Lehreffekten wäre von Erfahrungspotenzialen der Lernangebote auszugehen" (Kerres 2001: 65).

Eine staatlich organisierte Verwaltung der Wissensbestände und der Vermittlungsinstitutionen, wie sie unsere Bildungsinstitutionen repräsentieren, ist unter den Bedingungen der IT weitgehend überholt, z.T. gar nicht mehr möglich. Medien erlauben es heute, Wissensbestände für Lernzwecke an beliebigen Orten aufzurufen und zu bearbeiten. Die Schule wird mehr und mehr ein Lernort unter vielen; die technischen Möglichkeiten eines Bildungsnetzwerkes bieten der pädagogischen Fantasie viele neue Chancen. Die hieraus sich ergebenden Konsequenzen sind erst in wenigen Szenarien vorgedacht worden. Wenige Schulen haben es versucht, neue Formen zu entwickeln und zu erproben. Sie finden sich im Ausland mehr als in Deutschland, wie Berichte z.B. aus den Niederlanden, Dänemark, Großbritannien, den USA und vor allem Kanada belegen. Ihr Stichwort ist: Netzwerke bilden! Allerdings deuten alle Berichte und Erfahrungen darauf hin, dass nicht die technische Ausstattung, die Größe oder Differenziertheit eines Netzwerkes oder neue organisatorische Arbeitsformen die entscheidenden Punkte sind, sondern die pädagogischen Ideen für mediale Arbeit. Lernpsychologen sind sich darin einig, dass Lernen in Zukunft eher interaktiv als rezeptiv sein wird und das Wissen über Lernen deutlich verbessert werden müsse (vgl. Larson 2001).

„Im Zeichen des sich gegenwärtig vollziehenden Medienwandels werden die vier Basisannahmen des geschlossenen Wissensraums, des Primats der Stimme, der auf Omnipotenz gegründeten Lehrerautorität und der hierarchischen Ordnung des Wissens erstmals nicht nur in der Theorie, sondern vielmehr aus der konkreten Praxis heraus problematisch" (Sandbothe 2000: 31f.).

Dies beginnen Schulen und andere Bildungsinstitutionen erst allmählich wahrzunehmen. Das Akzeptieren struktureller Veränderungen auf dem Sektor, der bislang wenig umstritten war und den Bildungsinstitutionen ihre Legitimierung verdanken, bereitet dabei den Institutionen selbst, aber auch vielen Lehrenden besondere Probleme:

„Wissen wandelt sich von einem vermeintlich objektiv vorgegebenen Bestand von intrinsisch geordneten Fakten zu einem in permanenter Veränderung begriffenen Werk intersubjektiv vermittelter Urteilskraft. Dabei erweist es sich als ein prozesshaftes Geschehen, das ständiger Revision offen steht und in dessen Vollzug die Fähigkeiten zur assoziativen Vernetzung, eigenständigen Bewertung und pragmatischen Rückbindung auf individuelle und kollektive Interessenszusammenhänge im Vordergrund steht" (Sandbothe 2000).

Die Bedeutung von Verfügungswissen sinkt, die Bedeutung von Orientierungswissen und von Strategien zum Wissenserwerb steigt. Neue Medien in der Schule machen nur Sinn, wenn sie als Werkzeug zur Förderung eines aktiv-konstruktiven, selbst gesteuerten und kooperativen Lernen verstanden und entsprechend genutzt werden (Reinmann-Rothmeier/Mandl 1998).

Bei diesem Argument kommen medienpädagogische und demografische Argumente wieder zusammen und zeigen die Richtung an, in die künftige bildungspolitische Überlegungen, die nicht nur Schule zum Gegenstand haben dürfen, gehen müssen. Sie zeigen auch neue Chancen für den Lebensinhalt vieler Älterer, die sich als „Zu-Früh-Pensionäre" empfinden – mit Recht.

Literatur

Achtenhagen, Frank/Gogolin, Ingrid (2002): Bildung und Erziehung in Übergangsgesellschaften, Beiträge zum 17. Kongress der Deutschen Gesellschaft für Erziehungswissenschaft, Opladen 2002

Arneth, Gerhard (1972) : Schulentwicklung im Rahmen regionaler Strukturplanung, in: ZfPäd. 18(1972) H.6: 830 – 850

Benner, Dietrich/Brüggen, Friedhelm (2004): Bildsamkeit/Bildung, in: Benner, Dietrich / Oelkers, Jürgen (2004), Historisches Wörterbuch der Pädagogik : 174 – 215

Bulmahn, Edelgard: Grußwort..., in Achtenhagen, Frank / Gogolin, Ingrid (2002) Bildung und Erziehung in Übergangsgesellschaften, Beiträge zum 17. Kongress der Deutschen Gesellschaft für Erziehungswissenschaft, Opladen 2002.

Dettling, Warnfried (1998): Erziehung und Bildung als öffentliche Aufgabe. Beiträge des 11. Kongresses der DGfE, hrg. V. Kl.Beck/ .G.Herrlitz/ W. Klafki, Weinheim Basel: 77 -83

Forsa. Gesellschaft für Sozialforschung und statistische Analysen mbH: Demografischer Wandel aus Sicht der Bundesbürger. 23.5.2003. www.bertelsmann-stiftung.de

Gogolin, Ingrid (2002) Grenzüberschreitung. Bedingungen pädagogischen Handelns in Übergangsgesellschaften, in: Achtenhagen, Frank/Gogolin, Ingrid (2002): Bildung und Erziehung in Übergangsgesellschaften, Beiträge zum 17. Kongress der Deutschen Gesellschaft für Erziehungswissenschaft, Opladen 2002

Kerres, Michael (2001): Entwicklungslinien und Perspektiven mediendidaktischer Forschung, in: Zeitsch.f.Erziehungswissenschaft, S.65

Klafki, Wolfgang (1993) Allgemeinbildung heute – Grundzüge internationaler Erziehung. In: Pädagogisches Forum, H.1: 21 – 25

Larson Richard C. (MIT), in: Süddeutsche Zeitung v.15./16.12.01: V1/15

Nuissl, Ekkehard (2001): Virtuelle Bildung, in: DIE, Zeitschrift für Erwachsenenbildung, H. III, 2001: 3

Reinmann-Rothmeier, Gabi/Mandl, Heinz (1998): Implementation konstruktivistischer Lernumgebungen – revolutionärer Wandel oder evlolutionäre Veränderung? Forschungsberichte, Universität München, Lehrstuhl für Empirische Pädagogik und Pädagogische Psychologie. Dez. 1998

Sandbothe, Mike (2000): Lehrern und Lernen im Zeitalter des Internet: Medienphilosophische Aspekte, in: Denkräume: Szenarien zum Informationszeitalter, Rundbrief 43 der GMK, Bielefeld:31/32

Täubner, Mischa (2004): Miss Marple auf Trendjagd, in: Die Zeit, Nr. 16, 7.4.2004, S. 28

10 Freizeit und Erholung in einer alternden Gesellschaft

Dieter Brinkmann

1 Herausforderung Alter

Pfingsten 2004 im Hotel in Dresden. Dort, wo wochentags Geschäftsleute eine einfache Unterkunft im Stadtzentrum mit Fernseher auf dem Zimmer und Bar im Erdgeschoss finden, sind nur Senioren im Frühstücksraum. Mindestens 70+, und nicht nur eine einzelne Reisegruppe, eine ganze Reisegesellschaft. Städtereise: Semper-Oper, Stadtführung, Elbe, Bummeln und Essen gehen. Keine Kinder. Hier kommt man sich mit 45 schon ziemlich jung vor, morgens um halb acht im Hotel. Und wo bleiben eigentlich die Kollegen? Angeregte Unterhaltung an den freundlich gedeckten Tischen. Die Erlebnisse des gestrigen Tages, das Neue, das die Unternehmungen heute bringen sollen. Zusammentreffen mit Nachbarn und Freunden. Man isst reichlich vom Buffet und genießt die gesellige Stimmung. Irgendwie umsorgt und unbeschwert erscheint die Freizeit der reisenden Senioren. Sicher geht schon bald die Panoramafahrt los, der Bus wartet schon vor der Tür.

Sieht so die Zukunft aus? Und wo liegt eigentlich das Problem, wenn nicht 20, sondern 30 Prozent der Bevölkerung 60 Jahre und älter sind? Der Auslastung der Tourismuswirtschaft scheint der Trend der demographischen Alterung doch sehr entgegen zu kommen. Rentnergruppen statt Schulklassen im Museum, Senioren im Theater, Reisen für jung gebliebene und Sondervergünstigungen für ältere Paare im Freizeitpark. Scheint ein „Methusalem-Komplott" (Schirrmacher 2004) für oder gegen die neue Altengeneration vielleicht gar nicht notwendig? Und die dramatisch beschworene Schlacht am Buffet des allgemeinen Wohlstandes, findet sie vielleicht nicht statt? Oder kommt die Veränderung ganz langsam, auf leisen Sohlen, schleicht sich ein in Freizeitangebote, Freizeitinfrastruktur und Freizeitverständnis? Worin liegen die Herausforderungen für Freizeit und Erholung durch Geburtenrückgang, Überalterung oder Schrumpfung der Bevölkerung? Werden sich Freizeiteinrichtungen umstellen müssen? Wird sich die Funktion der Freizeit verändern? Und nicht zuletzt: Wird sich die Gesellschaft verändern, wenn immer mehr Menschen danach streben, ihren Lebensabend sinnvoll zu verbringen?

Freizeit ist eine Lebenszeit, in der wir selbst über unsere Aktivitäten bestimmen können, nicht festgelegt durch Verpflichtungen und Arbeit für den Lebensunterhalt. Sie ist als Massenphänomen aus dem Wandel der Industriegesellschaft hervorgegangen, und ihre Veränderung war stets ein spannendes Thema sozialwissenschaftlicher Beobachtung. Dies zeigen Fundstücke aus den letzten 30 Jahren.

2 Entdeckung der Altersfreizeit

Mit der Beschreibung der strukturbildenden Dynamik der Freizeit in der modernen Industriegesellschaft vor mehr als 30 Jahren wächst auch das Interesse an der Freizeit von bestimmten gesellschaftlichen Gruppen. „Alter und Freizeit" wird zu einem Thema, dem es nachzugehen lohnt. Die Freizeit im Alter galt es dabei aus einer Ecke herauszuholen, die mit Defiziten, Benachteiligung und Einschränkungen assoziiert wurde. Aktive Freizeit im Alter musste erst selbstverständlich werden. Die Vorstellung, dass eigentlich kein großer Unterschied im Freizeitverhalten und bei den Freizeitangeboten gemacht werden muss, schien neu.

„Trotz der Differenzierung des wissenschaftlichen Bildes vom Altern und seinen Problemen werden die älteren und alten Menschen heute noch vielfach falsch gesehen und als Randgruppe unserer Gesellschaft mit ‚mitleidigem Getue' behandelt. Dies ist [...] falsch" (Schmitz-Scherzer 1975: 22).

Das Bild des Alterns beginnt sich zu dieser Zeit rasant zu wandeln. Senioren werden als freizeitaktive und freizeitfähige Gruppe entdeckt und beschrieben. Sofern nicht soziale, ökonomische und gesundheitliche Einschränkungen greifen, scheint gar keine Notwendigkeit für besondere Betreuungsangebote und defizitorientierte Konzepte zu bestehen. Einer generellen Einstufung als benachteiligte Bevölkerungsgruppe wird von der Freizeitforschung eine klare Absage erteilt. Annahmen, die uns heute selbstverständlich erscheinen: mit 60 ist noch lange nicht Schluss! Alte Menschen wollen und können noch viel erleben, möchten etwas ganz Neues lernen können und leistungsfähig sein. Diese Grenze des „Weiter-wie-bisher" schiebt sich, so scheint es, mehr und mehr hinaus ins hohe Lebensalter. Vielleicht werden wir in 30 Jahren auch für 80-Jährige ganz selbstverständlich sagen, dass viele angeblich auf diese Gruppe zugeschnittene Freizeitangebote, „die Möglichkeiten älterer und alter Menschen nicht genügend berücksichtigen" (ebd.).

3 Zeit als Problem

Die Sichtweise auf die Freizeit älterer Menschen begann sich zu ändern, als in den 80er Jahren immer mehr Menschen in den industriellen Kernregionen mehr oder weniger freiwillig in den Vorruhestand geschickt werden und immer mehr Arbeitslose vergeblich auf einen Wiedereinstieg in das Erwerbsleben hoffen. Freizeit wird zum „Sinn und Wertproblem" für einen wachsenden Teil älterer Menschen. Mit dem Schwinden der Arbeit verläuft sich auch der Lebenssinn, und neue Perspektiven für eine gesellschaftliche Integration und persönliche Identitätsstiftung scheinen gefordert. Die Gestaltung und individuelle Strukturierung von Zeit wird als Aufgabe erkannt. Was machen wir mit unserer Zeit? Wie ist Selbstbestimmung möglich? Wie kann man Lebenszeit für sich gewinnen und eine eigene Balance finden?

Das Problembewusstsein wächst: der Umgang mit viel freier Zeit, die nicht durch äußere Taktgeber gestaltet wird, will gelernt sein. Weiterbildung für das Alter und im Alter wird ein neues Thema, und die neuen Angebote zur Orientierung und Lebenshilfe im Alter verändern das Bildungssystem. „Weiterbildung wird mehr durch Muße als durch Leistung bestimmt werden, und sie wird vielen älteren Menschen als eine Art von Unterhaltung und Geselligkeit gelten, nicht als eine Anstrengung. Je mehr ältere Menschen sich aber an der organisierten Weiterbildung beteiligen, umso mehr wird Bildung zum Lebenswert für das Alter. Weiterbildung entwickelt sich zu einer Form geistiger Bewältigung des Älterwerdens und des Altseins" (Pöggeler 1989: 71).

Erkennbar wird in dieser Zeit aber auch: Das lineare Bild des Lebensverlaufs von Bildungszeit, Erwerbsarbeit und Ruhestand ist nicht mehr haltbar. Es macht einem von Brüchen, Phasen und Zyklen geprägten Modell Platz. Arbeitszeit, Freizeit und Bildungszeit gilt es immer wieder neu auszubalancieren, und Freizeit wird zur Lernzeit: sich neu orientieren, weiterlernen und umlernen wird zum Normalfall.

Ändert sich daran grundsätzlich etwas, wenn in 30 Jahren Umbrüche dieser Art vielleicht mehrfach aufeinander folgen? Mit 55 noch mal einen neuen Beruf ergreifen, mit 65 aussteigen und eine Weltreise unternehmen, mit 75 eine Selbsthilfegruppe gründen... Reichen dafür die bestehenden Strukturen der Erwachsenenbildung und die informellen Lernmöglichkeiten in der Freizeit aus? Vielleicht ist auch durch das ansteigende Bildungsniveau die allgemeine „Zeitkompetenz" (Freericks 1996) gestiegen, so dass Zeitgestaltung gar kein Problem darstellen dürfte. Wahrscheinlicher ist jedoch, das Thema des Umgangs mit viel Zeit wird uns in den nächsten 20 Jahren stärker begleiten als zuvor: Suche nach einer Struktur für den Tag, die Woche, das Jahr. Suche nach Lebenssinn in der Freizeit jenseits von Familie und Beruf.

4 Freizeit als Markt

In den 1990er Jahren beginnt sich das Bild der Alten und ihrer Freizeit erneut zu wandeln und wird nun zunehmend geprägt durch die Vorstellung von „jungen Alten", einer dynamischen Gruppe von Trendsettern für eine aktive und konsumfreudige Altenfreizeit.

„Wenn früher die älteren Menschen häufig unter dem Aspekt ihrer Defizite gesehen wurden, geht man jetzt von einer sehr rührigen Bevölkerungsgruppe aus. Stimmen die Vorstellungen von einer jugendlich aktiven und lebenslustigen Bevölkerungsgruppe der Senioren, die ständig bewusst, agil und mobil Leben und Gesellschaft gestaltet?" (Agricola 1998: 9).

Auf die neue Generation der „jungen Alten" hat Opaschowski schon früh in seinen Freizeit-Untersuchungen hingewiesen. Doch erst in den 1980er und '90er Jahren verändern gestiegene Lebenserwartung, aber auch die allgemein frühe Verrentung das Altenbild radikal. Viele Menschen müssen sich bereits mit Mitte 50 auf ein „Leben nach dem Job" einrichten. „Für das subjektive Wohlbefinden und die persönliche Lebenszufriedenheit bekommt dabei die eigene Lebensgestaltung (auch im Sinne von Frei-Zeit-Gestaltung) eine fundamentale Bedeutung. Sie bringen dafür auch die besten Voraussetzungen mit. Denn die ältere Generation ist

- kaufkräftig,
- gesundheitsorientiert,
- genussfähig,
- kulturinteressiert" (Opaschowski 1998: 19).

Junge Alte sind nicht nur die Vorboten einer neuen „Muße-Klasse" mit viel freier Zeit, wie Nahrstedt optimistisch unterstellt (vgl. Nahrstedt 1990: 69). Sie werden auch als eine neue Käuferschicht entdeckt und zunehmend von der Freizeitwirtschaft umworben.

Bereits heute spricht der Europa-Park in Rust gezielt Senioren ab 60 Jahre an, wie ein neuer Flyer erkennen lässt. Vor dem Hintergrund des neuen Themenhotels „Colosseo", mit seiner „antiken" Fassade wirbt ein sichtlich ergrautes, aber fröhlich und unternehmungslustig wirkendes Paar für einen Tagesausflug oder einen Mehrtagesbesuch im größten deutschen Freizeitpark mit seinen 3,6 Mio. Besuchern im Jahr. Was bisher mit Action, Jugend oder Familie in Verbindung gebracht wurde, ist in Veränderung. Mit einem Mix aus Wellness, Kultur und Fun zielt das Angebot auf eine neue Generation von Freizeitparkbesuchern. Ein Gefühl „wie in Italien" beeindruckt sicherlich auch Senioren, weckt Erinnerungen an eigene Reisen, und auch die Erreichbarkeit der Hotelanlage mit seinen 1450 Betten trägt zur Attraktivität für die ältere Generation bei. Die Umorientierung wird alle Bereiche der Freizeitwirtschaft erfassen: Sport, Medien, Telekommunikation, Kultur, Veranstaltungen, Feste, Hobby, Verkehr, Gastronomie und Tourismus. Denn es geht um viel Geld und um relativ viele Arbeitsplätze. Im Jahr werden nach Berechnungen des Instituts der deutschen Wirtschaft von privaten Haushalten 285,5 Milliarden EUR für Freizeitzwecke ausgegeben. Dies sind 24,8 % der Gesamtausgaben der privaten Haushalte. In den verschiedenen Wirtschaftszweigen der Freizeitwirtschaft arbeiten ca. 5 Millionen Menschen (vgl. Winde 2002: 5). Welche Produkte und Dienstleistungen gefragt sein werden, darüber lässt sich heute nur spekulieren. Wer hätte vor 20 Jahren einen Boom der mobilen Handy-Kommunikation binnen weniger Jahre vorhergesagt? Allenfalls lassen sich generationsspezifische Themen wie Gesundheit und Wellness ausmachen.

Am Beispiel des Reisens lässt sich sogar die These diskutieren, dass eine Kontinuität im Freizeitverhalten viel häufiger anzutreffen sein wird, als ein radikaler Bruch mit Eintritt in das Seniorenalter. Brauchen wir uns also nur die Freizeit der heute 30-Jährigen näher anzuschauen, um etwas über die 60-Jährigen von morgen zu lernen? Nicht nur – aber sicherlich auch. Mobilität, Mediennutzung, kulturelle Präferenzen und alltägliche Freizeitgewohnheiten – warum sollte sich bei gleich bleibender Gesundheit daran etwas ändern. Erst in der Phase der Hochaltrigkeit stellt sich die Beteiligung von Menschen am Freizeitleben und die gesellschaftliche Integration über Freizeitangebote vielleicht neu.

5 Kontinuität oder Bruch im Freizeitverhalten?

Das Reiseverhalten generell ändert sich mit dem Eintritt ins Seniorenalter nur wenig. Kontinuität kennzeichnet die Zeitreihen, die von Johanna Danielsson und Martin Lohnmann auf der Basis der jährlichen Reiseanalyse erstellt und beobachtet wurden. Einen Bruch in der Reiseintensität ab 60 gibt es nicht.

> „Die meisten Senioren berichten, ihr Reiseverhalten habe sich im Alter kaum oder gar nicht verändert. Über die Hälfte machen weder mehr noch weniger Urlaubsreisen oder Kurzurlaubsreisen als früher, sie benutzen die gleichen Verkehrsmittel und sie bereisen die gleichen Ziele. Auch sind die Urlaubsmotive ‚Neues kennen lernen' und ‚ausruhen' von gleich großer Bedeutung wie die Majorität" (Danielsson/Lohmann 2003: 21).

Kann man also daraus folgern: Alles geht weiter wie bisher in der Freizeit? Wird, so lange die Gesundheit und das finanzielle Auskommen stimmen, einfach der Freizeit-Lebensstil beibehalten? Macht es keinen Unterschied, ob Erwachsene in der Lebensmitte oder Senioren zwischen 60 und 80 unterwegs sind? Einige Unterschiede sind schon erkennbar und weisen auf eine neue Modellierung des Freizeitverhaltens hin, wenn der demographische Wandel anhält. Herausgestellt werden von Danielsson und Lohmann bezogen auf die Urlaubsreisen der heutigen Senioren:

- mehr Inlandsreisen, mehr Ausruhen, mehr Kur im Urlaub, mehr Busreisen, mehr gehobene Unterkünfte
- seltener Reisen in den Schulferien, seltenere Verwendung des PKW, weniger Auslandsreisen, weniger Flugreisen (vgl. ebd.)

Deutschland als Reiseziel könnte an Bedeutung gewinnen, gesundheitsbezogene Reisemotive könnten noch stärkeres Gewicht erhalten. Doch lassen sich diese Trends so fortsetzen? Die nächste Generation der Alten wird noch mehr Auslandserfahrung bei Urlaubsreisen haben und an Flugreisen gewöhnt sein. Ziele im Ausland haben bereits heute an Attraktivität unter den Senioren gewonnen, ebenso steigen die Anteile des Flugzeugs an den Verkehrsmitteln.

Gilt die Kontinuitäts-These auch für andere Freizeitbereiche? Verschiebt sich in einem Fahrstuhleffekt generell das Altersspektrum für verschiedene Freizeitaktivitäten. Altern die Akteure mit ihrem Publikum? Werden die Menschen weiter ins Rock-Konzert gehen, auch wenn sie 70 sind? Werden sie Museen, Parks und Erlebniswelten nutzen wie bisher? Warum eigentlich nicht? Die Kontinuitäts-These hat auch etwas Beruhigendes für Akteure auf dem Freizeitmarkt: Ein hoher Anteil älterer Menschen wird nicht dazu führen, dass grundlegende Freizeitbedürfnisse und Freizeitmuster verschwinden: Reisen, etwas Neues kennen lernen, Geselligkeit, Erlebnisse, Naturerfahrung, Erholung und Ausgleich.

6 Freizeit als Ressource

Deutlicher noch als vor der Jahrtausendwende zeichnet sich heute eine neue Sicht auf die Freizeit als gesellschaftliche Ressource ab, und ein Rollback hin zur alten Arbeitsgesellschaft ist nicht mehr ganz auszuschließen. Die bisherige Freizeit-Theorie ging beeindruckt vom Zusammenbrechen der alten Industriegesellschaft von einer linearen Zunahme der freien Zeit aus und gründete darauf ihre Vorstellungen eines eigenen identitätsstiftenden Lebensbereichs jenseits der Berufsarbeit. Einführungen in die Freizeitwissenschaft zeichneten den dramatischen Rückgang der Arbeitszeit in den letzten 100 Jahren regelmäßig nach, und implizit wurde von der Annahme ausgegangen, die Entwicklung ginge so weiter.

Diese gewonnene Zeit speiste sich aus zwei Quellen, der gestiegenen Lebenszeit und einer Reduzierung der Erwerbsarbeit. Bereits die Diskussion um eine Flexibilisierung der Arbeitszeit in den 1980er und '90er Jahren ließ erahnen, dass es mit einem linearen Zuwachs an Freizeit vorbei sein könnte. Neue Arbeitszeitmodelle flexibilisierten nicht nur die berufliche Zeitverwendung, sondern stellten auch das Normal-Freizeitmodell mit Feierabend und Wochenende in Frage. Freizeit heute sieht sich einem noch viel stärkeren Rollback gegenüber. Die Wochenarbeitszeit soll wieder auf 42 Stunden verlängert werden, Tarifverträge werden gekündigt. Überstunden sind selbstverständlich, um den Arbeitsplatz zu erhalten. Aber auch „die gewonnen Jahre" stehen zur Diskussion. Um die Rentenzahlungen finanzieren zu können, wird eine Verlängerung der Lebensarbeitszeit unumgänglich sein. Freizeit, als eine Zeit ohne Verpflichtungen zur freien Verfügung, gerät zunehmend unter Druck. Denkbar ist, dass dieser Druck nicht nur durch globale Wirtschaftsverschiebungen, sondern auch angesichts der demographischen Alterung der Bevölkerung noch anwachsen wird. Wenige Berufstätige sollen sowohl für eine jüngere nachwachsende Generation als auch für die größer werdende ältere Bevölkerung den notwendigen Wohlstand erwirtschaften. Dies erscheint heute nicht nur als ein Verteilungsproblem der materiellen, sondern auch der zeitlichen Ressourcen einer Gesellschaft.

Die Grenzen des Altersicherungssystems nötigen dazu, neu über die Ressource Freizeit nachzudenken. Nicht nur der materielle Wohlstand, sondern auch der Freizeitgewinn muss neu verteilt werden, so scheint die unausweichliche Perspektive. „Eine mögliche Zielvorstellung wäre, die Relation zwischen Rentner- und Erwerbsphase bei steigender Lebenserwartung etwa konstant zu halten, indem die gewonnene Lebenszeit entsprechend zwischen den beiden Phasen aufgeteilt wird" (Enquete-Kommission Demographischer Wandel 2002: 159). Praktisch könnte dies bedeuten: Das Alter für den Rentenbezug ohne Abschläge wird an die Entwicklung der Lebenserwartung gekoppelt.

Die Uhr der Freizeit-Entwicklung dreht sich rückwärts. Die Freizeitgesellschaft schrumpft, weil ihr die zeitliche Basis abhanden kommt. Dies könnte kollektiv passieren oder aber mit großen Ungleichheiten einhergehen. Stehen neue „Muße-Klassen" möglicherweise breiten Bevölkerungsgruppen mit stark sinkendem Freizeitbudget gegenüber? Mit der Erwartung einer längeren Lebensarbeitszeit gehen Anforderungen an die Weiterbildung und das Lernen im hohen Erwachsenenalter einher. Für Betriebe wie Mitarbeiter könnte dies bedeuten, noch viel mehr Zeit als bisher für Erhalt von Kenntnissen und den Erwerb neuer Kompetenzen zu investieren. Freizeit wird vielleicht in Zukunft noch viel stärker zur mehr oder weniger freiwilligen Lernzeit.

Freizeit ist heute aber auch Konsumzeit, und damit, wie gezeigt, ein starker wirtschaftlicher Faktor. Wird mit dem sinkenden Freizeitbudget auch die Bedeutung der Freizeitwirtschaft sinken? Oder kaufen wir nur noch, nutzen aber immer weniger: Autos, Medien, Dienstleistungen. Gerade Dienstleistungen im Freizeitsektor entstehen nur unter Beteiligung der Konsumenten. Erlebnisse erfordern das zeitlich befristete Eintauchen in entsprechende Szenarien und Angebote. Dies alles könnte weniger werden, zumindest für einen Teil der Bevölkerung, wenn die Zeit für die vielen schönen Dinge des Lebens schwindet. Oder könnten wir schneller konsumieren, in weniger Zeit, mehr gleichzeitig oder in bestimmten Lebensphasen?

7 Neuer Kampf um Freizeit

Die freie Zeit, eine Erfindung der Industriegesellschaft, verschwindet wieder, könnte man provozierend behaupten. Die produktiven Generationen arbeiten rund um die Uhr, und angesichts des gestiegenen Gesundheitszustandes und der längeren Lebenszeit wird der Ruhestand weit ins hohe Alter hinausgeschoben. Immer vorausgesetzt, es gibt genügend Arbeit für alle.

Doch scheint ein neuer Kampf um die Freizeit entbrannt zu sein und sein Ausgang ist noch keineswegs gewiss. In einer Anzeige in der Tageszeitung „TAZ" wenden sich Sozialwissenschaftler, Politiker und Gewerkschafter gegen eine Nutzung der Freizeit als Ressource für die Unternehmen: „Arbeitszeitverlängerung ist der falsche Weg".

„Wir setzen dagegen: Arbeit ist nicht alles. Das Leben bietet mehr, Partnerschaft, Familie und Freundschaften, Sport, Kunst, Bildung und Reisen, Geselligkeit und Unterhaltung. Dazu brauchen wir Zeit, verlässliche Zeit jenseits der Arbeit, ohne Weisungen und Abhängigkeit; Zeit, um zu uns selbst zu finden. Und Zeit für partnerschaftliche Arbeitsteilung zu Hause und in der Familie, statt diesen Teil der Arbeit allein den Frauen aufzubürden" (TAZ, 5./.6. Juni 2004).

Beschworen wird der „Zeitwohlstand": Feierabend, Arbeitswoche, Urlaub und Sabaticals. Ihn gilt es offenbar gegen Zumutungen von Politik und Unternehmerseite zu verteidigen, die „eine Verlängerung der Arbeitszeiten zur vermeintlichen Grundvoraussetzungen wirtschaftlichen Wachstums erklären".

8 Regionale Ungleichheiten in den Freizeitchancen

Das Geo-Heft „Deutschlands Zukunft" macht deutlich, wie unterschiedlich Städte und Regionen zukünftig von Schrumpfungsprozessen und Einschränkungen der Lebensqualität betroffen sein könnten. Befürchtet wird ein „Teufelskreis" der „kumulativen Schrumpfung": „Aus schwachen Regionen ziehen die Jungen ab. Wo weniger Menschen leben, sinkt die Nachfrage nach Gütern. Wo dies geschieht, schließen Betriebe. Wo Arbeitsplätze verloren gehen, sinken die Steuereinnahmen. Wird Politik handlungsunfähig. Erodiert die Grundversorgung mit Ärzten, Schulen, Bibliotheken, Schwimmbädern, Verkehrsverbindungen. Und ziehen darauf neuerlich Menschen fort" (Beilage zur Zeitschrift GEO, Heft Mai 2004: 1).

Eine sinkende Bevölkerungszahl wird auch Einfluss auf die Freizeitnachfrage und die Freizeitinfrastruktur haben. Endlich mal nicht für eine Konzertkarte in der Schlange anstehen, könnte man denken. Auf der anderen Seite könnten Schrumpfung und demographische Alterung kumulieren und zur Schließung von Kinder- und Jugendeinrichtungen oder zum Wegbrechen öffentlich getragener Kultur- und Freizeiteinrichtungen beitragen. Eine Negativspirale der Lebensqualität würde auch die Freizeit stark betreffen: weniger Publikum, kaum noch Angebot, Abwanderung und Schließung.

Neue Perspektiven erschließen sich vielleicht aus einer gemischten Nutzung von Infrastruktur für Tourismus und Freizeit, wie sie im Rahmen des Projektes „Moorexpress" in Bremen versucht wird. Ziel ist es dabei, eine alte Bahnstrecke in der Region zu erhalten. Die touristische Nutzung für Ausflüge, Events und Aktionstage soll die Verkehrsinfrastruktur für die Region sichern und auch den alltäglichen Treffpunkten, kulturellen wie gastronomischen Initiativen zum Überleben verhelfen.

9 Revival der Selbstorganisation in der Freizeit

Bereits in den 1980er Jahren entstanden als Antwort auf die Krise der Arbeitsgesellschaft Modelle für eine Tätigkeitsgesellschaft. Freiwille Arbeit in der Freizeit war eine Antwort auf den Sinnverlust durch eine zwangsweise Ausgrenzung aus dem Erwerbsleben. Dies könnte im Zuge des demographischen Wandels noch eine ganz andere Bedeutung bekommen. Viele Strukturen im öffentlichen Sektor, gerade im ländlichen Raum sind in Zukunft vielleicht nicht mehr zu halten. Aufgrund des Bevölkerungsschwundes gibt es manchmal nicht einmal einen Laden, eine Kneipe oder ein Kulturhaus.

Ein Schwimmbad im Ort ist vielleicht auf gewerblicher Basis nicht mehr haltbar, da die jüngere Bevölkerung dramatisch abgenommen hat. Die Kommune kann es aufgrund sinkender Steuereinnahmen aber auch nicht tragen. Ein Verlust an Freizeitinfrastruktur droht, wenn nicht neue Lösungen unter Einbeziehung von Bürgeraktivitäten gefunden werden. Ähnlich ließe sich über Kulturangebote, Treffpunkte für Jung und Alt oder Denkmalschutz von historischen Gebäuden sprechen. Tätig sein in der Freizeit in selbst organisierten Strukturen könnte der lokalen Gemeinschaft zu neuem Leben verhelfen. Auch die individuelle Freizeit bekommt einen neuen Sinn. Eigenarbeit, Ehrenamt und Selbstorganisation bekommt einen neuen lebensnotwendigen Charakter, um Lebensqualität und gesellschaftliche Strukturen zu erhalten.

Ein Beispiel in diesem Sinne ist der Erhalt und der Ausbau eines alten Hofes im Dorf Windheim an der Weser. Menschen aus verschiedenen Generationen haben sich hier zusammengefunden, um das älteste Bauernhaus im Ort zu retten. Sie renovieren den über 200 Jahre alten Hof mit traditionellen Handwerkstechniken und Materialien. Ein Café und ein Laden werden eingerichtet. Ein erstes Kulturprogramm wird geplant und durchgeführt. „Windheim No.2" soll in Zukunft Radreisenden in der Region als Anlaufstelle dienen und Bildungs- und Kreativangebote offerieren. Die Anlage entsteht mit Mitteln der Denkmalförderung, wird jedoch ganz wesentlich vom Engagement der Beteiligten in ihrer Freizeit getragen. Selbstorganisation und Selbstbestimmung sind wesentliche Aspekte für die Akteure. Anfängliche Skepsis der Gemeinde weicht nach und nach breiter Anerkennung. Positiven Auswirkungen auf Gemeinschaft und touristische Attraktivität zeichnen sich ab.

Was einst als Modell für die Frührentner und Arbeitslose gedacht war, kommt in neuer unerwarteter Schärfe auf uns zu, und die Erwartung an die zukünftige Rentnergeneration ist: nicht nach Spanien übersiedeln, sondern hier bleiben, Lebensqualität für alle mit gestalten und das Gemeinwesen erhalten. Damit dies nicht zur Zwangsveranstaltung gerät, müsste es wohl gekoppelt sein mit Gestaltungsmöglichkeiten, Spielräumen für eigene Interessen und Bedürfnisse sowie einem individuellen Mehrwert im Sinne von Anerkennung und Lebenszufriedenheit. Die Freizeit der Alten wird nicht nur Erholung und Ausruhen sein können, sondern mehr als heute auch Tätigsein in irgendeiner Weise umfassen.

Hier zeichnet sich eine neue Herausforderung für eine gemeinwesenorientierte Freizeitarbeit ab. Freiwilliges Engagement auf Zeit gilt es zu stützen und Strukturen zu schaffen, die Selbstbestimmung und Mitgestaltungsmöglichkeiten eröffnen.

10 Integrationsfakor Freizeit

Freizeit wird in Zukunft nicht zuletzt eine wachsende gesellschaftliche Integrationsfunktion bekommen. Ausgegangen wird in Modellrechnungen zur Entwicklung der Zahl der Erwerbstätigen von einer Zuwanderung von 200.000 Menschen pro Jahr. Diese Zuwanderung von jungen Menschen aus dem Ausland kann den Prozess der demographischen Alterung langfristig nicht aufhalten, aber etwas abschwächen (vgl. Roloff 2003 sowie den Beiträge von Kolb und Fuchs in diesem Band). Eine Integration der Einwanderer wird über den Betrieb, das Bildungssystem aber auch die Freizeit erfolgen müssen. Noch mehr als bisher wird damit auf die Freizeit der Anspruch der multikulturellen Integration zukommen. Ein „Karneval der Kulturen", wie er in vielen Städten inzwischen gepflegt wird, steht dabei für eine neue, breit integrative Freizeitbewegung. Die Vielfalt der Kulturen in einer Stadt wird als lebenswert herausgestellt, Eigenheiten werden akzeptiert, und doch wird versucht, ein verbindendes Band zu knüpfen.

Vergleichbar könnten die Ansprüche wachsen, Spannungen zwischen den Generationen durch integrative Angebote, Diskussions- und Beteiligungsformen zu begegnen. Ob dies schon eine neue integrative Freizeitpädagogik begründen könnte, wäre sicherlich spannend zu verfolgen. Im Freizeitpark, so jedenfalls unsere Beobachtung aus den letzten Jahren, konstituiert sich die Familie neu, trotz aller Brüche und unsteten Lebensformen, die ein Zusammenleben erschweren. Gemeinsame Erlebnisse verbinden, schaffen ein emotionales Band, das in den Alltag mitgenommen wird. Darin liegt die große Attraktivität von Freizeiterlebniswelten für Familien begründet. Warum sollten nicht ähnliche Freizeitangebote Brücken zwischen den Generationen stiften und ein Auseinanderdriften der Gruppen von Jüngeren und Älteren und Hochaltrigen in einer Gesellschaft begrenzen?

11 Fazit

Wer hätte Mitte der 1970er Jahre die Vielfalt heutiger Freizeit-Erlebniswelten und Freizeitstile vorhergesagt. Die ersten Freizeitparks wurden gerade erst eingerichtet, das Farbfernsehen war noch nicht lange eingeführt und von Handys hatte man noch nichts gehört. Warum daher nicht optimistisch in die Zukunft schauen: Die Menschen werden sich mit den Folgen der demographischen Alterung einrichten. Nach allem, was heute bekannt ist, kann die Entwicklung kurzfristig weder durch Zuwanderung noch durch eine Erhöhung der Geburtenrate aufgehalten werden. Auch auf die Freizeit werden damit neue Herausforderungen zukommen. Sie werden eine Neubestimmung als Lernzeit, als Konsumzeit und als Zeit für aktive Tätigkeit im Gemeinwesen nach sich ziehen.

In einem muss man Frank Schirrmacher mit seiner polemischen Zuspitzung dabei wohl Recht geben: Wir können das Problem unseres eigenen Alterns nicht lösen. Wir werden die Altengeneration 2020 sein. Doch wir werden unsere Erlebnisfähigkeit, unsere Ansprüche an die Freizeit und auch unsere Fähigkeiten, ein Leben in freier Zeit zu gestalten, mit in die Seniorenphase hinübernehmen – warum auch nicht. Dies wird weniger dramatisch sein, als heute noch verkündet. Und wir werden hoffentlich nicht nur Zeit finden, uns mit uns selbst zu beschäftigen, sondern auch noch genug Energie und Kraft haben, an der Lösung anderer Probleme der Welt aktiv mitzuwirken.

Literatur

Agricola, Sigurd (1998): Senioren und Freizeit. Aktuelle Daten und Fakten zur Altersfreizeit. Hrsg.: Deutsche Gesellschaft für Freizeit. Erkrath.

Birg, Herwig (2002): Die demographische Zeitenwende. Der Bevölkerungsrückgang in Deutschland und Europa. 2. Aufl. München.

Danielsson, Johanna / Lohmann, Martin (2003): Urlaubsreisen der Senioren. Forschungsgemeinschaft Urlaub und Reisen e.V. F.U.R. Sonderstudie aus der Reiseanalyse 2002. Kiel/Hamburg.

Enquete-Kommission „Demographischer Wandel – Herausforderungen unserer älter werdenden Gesellschaft an den Einzelnen und die Politik" (2002): Schlussbericht. Deutscher Bundestag. Drucksache 14/8800. Berlin.

Freericks, Renate (1996): Zeitkompetenz. Hohengehren.

Geo Zeitschrift, Heft Mai 2004: „Deutschlands Zukunft".

Nahrstedt, Wolfgang (1990): Leben in freier Zeit. Darmstadt.

Opaschowski, Horst W. (1998): Leben zwischen Muß und Muße. Die ältere Generation: Gestern. Heute. Morgen. Hamburg.

Pöggeler, Franz (1989): Der Faktor Zeit im Alter. In: ders. (Hrsg.): Freizeit – Alter – Lebenszeit. Erkrath: 64-75.

Roloff, Juliane (2003): Demographischer Faktor. Hamburg.

Schirrmacher, Frank (2004): Das Methusalem-Komplott. München.

Schmitz-Scherzer, Reinhard (1975): Alter und Freizeit. Stuttgart.

Winde, Mathias A. (2002): Wirtschaftsfaktor Freizeit. Typologie, Beschäftigung, Qualifikation. Institut der deutschen Wirtschaft Köln: Beiträge zur Gesellschafts- und Bildungspolitik 257. Köln.

11 Demografischer Wandel und politische Teilhabe

Bettina Westle

Bevölkerungsrückgang, Erhöhung des Altersdurchschnitts, Vergrößerung ethnisch-kultureller Heterogenität, Zunahme von Single-Haushalten, Säkularisierung und neue regionale Disparitäten sind zentrale demografische Zukunftsperspektiven in Deutschland. Dies lässt in einigen Politikfeldern, wie etwa der Rentenpolitik, offensichtlich unmittelbare Auswirkungen erwarten. Betreffen solche demografischen Veränderungen aber auch den Kernbereich der Demokratie, die politische Teilhabe der Bürger? Mit dieser Frage setzt sich der vorliegende Beitrag auseinander. Im Einzelnen soll angesprochen werden, inwieweit demografische Faktoren auf politische Involvierung sowie politische Partizipation direkte, aber auch indirekte Folgen erwarten lassen. Solche Erwartungen können sich einerseits auf Befunde zur bisherigen Bedeutung demografischer Merkmale für politische Teilhabe stützen. Andererseits können solche Befunde jedoch nicht einfach für sich verändernde soziale Kontexte fortgeschrieben werden, denn politische Orientierungen und politisches Verhalten sind nicht als unveränderliche Folgen individueller demografischer Merkmale und deren gesamtgesellschaftlicher Verteilungen zu sehen, sondern entwickeln und verändern sich in komplexen Prozessen der Sozialisation sowie der Auseinandersetzung mit der sich jeweils verändernden gesellschaftlichen und politischen Realität.

Im Folgenden werden nach einer Klärung des Begriffs der politischen Teilhabe ausgewählte Befunde zur Bedeutung demografischer Merkmale für politische Involvierung und Partizipation zusammengetragen. Auf dieser Grundlage wird versucht, künftige Entwicklungen und Problemfelder der politischen Teilhabe einzuschätzen.

1 Politische Teilhabe: Dimensionen und Formen

Demokratische Staaten unterscheiden sich von anderen Regimeformen vor allem durch die *Rolle der Bürgerschaft*, die als Träger der politischen Souveränität gilt. Die gleichberechtigte Teilhabe der Bürger/innen an politischen Prozessen gehört zum zentralen Credo der demokratischen Werteordnung. Daraus folgen (a) Rechte auf freie Information und Meinungsbildung sowie Meinungsäußerung und (b) Rechte zum organisatorischen Zusammenschluss und zur Beteiligung an

Politik durch Einflussnahme auf Entscheidungen zu politischen Sachfragen und/oder Personal. In Anlehnung an diese Rechtsbereiche sollen hier unter dem Begriff der *politischen Teilhabe* die Dimension (a) der Involvierung und (b) der Partizipation verstanden werden. Als *politische Partizipation* werden Handlungen definiert, „die Bürger freiwillig mit dem Ziel unternehmen, Entscheidungen auf den verschiedensten Ebenen des politischen Systems zu beeinflussen" (Kaase 1997: 160). *Politische Involvierung* ist dagegen kein gleichermaßen etablierter Forschungsbegriff. Hier wird politische Involvierung als politisches Engagement außerhalb expliziter Einflussversuche verstanden, worunter bspw. das Interesse an und das Wissen über Politik sowie das Informations- und Kommunikationsverhalten fallen. Zwischen Involvierung und Partizipation bestehen für gewöhnlich positive Zusammenhänge, d.h. bspw. steigendes Interesse an Politik geht zumeist mit größerer Bereitschaft zur Einflussnahme auf Politik einher. Beide Dimensionen sind aber nicht notwendig miteinander verknüpft, es kann also auch z.b. ein passives Interesse an Politik ohne Einflussversuche vorliegen oder umgekehrt z.b. eine Beteiligung an Einflussversuchen bei unzulänglichen politischen Kenntnissen. Auch gibt es kein Kriterium dafür, welches Ausmaß an politischer Involvierung und Partizipation für die Funktionsfähigkeit einer Demokratie mindestens oder optimalerweise erforderlich ist.

In der Forschung findet sich eine Vielfalt an *Klassifikationen und Typologien* politischer Partizipation, wobei in den folgenden Ausführungen nur ein Ausschnitt der *politischen Teilhabe* exemplarisch angesprochen werden kann.[1]

2   Bestimmungsfaktoren politischer Teilhabe

Einige Faktoren haben sich wiederholt als besonders förderlich für das Entstehen von Demokratien und für die politische Teilhabe in Demokratien erwiesen. Im Hinblick auf *Gesamtgesellschaften* sind dies vor allem Merkmale der sozioökonomischen Modernisierung wie z.B. ein hohes Niveau und eine breite Verteilung des Wohlstands sowie der Schulbildung und ein großer Dienstleistungssektor. Darüber hinaus ist das Ausmaß, in dem politische Systeme für Beteiligung offen sind, umfassende und transparente Informationen sowie leicht zu-

---

[1] Vgl. hierzu z.B. Verba/Nie 1972, Barnes/Kaase et al. 1979, Uehlinger 1988; zu Überblicksarbeiten die Beiträge von Gabriel und Westle 2004 zur Lerneinheit "Politische Partizipation" im Projekt "PolitikOn". Den Typologien liegen unterschiedliche Kriterien zugrunde, anhand derer sich Formen der Involvierung oder Partizipation ordnen lassen. Dazu gehört z.b.: die Direktheit der Einflussnahme, Verfasstheit, die Konflikthaftigkeit in der Interaktion mit den politischen Entscheidungsträgern, die Legitimität, der erforderliche Aufwand, die Einbindung in kollektive Zusammenhänge sowie die Reichweite der Thematik.

gängliche Möglichkeiten der Partizipation anbieten, von Bedeutung für politische Teilhabe (z.b. Lipset 1981, Vanhanen 1989).

Auf der *Individualebene*, also zu der Frage, wer sich innerhalb einer Demokratie der Politik besonders zuwendet, haben sich verschiedene Erklärungskomplexe als bedeutsam erwiesen, von denen sich einige auch an demografischen Merkmalen verankern. Dazu gehören Normen, sozio-ökonomische Ressourcen, Netzwerke, die Wahrnehmung der Effektivität von Partizipation sowie politische Strukturen und thematische Anlässe (z.b. Barnes/Kaase et al. 1979, Opp/Finkel 2001): *Normvorstellungen* werden in Prozessen der Sozialisation im Kindes- und Jugendalter erworben und im Erwachsenenalter durch weitere Erfahrungen gefestigt oder aber modifiziert. Soziodemografische Unterschiede solcher Normvorstellungen finden sich in Deutschland vor allem in Abhängigkeit von der Generationszugehörigkeit sowie der Herkunft aus dem West- oder Ostteil, da sich erst nach dem Zweiten Weltkrieg in Westdeutschland eine zunehmend demokratische politische Kultur entwickelte und in Ostdeutschland das sozialistische System wiederum zu anderen Färbungen von Partizipationsvorstellungen beitrug. Wichtig für Normvorstellungen ist auch, dass bei höherer Schulbildung zumeist eine intensivere Auseinandersetzung mit politischen Themen erfolgt. Sozialisationseffekte schlagen sich zudem nach wie vor zwischen den Geschlechtern insofern nieder, als infolge traditioneller Rollenbilder Jungen zumeist stärker als Mädchen an Themen der Öffentlichkeit und der Politik herangeführt werden. Zu partizipationsrelevanten *Ressourcen* zählen vor allem kognitive Fähigkeiten und Kenntnisse über Politik, wofür unter den demografischen Variablen erneut die Schulbildung als Indikator herangezogen werden kann, sowie der materielle Hintergrund, wie etwa am Einkommen oder Vermögen ablesbar, aber auch immaterielle Ressourcen, wie die Menge und Flexibilität der verfügbaren Zeit. Von Bedeutung ist auch, inwieweit das Individuum in seinem Alltag mit anderen politisch involvierten und aktiven Personen zusammenkommt und von diesen zu Aktivität animiert wird. Solche *mobilisierenden Milieus und Netzwerke* finden sich bspw. im Beruf, in Verbänden und Vereinen, aber auch im engeren Freundeskreis. Die *Wahrnehmung der Effektivität* (Auffassung, ob eine Teilnahme an der Politik infolge der eigenen Fähigkeiten dazu sowie der Responsivität der politischen Akteure gegenüber Einflussversuchen überhaupt Erfolg versprechend ist) hängt dagegen nur vermittelt mit demografischen Faktoren zusammen, am deutlichsten noch mit der Schulbildung, die die Einschätzung der eigenen Einflussfähigkeiten beeinflusst.

Partizipationsrelevante politische Strukturen und mobilisierende Anlässe liegen dagegen offensichtlich außerhalb individueller, demografischer Merkmale. Allerdings können sie in Kombination mit diesen durchaus Bedeutung für die politische Teilhabe entfalten. So sind politische Strukturen nicht selten so gestaltet, dass sie für Angehörige mancher Gruppen die politische Teilhabe erleichtern oder aber erschweren – man denke bspw. an komplexe Formulierungen politischer Berichte, die Bürger/innen mit geringerer Schulbildung überfordern, an arbeitnehmerunfreundliche Öffnungszeiten von Abgeordnetenbüros oder an mütterunfreundliche Sitzungszeiten von Parteien. Ebenso können Anlässe, die zur politischen Teilhabe motivieren, durchaus die ganze Bevölkerung betreffen, wie das z.b. bei allgemeinen Wahlen oft der Fall ist. Sie können aber auch unterschiedliche Betroffenheiten erzeugen, wie etwa eine Veränderung der Rentenpolitik Junge und Alte unterschiedlich trifft.

Aus dem bisher Gesagten sollte auch deutlich geworden sein, dass ein- und dasselbe demografische Merkmal, das sich mit politischer Teilhabe verbindet, durchaus auf unterschiedliche Faktoren Hinweise geben kann und somit im Einzelfall immer der genaueren Interpretation bedarf (so deutet z.b. Schulbildung entweder auf Sozialisation oder auf kognitive Fähigkeiten, Alter entweder auf Generationszugehörigkeit oder aber auf Status im Lebenszyklus). Umgekehrt können aber auch in ein- und demselben demografischen Merkmal durchaus mehrere der politischen Teilhabe förderliche oder sie hemmende Faktoren kumulieren (so z.b. bei Frauen häufig geringere Schulbildung, kein Einkommen, unflexibler Zeitrahmen infolge von Kinderbeaufsichtigung und fehlende Vernetzung in mobilisierenden Milieus). Daraus folgt, dass bisherige Entwicklungsverläufe der politischen Teilhabe entlang eines separierten demografischen Merkmals nicht einfach entsprechend erwarteter Veränderungen dieses Merkmals fortgeschrieben werden dürfen, sondern allenfalls als Anhaltspunkt für differenziertere Überlegungen dienen können, die die Gleichzeitigkeit verschiedener Einflussfaktoren auf politische Teilhabe in Rechnung stellen.

2.1 Demografische Merkmale als Korrelate politischer Involvierung

In den Nachkriegsjahren war das Verhältnis der Bundesdeutschen von starker Distanz gegenüber Politik geprägt, was auf ein auf Unterordnung hin orientiertes Selbstverständnis, auf Gegenreaktionen zur politischen Mobilisierung während der NS-Zeit, auf Vorbehalte gegenüber dem Besatzungsregime und der neu eingeführten Demokratie, politische Verunsicherung sowie auf die dringlicher erscheinende Sorge um die Bewältigung des Alltags und Aufbaus des eigenen Lebens zurückgeführt werden konnte (z.B. Almond/Verba 1965). Mit Beginn der 1960er Jahre bis in die 1970er hinein stieg das *Interesse an Politik* jedoch steil an. Danach setzte sich dieser Anstieg etwas flacher und von kontextuellen Schwankungen durchbrochen fort. Einen Höhepunkt erreichte das Interesse an Politik kontextbedingt im Zeitraum der Vereinigung, pendelte sich anschließend jedoch wieder in etwa auf dem vorherigen Niveau ein. Die Vereinigung zeitigte auch in Ostdeutschland Spitzenwerte der politischen Involvierung, denen ein

11 Demografischer Wandel und politische Teilhabe 167

etwas stärkerer Rückgang des politischen Interesses als im Westen folgte. Für den Anstieg des Interesses in den 1960er/70er Jahren und sein anhaltendes Niveau können als wichtigste Ursachen der Rückgang der Alltagssorgen und der Abbau von Vorbehalten gegen die Demokratie infolge wachsenden Wohlstands und die zunehmende Verbreitung des Fernsehens angeführt werden, aber auch demografische Faktoren, nämlich das Nachrücken von in der Demokratie sozialisierten Generationen und die Bildungsexpansion sowie damit verbunden eine hochgradige Politisierung durch die Studentenunruhen (vgl. z.B. Gabriel 1997).

Das politische Interesse variiert jedoch nach ausgewählten demografischen und ökonomischen Merkmalen sehr deutlich. So artikulieren Männer ein größeres Interesse an Politik als Frauen und Erwerbstätige größeres Interesse als Nicht-Erwerbstätige; besonders deutlich steigert sich das politische Interesse bei höherer Schulbildung und ferner bei größerem Einkommen. Für das Alter zeigt sich ein lebenszyklischer Verlauf, d.h. etwas schwächeres Interesse in jüngeren Jahren, eine deutliche Zunahme in den mittleren Lebensjahren und in hohem Alter wiederum ein Absinken.

Aufgrund des Zusammenhangs zwischen Bildung und Interesse an Politik war angesichts der Bildungsexpansion eine weitere Zunahme des Interesses der jüngeren Generationen an Politik erwartet worden sowie infolge der wachsenden Integration von Frauen in das Erwerbsleben eine Schließung der Lücke im politischen Interesse zwischen den Geschlechtern. Beides ist jedoch nicht in dem erwarteten Ausmaß eingetreten. Dafür, dass Bildung und Erwerbsstatus folglich etwas von ihrer Einflusskraft auf das politische Interesse eingebüßt haben, werden nunmehr verschiedene Gründe vermutet. So hat Bildung mit ihrer zunehmenden Verbreitung eine geringere Bedeutung als früher für erreichbare Statuspositionen und damit auch für politische Einflusschancen (z.B. Hoffmann-Lange 2000). Ferner scheint die Bildungsexpansion mit einer Niveausenkung bei der Förderung kognitiver Fähigkeiten und affektiver politischer Motivationen in den höheren Bildungsstrata einhergegangen zu sein, was eine weitere Erklärungsfacette für den ausgebliebenen Zuwachs des politischen Interesses darstellt. Im Hinblick auf die Lücke zwischen den Geschlechtern zeigen weitere Analysen, dass Frauen trotz gleicher Schulbildung und Erwerbstätigkeit oft eine geringeres Interesse an Politik zeigen als Männer. Dies verweist darauf, dass andere als die hier thematisierten demografischen Merkmale (z.B. außerschulische Sozialisation, Netzwerke, Familienarbeit) zusätzlich Einfluss nehmen. Schließlich ist auch noch daran zu denken, dass die Erwartungen an die Effekte der Schulbildung auf das politische Interesse evtl. insofern übersteigert waren, als gleichzeitig mit der Bildungsexpansion in den 1960ern und 1970ern ein spezifischer Generationeneffekt vorgelegen haben könnte, d.h. eine infolge kontextspezifischer Konflikte überproportionale Politisierung der damaligen Jugendgeneration. Die Abflachung der Bildungseffekte in den nachfolgenden Jugendgenerationen wäre folglich auch als Normalisierung zu sehen.

Diese sich verändernden Effekte demografischer Merkmale auf die politische Involvierung verdeutlichen, dass sich Erwartungen an die Entwicklung politischer Teilhabe in Abhängigkeit des prognostizierten demografischen Wandels nur unter Vorbehalten formulieren lassen. So könnte man bspw. im Hinblick auf die prognostizierte zunehmende Alterung der Gesellschaft lebenszyklisch bedingt einen Rückgang im Gesamtniveau der politischen Involvierung erwarten; sollte die sog. „68er-Generation" – die im Jahr 2030 etwa im Alter von 80-90 Jahren sein wird – tatsächlich ein überproportionales politisches Interesse haben und auch im Laufe des Älterwerdens aufrechterhalten, würde sich diese Entwicklung aber erst mit Verzögerung bemerkbar machen. Gleichzeitig wäre zu bedenken, ob bspw. angesichts des erwarteten Geburtenrückgangs und der Arbeitslosigkeit Frauen erneut in die Rolle der erwerbslosen Mutter und Hausfrau oder aber umgekehrt angesichts der zunehmenden Rentenlasten der jüngeren Generationen verstärkt in das Erwerbsleben gedrängt werden – mit jeweils konträren erwartbaren Effekten auf die politische Involvierung.

2.2 Demografische Merkmale als Korrelate politischer Partizipation

Die der politischen Involvierung förderlichen soziodemografischen Merkmale sind auch für das Ausmaß der Einflussnahme relevant. Dabei können *Wahlen* jedoch als die Beteiligungsform angesehen werden, welche am wenigsten voraussetzungsreich ist und die relativ größte Gleichheit der Einflussnahme ermöglicht. So ist die Teilnahme an nationalen Wahlen die am weitesten verbreitete Form der politischen Einflussnahme. Abb. 1 zur Entwicklung der Beteiligung an Bundestagswahlen zeigt einen ersten Mobilisierungssprung in den frühen Nachkriegsjahren bis 1953, dem eine Phase der Stabilität folgte. Eine zweite Mobilisierungsphase ist in den 1970er Jahren zu beobachten, was mit Kontexteffekten wie der Debatte um die neue Ostpolitik, aber auch mit dem Anstieg des politischen Interesses in dieser Zeit korrespondiert. Bis 1990 ist dann eine leichte Demobilisierung zu beobachten, anschließend ein minimaler Anstieg und 2002 ein erneuter schwacher Rückgang der Beteiligung. In den neuen Bundesländern war die Wahlbeteiligung regelmäßig etwas geringer als in den alten. Dies wird in der Forschung mit einer schwächeren Verankerung der Wahlnorm als Bürgertugend, geringerer Identifikation mit den Parteien sowie Unzufriedenheit über den als zu langsam empfundenen Aufbau des Ostens und Protest gegen die Parteien in Zusammenhang gebracht. Da sich also generationelle sozialisatorische und situative Ursachen mischen, ist es eher unwahrscheinlich, dass sich hier eine dauerhafte regionale Differenz abzeichnet. Vielmehr dürfte die künftige Wahlbeteiligung in West und Ost von der weiteren ökonomischen und politischen Entwicklung abhängen.

Abbildung 1: Beteiligung an Wahlen zum Deutschen Bundestag

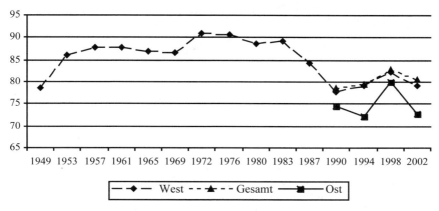

Quelle: Stat. Bundesamt

Anhand der Repräsentativen Wahlstatistik, die seit 1953 bei Stichproben zu jeder Wahl (außer 1994 und 1998) das Geschlecht und die Altersgruppe verzeichnete (Statistisches Bundesamt 1954 bis 2002), wird deutlich, dass die Beteiligung bei allen Gruppierungen ähnliche Mobilisierungs- und Demobilisierungsphasen aufweist. Darüber hinaus hat sich die Lücke zwischen Männern und Frauen seit 1969 weitgehend geschlossen. Bei den Altersgruppen spiegelt sich der lebenszyklisch kurvilineare Zusammenhang der politischen Involvierung wider, d.h. am stärksten beteiligen sich die mittleren Altersgruppen, etwas schwächer die älteren und jüngeren (mit Ausnahme der Erstwähler, bei denen der Neuigkeitswert die Beteiligungsrate erhöht) (vgl. Abb. 2). Weitere Analysen zeigen, dass Frauen in den Altersgruppen über 45, aber auch unter 25 Jahren etwas weniger als Männer wählen, während sie in der mittleren Altersgruppe eine etwas größere Wahlbeteiligung zeigen als Männer. Dies dürfte im Fall der Älteren auf die generationell bedingt geringere Politiknähe von Frauen deuten. Im Fall der Jüngeren ist jedoch auch ein lebenszyklischer Effekt plausibel, da der für Männer typische Anstieg des Interesses an Politik in dieser Altersphase bei Frauen häufig infolge der gerade zu dieser Zeit sehr intensiven Beschäftigung mit den eher politikfernen Lebensbereichen der Familiengründung und Mutterschaft stagniert (vgl. Institut für Demoskopie 1993).

Abbildung 2: Beteiligung bei Bundestagswahlen von 1972 bis 2002 – nach Alter

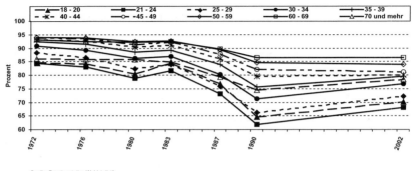

Quelle: Repräsentative Wahlstatistik.

Laut Umfragen spielen selbst bei der Teilnahme an Wahlen Ressourcen noch eine gewisse Rolle. So geben Befragte mit höherem Schulabschluss, größerem Einkommen und Einbindung in Netzwerke, wie etwa Gewerkschaften oder Vereine, etwas häufiger eine Beteiligung an als ihre jeweiligen Pendants; allerdings sind die Unterschiede nur gering (im Überblick zu Wahlen z.b. Gabriel/Westle 2004).

Insgesamt besteht eine erheblich geringere Bereitschaft zu anspruchsvolleren Formen der *konventionellen, parteibezogenen Partizipation*. Dabei neigen aber erneut Männer, die mittleren Altersgruppen, Personen mit höherer Schulbildung, Erwerbstätige und Personen mit größerem Einkommen stärker als die jeweiligen Kontrastgruppierungen dazu, in Parteien mitzuarbeiten oder Kandidaten der Parteien zu unterstützen. Darüber hinaus ist die Einbindung in Netzwerke wie Gewerkschaften, Berufsverbände sowie jeglichen anderen Verbänden und Vereinen bedeutsam für die parteibezogene Aktivität. Ähnliches trifft für die private Integration zu, wenn Personen mit Lebens- oder Ehepartnern häufiger als allein Stehende zu diesen Aktivitäten bereit sind und auch ein politisch aktiver Freundeskreis mobilisierend wirkt.

Bei der *unkonventionellen Partizipation* wird illegaler Protest nur von Minderheiten in Erwägung gezogen, während die Bereitschaft zur legalen, problemspezifischen (Protest-) Partizipation deutlich weiter verbreitet und ebenfalls erheblich größer als die zur parteibezogenen Beteiligung ist. Erneut zeigen Männer größere Partizipationsbereitschaft als Frauen und Erwerbstätige gegenüber Nicht-Erwerbstätigen. Die unkonventionelle Partizipationsbereitschaft verstärkt sich wiederum bei steigender Schulbildung, nicht jedoch mit steigendem Einkommen. Möglicherweise wird die Protestbereitschaft bei geringeren Einkommen durch Gefühle relativer Deprivation verstärkt und/oder bei höheren Einkommen durch das Gefühl der Saturiertheit konterkariert. Eine weitere Abweichung zur konventionellen Einflussnahme wird bei den Altersgruppen deutlich, denn hier findet sich die größte Bereitschaft in jüngerem und mittlerem Lebensalter und sinkt später deutlich. Dies kann teilweise auf Mobilitätsprobleme in höherem Alter zurückgeführt werden sowie auf eine stärkere Orientierung der älteren Generationen an Rechtsnormen. Wiederum sind aber Mitglieder von Verbänden und Vereinen sowie in einem politisch aktiven Freundeskreis Integrierte überproportional zur Beteiligung bereit. Dies trifft auch für Bürger/innen, die in Partnerschaften (besonders nicht-ehelicher Art) leben, gegenüber Singles zu und für Konfessionslose gegenüber konfessionell Gebundenen; der Einfluss der Konfessionalität nimmt allerdings offenbar mit zunehmender Säkularisierung ab. In diesen Strukturen deutet sich unter anderem eine Parallelität unkonventioneller Lebensweise mit Partizipationsbereitschaften an (für differenziertere, multivariate Analysen zur politischen Partizipation s. z.B. Westle 2001 und weitere Analysen auch anderer Partizipationsformen z.B. die Beiträge in Koch/Wasmer/Schmidt 2001).

Soziodemografische Merkmale sind schließlich auch für die *inhaltlichen Parteipräferenzen*, also die *Wahlentscheidung für und die Mitgliedschaft in bestimmten Parteien* von Bedeutung. Dies ist vor allem in dem sog. Cleavage-Ansatz (Lipset/Rokkan 1967) herausgearbeitet worden. Demnach finden sich noch heute historische Konflikte, die in Westeuropa während der Nationalstaatsbildung und der Industrialisierung zur Herausbildung der Parteiensysteme beigetragen haben, in der Verknüpfung bestimmter Sozialmilieus mit Parteien wieder. Die politische Sozialisation innerhalb solcher Sozialmilieus trägt zudem zur Herausbildung psychologischer Identifikationen mit den betreffenden Parteien bei. In Deutschland schlugen sich vor allem der Klassen- und der Konfessionskonflikt in der Verbindung der Arbeiterschaft und ihrer Gewerkschaften mit der Sozialdemokratie sowie der Nähe der (katholischen) Kirche und ihrer Gläubigen zu dem Zentrum nieder. Allerdings deutet die Forschung auf eine zunehmende Auflösung dieser Sozialmilieus im Zuge der Entwicklung zu einer modernen Dienstleistungsgesellschaft und der Säkularisierung sowie auf einen Bedeutungsrückgang für das Wahlverhalten. So ist der Arbeiteranteil von rund 50% auf ein Drittel zu Beginn der 3. Jahrtausends geschrumpft und der alte Mittelstand von Selbstständigen und Unternehmern von ca. 30 Prozent auf rund 10 Prozent. Dagegen ist die neue Mittelschicht aus abhängig Beschäftigten auf rund 50 Prozent angewachsen. Während diese neue Mittelschicht keine einheitlichen Parteipräferenzen aufweist, lässt sich in der Arbeiterschaft, insbesondere der gewerkschaftlich organisierten, allerdings nach wie vor ein Schwerpunkt bei der SPD und im alten Mittelstand bei der Union feststellen. Auch die Trägerschaft des konfessionellen Konflikts ist geschrumpft; so haben sich die Anteile der Katholiken und

Protestanten im Westen von 45-50 Prozent in den 1970er Jahren auf gegenwärtig je rund 32 Prozent verringert; im ehemals stark protestantisch geprägten Osten leben heute nur noch 21 Prozent Protestanten und 5 Prozent Katholiken. Für die verbleibenden Milieus zeigt sich allerdings nach wie vor eine gewisse Prägekraft auf das Wahlverhalten, während die Konfessionslosen in ihrem Wahlverhalten weniger einheitlich sind. Insgesamt ist das Wahlergebnis infolge dieser Entwicklungen heute deutlich weniger als früher von soziodemografischen Merkmalen der Bevölkerung vorgeprägt[2].

Auch im Hinblick auf *Parteimitgliedschaften* zeigt sich eine Nivellierung des Klassenkonflikts. So findet sich in den letzten Jahren in fast allen Parteien eine überproportionale Vertretung der höheren Schichten, und zwar am stärksten bei der FDP, gemäßigter bei CDU/CSU sowie Bündnis 90/Grünen, am schwächsten bei der SPD. Lediglich bei der PDS ordnen sich überproportional viele Mitglieder der Unterschicht zu, was allerdings evtl. mehr ein Ausdruck ihres Selbstverständnisses als ihres tatsächlichen sozio-ökonomischen Status sein dürfte. Zudem dominieren inzwischen in allen Parteien Beamte und Angestellte, ferner auch Rentner und Pensionäre. Dennoch sind die traditionellen Schwerpunkte der Parteien noch nicht vollständig verschwunden. So engagieren sich in der SPD nach wie vor mehr Arbeiter als in den anderen Parteien, während Landwirte und Selbstständige verstärkt zur Union neigen und sich in der FDP besonders häufig Selbstständige und Angehörige der freien Berufe finden. Bündnis 90/Die Grünen haben dagegen einen Schwerpunkt bei jüngeren Angehörigen des öffentlichen Dienstes, während die PDS stark von Rentnern getragen wird. Die konfessionelle Konfliktlinie zwischen Protestanten und Katholiken hat sich im Lauf der Zeit tendenziell zu einer Opposition zwischen kirchengebundenen und konfessionslosen Bürgern verschoben, d.h. heute neigen Bürger mit starker Bindung an die katholische oder an die protestantische Kirche besonders einer Mitgliedschaft in den Unionsparteien zu, Kirchen distante Bürger dagegen der FDP und SPD. Bei Bündnis90/Die Grünen und der PDS sind die Mitglieder überproportional konfessionslos. Darüber hinaus zeigen sich für die Parteimitgliedschaft ähnliche demografische Strukturen wie für die Partei bezogene Partizipation. D.h. in allen Parteien sind Bürger/innen mit höherer Schulbildung überproportional vertreten. Ebenfalls sind Frauen – trotz einer Zunahme unter den Parteimitgliedern seit Gründung der Bundesrepublik – nach wie vor erheblich unterrepräsentiert, insbesondere bei der Union (unter einem Viertel); lediglich Bündnis 90/Grüne und PDS können auf höhere Frauenanteile (um die 40%)

---

[2] Zur Veränderung der Anteile von Schichten und Konfessionen Statistisches Bundesamt 1999 und www.kirchensteuer.de/konfession.html, www.ekd.de/statistik/3219_kirchenmitglieder-bundeslaender.html und http://dbk.de/daten/in_daten-03-2002.html; zum Wahlverhalten Emmert/Roth 1995, Jagodzinski/Quandt 1997, Schoen 2004.

verweisen. Als Gründe dafür sind frauenunfreundliche Strukturen, konkrete Diskriminierungen und Karriereblockaden sowie eine oft nur marginale Behandlung von politischen Themen, die Frauen besonders betreffen, anzuführen. Des Weiteren sind die mittleren Altersgruppen überproportional organisiert, wobei sich aber besonders für die beiden großen Parteien über zwanzig Jahre hinweg eine Zunahme des Altersdurchschnitts entwickelt hat. Ausnahmen bilden Bündnis 90/Die Grünen mit deutlich niedrigerem Altersdurchschnitt und umgekehrt die PDS mit extrem hohen Altersdurchschnitt. Insgesamt kämpfen die Parteien mit Mitgliederschwund und Nachwuchsproblemen (vgl. Gabriel/Niedermayer 2001).

3 Demografischer Wandel und elektronische Partizipation

Das Funktionieren großflächiger Demokratien ist ohne Massenmedien nicht vorstellbar. Mit dem Aufkommen jedes neuen Massenmediums und dessen spezifischen Eigenschaften haben sich auch immer neue Erwartungen an Auswirkungen auf demokratische Teilhabe verknüpft. Dies betraf vor dem Zweiten Weltkrieg vor allem die Verbreitung des Hörfunks, danach das öffentlichrechtliche Fernsehen und in den 1980er Jahren das Privatfernsehen. Heute ist es primär das Internet (World Wide Web und E-Mail), von dem Veränderungen der Bürgerbeteiligung erwartet werden. Spezifische Eigenschaften sind die Möglichkeiten der extrem schnellen, weltweiten und relativ ungefilterten Informationsverbreitung und Informationssuche sowie der unmittelbaren Kommunikation, bei der anders als in traditionellen Medien „Sender-" und „Rezipientenrolle" nahezu gleichermaßen eingenommen werden können. Optimisten erhoffen sich davon eine Zunahme des politischen Interesses und Informationsstandes der Bürger, breitflächigere und kostengünstigere Formen der politischen Organisation sowie verstärkte Möglichkeiten der direkten politischen Partizipation vor allem innerhalb der repräsentativen Demokratie, gelegentlich aber auch bis hin zur Entwicklung einer "direkten Cyberdemokratie". Pessimisten warnen dagegen vor Informationsüberflutung, zunehmender Kommerzialisierung und Marginalisierung der Politik sowie einer Verschärfung schon vorhandener Ungleichheiten der politischen Teilhabe und zunehmenden Missbrauchsmöglichkeiten (vgl. u.a. Kamps 1999, Siedschlag/Rogg/Welzel 2002).

Gegenwärtig zeigen erste Studien, dass die politische Teilhabe mittels des Internet überwiegend von denselben Faktoren abhängig ist wie herkömmliche Involvierung und Einflussnahme, also individuell von Sozialisationsfaktoren, gesellschaftlicher Integration und Vernetzung sowie der Verfügung über Ressourcen und gesellschaftlich von mobilisierenden Strukturen und Anlässen. Hinzu kommen allerdings noch der Zugang zu und die Kompetenzen im Umgang mit dem Medium. Dies verankert sich teilweise am Lebensalter, denn vor allem Bürger/innen in jüngeren und mittleren Lebensjahren sind verstärkt unter den Internetnutzern auch im politischen Kontext zu finden. Dabei handelt es sich vermutlich um einen Effekt der Generationszugehörigkeit, denn die heute mittleren Generationen sind häufig beruflich mit dem Medium konfrontiert und die jüngeren wachsen damit auf, erlernen also im Gegensatz zu den Älteren den Umgang damit zwangsläufig. Da nicht davon auszugehen ist, dass solche Kompetenzen mit dem Älterwerden verloren gehen, kann man annehmen, dass die jetzige altersspezifische Ungleichheit in der Netznutzung sich künftig entschärfen wird. Damit aber könnte das Internet künftig gerade auch älteren Personen neue Möglichkeiten der politischen Teilhabe eröffnen, da seine Nutzung von Tageszeiten unabhängig ist und keine physische Mobilität erfordert.

4 Ausblick: Problemfelder und Handlungsbedarf

Würde man nun die bislang beobachteten Zusammenhänge zwischen demografischen Merkmalen und politischer Teilhabe für die zentralen Aspekte des prognostizierten demografischen Wandels einfach fortschreiben, ließen sich folgende Effekte erwarten: Der steigende Anteil älterer Menschen und die mit der Zunahme von Single-Haushalten verknüpfte Vereinsamung tragen zu einem geringeren Gesamtniveau politischer Teilhabe bei, besonders im unkonventionellen Bereich, während der geringere Anteil jüngerer Menschen besonders zu Nachwuchsproblemen der Parteien führt. Während klassen- bzw. schichtenspezifische Konfliktstrukturen mit weiteren Veränderungen der ökonomischen Strukturen hin zur Dienstleistungs- und Informationsgesellschaft sowie fortschreitender Säkularisierung sich immer mehr abbauen und damit der Anteil ungebundener Wechselwähler zunimmt, erzeugen die veränderte Altersstruktur sowie einwanderungsbedingte zunehmende ethnisch-kulturelle Heterogenität neue Konfliktpotenziale, die in der Veränderung der Parteiprofile und/oder der Herausbildung neuer Parteien münden; - kann so sein, muss aber nicht so sein und ist zu simpel, denn:

Wie erläutert, beeinflussen demografische Faktoren (a) nur selten direkt die politische Teilhabe. Vielmehr werden sie zumeist indirekt wirksam, weil sie (b) mit für politische Teilhabe relevanten Orientierungen ihrer Träger verknüpft sind, (c) die soziale Umwelt ihnen bestimmte Eigenschaften zuschreibt und/oder sie (d) unterschiedlich mit politischen Strukturen und Politiken konvergieren. Zudem kann sich (e) der Effekt demografischer Merkmale auf politische Teilhabe verändern.

Betrachtet man nun vor diesem Hintergrund nochmals die prognostizierten Aspekte demografischen Wandels, so eröffnen sich mehr alternative Szenarien und Fragen als eindeutige Prognosen. Während bspw. die durch den *Bevölke-*

11 Demografischer Wandel und politische Teilhabe

rungsrückgang bedingte *Verringerung der Größe und Dichte der Population* keine wesentlichen Effekte auf die politische Teilhabe mit sich bringen dürfte, eröffnen eine weiterhin niedrige *Geburtenrate* und *Alterung* der Gesellschaft verschiedene, durchaus konträre Szenarien.

Eine erste Möglichkeit ist zwar der *Rückgang im Niveau der politischen Teilhabe* infolge der Alterung. Jedoch ist die geringere Partizipation älterer Bürger/innen kein Naturgesetz, wie im Frühjahr 2004 die Seniorendemonstrationen gegen den Sozialabbau gezeigt haben. Hierbei spielte vor allem der Faktor der *Betroffenheit* eine Rolle, der den Effekt des Merkmals Lebensalter auf Protestpartizipation offensichtlich veränderte.

Ebenso sind zwar die genannten *Nachwuchsprobleme der Parteien* denkbar, folglich auch Probleme bei der Rekrutierung kompetenten politischen Personals in Parlament und Regierung und eine Qualitätsminderung der Politik. Konträr dazu sind aber gerade wegen der Altersverschiebungen vergrößerte politische Karrierechancen für Jüngere plausibel sowie ein *Abbau der Überalterung*. Nachwuchsmangel könnte die Parteien auch zwingen, ihre Strukturen und Politiken besser an die Präferenzen von Frauen anzupassen und so die *Repräsentation von Frauen* in den Parteien und politischen Ämtern anzugleichen. Die *Qualität des politischen Personals* dürfte dagegen in erster Linie von der Qualität der schulischen und der politischen Bildung, nicht aber von der insgesamt verfügbaren Menschenmasse abhängen. Nicht der demografische Wandel, sondern das Image der Parteien, ihre Rekrutierungsziele, die von ihnen angebotenen Arbeits-, Einfluss- und Karrieremöglichkeiten sind hierbei ausschlaggebende Faktoren.

Weitere denkbare Folgen einer veränderten Altersstruktur könnte das Aufkommen neuer Konflikte sein, vom *Konflikt zwischen den Generationen* um die Finanzierung der Renten bis hin zum *Kampf zwischen Eltern und Kinderlosen* um Förderung des Kinderreichtums versus Bestrafung der Kinderlosigkeit. Derartige verteilungspolitische Konflikte bergen - trotz der Möglichkeit von Kompromissen – immer das Dilemma, dass die Förderung der einen demografischen Gruppe einer Benachteiligung der anderen gleichkommt, besonders schmerzhaft spürbar, wenn die gesamte Verteilungsmasse nicht wächst, sondern das, was den einen gegeben wird, den anderen genommen wird. Jedoch ist weder das Auftreten solcher politischen Konflikte zwangsläufig noch ist die Politik solchen potenziellen Folgen des demografischen Wandels hilflos ausgeliefert. Vielmehr erscheint es einerseits durchaus denkbar, dass sich die kulturelle Wertung des Alters und/oder der Kinder verändert, dass sich z.B. ein Abbau der gegenwärtigen Jugendzentriertheit und/oder eine Neubewertung von Kindern als gesellschaftlich wertvollem Gut entwickelt.[3] Beides hätte Konsequenzen für die mate-

---

[3] Dabei erscheint Deutschland durch das Paradoxon gleichzeitiger Jugendzentriertheit und Kinderfeindlichkeit geprägt. Eine nähere Betrachtung enthüllt die Jugendzentriertheit jedoch als ökono-

rielle Solidaritätsbereitschaft und damit für die Wahrscheinlichkeit von Konflikten. Aber auch hier erscheint es im Blick auf potenzielle Folgen für die politische Teilhabe weniger geraten, einen kulturellen Wandel lediglich zu predigen oder ein verändertes generatives Verhalten mit finanziellen staatlichen Geburts-Prämien zu fördern, als vielmehr frei wählbare Lebensoptionen für alle gleichermaßen anzustreben. Insoweit der Kindermangel in Deutschland auch als nicht explizit ausgetragener Geschlechterkonflikt gedeutet werden kann, ist die Politik hier vor allem gefordert, ihre eigenen und die gesellschaftlichen Strukturen so zu verändern, dass Frauen und Männern der Weg in die Elternrolle, in die Erwerbstätigkeit und in die Politik gleichermaßen geebnet wird und aber auch die gleiche Verantwortungsübernahme für diese Lebensbereiche gefordert wird. Die Familienpolitik in skandinavischen Ländern könnte hier durchaus als Vorbild dienen, wobei sich die erforderlichen Maßnahmen allerdings nicht auf Familienpolitik beschränken dürften, sondern bspw. Arbeitsmarktpolitik und Bildungspolitik mindestens einschließen müssten.

Auch eine Zunahme von Single-Haushalten muss nicht zwangsläufig mit Vereinsamung und einem Rückgang politischer Beteiligung einhergehen. Vielmehr zeichnen sich bereits jetzt Ideen zu neuen, gemeinschaftlichen Wohn- und Geselligkeitsformen ab, die sich durchaus als Grundlage für mobilisierungsfähige Netzwerke entwickeln könnten.

Bekanntermaßen wird die alterslastige Struktur in Deutschland auch teilweise, aber keineswegs vollständig durch *Einwanderung* gemildert. Da die Einwanderung nicht mehr nur aus den typischen, kulturell ähnlichen „Gastarbeiterländern" wie Italien und Griechenland, sondern vermehrt auch aus zur deutschen relativ distanten Kulturen wie islamischen Teilen der Türkei oder Russland erfolgt, können hier weitere Konfliktpotenziale erwartet werden. Zudem hat die Politik Jahrzehnte lang den Status Deutschlands als Einwanderungsland negiert und kaum Integrationspolitik betrieben. Die bereits bestehenden Probleme - ethnische Segregation und Gettoisierung in diversen Stadtteilen, religiöse Konflikte und Gewalt - könnten sich künftig zu *ethnisch-kulturellen Konflikten zwischen Einwanderern und Einheimischen sowie zwischen verschiedenen Einwanderergruppierungen* auswachsen. Patentrezepte für diese Problematik liegen jedoch nicht vor, wie ähnliche Probleme auch in anderen westlichen Ländern, die sich seit langem als Einwanderergesellschaften verstehen und teilweise ganz unterschiedliche Immigrations- und Integrationspolitiken betrieben haben, zeigen (vgl. z.B. als Überblicksarbeit Mintzel 1997). Allerdings ist bekannt, welche

---

misch werbewirksam kreiertes kulturelles Phänomen, das sich in der Politik gerade nicht wiederfindet, und die sog. Kinderfeindlichkeit als Frauenfeindlichkeit, da nach wie vor in erster Linie nur den Frauen die Kinderaufzucht zugemutet und die gleichzeitige und/oder ausschließliche Wahl anderer Lebensoptionen erschwert wird.

Faktoren zu Verschärfungen oder aber zu Abschwächungen der Konfliktintensität beitragen können. Zu nennen sind hier primär eine explizite Immigrationspolitik, also eine Steuerung der Menge, Schnelligkeit und Herkunft der Einwanderung, wobei weniger die absolute Anzahl als vielmehr die Überschreitung bestimmter Schwellenwerte innerhalb kurzer Zeit bei kulturell sehr distanten Einwanderern die Integrationsfähigkeit der Einwanderer sowie die Aufnahmebereitschaft und Toleranz der Einheimischen überfordert. Bei der Integrationspolitik erscheint eine Balance zwischen zu fordernder politisch-kultureller Anpassung an demokratische Grundwerte und Offenheit für allgemeinen Multikulturalismus sowie eine schnelle Integration in den Bildungs- und Arbeitsmarkt konfliktmindernd. Problemverschärfungen zeichnen sich dabei vor allem dann ab, wenn allgemein-kulturelle, besonders religiöse Wertvorstellungen mit politisch-kulturellen Mustern zwischen Immigranten und Aufnahmegesellschaft kompromissunfähig konfligieren und sich gleichzeitig eine ökonomische Unterschichtung der Einwanderer entwickelt. Ein Szenario der Ethnisierung könnte ferner noch weitergehende Folgen zeitigen, bspw. in Form eines Rückgangs der Säkularisierung mit der Gefahr der Politisierung neuer religiöser Konfliktlinien.

Zweifelsfrei ist allerdings die Unverzichtbarkeit allgemeiner und politischer Bildung für die Motivation zu politischer Teilhabe, für die Entwicklung von politischem Verständnis und kompetenter politischer Mitsprache sowie Mitgestaltung des Gemeinwesens zu betonen. An der Qualität der Bildung zu sparen, bedeutet nicht nur eine Gefährdung des Wirtschaftsstandorts Deutschlands, sondern nagt auch an den Grundlagen der Demokratie. Die allgemeine und die demokratische Bildung zu mündigen, kritischen und engagementbereiten Bürgern bleibt ein zentrales Kapital, sollen alle in Deutschland Lebenden einen gemeinsamen Weg in eine demokratische Zukunft finden.

Literatur

Almond, Gabriel A./Verba, Sidney (1965): The Civic Culture. Princeton: Princeton University Press.
Barnes, Samuel/Kaase, Max, et al. (1979): Political Action: Mass Participation in Five Western Democracies. Beverly Hills: Sage.
Emmert, Thomas/Roth, Dieter (1995): Zur wahlsoziologischen Bedeutung eines Modells sozialstrukturell verankerter Konfliktlinien im vereinten Deutschland. In: Historical Social Research, Vol.20, S.119-160.
Gabriel, Oscar W. (1997): Bürger und Politik in Deutschland. Politische Einstellungen und politisches Verhalten. In: Gabriel, Oscar W./Holtmann, Everhard (Hg.): Handbuch Politisches System der Bundesrepublik Deutschland. München: Oldenbourg, S.379-497.

Gabriel, Oscar W./Niedermayer, Oskar (2001): Parteimitgliedschaften: Entwicklung und Sozialstruktur. In: Gabriel, Oscar W./Niedermayer, Oskar/Stöss, Richard (Hg.): Parteiendemokratie in Deutschland. Bonn: Bundeszentrale für politische Bildung, (2.akt.Aufl.), S.274-296.

Gabriel, Oscar W./Westle, Bettina (Hg.) (2004): Politische Partizipation. Politikon. www.politikon.org

Hoffmann-Lange, Ursula (2000): Bildungsexpansion, politisches Interesse und politisches Engagement in den alten Bundesländern. In: Niedermayer, Oskar/Westle, Bettina (Hg.): Demokratie und Partizipation. Opladen: Westdeutscher Verlag, S.46-64.

Institut für Demoskopie, Allensbach (1993): Politisches Interesse und Entwicklung des Interessenspektrums zwischen dem 20. und 30. Lebensjahr. Dokumentation des Bundesministeriums für Frauen und Jugend. Bonn.

Jagodzinski, Wolfgang/Quandt, Markus (1997): Wahlverhalten und Religion im Lichte der Individualisierungsthese. In: Kölner Zeitschrift für Soziologie und Sozialpsychologie, Jg.49, H4. S.761-782.

Kaase, Max (1997): Vergleichende Partizipationsforschung. In: Berg-Schlosser, Dirk/Müller-Rommel, Ferdinand (Hg.): Vergleichende Politikwissenschaft. Ein einführendes Handbuch. Opladen: Leske+Budrich, S.159-174.

Kamps, Klaus (1999): Elektronische Demokratie? Perspektiven politischer Partizipation. Wiesbaden: Westdeutscher Verlag.

Koch, Achim/Wasmer, Martina/Schmidt, Peter (Hg.) (2001): Politische Partizipation in der Bundesrepublik Deutschland – Empirische Befunde und theoretische Entwicklungen. Blickpunkt Gesellschaft 6. Opladen.

Lipset, Seymour Martin (1981): Political Man: The Social Basis of Politics. Baltimore, MD: John Hopkins University Press.

Lipset, Seymour Martin/ Rokkan, Stein (1967): Cleavage Structures, Party Systems and Voter Alignments: An Introduction. In: Lipset, Seymour Martin/ Rokkan, Stein (Hg.): Party Systems and Voter Alignments. Cross-National Perspectives. New York: Free Press: 1-64.

Mintzel, Alf (1997): Multikulturelle Gesellschaften in Europa und Nordamerika. Passau: Wissenschaftsverlag Rothe.

Niedermayer, Oskar (2001): Bürger und Politik. Politische Orientierungen und Verhaltensweisen der Deutschen. Wiesbaden: Westdeutscher Verlag.

Opp, Karl-Dieter/ Finkel, Steven E. (2001): Politischer Protest, Rationalität und Lebensstile. Eine empirische Überprüfung alternativer Erklärungsmodelle. In: Koch, Achim/Wasmer, Martina/Schmidt, Peter (Hg.): Politische Partizipation in der Bundesrepublik Deutschland. Empirische Befunde und theoretische Erklärungen. Opladen: Leske+Budrich: 73-108.

Schoen, Harald (2004): Sozialstrukturelle Merkmale und Wählerverhalten. In: Gabriel, Oscar W./Westle, Bettina (Hg.): Wahlen und Wahlverhalten. Politikon. www.politikon.org

Siedschlag, Alexander/Rogg, Arne/Welzel, Carolin (2002): Digitale Demokratie. Willensbildung und Partizipation per Internet. Opladen: Leske+Budrich.

Statistisches Bundesamt (Hg.) (1954; 1958; 1962; 1966; 1970; 1974; 1977; 1980; 1984; 1987): Statistisches Jahrbuch für die Bundesrepublik Deutschland. Wiesbaden: Kohlhammer.

Uehlinger, Hans-Martin (1988): Politische Partizipation in der Bundesrepublik. Opladen: Westdeutscher Verlag.

Van Deth, Jan W. (1997): Formen konventioneller politischer Partizipation. Ein neues Leben alter Dinosaurier? In: Gabriel, Oscar W. (Hg.): Politische Orientierungen und Verhaltensweisen im vereinigten Deutschland. Opladen, S.291-319.

Vanhanen, Tatu (1989): The Level of Democratization Related to Socio-economic Variables in 147 States in 1980-1985. In: Scandinavian Political Studies, Vol.12: 95-127.

Verba, Sidney/Nie, Norman H. (1972): Participation in America. Political Democracy and Social Equality. New York et al.: Harper and Row.

Westle, Bettina (2001): Politische Partizipation und Geschlecht. In: Koch, Achim/Wasmer, Martina/Schmidt, Peter (Hg.): Politische Partizipation in der Bundesrepublik Deutschland – Empirische Befunde und theoretische Entwicklungen. Blickpunkt Gesellschaft 6, Opladen: Leske+ Budrich: 131-168.

12 Mediennutzung und -gestaltung in einer alternden Gesellschaft

Günther Rager und Gregor Hassemer

An alle Lebenswelten: Der demographische Wandel verschärft die ungleiche Verteilung von Mediennutzungskompetenzen. Die Medien entscheiden mit, wer aus dem gesellschaftlichen Dialog ausscheidet.

Wer in den Medien Erfolg haben will, muss vor allen Dingen eines – jung sein. Für Bewerber um ein Redaktions-Volontariat gelten strenge Altersgrenzen, und wer gleich die Abkürzung zum Superstar nehmen möchte, muss noch nicht einmal singen können – so lange der sich äußerlich dem Altern verweigernde Dieter Bohlen nur findet, dass man „lecker" und „frisch" aussieht.

In ihrem Jugendwahn haben die Medien kaum mitbekommen, wie altmodisch sie mit dieser Haltung geworden sind. Denn die Öffentlichkeit, in der sie ihre Themen bereitstellen, verändert sich. Die Medien, die immer als erste am Puls der Zeit horchen wollen, haben den Megatrend der Zukunft verschlafen: Das Altern.

1 Die verspätete Zielgruppe

Die Deutschen werden immer älter und immer weniger. Das bedeutet: Das Verhältnis Junge – Alte wandelt sich deutlich zu Gunsten der Älteren. Dass dieser Prozess schleichend ist und uns gerade erst bewusst wird, merkt man nicht zuletzt an den unterschiedlichen Festlegungen, wer „die Älteren" überhaupt sind. Für Werbung und Medien gehört man bislang jedenfalls dann zu den „Alten", wenn man die 50 erreicht hat. Statistiker orientieren sich lieber am durchschnittlichen Renteneintrittsalter, und zählen erst Menschen ab 60 zu den „Älteren". Angesichts der stetig steigenden Lebenserwartung und den voraussichtlich länger werdenden Lebensarbeitszeiten ist dies wohl die zukunftsweisende Variante, der wir uns hier anschließen wollen.

Doch ganz gleich, ab wann die Medien ihr Publikum für „alt" halten – wenn sich die Bevölkerungspyramide auf den Kopf dreht, wandelt sich auch die Bedeutung der medialen Zielgruppen. Eine Kernfrage in den Redaktionen aller Mediengattungen wird lauten: Wie erreichen wir in Zukunft die ältere Bevölkerung? Und zwar nicht nur räumlich und zeitlich, sondern vor allem in ihrer künftigen Lebenswelt. Denn die Alterung der Gesellschaft bezieht sich nicht nur auf das biologische Alter der Menschen und damit auf ihre individuelle Lebensgeschichte. Der demographische Wandel hat auch erhebliche Veränderungen ihres gesellschaftlichen Kontextes zur Folge, er betrifft die Zeitgeschichte, in der die Menschen leben und Medieninhalte rezipieren. Mit dem veränderten Bevölkerungsaufbau wandeln sich Musterbiographien und auch Wertvorstellungen. Nur eine Betrachtung des gesamten Wandlungsprozesses kann vorsichtige Hinweise auf erste Antworten liefern, welcher Zukunft die Medien entgegensehen. Wasserdichte Prognosen sollte freilich niemand erwarten, denn die Halbwertszeiten der Medien-Prophetie sind sehr kurz. Wie dünn das Eis ist, auf das sich speziell die Auguren der Medienzukunft begeben, zeigen folgende Beispiele:

Dem Bildschirmtext (Btx) wurde zu Beginn der 80er Jahre eine blühende Zukunft vorausgesagt. Zwei Millionen Nutzer wurden für 1990 prognostiziert. Heute findet man Btx-Endgeräte allenfalls noch im Technik-Museum.

Der Tageszeitung wurde schon oft das Totenglöckchen geläutet. Besonders laut und falsch gebimmelt hat Bill Gates, der voraussagte, dass Zeitungen und Zeitschriften bis zum Jahr 2000 durch PC und Internet komplett verdrängt würden.

Noch weniger vorhersehbar als die technische Entwicklung ist das Verhalten der Mediennutzer. Die ehemaligen UMTS-Euphoriker können davon ein Lied singen. Den Erfolg der SMS hingegen hat so keiner vorhergesagt.

Gehen wir also von den gesicherten Fakten und Zahlen aus. Zunächst soll versucht werden, den möglichen Wandel von Nutzung und Inhalt ausgewählter Massenmedien vor dem Hintergrund der demographischen Entwicklung zu umreißen. Wir beschränken uns dabei auf Fernsehen, Internet und Zeitung, da sie uns am besten geeignet erscheinen, erste Trends erkennen zu lassen. Anschließend werden Aspekte der technischen Medienentwicklung diskutiert, bevor wir auf die Auswirkungen der skizzierten Veränderungen zu sprechen kommen.

2 Fernsehen – Medium für alle?

Vieles deutet darauf hin, dass uns das Fernsehen auf absehbare Zeit erhalten bleibt. Sicher nicht in seiner jetzigen Gestalt, wohl aber in seinen Grundzügen. Oder, wie Helmut Thoma es formuliert, als „Angebot von Bewegbildern". Derzeit jedenfalls gewinnt es mit ansteigendem Alter der Zuschauer an Bedeutung und liegt bei den ab 50-Jährigen mit einem Nutzungsanteil von 42 Prozent vor allen anderen Medien. Auch die Messung der Sehdauer belegt die wachsende Bedeutung des Fernsehens für die ältere Generation: 2003 sahen Erwachsene ab 50 Jahren durchschnittlich 261 Minuten am Tag fern – 40 Minuten mehr als zehn Jahre zuvor. Die Gruppe der ab 70-Jährigen sah im vergangenen Jahr gar 281

Minuten am Tag fern. Das sind 78 Minuten mehr als der Durchschnitt aller Deutschen (vgl. Blödorn/Gerhards 2004: 163).

Der Fernsehtag der Zukunft wird in seiner Struktur deutlich anders aussehen als heute. Denn schon jetzt gilt: Je älter der Zuschauer ist, desto früher am Tag schaltet er den Fernseher ein. Der Samstag spielt als Fernsehtag bei den Senioren keine herausragende Rolle mehr: Die 60- bis 69-Jährigen verbringen samstags nur wenige Minuten mehr vor dem Fernseher als in der Woche. Wer 70 und älter ist, sieht sogar werktags mehr fern (vgl. Blödorn/Gerhards 2004: 165). Wann was gesehen bzw. angeboten wird, bestimmen zunehmend Menschen in Rente oder mit flexiblen Arbeitszeiten. Der überkommene Rhythmus des Arbeitstages wird künftig für die Zusammensetzung des Programms nicht mehr bestimmend sein.

Doch das ist geradezu eine Randerscheinung, verglichen mit den zu erwartenden Umbrüchen im Fernsehangebot selbst. Formen, Formate und Inhalte werden sich einem mehrheitlich älteren Publikum anpassen müssen. Die Zuschauerquote, Wechselkurs für den Verkauf von Werbezeiten, wird sich künftig nicht mehr auf die Zielgruppe der 14- bis 49-Jährigen konzentrieren. „Werberelevant" sind dann vielleicht gerade die jetzt weitgehend ausgeklammerten Über-50-Jährigen, da sie nicht nur das Gros des Publikums stellen, sondern auch zu einem Teil über erhebliche finanzielle Mittel verfügen. Einzelne Werbespots, in denen gut gelaunte Senioren *convenience food* zubereiten oder sportliche Autos fahren, verknüpfen bereits die Produktwelten der ewig Jungen mit den (neuen) Lebenswelten der Alten. Die Zielgruppe der Zukunft wird nicht mehr nur mit Treppenliftern, Haftcremes und Kürbiskapseln gegen Blasenschwäche umworben.

Je älter die Zuschauer sind, umso stärker nutzen sie Informationsangebote im Fernsehen – und umso eher schalten sie die öffentlich-rechtlichen Programme ein. Auch die Nachfrage nach Unterhaltungssendungen steigt leicht mit dem Alter, während fiktionale Angebote wie Spielfilme an Bedeutung verlieren. Zusammen erreichen ARD, ZDF und Dritte Programme bei den ab 50-Jährigen einen überwältigenden Marktanteil von 58 Prozent (vgl. Blödorn/Gerhards 2004: 174). Heißt es also mittelfristig: Gute Zeiten für Tagesschau und Volksmusik, schlechte Zeiten für die Privaten? Nicht zwangsläufig. Es ist zwar davon auszugehen, dass ZDF und Co. künftig seltener als „Kukident"-Sender verspottet und stattdessen häufiger um ihr zukunftsträchtiges Publikum beneidet werden. Ihr Erfolg bei den Älteren ist jedoch nicht programmiert. Denn Untersuchungen belegen, dass die Markentreue ab 40 eine immer geringere Rolle spielt. Die Zuschauer bleiben im Alter also nicht automatisch bei einem Sender, nur weil sie sich an ihn gewöhnt haben. Und die Jüngeren, die ganz anders mit dem Fernsehen sozialisiert wurden als die heutigen Senioren, landen nicht unbedingt bei den öffentlich-rechtlichen Sendern, nur weil ihr Informationsbedarf wächst. Es kommt also auf den Inhalt an – und darauf, wen ich mit was erreiche. „Der Familiensender" taugt als Slogan der Zukunft nicht mehr. „Fernsehen für mich" lautet das künftige Leitmotiv. Die Altersgruppe ab 50 ist in ihren Interessen und Nutzungsmotiven höchst heterogen – und, solange sich die Medienforschung lieber auf die Jungen stürzt, nicht immer berechenbar. Das Publikum der ZDF-Jugendsendung „Bravo TV" beispielsweise besteht zu über der Hälfte aus Zuschauern über 50. Das Junge wird immer schneller alt.

Forever young" war ein Hit der Achtziger Jahre. Die Anzeichen mehren sich, dass der Jugendwahn als Orientierungsmuster für die Medien bald ausgedient haben könnte. Gerade hat MTV den jungen Konkurrenzsender VIVA geschluckt – die jeweils zwei Musikprogramme der beiden Sender waren sich zum Verwechseln ähnlich geworden. Onyx, der fünfte Musikkanal im Bunde, zeigt demnächst statt Videoclips Tier-Dokumentationen. Das Fernsehen macht bei der Jugend gerade eine Grenzerfahrung: Sein Noch-Lieblingspublikum ist im ganzen Fernsehen heimisch geworden. Um sich im Fernsehen wieder zu finden, müssen sich die 12- bis 19-Jährigen nicht bis zu den Spartenkanälen durchklicken. Wo so genannte Superstars, Container-Größen, daily soap-Helden und die Top of the Pops allgegenwärtig sind, taugen Musik- und Lifestyle-Sender nicht mehr als Kristallisationspunkt einer ganzen Generation. Sicher wird es sie – neben vielen weiteren kleinen Spartenprogrammen – auch in Zukunft geben, vermutlich sogar mehr denn je. Aber eben nicht mehr nur für die in Bezug auf die Gesamtbevölkerung schrumpfende junge Zielgruppe, sondern auch für die Liebhaber der Volksmusik, des jetzt schon klassisch genannten Rock oder des Disco-Sounds der 80er Jahre. Stefan Raab, VIVA-Moderator der ersten Stunde, kämpft längst bei einem anderen Sender um ein nicht mehr ganz so junges Publikum – und an seinem sich allmählich wandelnden Outfit vom T-Shirt mit darüber getragenem offenen Hemd zum schicken Cord-Anzug sieht man, wie er auch dieser Zielgruppe allmählich entwächst. In absehbarer Zeit werden die Medien stärker differenzieren müssen, was die Jungen und was die Alten wollen. Mit durchaus erheblichen gesellschaftlichen Folgen, wie noch zu zeigen sein wird.

3   Silver surfers und Multi-Tasker

Auch das Internet erschließt sich zunehmend ältere Zielgruppen. 67,4 Prozent der 40- bis 49-Jährigen waren 2003 zumindest gelegentlich online – 20 Prozent mehr als noch im Jahr zuvor. Ähnliche Zuwächse bei der Alterskohorte der 50- bis 59-Jährigen: Knapp die Hälfte von ihnen nutzt inzwischen das Internet. 1997 waren es noch ganze drei Prozent (Blödorn/Gerhards 2004: 169). Etwas schleppend verläuft der Zugewinn an Nutzern momentan allerdings bei den über 60-Jährigen. Hier mag der Renteneintritt derzeit noch dafür sorgen, dass man am

Arbeitsplatz nicht mehr mit dem PC in Berührung kommt. Im Ruhestand holt diese Altersgruppe die Erfahrung mit dem Internet aber in der Regel nach. Für die Zukunft bedeutet dies, dass alle Altersgruppen mit dem Internet sozialisiert werden – allen voran natürlich die Jugendlichen, aber eben auch die Gruppe der 40- bis 60-Jährigen, die bald schon das Gros der Bevölkerung stellen wird.

Anders als bei den Jugendlichen spielt das Internet als Unterhaltungsmedium bei den so genannten „silver surfers" kaum eine Rolle. Sie nutzen es hauptsächlich zur gezielten Informationssuche. Eine wichtige Rolle spielen für sie Ratgebertipps und Verbraucherthemen – wie übrigens auch in den anderen Medien.

Erhebliche Unterschiede zwischen Jung und Alt lassen sich außerdem in der Rezeptionshaltung beim Surfen ausmachen. Die ARD/ZDF-Online-Studie 2000 hat ergeben, dass nur 13 Prozent der Onliner ab 50 nebenbei CDs oder Kassetten hören. Bei den 14- bis 19-Jährigen sind es 60 Prozent (vgl. Grajczyk/Klingler/Schmitt 2001: 197). Das Nutzungsmuster der Jugendlichen wird sich hier vermutlich durchsetzen. Multitasking ist für sie oft Routine. Hier ein bisschen chatten, da ein bisschen spielen, zwischendurch E-Mails beantworten und schnell mal schauen, was eBay hat, während der Rechner im Hintergrund Musikstücke herunter lädt – wer so mit dem PC aufgewachsen ist, wird ihn auch in Zukunft als Multimedium nutzen. Vor allem, wenn weitere Funktionen hinzukommen, die man zeitsparend nebenbei nutzen kann.

4 Wenig „rosig": Die Zukunft der Zeitung

Die Tageszeitung wird es dagegen in Zukunft schwerer haben. Ihr sterben die Leser weg, während sie die junge Zielgruppe (noch) nicht für sich gewinnen konnte. Als Integrationsmedium ist sie von der Auflösung der klassischen Milieus, den zunehmenden Patchwork-Familien und -Lebensläufen sowie fehlenden gemeinsamen Werten am stärksten betroffen. Gerade mit ihrem Anspruch, über alles zu berichten, steht sie sich möglicherweise selber im Weg. Hinzu kommt, dass ihre Orientierung an Informativität den Lesern wenig Lustgewinn verheißt – anders als Radio oder Fernsehen. Das Nutzungsmotiv „weil es mir Spaß macht" verbinden nur 68 Prozent der ab 50-Jährigen zwingend mit der Tageszeitung. Bei Fernsehen und Radio sind es 81 resp. 87 Prozent (vgl. Blödorn/Gerhards 2004: 173).

Die Tageszeitungen kümmern sich in Aufmachung und Themenauswahl insgesamt wenig um ihre treuesten Leser, die Alten. Auch Frauen und Singles werden kaum direkt angesprochen. Die Zeitung orientiert sich eher am Typus des 40- bis 50-Jährigen, saturierten Familienvaters mit besonderer Vorliebe für Sport und Autos. Dennoch ist die Zeitung für die Älteren dasjenige Massenmedium, das am ehesten kommunikationsstiftend wirkt. In der SWR-Studie „50+" gaben 48 Prozent der insgesamt 1000 Befragten an, dass sie häufig mit anderen Menschen über Zeitungen sprechen oder über das, was in der Zeitung steht. Fernsehen und Bücher folgten mit einigem Abstand (30 resp. 28 Prozent) auf den Plätzen (vgl. Grajczyk/Klingler/Schmitt 2001: 199).

Zumindest um die Jugendlichen haben sich die Zeitungen in den vergangenen Jahren deutlich mehr bemüht. Die Verlage legten Projekte wie „Zeitung in der Schule" auf, richteten eigene Jugendseiten ein und verbesserten das Redaktionsmanagement im Hinblick auf die jungen Leser. Mit Erfolg. Die Problem-Kohorte einiger Regionalzeitungen sind inzwischen eher die 30- bis 39-Jährigen: Wenn Erwachsene in diesem Alter keine Zeitung abonnieren bzw. lesen, tun es ihre Kinder später mit großer Wahrscheinlichkeit auch nicht – falls sie überhaupt noch Kinder haben. Die sinkende Geburtenrate ist ja ein maßgeblicher Faktor der demographischen Entwicklung. Haushalts- oder Familiengründungen werden immer seltener. Und sie führen ohnehin nicht zu einem signifikanten Ansteigen der Zeitungsabonnements, wie viele Zeitungsmacher lange glaubten. Die jungen Kohorten der Zeitungsleser und der Nichtleser sind ihrem Nutzungsverhalten in den letzten Jahrzehnten weitgehend treu geblieben.

5 Digital, klein, mobil – und handlich?

Die Medienzukunft ist digital. Das Zusammenwachsen von PC und Fernseher schreitet voran, Fernsehangebote werden mehr und mehr über ihre Erstausstrahlung hinaus verfügbar. Telekommunikations-Anbieter gehen davon aus, in drei bis fünf Jahren TV-Programme via DSL zu übertragen. Festplatten-Rekorder mit rapide wachsenden Speicherkapazitäten ermöglichen die Aufzeichnung von Sendungen unter automatischer Ausblendung der Werbung oder die Überspielung ganzer Filmpakete, aus denen gegen Gebühr einzelne Filme just in time abgerufen werden können. Ob den Kunden dies interessiert, darüber streiten sich die Experten derzeit heftig. Unstrittig ist, dass das Fernsehen trotz aller Speichermöglichkeiten weiterhin eine Nachfrage nach aktuellen Informationen befriedigen muss.

Die Digitalisierung und der Trend zur Miniaturisierung der Empfangsgeräte stellt die Verfügbarkeit der elektronischen Medien an fast jedem Ort der Welt sicher. Internetfähige Handys zaubern das soeben gefallene Tor des Lieblingsvereins auf ihren Mini-Bildschirm, Personal Digital Assistants weisen dem Fußgänger den richtigen Weg zum Museum oder in die nächste Kneipe. Bisher hatte man mit diesen Geräten vor allem die junge, mobile Zielgruppe mit Affinität zu technischen Neuerungen im Blick. Doch auch die Mobilität der Älteren wird weiter wachsen. Die nicht ortsgebundene Mediennutzung wird auch für sie zum

Thema. Immer kleinere Laptops, Pocket-PCs und Handys mit immer kleineren Tasten, zahnstochergroßen Touch-Pens und winzigen Displays sind jedoch nicht geeignet für die Gruppe derjenigen, deren Sehkraft und Fingerfertigkeit allmählich nachlassen und die neuer, komplizierter Technik ohnehin eher skeptisch gegenüberstehen. Dass die Alten in Zukunft ihre eigene Hardware mit extra großen Knöpfen oder einfach zu bedienenden Touchscreen-Flächen bekommen, ist gar nicht so abwegig. Die entsprechend größeren Tabloid-PCs zum Aufklappen gibt es ja schon, und einen Spielfilm mag sich auch der jugendliche Technik-Freak nicht auf dem Handy anschauen.

Auch einige Zeitungen haben mit der Einführung des handlicheren Tabloid-Formats den Komfort-Wert des Produkts für unterwegs verbessert. Die Leser der „Welt Kompakt" beispielsweise können ihre Zeitung auch in der voll besetzten Straßenbahn aufschlagen, ohne ihren Sitznachbarn gleich mit Papier zuzudecken oder zum Mitlesen zu nötigen. Altersgerechter wird das Printmedium damit aber nicht: Die Schrifttype wird bei der halbformatigen Zeitung nicht gerade größer. Schlechte Karten für sehschwächere Leser. Dass die übliche Schriftgröße für ältere Menschen ein ernst zu nehmendes Problem darstellt, ergab eine Befragung unter Lesern des Hellweger Anzeigers im Alter zwischen 56 und 93 Jahren: „Vor allem Ältere, die nicht mehr gut sehen konnten, beklagten sich über die für sie zu kleine und daher unleserliche Schrift in der Zeitung. Dadurch beschränkt sich die Lektüre nicht selten nur auf die Überschriften, weil die Buchstaben der Artikel selbst nicht zu entziffern sind. Andere Ältere wiederum nehmen im Notfall eine Lupe zur Hand" (Hallberg 1993: 240f.).

Abhilfe schaffen könnte da die „Zeitung zum Hören": Schon heute kann man sich – beispielsweise als Abonnent der Wochenzeitung „Die Zeit" – ganze Artikel auf einen handlichen und einfach zu bedienenden MP3-Player laden, um sie sich anschließend vorlesen zu lassen. Egal, ob beim Joggen oder im Auto. Vielleicht werden aber tatsächlich die Schrifttypen der Zeitungen größer. Oder sie werden zumindest individuell einstellbar, sollte es die Zeitung auf Papier nicht mehr geben. Entsprechend ist für das Fernsehen vorstellbar, dass die Kamera-Einstellungen wieder länger und die Schnittfrequenzen wieder niedriger werden – entsprechend der Sehgewohnheiten bzw. der Sehfähigkeiten eines alternden Publikums.

6   Wachsende Ökonomisierung und Spezialisierung

Indes ist nicht absehbar, dass die Kämpfe der Medien um Einschaltquoten und Auflagen abflauen. Auch wenn die Medienbetriebe den ökonomischen Druck allzu oft beschwören, bisweilen sogar instrumentalisieren – er ist da, und er wird stärker. Das hat zur Folge, dass sich die Medien mit ihren Inhalten vor allem an dem orientieren, was finanziellen Ertrag verheißt. Ihr gesellschaftlicher Auftrag wird aber nicht automatisch dadurch erfüllt, dass sie sich nach den Wünschen des Publikums richten. Schließlich sollen sie dazu beitragen, dass alle Bürger am Gemeinwesen partizipieren können, dass plurale Interessen widergespiegelt werden. Und nicht, dass sich Einzelne oder ganze Gruppen aus dem gesellschaftlichen Dialog verabschieden. Aus diesem Grund hat sie die Gesellschaft mit entsprechenden Privilegien ausgestattet.

Für den Rezipienten bedeutet eine drastische Diversifizierung der medialen Angebote: Das Auswählen der individuell benötigten Information bzw. gewünschten Unterhaltung wird zur zentralen Kulturtechnik. Er muss vermehrt Aufgaben der Journalisten übernehmen – ohne deren professionelle Selektionskriterien zu kennen. Vor allem die rasant gestiegene Datenflut des Internets macht deutlich: Wer nicht weiß, wonach er sucht, geht unter – in Zukunft schneller denn je. „Surfen" als Synonym für „irgendwohin gelangen" steht einem anderen Begriff aus dem nautischen Bereich gegenüber: Navigieren. Eine Kompetenz, die sich jeder Zeitungsleser zwangsläufig aneignet. Aus einem umfassenden, aber überschaubaren Informationsangebot lernt er, auszuwählen. Er verschafft sich einen Überblick über die Seite, die er aufgeschlagen hat, liest Überschriften und betrachtet Bilder, nordet seinen inneren Kompass auf die Fundstellen und hält sich von Störquellen fern. Dass gerade die digitale Welt, die so nur funktioniert, wenn man sich den Überblick andernorts schon verschafft hat, die Möglichkeiten zu diesem Kompetenzerwerb verdrängt, darin liegt die Schizophrenie der Medien. In diesem Spannungsfeld liegt für die Medien die Herausforderung des demographischen Wandels: Auf der einen Seite müssen sie sich auf ein immer heterogeneres Publikum einstellen, um ihr wirtschaftliches Überleben zu sichern. Auf der anderen Seite sollen sie dieses auseinanderdriftende Publikum zusammen halten und vor allem diejenigen integrieren, die den Anschluss an die Medien und damit an die gesellschaftliche Realität zu verlieren drohen.

Der so genannte „digital divide", also die Teilung der Medien-Nutzergruppen in solche mit und solche ohne digitalen Medienzugang, ist zwar eher ein finanzielles und damit soziales Problem als ein soziodemographisches. Jedoch verläuft die sich abzeichnende Trennlinie nicht nur dort, wo Menschen sich entsprechende Endgeräte sowie laufende Kosten nicht mehr leisten können oder wollen. Der Spalt tut sich auch da auf, wo Menschen nicht mehr in der Lage sind, digitale Medien adäquat zu nutzen. Die Konvergenz der Medien kann allenfalls einen kleinen Teil dieser digitalen Kluft überbrücken helfen. Etwa durch Websites, die der optischen Aufmachung von Zeitungsseiten nachempfunden sind. Oder durch vereinfachte Benutzeroberflächen, die durch das Zusammenwachsen von Fernseher und Internet entstehen mögen. Doch das sind nur kleine Hilfen. Denn einen Computer zu benutzen ist auch heute schon grundsätzlich für jeden erlernbar. Die Frage ist nur: Wie und wozu wird er genutzt werden können, wenn die Fähigkeit zu Lesen bei einer geschätzten Dunkelziffer von zehn Prozent funktionaler Analphabeten ausfällt? Wenn die völligen Informationsverweigerer weiter konsequent jeglichen Nachrichtenbeitrag oder Hintergrundbericht umschiffen? Wenn mit dem durch den demographischen Wandel gebotenen Zuzug von Ausländern die Zahl derjenigen steigt, die die deutschen Medien kaum oder gar nicht nutzen? Gerade bei den Ausländern zeigt sich, dass technische Errungenschaften im Hinblick auf die Integrationsfunktion der Medien durchaus dysfunktional sein können: Wer Fernsehen via Kabel oder Satellit schaut, kommt am Informationsangebot des deutschen Fernsehens gut vorbei. Und die türkische Boulevardzeitung „Hürriyet" ist in den größeren Städten des Landes schon morgens um fünf Uhr verfügbar.

Darauf wird es wohl hinauslaufen: Die Medien werden die Zersplitterung und Parzellierung der Gesellschaft nicht aufhalten, sondern eher nachvollziehen oder sogar vorantreiben. Wie das aussehen kann, zeigt schon jetzt ein Blick auf die unzähligen Zeitschriftentitel am Kiosk. Da gibt es zum Beispiel den „Blinker", nicht etwa eines der auch nicht gerade wenigen Magazine für Autobastler, sondern Europas größte Anglerzeitschrift. Und weil aber nun nicht jeder seine Fische mit Blinkern ködern möchte und zahlreiche Leser der Redaktion angeblich keine Ruhe gelassen haben, liegt direkt daneben das Sonderheft „Kunstköder", wo man alles über den richtigen Umgang mit Wobblern, Gummiködern und – Verzeihung, die heißen wohl so – Spinnern erfährt. Den „Raubfisch – das Magazin mit Biss", „MatchAngler – Das Magazin für den modernen Friedfischangler" und die anderen gibt es natürlich auch noch.

Soviel Kommunikation stiftet – Schweigen. Denn wer kann da noch mitreden, wo es um special interest und nicht mehr um Gemeinsamkeiten geht? Werden auch die Medienangebote für alte Menschen derart mundgerecht aufbereitet und machen zusätzlich Armut und mangelnde Bildung eine selbst gesteuerte Mediennutzung im Einzelfall hinfällig, fühlt man sich schnell an Schreckensvorstellungen über das Altersheim erinnert: Jeder bekommt seine persönliche Pillenkombination, für die ganz Debilen und Dämmrigen reicht auch der Einheitsbrei, und spätestens nach dem Füttern ist Bettruhe. Politisch-gesellschaftliche Teilhabe ausgeschlossen.

Das Problem des demographischen Wandels ist also nicht die Alterung der Menschen an sich, sondern die durch die veränderte Zusammensetzung der Gesellschaft sich verschärfende ungleiche Verteilung medialer Nutzungskompetenz. Das gesellschaftliche Gespräch verstummt nicht nur zwischen den Jungen und Alten. Das Schweigen verläuft quer durch die Generationen. „Generationen unterscheiden sich heute nicht mehr durch unterschiedliches Lebensalter, sondern durch Mediennutzung. [...] Wir alle schauen heute in unterschiedliche Spiegel, z.B. den ‚Focus'" (Bolz o.J.: 6).

7 Wer ist der Schönste im ganzen Land?

Welches Bild wir künftig sehen wollen, wenn wir in den Spiegel schauen, ist noch offen. Es ist keineswegs ausgemacht, dass Jugendlichkeit auch in Zukunft die Leitkultur prägt. Wenn die Altersstruktur der Gesellschaft von der so genannten „vierten Generation" beherrscht wird, sind es möglicherweise Eigenschaften wie Weisheit und Besonnenheit, die das Leitbild vom schönen, erfolgreichen und abenteuerlustigen End-Zwanziger ergänzen bzw. ablösen. Alter und Erfahrung, bereits in vormodernen Gesellschaften Gütesiegel, erfahren eine Aufwertung. Frei ist nicht mehr länger, wer jung ist, sondern wer sich den Ruhestand im fiskalischen Sinne verdient hat. Die besten Jahre sind dann vielleicht die ab 60.

Es kann aber auch ganz anders kommen. Burmeister/Daheim (2004: 176) entwerfen unter anderem das Szenario einer ergrauten Gesellschaft, in der „die Jungen wieder zur Avantgarde" und zur von allen umworbenen Zielgruppe werden: „Gruppen enkelloser Senioren schließen sich zusammen und bieten deutschlandweit ein Netz professioneller, kostenloser Kinderbetreuungseinrichtungen an – um doch noch ein wenig Nähe zu den wenigen nachrückenden Jungen zu erhaschen."

Das Spektrum der möglichen Entwicklungen ist denkbar breit. Wie friedlich oder konfliktreich die Veränderungen ablaufen werden, wird maßgeblich vom Erfolg der Sozialpolitik bestimmt werden. Entscheidend ist, dass die Differenzen zwischen Jung und Alt in der Öffentlichkeit ausgetragen werden. In Teilöffentlichkeiten lassen sie sich nicht lösen. Hier macht das überkommene Zielgruppendenken der Medien keinen Sinn mehr. Der Erfolg der Jugendseite „x-ray" des Remscheider General-Anzeigers oder der WDR-Jugendwelle Eins Live bei den über 50-Jährigen, aber auch die Beliebtheit von daily soaps wie „Gute Zeiten, schlechte Zeiten" über die Gruppe der Teenager hinaus zeigen, dass sich die Älteren für die Lebenswelt der Jugend interessieren. Die Berührungspunkte sind da. Die Medien schöpfen ihr integratives Potenzial bloß noch nicht aus.

Literatur

Blödorn, Sascha/Gerhards, Maria (2004): Mediennutzung der älteren Generation. Daten zur Nutzung elektronischer Medien 2003. In: Media Perspektiven 4/2004: 163-175.
Bolz, Norbert (o.J.): Die alterslose Gesellschaft. Oder: Warum wir den Begriff des Alters neu definieren müssen. http://www.uni-essen.de/ikud/bolz/frei_bolz.htm (Datum des letzten Zugriffs: 1.7.2004).
Burmeister, Klaus/Daheim, Cornelia (2004): Demographische Entwicklung – Konsequenzen für Medien und Werbung. In: Media Perspektiven 4/2004: 176-183.

Grajczyk, Andreas/Klingler, Walter/Schmitt, Sibylle (2001): Mediennutzung, Freizeit- und Themeninteressen der ab 50-Jährigen. Ergebnisse der SWR-Studie „50+" und weiterer Studien. In: Media Perspektiven 1/2001: 189-201.

Hallberg, Stefanie (1993): Die lokale Tageszeitung aus der Sicht ihrer älteren Leser. Eine qualitative Studie am Beispiel des Hellweger Anzeigers in Unna. Dortmund (unveröff. Diplomarbeit).

IV Anspruch auf Sicherheit

13 Soziale Sicherungssysteme

Berthold Dietz

1 Demografie und soziale Sicherung – eine angstbesetzte Diskussion

Kaum ein Politikbereich ist so eng mit der demografischen Entwicklung verbunden wie der der sozialen Sicherung. Ja, man darf sich sogar fragen, ob dem demografischen Wandel überhaupt die heutige Aufmerksamkeit zugekommen wäre, wenn nicht seine Auswirkungen auf die sozialen Sicherungssysteme diese bedrohten. Dabei kommt die Aufmerksamkeit sehr spät – zu spät, wie manche behaupten.

Es gibt keinen Grund, sich auf „überraschende Entwicklungen", „Unsicherheit früherer Prognosen" oder andere Ausreden zu berufen. Dass die Bevölkerungsstruktur sich zugunsten des höheren Alters verschiebt und die Bevölkerungszahl insgesamt abnehmen wird, ist ein seit nunmehr drei Dekaden stattfindender und somit bekannter Vorgang. Ebenso: Eine „Demografie-Debatte" erlebte die bundesdeutsche Öffentlichkeit in regelmäßigen Schüben. In den achtziger Jahren wurde diese geradezu hysterisiert mit dem Schlagwort von „den Deutschen" als „aussterbendes Volk". Freilich von irrationalen Zuwanderungsängsten überlagert, musste man schon seinerzeit zur Kenntnis nehmen, dass die Geburtenrate kontinuierlich stärker sank als die Sterberate. Dass die Bevölkerung trotzdem wuchs und in weiten Teilen der Wirtschaft Arbeitskräftebedarfe deckte, war freilich einer anhaltenden Zuwanderung zu verdanken.

Tabelle 1: Langfristige Altersverschiebungen

Auf jede/n 65-jährige/n und älter kamen/werden kommen ... 15-65-jährige:

1871	1900	1925	1939	1950	1970	2000	2030	2050
13,2	12,4	11,9	8,9	6,9	4,6	4,1	2,3	2,0

Quelle: Statistisches Bundesamt; eigene Berechnungen

Die demografische Zäsur kann ziemlich exakt auf die Mitte der 1970er Jahre datiert werden. Bis dahin – vor allem in den 1960er Jahren – erlebte die Bundesrepublik einen historischen Höchststand an Geburtenzahlen („Baby-Boom"). Seit 1975 aber ist die Bevölkerungsbilanz ununterbrochen negativ, das heißt, absolut starben seitdem Jahr für Jahr mehr Menschen als neu geboren wurden. Niemand wagt derzeit zu behaupten, dass die Geburtenraten absehbar wieder ansteigen werden, so dass sich die Schrumpfungstendenz fortsetzen wird. Doch worum geht es genau? Der wesentlichste Faktor ist die so genannte „doppelte Alterung". Wie der Begriff anzeigt, beinhaltet er zwei Prozesse, den der steigenden Lebenserwartung und den der Anteilszunahme der Älteren in der Bevölkerung aufgrund sinkender Geburtenraten (vgl. Hullen in diesem Band). Immer mehr Menschen erreichen ein durchschnittlich höheres Alter als vorangegangene Generationen. An und für sich ist beides ein Erfolg der Gesellschaft, genau genommen sogar einer, der nur mit Hilfe der sozialen Sicherung zustande kommen konnte. Eine verbesserte Gesundheit im Alter, die Verringerung der Kindersterblichkeit und ein breit gestiegener, gesicherter Lebensstandard ließen sich so überhaupt erst herstellen und dauerhaft erhalten. Paradoxerweise müssen wir uns aktuell fragen, ob wir angesichts der demografischen Verschiebung der gesellschaftlichen Altersstruktur die Sicherungsniveaus abbauen müssen, die doch erst mit zu einer Entwicklung beigetragen haben, über die wir uns eigentlich freuen sollten.

Dennoch wird dramatisiert. Allerorts wird die Altersverschiebung öffentlich mit „demografische Zeitbombe", „Super-GAU" oder ähnlichen Furchtvokabeln belegt. Festzuhalten ist aber, dass wir derzeit von einem von den kinderreichen Alterskohorten verwöhnten Bevölkerungsstand ausgehen, der eher die historische Ausnahme darstellt. Wie so vieles ist auch dieses unnötigerweise angstbesetzt.

Die „Geisterfurcht" nährt sich aus mindestens zwei Fehlurteilen. Da ist erstens der „Stichtagsfehler" zu nennen. Häufig wurde in der öffentlichen Diskussion der Eindruck erweckt, die sozialen Sicherungssysteme – allen voran das System der gesetzlichen Alterssicherung – seien ab 2030 nicht mehr finanzierbar. Dem folgend scheint sich der Eindruck festgesetzt zu haben, dass das große „Demografieproblem" um 2030 herum über die Gesellschaft hereinbräche. Tatsache ist, dass wir es mit einem langfristigen Prozess zu tun haben, der bereits im Gange ist und der zwischen 2020 und 2035 die größten Probleme erwarten lässt – wenn nichts geschieht. Darin liegt zugleich das zweite Fehlurteil. Dass wir vom gesellschaftlichen Status quo ausgehen, ist verständlich. Dass der sich in den nächsten dreißig bis fünfzig Jahren nicht verändern wird, kann aber niemand ernsthaft annehmen.

Dazu muss auch gesagt werden, dass sich die Demografiedebatte weitgehend auf die reaktive Seite beschränkt. Also: Wie werden wir mit dem demografischen Wandel sozialpolitisch fertig? Mindestens ebenso spannend wäre aber auch die Frage: Wie können wir sozialpolitisch dem demografischen Wandel so begegnen, dass soziale Krisen und Benachteiligungen größerer Bevölkerungsteile ausgeschlossen werden können? Mehr noch: Wie können wir den demografischen Wandel nutzen, um die Beziehungen zwischen Jung und Alt zu verbessern, die Versorgung Älterer und die Chancen Jüngerer gegenseitig zu fördern? Dies wäre die proaktive Seite in der aktuellen Debatte, die leider viel zu unterbelichtet ist. Und: Sie hätte unter Umständen weit mehr mit einer tatsächlichen Reform sozialer Politik zu tun, als die technisch anmutenden Korrekturen an bestehenden Sozialgesetzbüchern. Nur, leider, die Diskussionen stehen oft unter dem Vorzeichen, Demografiebewältigung mittels Verschlanken des Sozialstaats zu betreiben. Dies verhindert Chancen, die im sozialen Wandel liegen.

Was wir an der Debatte ernst nehmen müssen, ist die Sorge um den Generationenvertrag, genauer, die Umverteilung des gesellschaftlich erwirtschafteten Gesamtvermögens zwischen Jung und Alt. Wer die Variablen der Bevölkerungsentwicklung kennt, weiß, dass die demografischen Tendenzen mit Zeitverzug zum Tragen kommen, die positiven wie die negativen. „Fehler" vorangegangener Generationen wie die Benachteiligung von Kindererziehenden und die Unvereinbarkeit von Familie und Beruf sind „Vernachlässigungen", die sich auf die Variable „gesellschaftliche Reproduktion" niederschlagen und für mindestens eine Generation zum Selbstläufer werden. Je weniger Kinder geboren werden, umso kleiner wird auch die Enkelgeneration sein. Mehr noch: Jedes nicht geborene Kind fehlt doppelt. Es fehlt in der Versorgung der Eltern- und Großelterngeneration und es fehlt in der Sorge um die Nachfolgegeneration.

Tabelle 2: Entwicklung der Altersanteile in der Bevölkerung

	2001	*2010*	*2020*	*2030*	*2040*	*2050*
Bevölkerung insgesamt (in Mio.)	82,5	83,0	82,8	81,2	78,5	75,1
Anteile in Prozent:						
unter 20	17,2	15,5	14,5	13,9	12,9	12,1
zwischen 20 und 64	51,1	50,9	50,0	45,7	42,9	40,8
65 und älter	14,1	16,6	18,2	21,6	22,8	22,2
Altersquotient (auf 100 im Alter 20-64 kommen ... 65+)	27,5	32,6	36,4	47,3	53,1	54,5

Quelle: Statistisches Bundesamt 2003

2 Anfälligkeit umlagefinanzierter Sozialversicherungssysteme

Das Gefüge der sozialen Sicherung in der Bundesrepublik ist äußerst komplex. Demografieanfällig sind daher potenziell alle Sozialleistungen, gleichgültig, ob sie aus allgemeinen Steuermitteln oder aus Sozialversicherungsbeiträgen zu den gesetzlichen Kassen finanziert werden. Aus Platzgründen und der Tatsache folgend, dass von allen Sicherungssystemen die Sozialversicherungen die größte Bedeutung haben (volumenmäßig wie auch in der gesellschaftlichen Betrachtungsweise), werde ich mich auf die Systeme beschränken, die sich nach dem Umlageverfahren finanzieren.[1] Dazu gehört die *Gesetzliche Rentenversicherung* (zu etwa 74%, der Rest sind Zuschüsse des Bundes), die *Gesetzliche Krankenversicherung* und die *Soziale Pflegeversicherung* (jeweils vollständig umlagefinanziert). Mit umlagefinanzierten Systemen sind also diejenigen gemeint, bei denen qua gesetzlich geregelter Versicherungspflicht aktiv Beschäftigte die aktuell ausgezahlten Leistungen finanzieren und sich damit selbst Leistungsansprüche erwerben.

Innerhalb der Systeme wirken allerdings sehr unterschiedlichen Leistungsprinzipien. So funktioniert die Rentenversicherung überwiegend nach dem Äquivalenzprinzip, d. h. die Höhe der gezahlten Beiträge bestimmt wesentlich die späteren Leistungsansprüche (hinzu kommt als Parameter die Versicherungszeit). Die Gesetzliche Krankenversicherung verfährt hingegen völlig anders. Sie folgt dem Bedarfsdeckungsprinzip, d. h. je höher der tatsächliche Bedarf, desto größer die Leistung, unabhängig von der realen Beitragshöhe. Die Pflegeversicherung wiederum ist weder das eine noch das andere. Formal ist sie ebenfalls ein bedarfsdeckendes System, allerdings sind die Bedarfe normiert und die Leistungen nach oben gedeckelt. Dies war eigentlich als Kostenanstiegsbremse gedacht, um bedarfsselbsterzeugende Effekte wie in der Krankenversicherung zu vermeiden. In der Praxis ist es jedoch eine Teilbedarfsdeckung, die eher einer Fürsorgeleistung (wie der Sozialhilfe) denn einer Sozialversicherung entspricht.

Jegliche Diskussion über Auswirkungen der Altersstruktureffekte auf die Sicherungssysteme steht immer unter einem fundamentalen Vorbehalt: Alle Aussagen und Prognosen taugen nur unter der Voraussetzung, dass sich am aktuellen gesetzlichen Rahmen in Bezug auf Anspruchszugänge, Anspruchsmengen und Leistungshöhen nichts Wesentliches ändert. Sobald auch nur beispielsweise die Sozialversicherungspflicht und damit die Ansprüche teilweise aufgehoben würden, wäre die gesamte folgende Diskussion Makulatur. Gleiches gilt für den Zusammenhang von sozialer Sicherung und Arbeitsmarkt (siehe auch Fuchs in diesem Band).

---

[1] Der Vollständigkeit halber muss gesagt werden, dass es natürlich auch umlagefinanzierte Sicherungssysteme abseits der gesetzlichen Sozialversicherungen gibt, wie etwa die Altersversicherung der Landwirte, berufsständische Versorgungswerke oder die Beamtenversorgung. Sie werden hier aber nicht näher betrachtet, weil in ihrer Demografieanfälligkeit grundsätzlich dasselbe gilt wie für die allgemeinen Systeme. Zudem ist beispielsweise die Frage künftiger Verbeamtung seitens der öffentlichen Arbeitgeber entscheidend, kann aber auf einen längeren Zeitraum hin nicht hinreichend eingeschätzt werden.

Bislang beziehen die Sozialversicherungsträger (mittels Sozialversicherungsbeiträge) wie auch der Staat (Steuereinnahmen) die Einnahmen zur Deckung sozialer Leistungen aus der Belastung des Faktors Arbeit (ohne diese hier erörtern zu können: es gibt viele Gründe, davon abzurücken und stärker den Faktor Kapital zu belasten). Sollte dies in den nächsten zehn bis fünfzehn Jahren politisch realisiert werden, werden viele Probleme, die hier noch als solche diskutiert werden, erst gar nicht kommen. Ob und wann dies allerdings tatsächlich geschieht, ist mehr als unsicher. Da aber keine Regierung um demografiebedingte Reformen der sozialen Sicherungssysteme herumkommen wird, hat dieser Beitrag so oder so eine begrenzte Haltbarkeit.

3 Gesetzliche Alterssicherung

Die Alterssicherung – allen voran die Gesetzliche Rentenversicherung – ist der Sicherungszweig, der am stärksten von der demografischen Entwicklung und negativen Auswirkungen der Altersverschiebung in der Gesellschaft bedroht ist. Fast 90% der Ausgaben der Landesversicherungsanstalten und der Bundesversicherungsanstalt für Angestellte sind Versichertenrenten und Hinterbliebenenrenten. Ein doppelter Alterungsprozess wie der oben skizzierte beträfe demnach auch die Rentenkassen doppelt. Sie muss länger Renten zahlen und schöpft Beiträge von immer weniger Beitragszahlenden.

Vorherrschendes Schreckbild ist, dass die Rente nicht sicher sei, weil man eine frühzeitige Rentenreform unter demografischen Vorzeichen versäumt habe und daher der vielzitierte Einzelbeitragszahler der Zukunft obendrein mit der künftigen Finanzierung von einem bis zwei Rentnern (je nach Quelle) heillos überfordert sein würde. Daraus schlussfolgern Viele, dass die Rentenversicherung nicht mehr zu retten sei und die Alterssicherung vollständig privatisiert gehöre.

An diesem Bild stimmt jedoch mehrerlei nicht. Die Rente der Zukunft ist in der Tat nicht sicher, sie ist es aber nicht wegen versäumter Reformen. Seit den 1980er Jahren versuchte sich jede Regierung an mindestens einer Rentenreform (1989, 1990/1993, 1999/2000, 2001). Was die Renten unsicher macht, ist die Finanzlage des Rentensystems. Wo man dieses reformpolitisch auf der einen Seite entlasten wollte, belastete man es auf der anderen. Auch wenn die Rentenversicherungsträger nicht müde werden zu vermelden, dass die Rentenzahlungen nicht gefährdet seien, so hatten sie doch beispielsweise über Jahrzehnte eine verfehlte und kostspielige Frühverrentungspolitik auszuhalten und zudem systemfremde Lasten aus der Wiedervereinigung zu tragen. Hier schwanden Reserven, die heute fehlen. Wären sie noch da, hätte dies manche Notsparmaßnahme (zusätzliche Zinserwirtschaftung durch Verschiebung des Auszahlungszeitpunktes für Neurentner etc.) erübrigt. Auch ist das Verhältnis von Beitragszahlenden und Rentenbeziehenden bei weitem nicht so dramatisch, wie mancherorts dargestellt. Bis 2030 wird der Anteil der Menschen im Rentenalter (65 Jahre und älter) stark ansteigen, während der Anteil potenzieller Beitragszahlenden zwischen 20 und 64 Jahren nur mäßig sinken dürfte. Derzeit stehen jeder/m Beitragszahlenden (ca. 32,3 Millionen) rechnerisch 0,43 Rentenbeziehende (rund 14 Millionen) gegenüber. 2030 werden jeder/m Beitragszahlenden (geschätzt ca. 31,8 Millionen) rechnerisch rund 0,68 Menschen im Rentenalter (geschätzt rund 21,6 Millionen) gegenüberstehen (BMGS 2003: 55, Statistisches Bundesamt 2003: 42; siehe auch Tab. 13.1). Tatsächlich ist aber das faktische Rentenalter weit niedriger. Dass dies bis 2030 so bleiben wird, darf bezweifelt werden. Wir müssen also von einem aktuell schlechteren Rentner-Beitragszahler-Verhältnis als 1 zu 0,43 ausgehen. Somit wird aber auch die Differenz bis 2030 nicht so dramatisch ausfallen. Je weiter künftig das Rentenalter nach oben verschoben wird, desto günstiger fällt die Prognose aus.

Schließlich: Was soll ein Systemwechsel von einem umlagefinanzierten zu einem privatfinanziertem System anderes bewirken als Geldverlagerung? Die Beitragslast jedes und jeder Einzelnen zur individuellen Alterssicherung würde vermutlich nicht abnehmen. Notabene: *Sicherer* wären private Renten auch nicht, wenn man die Anlageertragsergebnisse mancher Versicherungskonzerne und Banken der letzten Jahre zum Maßstab nimmt. Im Gegenteil: Wie man in anderen Ländern mit einer hohen Privatquote sehen kann, ist es geradezu fahrlässig, Alterssicherung zu privatisieren. Die vergangenen Kurseinbrüche auf den Kapitalmärkten haben beispielsweise in den USA die Rücklagen einer ganzen Generation vernichtet. Zigtausende von Rentnerinnen und Rentnern sind dort gezwungen, ihren Lebensabend durch Erwerbsarbeit zu sichern.

Entscheidend ist aber nach wie vor: Wie lassen sich verlässlich Faktoren für die mittlere und fernere Zukunft bestimmen, die das komplexe Rentensystem beeinflussen? Dazu gehören: Entwicklung auf dem Arbeitsmarkt, Lohnentwicklung, Zinsentwicklung, Entwicklung der Kapitalmärkte, Entwicklung der Altersstruktur, Geburtsjahrgangsstärke, Bevölkerungszuwächse durch Nettozuwanderung, Renteneintrittsalter, Entwicklung der Lebenserwartung und so weiter und so weiter.

Das voraussichtliche Überforderungsproblem in der Gesetzlichen Alterssicherung beinhaltet mehrere Facetten:

Die Einnahmenbasis wird geringer, da der Bevölkerungsanteil der sozialversicherungspflichtig Beschäftigten abnehmen wird. Dies durch höhere Beitragssätze zu kompensieren, ist nach Ansicht vieler nicht möglich. Die Beitragsbelastung ist ohnehin auf einem historischen Höchststand, eine weitere Anhebung ist aus derzeitiger Sicht politisch kaum durchsetzbar.

Gravierender wird die Zunahme der potenziellen Rentenbeziehenden sein. Die ab 2015/2020 kommenden Rentengenerationen sind sehr zahlreiche. Dann nämlich kommen die geburtenstarken Jahrgänge in das Rentenalter. Die einstige Baby-Boom-Generation nimmt als künftige Rentner-Boom-Generation zahlenmäßig erst um 2035 wieder ab. Die größten Herausforderungen für das gesetzliche Rentensystem liegen also im Zeitraum dazwischen.

Die geburtenstarken Jahrgänge gehören einer Generation an, die im Erwerbsalter schon vergleichsweise niedrigere Rentenansprüche aufgrund gesunkener Rentenniveaus, zugleich aber wegen der historisch hohen Beitragsbelastung zu den gesetzlichen Sozialversicherungen wenig Spielraum zum Ansparen privater Renten hat und hatte. Das wirft mit einiger Wahrscheinlichkeit nicht nur ein zusätzliches Kompensationsproblem für die Rentenversicherung auf, sondern auch eines für nachgelagerte Sicherungssysteme, etwa die Sozialhilfe.

Schließlich: Mit zunehmender Lebenserwartung steigt statistisch die Rentenbezugsdauer. Auch dies wird das System mehr als bisher belasten. Andererseits gilt als sicher, dass dieser Bezugsdauereffekt nicht so stark ausfällt, wenn man berücksichtigt, dass die kommenden Rentengenerationen brüchigere Erwerbsbiografien und damit auch Versicherungszeiten haben, also nach geltendem Recht tendenziell geringere Ansprüche geltend machen können. Für Viele wird dies individuell zum Problem, wenn auch weniger für die Rentenkassen.

Der Verband Deutscher Rentenversicherungsträger (VDR) geht in einer Schätzung vom Frühjahr 2003 davon aus (VDR 2004), dass bis 2016 der Beitragssatz von 19,5 auf 19,9 vergleichsweise moderat steigen wird. Eine längerfristige Prognose des Beitragssatzes ist möglicherweise sehr fehlerbehaftet, aber: Die schwierigen Jahre kommen erst jenseits dieses Prognosezeitraumes. Aber selbst für diese Periode muss man bei diesem Wert skeptisch sein.

Der Optimismus der gesetzlichen Rentenversicherer fußt auf einer vergleichsweise großzügigen Zuwanderungsannahme. Langfristig gehen die Rentenfachleute von einem Zuwanderungsüberschuss von 230.000 jährlich aus, die kontinuierlich und dauerhaft in die Bundesrepublik kommen. Diese Zahl ist recht hoch. Zurückblickend betrug die durchschnittliche jährliche Nettozuwanderung „nur" zwischen 100.000 und 200.000 Menschen – und dies auch nur mit Zuwanderungswellen wie die der so genannten Spätaussiedelnden hauptsächlich zwischen 1989 und 1996, also Zuwanderungen, die politisch gewollt und mit enormen finanziellen Anreizen ausgestattet „künstlich" in Gang gesetzt wurden. Würde man vergleichbaren Zuzug in Zukunft nicht massiv fördern, dürften die Migrationszahlen niedriger ausfallen.

Andere Zuwanderungszahlen beinhalten auch den Zuzug von Menschen aus Kriegsregionen oder Katastrophengebieten. Diese miteinzurechnen wäre aber

13 Soziale Sicherungssysteme

falsch, da deren Aufenthalt in der Bundesrepublik nicht von Dauer ist. Maßgeblich sind bis zur Änderung der gesetzlichen Grundlagen freilich nur diejenigen, die ein Bleiberecht und eine rentenversicherungspflichtige Beschäftigung haben – und sich mit dieser natürlich auch einen Rentenanspruch erwerben.

Die Bundesrepublik ist ein Zuwanderungsland, sie braucht Zuwanderung. Das demografische Hoffen auf Zuwanderungseffekte ist aber meines Erachtens überoptimistisch. Um die Dimensionen einmal deutlich werden zu lassen: Die Vereinten Nationen verwenden für Bevölkerungsprognosen den Begriff der *Replacement Migration*. Damit sind Nettozuwanderungsumfänge gemeint, die demografisch bedingte „Verluste" in der Bevölkerungsstruktur „ersetzen". Für die Bundesrepublik ergäben sich daraus ernüchternde Zahlen: Um lediglich die Bevölkerungszahl auf dem aktuellen Stand zu halten, müssten deutlich über 300.000 Menschen jährlich zuwandern. Und um das Verhältnis der 15- bis 64-Jährigen zu den über 65-Jährigen bis 2050 in etwa zu stabilisieren, müssten wir kontinuierlich mehr als 3 Millionen Menschen dauerhaft aufnehmen – jährlich, wohlgemerkt. Bis dahin würde sich aber auch die Bevölkerungszahl verdreifachen (United Nations 2000: 37ff. und 108ff.). Dies sind natürlich Modellrechnungen ohne jeden Anspruch auf Verwirklichung, aber sie zeigen die Dimensionen und machen deutlich, dass die begonnene Altersverschiebung auch durch Zuwanderungsgewinne nicht zu stoppen sein wird.

Die Zahl der Rentnerinnen und Rentner wird also zunehmen, ohne dass dies durch gesteuerte Zuwanderungsgewinne kompensiert werden könnte. Welche Bewertungen ergeben sich nun daraus?

Wahrscheinlich ist, dass auch in den nächsten zehn bis fünfzehn Jahre keine Radikalreform der Rentenversicherung stattfinden wird. Stattdessen wird sicherlich ein Mix aus bekannten Ansätzen weiter verfolgt, der sowohl eine geringfügige Absenkung des Rentenniveaus wie auch des Rentenzugangs (Anheben der Altersgrenzen, Beschneiden von Ausnahmen wie Frühverrentung, Begrenzung anderer Zugangsvoraussetzungen) und ein stärkerer gesetzlicher Zwang zum Aufbau privatfinanzierter Rentenansprüche aus Versicherungen und Kapitalanlagen beinhalten wird. Vor dem Hintergrund, dass auch weiterhin in bestimmten Wirtschaftsbereichen mit einem Mangel an qualifizierten Arbeitskräften gerechnet werden muss, werden vor allem die Einsparwege in Richtung Renteneintrittsalter vermutlich schneller beschritten.

Nach geltendem Recht, so die Rürup-Kommission, würde bis 2030 der Beitragssatz auf 24,2% eines sozialversicherungspflichtigen Bruttoeinkommens ansteigen. Gesetzlich hat man sich mit der Rentenreform 2001 jedoch bereits festgelegt, dass ein Anstieg über 20% bis 2020 beziehungsweise 22% bis 2030 in jedem Falle vermieden werden soll. Nach Ansicht der Kommission kann dieses Ziel aber nur erreicht werden, wenn man an den Leistungen ansetze (BMGS 2003: 82). Ob Leistungsminderungen im vorgeschlagenen Umfang stattfinden und wirksam werden, bleibt abzuwarten. Hier wie in anderen Sozialversicherungssystemen wird die hohe Kunst darin bestehen, eine langfristig haltbare Balance zwischen Beitragssatz und Rentenniveau herzustellen. So viel an Vorhersage darf aber gewagt werden: Ein drastischer Abbau der Rentenansprüche auf ein Sozialhilfe-ähnliches Minimum oder eine Umstellung auf Einheitsgrundrenten sind so lange unwahrscheinlich, wie der Deckungsgrad aus privaten Renten nicht den gesetzlichen Teil mindestens größtenteils kompensiert. Wer auch immer künftig der Bundesregierung angehören wird – er oder sie weiß schon heute, dass bei der größer werdenden Zahl von Rentnerinnen und Rentnern die vorherrschende Meinung über die Rentenpolitik wahlentscheidend sein wird. Ein Herunterkürzen der Nettorenten auf Existenzminimum oder gar eine massenhafte Enteignung von Rentenansprüchen wäre daher politischer Selbstmord. Wenn nicht alles täuscht, wird auch weiterhin der demografisch anfälligste Teil der sozialen Sicherungssysteme am Ende der beständigste sein.

4 Gesetzliche Krankenversicherung

Noch dramatischer als die 19,5% Rentenbeitragssatz werden politischerseits die durchschnittlich 14,3% für die Gesetzliche Krankenversicherung angesehen. Die Reformaktivitäten, das Einberufen von Runden Tischen und Expertenkommissionen und andere Aktivitäten deuten jedenfalls an, dass ausnahmslos jede Bundesregierung der letzten vier Dekaden mit der Entwicklung im Gesundheitssystem unzufrieden war. Dabei müsste – demografisch betrachtet – hier die größte Gelassenheit vorherrschen.

Glaubt man den offiziellen Zahlen, ist die Gesetzliche Krankenversicherung nämlich nicht in den finanziellen Schwierigkeiten wie die benachbarten Sozialversicherungszweige. Während die Rentenversicherungsträger schon längst nicht mehr ohne Zuschüsse des Bundes ihren Leistungsverpflichtung nachkommen könnten und selbst die noch junge Pflegeversicherung seit 1999 ununterbrochen Defizite ausweist, wechseln sich die guten und die schlechten Jahre für die Krankenkassen im 2-bis 3-Jahres-Rhythmus ab. Trotz des gemessen am Bruttoinlandsprodukt im internationalen Vergleich als sehr teuer verschrienen Gesundheitssystems – es hat immer wieder Jahre mit Einnahmenüberschüssen. Dann, wenn diese zu schwinden drohten, wurde in der Regel schnell mit Beitragssatzanhebungen reagiert, oft vor Eintritt einer akuten Finanznot. So folgten auf die „schwierigen" Jahre 1991/1992, 1995/1996 sowie 2002/2003 jeweils Jahre mit einem positiven Saldo.

Streng genommen muss sich die Gesetzliche Krankenversicherung weniger vor der demografischen Altersverschiebung fürchten, als vor der derzeit schwierigen Arbeitsmarktlage. Eine Zunahme Älterer ist zwar ausgabenmäßig ein

Problem, weil in der Regel Ältere pro Kopf gerechnet mehr Leistungen in Anspruch nehmen als beispielsweise Versicherte im erwerbsfähigen Alter. Dies wird aber durch den Rückgang an fast ebenso „teuren" Kindern teilweise kompensiert. Das große Strukturproblem liegt immer noch in der Transferleistung in den schneller alternden Osten der Bundesrepublik und in der allgemeinen Beschäftigungskrise.

Anders als bei den anderen Sozialversicherungszweigen muss die Krankenversicherung nicht nur mit prospektiven Patientenzuwächsen rechnen, sondern muss gleichzeitig die Krankheitskosten aktiv Beitragszahlender einkalkulieren. Hinzu kommt, dass die Krankenkassen einem verschärften Wettbewerb ausgesetzt sind, der über den Beitragssatz ausgetragen wird. Beides zusammen liefert sie der Entwicklung am Arbeitsmarkt und der Lohnentwicklung aus. Entscheidend wird also sein, wie sich die Erwerbsquote und die Bruttolöhne entwickeln.

Die größten Problembereiche auf der Ausgabenseite sind die Krankenhauskosten, die Arztkosten und die Arzneimittelausgaben. Die Arztkosten werden durch die Praxisgebühr und das kommende Hausarztmodell spürbar zu senken sein. Für die Krankenhauskosten und vor allem die Arzneimittelkosten hat man jedoch noch nicht den Reformdurchbruch geschafft. Gerade der Arzneimittelkonsum bei Älteren ist enorm hoch, zu hoch. Wenn es hier gelingt, nicht nur im Sinne der Budgets, sondern auch im Sinne der Patientinnen und Patienten auf ein vernünftiges Maß zurückzukommen, ist auf der Ausgabenseite schon viel getan.

5 Soziale Pflegeversicherung

Die spezifische Problematik, die auf die Pflegeversicherung zukommt, besteht darin, dass die Altersverschiebung auf vier Ebenen unmittelbar auf die Pflegeversicherung durchschlägt.

1. Mit steigendem Alter und steigender Lebenserwartung wächst die Zahl Pflegebedürftiger deutlich.
2. Mit einer abnehmenden Zahl von Erwerbstätigen und ohne Beitragssatzsteigerung verringert sich auch hier die Einnahmenbasis.
3. Mit einer abnehmenden Kinder- und Enkelzahl, zunehmender Kinderlosigkeit und häufigeren Scheidungsraten nimmt auch das familiäre Pflegepotenzial ab.
4. Je mehr Menschen mangels Versorgung in der Familie auf professionelle Hilfe angewiesen sind, desto stärker wächst die Ausgabenseite. In der Summe ist die Pflegeversicherung der wahrscheinlich am meisten gefährdete Sozialversicherungszweig, wenn auch der mit dem geringsten Finanzvolumen.

Ad (1): Heute sind knapp 2 Millionen Menschen nach der Definition des Sozialgesetzbuches XI pflegebedürftig. Nach eigenen Berechnungen (Dietz 2002) würde sich selbst nach vorsichtigen Schätzungen die Zahl der Pflegebedürftigen bis 2050 fast verdoppeln. Wahrscheinlich ist, dass nach einem mittleren Szenario bereits 2030 rund 3 Millionen Menschen pflegebedürftig sein werden (ebd.: 232ff.). 2050 würden es rund 4 Millionen Menschen sein. Diese Fallanstiege leistungstechnisch zu bewältigen würde nach heutigem Leistungsrecht voraussetzen, dass die Pflegekassen 2030 ein Finanzvolumen von ca. 25 Milliarden EUR zur Verfügung hätten (2050: mindestens 30 Milliarden EUR). Derzeit sind es 17 Milliarden EUR. Die Rürup-Kommission geht mehrheitlich sogar von noch höheren Mittelbedarfen bis zu 40 Milliarden 2030 aus (BMGS 2003: 190). Um dies auf dem Beitragswege zu decken, müsste der Beitragssatz von derzeit 1,7% auf rund 3% (2030) beziehungsweise mindestens 4,5% (2050) ansteigen (Dietz 2002: 256). Das mag nicht dramatisch klingen, ist aber ebenso wenig gewollt wie eine entsprechende Beitragssatzerhöhung in der Renten- oder Krankenversicherung. Wichtig dabei wird sein, dass der stärkste Anstieg im stationären, nicht im häuslichen Pflegebereich stattfinden wird. Von den 2030 mutmaßlich 3 Millionen Pflegebedürftigen wird mindestens eine Million Menschen nicht mehr zu Hause versorgt werden.

Ad (2): Ohne die (noch) beitragsfrei gestellten mitversicherten Familienangehörigen mitgerechnet sind derzeit rund 50,5 Millionen Menschen in der Pflegeversicherung versichert. 2030 werden es voraussichtlich nur noch rund 43 Millionen sein. Und 2050 wird die Zahl deutlich unter 40 Millionen gesunken sein. Dies wird das Finanzierungsproblem zusätzlich verschärfen.

Ad (3): Von allen Frauen des Geburtsjahrganges 1940 waren 10% kinderlos. Von den Frauen, die 1955 geboren wurden, waren es schon 20%. Des Weiteren bekommen Frauen ihr erstes Kind im Schnitt immer später, so dass im Falle der eigenen Pflegebedürftigkeit die potenziell pflegebereiten Kinder und/oder deren Partner noch voll im Erwerbsleben stehen. Daraus folgt: Immer weniger Menschen haben also im Alter Kinder, die als Pflegende in Frage kämen. Die generelle Differenzierung von Partnerschaft und Familie führt dazu, dass künftige Pflegebedürftige deutlich seltener auf informelle Unterstützungsnetzwerke zurückgreifen können als heutige. Dies macht auch deutlich, dass die Soziale Pflegeversicherung zunehmend keine ergänzende Absicherung (Teilkaskocharakter) darstellt, sondern für viele künftige Pflegebedürftige die einzige Finanzierungshilfe pflegerischer Leistungen sein wird, sofern sie nicht vermögend sein sollten.

Ad (4): Durch die eben genannten Wirkungen wird der Bedarf an berufsmäßig erbrachter Pflege größer. Damit steigen aber auch die Ausgaben der Pflegeversicherung. Die Rürup-Kommission empfiehlt zwar der Bundesregierung, Sachleistungen für stationäre Pflege auf das niedrigere Niveau der ambulanten Leistungen herunterzukürzen, welches den Mehrinanspruchnahmeeffekt entschärfen würde. Jedoch ist der Vorschlag heftig umstritten. Denn er hätte zur Folge, dass viele stationär Versorgte die Pflege mit dem verringerten Pflegekassenbetrag nicht mehr finanzieren könnten und der Sozialhilfe anheim fielen. Im Übrigen würde der Vorschlag nur eine Kostenverlagerung in die Zuständigkeit der Sozialhilfe (Kommunen) bedeuten. Sicherlich würde man dies von dort nicht mitgetragen, zumal die Pflegeversicherung vor zehn Jahren mit der Absicht eingeführt wurde, die Sozialhilfe zu entlasten.

Denkbar wäre aber auch der umgekehrte Weg, nämlich der der Anhebung sowohl der Beiträge zur Stärkung der Einnahmenbasis wie auch der Leistungen. Denn: Sachleistungen sind personenbezogene Dienstleistungen, erbracht auf einem Dienstleistungsmarkt, der vielleicht als *der* Zukunftsmarkt gelten kann. Soziale Dienstleistungen sind außerordentlich personalintensiv, Rationalisierungen zu Lasten der Beschäftigung in Größenordnungen der Güter produzierenden Industrie sind hier nicht möglich. Zudem ist dieser Markt relativ wirtschaftskrisenresistent, denn er ist weitgehend unabhängig vom Kapital- und Exportmarkt. Würde man die Leistungen anheben anstatt sie abzusenken, würde also mehr Versorgungsqualität erzeugt und in erster Linie für Beschäftigung gesorgt. Die Beschäftigungseffekte (mehr Steuereinnahmen, mehr Sozialversicherungsbeiträge) würden unter Umständen reichen, die Mehrausgaben auf der Leistungsseite zu kompensieren. Grundsätzlich ist an eine bewusste Beitragssatzanhebung auch zu denken, weil eine pflegerische Versorgung *ohne* eine bedarfssichernde Pflegeversicherung die Arbeitnehmerinnen und Arbeitnehmern im Alter am Ende mehr kostet, als die durch geringere Beitragssätze „eingesparten" Einkommensanteile ausmachen.

Anders als die Rentenversicherung ist die Pflegeversicherung aber vor einem radikalen Systemwechsel bis hin zur Abschaffung alles andere als sicher. Mit einiger Regelmäßigkeit kommen immer wieder unterschiedliche Alternativvorschläge auf die Agenda. Die ernstzunehmenden sind: Umwandlung in ein steuerfinanziertes Leistungsgesetz; sukzessives Überführen in eine privat finanzierte Versicherung (ähnlich der privaten Pflegeversicherung für Nichtversicherungspflichtige mit höheren Einkommen); Zusammenlegen mit der Gesetzlichen Krankenversicherung. In diesem Rahmen können die Für und Wider nicht erörtert werden (ausführlichere Diskussion zum Beispiel in Dietz 2002: 273ff.). Die demografiebedingten Versorgungsprobleme in der Pflege ließen sich durch diese meines Erachtens auch nicht besser lösen. Man kommt so oder so um den Befund nicht herum, dass zur Absicherung des Pflegebedürftigkeitsrisikos in diesem Sicherungssystem zukünftig deutlich mehr Geld bewegt werden muss als heute.

6 Ruiniert der demografische Wandel die soziale Sicherung?

Berücksichtigt man die oben skizzierten Entwicklungen, wird deutlich, dass in allen genannten Systemen deutliche Ausgabensteigerungen zu bewältigen sein werden. Grund zur Panik gibt es allerdings nicht, wenn politisch gegensteuert wird. Da der Weg über höhere Beitragseinnahmen politisch derzeit als nicht gangbar angesehen wird, bleiben wenige Alternativen.

Eine Alternative beispielsweise wäre die Verbreiterung der Einnahmenbasis auf dem Wege der Ausdehnung der Beitragspflicht auf weitere Teile der Bevölkerung. In der Tat ist die Begrenzung auf Beschäftigungsverhältnisse in den aktuellen Einkommensgrenzen keine Grundlage, um von einer Solidarsystemen sprechen zu können. Einbezogen werden könnten grundsätzlich alle Bürgerinnen und Bürger, unabhängig von der beruflichen Stellung, abhängig alleine von der tatsächlichen Einkommenslage.

Damit näherte sich die soziale Sicherung in der Finanzierungslogik zwar dem Steuerrecht an, was wiederum grundsätzlich auch für eine Umwandlung in steuerfinanzierte Systeme spräche. Auch wenn das Steuerrecht an vielen Stellen ebenfalls als ungerecht gekennzeichnet werden muss, es würde zumindest den wachsenden Anteil von Kapitaleinkommen grundsätzlich berücksichtigen und damit den Anteil aus Arbeitseinkommen entlasten. Wenn man die Argumente für sinkende Beitragssätze liest (Verringerung der Beschäftigungskosten), ist es wohl genau das, was man erreichen will. Allerdings muss man zu bedenken geben, dass eine wirksame Entlastung sowohl der privaten wie auch der öffentlichen Haushalte sowie positive Umverteilungswirkungen für die neu beitragspflichtigen Bürgerinnen und Bürger zu enormen Akzeptanzproblemen und negativen Anreizwirkungen führen kann.

Eine weitere Alternative ergäbe sich aus der Zusammenlegung der Alterssicherungssysteme, also der Gesetzlichen Rentenversicherung und der Zusatzversorgungskassen, der Altersversicherung der Landwirte und der Beamtenversorgung. Damit verbunden wären Synergieeffekte, die eine Überforderung einzelner Sondersysteme besser auffangen könnte.

Alle weiteren Vorschläge zur Senkung der Sozialversicherungsbeiträge, um den Menschen mehr finanziellen Spielraum zur privatfinanzierten Eigenvorsorge zu geben, sind meines Erachtens Augenwischerei. Sie bedeuten nur eine Verlagerung von Geldressourcen ohne eine bessere Ertragssicherheit, sind im Grunde aber Marktideologie. Der Markt kann gewisse Dinge effizienter machen, aber er kann den Staat nicht ersetzen. Der Sozialstaat kann sich nicht aus der Verantwortung für diejenigen davonstehlen, die es trotz oder ohne Privatvorsorge nicht schaffen, im Fall der Fälle nur mit unzureichender Versorgung dazustehen oder zu verarmen. Starker, kostenintensiverer Sozialstaat oder schwacher Sozialstaat mit der Verantwortung für enorme soziale Folgekosten? Vor *diese* Wahl sollten

13 Soziale Sicherungssysteme

wir uns nicht stellen lassen. Dazu sind die sozialen Errungenschaften über viele Jahrzehnte hinweg zu wertvoll und die Erfolgsgeschichte eines sozialen Musterstaates bei genauerer Betrachtung auch nicht obsolet.

Die Frage der Stabilität sozialer Sicherung ist aber keine, die nur von Geldressourcen abhängig ist, sondern auch vom politischen Willen zur Umverteilung. Entscheidend sein werden mindestens drei Faktoren: Entwicklung der Produktivität, Verbesserung der Bildung und Entwicklung der Familienpolitik.

- *Produktivität*: Nahezu alle Prognosen gehen langfristig von einer weiterhin signifikanten Steigerung der Produktivität aus. So zum Beispiel die Prognos AG, die bis 2030 von einer jährlichen Produktivitätssteigerung von 1,8% und einer Nominallohnsteigerung von 2,9% ausgeht (BMGS 2003: 61). Dies hat positive und negative Seiten. Einerseits geht Produktivitätssteigerung mit dem Können der Erwerbstätigen Hand in Hand. Bildung und berufliche Qualifikation nehmen an Bedeutung zu, damit auch die Einkommen und der Lebensstandard. Andererseits belastet die Produktivitätssteigerung den Arbeitsmarkt. Sie ist häufig Ergebnis technischer Modernisierungen und Investitionen, die ihrerseits mit immer weniger Arbeitskräften auskommen. Wenn auch die Löhne und Gehälter an diesem wirtschaftlichen Wertschöpfungsanstieg partizipieren, so wären soziale Abgaben in der bekannten oder noch steigenden Größenordnung kein Problem, solange die Realeinkommenszuwächse Schritt halten. So betrachtet sind auch Sozialversicherungsbeiträge von 40% der Bruttoeinkommen kein Drama. Entscheidend ist die gerechte Verteilung des gesteigerten gesellschaftlichen Reichtums. Vermieden werden muss, dass die Beitragslast bei den schrumpfenden sozialversicherungspflichtigen Beschäftigungsverhältnissen verbleibt, während andere – ebenfalls steigende – Einkommen nicht herangezogen werden.
- *Bildung*: Über die Verbesserung von Bildungschancen erreicht man eine Verbesserung von Erwerbschancen. Diese wiederum sind zwingende Voraussetzung in einer sich rapide wandelnden Arbeitswelt. Die aktuelle schulische, hochschulische und berufliche Ausbildung hat derart gravierende Mängel, dass man Sorge haben muss, ob der Bedarf der Arbeitsmärkte der Zukunft auch nur annähernd zu decken sein wird. Ohne ausreichend Qualifizierte fallen im Übrigen auch die Prognosen für die Produktivität düsterer aus, denn man benötigt gut ausgebildete Fachkräfte doppelt: Um die Beschäftigungslage in expandierenden Branchen zu sichern und um die Beitragseinnahmenverluste aufgrund abnehmender Erwerbsquote mittels Lohnzuwächse zu kompensieren.
- *Familienpolitik*: Die Bundesrepublik ist ein familienpolitisches Entwicklungsland. Mögen die Transferleistungen an Kindererziehende auch noch so

hoch sein, die Rückständigkeit in den Kinderbetreuungsmöglichkeiten, der leistungsrechtlich unterentwickelte Stellenwert von Erziehungszeiten und die nach wie vor große Unvereinbarkeit von Familie und Beruf sind vom Maßstab vergleichbarer Nationen weit entfernt. Der Nachholbedarf entspringt den Erfordernissen einer Industriegesellschaft, die so nicht mehr existiert.

Wir trennen immer noch sorgsam Familie und Beruf, zumeist auf Kosten der Familie. Wir versagen uns die nötige Zeit für beides, für Familie und Beruf. Wir komprimieren Familiengründung, Qualifikation und Karriere in eine Lebensphase von meist nur zehn bis zwanzig Jahren, um dann die restlichen dreißig bis vierzig Lebensjahre im Wesentlichen nur zu konsumieren. Wir sind auf eine immer längere Lebenszeit nach der Erwerbsphase nicht vorbereitet. Die Leitbilder unserer Konsumwirtschaft – Energie, Enthusiasmus, Leistungsfähigkeit, Flexibilität, Erlebnisfreizeit, Selbstverwirklichung – verweigern wir hartnäckig dem Alter. Es bleibt sinnleer. Im vorderen Lebensabschnitt hingegen behindern sich die Lebensinhalte gegenseitig. Was spräche dagegen, die durchschnittliche Lebensarbeitszeit so zu verteilen, dass Menschen die wenigen Jahre, die sie für Kindererziehung haben, auch ohne Zwang zum Vollerwerbseinkommen füllen können, ohne dafür mit vermindertem Lebensstandard und verringerten Rentenansprüchen bestraft zu werden?

Problematisch ist, dass in der Demografiedebatte fast nur nach vorne geschaut wird. Über Demografie lernt man aber enorm viel aus der Vergangenheit. Schon früher fanden demografische Einschnitte statt, etwa in der ersten Hälfte des 19. Jahrhunderts wie auch an dessen Ende oder in den sechziger Jahren des vergangenen Jahrhunderts. In beiden Epochen änderte sich die Bevölkerungsstruktur gewaltig, damit auch der soziale Stellung der Generationen. Am Ende gelang die Emanzipation von sozialen Restriktionen und Risiken mit der Folge, dass tradierte Existenzsicherungsmuster an Bedeutung verloren. Die Entwicklung des modernen Sozialstaats, die Hochindustrialisierung, die Verbesserung von Bildungs- und Karrierechancen für Frauen und so weiter ließ die Bedeutung von Kindern als ökonomische Ressource verschwinden. Die daraus resultierende Bevölkerungsentwicklung wiederum forderte Reaktionen des Sozialstaats heraus. Immerhin war die Verschiebung in der Altersstruktur in den vergangenen hundert Jahren mindestens ebenso dramatisch wie die vor uns liegende. Demografischer Wandel bedeutete in der Vergangenheit am Ende also nicht weniger, sondern mehr soziale Sicherung. Warum sollte dies nicht auch in Zukunft so sein? Die Nachfrage nach Dienst- und Versorgungsleistungen der Rentner-Boom-Generation, die mit völlig anderen Ansprüchen als die derzeitigen Altengenerationen aufwuchs, wird dies beantworten.

13 Soziale Sicherungssysteme

Literatur

Bundesministerium für Gesundheit und Soziale Sicherung (BMGS) (Hrsg.) (2003): Nachhaltigkeit in der Finanzierung der Sozialen Sicherungssysteme. Bericht der Kommission. Berlin.

Dietz, Berthold (2002): Die Pflegeversicherung. Wiesbaden.

Dietz, Berthold (2002): Lebenserwartung, Morbidität und Mortalität im Alter. In: Sozialer Fortschritt. 51, Nr. 12: 307-314, Bonn/Berlin.

Frevel, Bernhard/Dietz, Berthold (2004): Sozialpolitik kompakt. Wiesbaden.

Geißler, Rainer (^{3}2002): Die Sozialstruktur Deutschlands. Die gesellschaftliche Entwicklung vor und nach der Vereinigung. Wiesbaden.

Statistisches Bundesamt (Hrsg.) (2003): Bevölkerung Deutschlands bis 2050. 10. koordinierte Bevölkerungsvorausberechnung. Wiesbaden.

United Nations, Department of Economic and Social Affairs – Population Division: Replacement Migration. Is it a solution to Declining and Ageing Populations? vom 04.05.2000

Verband der Deutschen Rentenversicherungsträger (VDR): Internet-URL: http://www.vdr.de/internet/vdr/finanz.nsf/Tabellen?OpenForm&view=WPTables&cat=Modellrechnungen+zur+langfristigen+Finanzentwicklung&title=Modellrechnungen+zur+langfristigen+Finanzentwicklung (21.04.04)

14 Arbeit und soziale Sicherung in der Bürgergesellschaft

H.-Dieter Kantel

„Anders als in einem Sozialstaat", so Bundeskanzler Gerhard Schröder am 14. März 2003 in seiner Regierungserklärung zur Verabschiedung der Agenda 2010 im Deutschen Bundestag, „lässt sich Zusammenarbeit in komplexen Ordnungen, in einer Gesellschaft, in der sich der Altersaufbau, die Art und Dauer der Arbeitsverhältnisse, aber auch die kulturellen Gegebenheiten dramatisch verändern, gar nicht organisieren." Mit dieser Hommage an den bundesdeutschen Sozialstaat umriss der Bundeskanzler seine Diagnose aktueller Probleme und die Notwendigkeit der Veränderung des Sozialstaats: Die sich wandelnden gesellschaftlichen Verhältnisse erfordern Anpassungen des Sozialstaats, die unter dem Titel „Agenda 2010" firmieren und mittlerweile weitgehend umgesetzt sind.

Die demografischen Veränderungen mit ihren in alle Lebensbereiche ausstrahlenden Wirkungen erfordern, so Kanzler Schröder, eine neue Tarierung in den Bezügen von Arbeit und Arbeitslosigkeit, bürgerschaftlicher Aktivierung sowie staatlicher und gesellschaftlicher Steuerung von Konflikten und Verteilungsproblemen. Ein Umbau der administrativen Steuerungsinstrumente sowie Neudefinition von bürgerschaftlichen Ansprüchen gehören demnach zu den (hoffentlich) zukunftssichernden Maßnahmen. Diese sind also nicht nur vor dem aktuellen arbeitsmarkt-, finanz- und wirtschaftspolitischen Problemen, sondern in Hinblick auf ihre langfristigen Wirkungen zu betrachten. In der vorliegenden Analyse geht es deshalb darum, den von der Regierung Schröder eingeleiteten Kurs in Hinblick auf die konzeptionellen Rahmenbedingungen und die – auch demografische – Nachhaltigkeit zu prüfen.

Zu einem der Kernstücke der Agende 2010-Reformen wird vielfach das Konzept vom „Fördern und Fordern" erhoben, der Koppelung von sozialstaatlichen Leistungen mit Anforderungen an die Leistungsbezieher. Eingebettet sind diese Konzepte wiederum in die Diskussionen zur Bürger- und Zivilgesellschaft, der Überlegungen, wie die Teilhabe von Menschen an und in unserer Gesellschaft zu gewährleisten und zu verbessern ist. Im Mittelpunkt dieser Debatten steht dabei die Frage, wie Arbeitslose mit sozialstaatlichen Instrumentarien wieder in Arbeit gebracht werden können. Deshalb soll im folgenden dargestellt und analysiert werden, wie mittels der neu verabschiedeten Gesetze einerseits die

Bedeutung der Arbeit als zentrale Kraft zur Sicherung des Lebensunterhalts zunimmt und andererseits die sichernde Kraft von Sozialleistungen abnimmt. Das soll insbesondere anhand der im Sozialgesetzbuch (SGB) III verankerten Arbeitsförderung, des neu ins SGB aufgenommenen Buches „Grundsicherung für Arbeitsuchende" (SGB II) und den nun ins SGB aufgenommenen Bestimmungen zur Sozialhilfe (SGB XII) aufgezeigt werden[1]. Erst vor diesem Hintergrund sollen dann die sozialpolitischen Therapie-Vorschläge von der Bürgergesellschaft und die damit zusammenhängenden Überlegungen zum demografischen Wandel thematisiert werden.

1 Arbeit und soziale Sicherung

Mit den neuen Reformkonzepten und den entsprechenden Gesetzesinitiativen hat sich mittlerweile die Struktur der sozialen Sicherung in der Bundesrepublik in einigen Bereichen nicht unerheblich verändert. Erläutert man die Struktur der sozialen Sicherung mit der Metapher vom „Haus der sozialen Sicherung" (vgl. Kantel 2002), so werden speziell im Bereich der Fürsorgeleistungen Verschiebungen hinsichtlich der Art und des Umfangs der sozialen Leistungen und auch des einbezogenen Personenkreises deutlich. Waren es bislang die Versicherungsleistungen, die erwerbsarbeitsorientiert waren, so sind nun auch die Fürsorgeleistungen auf die Erwerbsarbeit ausgerichtet (vgl. das untenstehende Schaubild). Damit dokumentiert sich nicht nur ein neues gesellschaftlich geregeltes Verständnis von sozialer Sicherung, sondern eben auch von Erwerbsarbeit. Aufschluss- und folgenreich wird dieser Zusammenhang angesichts einer vielfachen Millionen-Arbeitslosigkeit: Was will die soziale Sicherung mit ihrer Ausrichtung auf Erwerbsarbeit erreichen, wenn sie nicht auch gleichzeitig über die Instrumente verfügt, das strukturelle Arbeitsplatzdefizit mit eigenen Mitteln zu beheben?

---

[1] Die folgende Analyse bezieht sich daher auf den Stand der Umsetzung dieser Gesetze zum 1.1.2005 - mit der Schwierigkeit, dass einige Feinheiten der Umsetzung zum Zeitpunkt der Abfassung dieses Beitrags noch nicht abschließend geregelt waren.

Abbildung 1: Das Haus der sozialen Sicherung

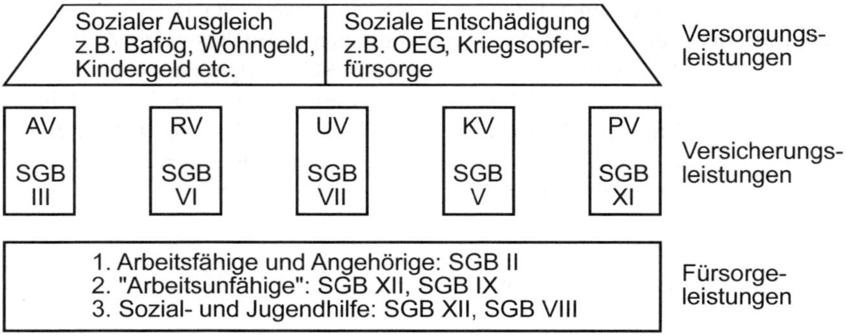

Sozialer Ausgleich z.b. Bafög, Wohngeld, Kindergeld etc.	Soziale Entschädigung z.b. OEG, Kriegsopferfürsorge				Versorgungsleistungen
AV SGB III	RV SGB VI	UV SGB VII	KV SGB V	PV SGB XI	Versicherungsleistungen
1. Arbeitsfähige und Angehörige: SGB II 2. "Arbeitsunfähige": SGB XII, SGB IX 3. Sozial- und Jugendhilfe: SGB XII, SGB VIII					Fürsorgeleistungen

(eigene Darstellung; Legende: AV = Arbeitslosen-, RV= Renten-, UV = Unfall-, KV = Kranken- und PV = Pflegeversicherung.

Auch wenn im Alltagsbewusstsein der Bevölkerung die Leistungen der Arbeitslosenversicherung stets als Sozialleistungen verbucht werden, die die sozialen Notlagen im Falle von Arbeitslosigkeit zumindest lindern sollen - bei näherer Betrachtung hält diese Einschätzung den im Gesetz nachzulesenden Absichten nicht Stand. Bereits im grundlegenden Paragrafen 1 des SGB III werden im ersten Satz die Intentionen der Arbeitsförderung mit den folgenden Zielperspektiven beschrieben: „Die Leistungen der Arbeitsförderung sollen dazu beitragen, dass ein hoher Beschäftigungsstand erreicht und die Beschäftigungsstruktur ständig verbessert wird." Will der Gesetzgeber den Beschäftigungsstand erhöhen und die Beschäftigungsstruktur verbessern, so ist von vorne herein klar, dass sein Blick ausschließlich auf die Erwerbsarbeit gerichtet ist und nicht auf diejenigen, die aus diesem Prozess, aus welchen Gründen auch immer, heraus gefallen sind. Beschäftigungsstand thematisiert das Verhältnis von Erwerbsbevölkerung zu den Nicht-Erwerbstätigen. Beschäftigungsstruktur lenkt den Blick auf die Binnenverhältnisse innerhalb der Erwerbstätigkeit. Mit dem Fokus auf die Erwerbstätigen und die Erwerbstätigkeit geraten alle Nicht-Erwerbstätigen, also auch die Arbeitslosen und die damit zusammenhängenden (sozialpolitischen) Problematiken, sozusagen in den toten Winkel der (gesetzlichen) Aufmerksamkeit. Deshalb enthält das SGB III keine sozialpolitischen Absichten im Sinne von Linderung und/ oder Beseitigung sozialer Notlagen. Es ist ein Gesetz zur Wirtschaftsförderung, ohne allerdings über Instrumentarien zu verfügen, die einen relevanten Einfluss auf das Wirtschaftsgeschehen nehmen könnten.

Die Problematik der mangelnden Einflussmöglichkeit auf das Wirtschaftsgeschehen lässt sich programmatisch am § 2 des SGB III belegen, der das „Zusammenwirken von Arbeitgebern und Arbeitnehmern mit den Agenturen für Arbeit" regelt. Im Aufgabenkatalog für die Arbeitgeber heißt es, dass sie bei ihren Entscheidungen „verantwortungsvoll deren Auswirkungen auf die Beschäftigung .... einzubeziehen" haben. Diese windelweiche Formulierung deutet schon an, dass es konsequenzenlose Soll-Bestimmungen sind. Eine praktisch wirksame Einflussnahme auf das Handeln der Arbeitgeber ist im SGB III nicht vorgesehen. Es wird allenfalls an das Eigeninteresse der Arbeitgeber appelliert. Völlig anders bei den Arbeitnehmern: Sie „haben zur Vermeidung oder zur Beendigung von Arbeitslosigkeit insbesondere

1. ein zumutbares Beschäftigungsverhältnis fortzusetzen,
2. eigenverantwortlich nach Beschäftigung zu suchen, ...
3. eine zumutbare Beschäftigung aufzunehmen und
4. an einer beruflichen Eingliederungsmaßnahme teilzunehmen" (§ 2).

Diese apodiktischen Formulierungen deuten schon an, dass bei einer Verletzung dieser Bestimmungen Strafen vorgesehen sind. Die Einflussnahme auf das Wirtschaftsgeschehen reduziert sich also auf strafbewehrte Androhungen für Arbeitslose. Sie werden den Bedingungen des Arbeitsmarktes angepasst und nicht umgekehrt.

Das hat dann Konsequenzen für die Arbeitslosen, wenn es darum geht, die Ausgestaltung der Sozialleistungen so zu organisieren, dass sie zu einer Verbesserung der Wirtschaftsleistung beitragen. Mit den in den letzten Jahren erfolgten Veränderungen des SGB III ist dies in der Weise geschehen, dass die Anforderungen, denen Arbeitslose entsprechen müssen, verschärft worden sind. Mit Blick auf das Funktionieren der Wirtschaft gerichtet, werden den Arbeitslosen präzisere Vorgaben gemacht, was für den Gesetzgeber zumutbare Beschäftigungen sind, die Arbeitslose anzunehmen haben (vgl. § 121). Auffallend dabei und im Unterschied zu den älteren Versionen des Arbeitsförderungsgesetzes ist heute einem Arbeitslosen, der länger als sechs Monate erwerbslos ist, im wesentlichen jede Arbeit zumutbar, aus der ein höheres Einkommen als das Arbeitslosengeld erzielt werden kann. Waren es früher noch an den Inhalt der Arbeit gebundene Kriterien, die sich in Qualifikationsstufen niederschlagen, so ist Arbeit nun rein auf den Gelderwerb reduziert, die angenommen werden muss, wenn sie die Höhe der Sozialleistung erreicht. Nicht einmal die Anforderung einer sozialversicherungspflichtigen Tätigkeit wird explizit genannt. Qualifikatorische oder inhaltliche Anforderungen an die Arbeit spielen für die Bundesagentur keine Rolle mehr.

Mit der Koppelung der Sozialleistungen an die Höhe des vorherigen Verdienstes (das Arbeitslosengeld beträgt 67 bzw. 60% des bereinigten Nettolohns), stellen diese Sozialleistungen nicht nur flexible Größen dar (Äquivalenzprinzip), sondern sie sind durch die Bindung an die im so genannten freien Wettbewerb erzielbaren Löhne nach unten hin nicht abgesichert (während sie nach oben durch die Beitragsbemessungsgrenzen fixiert sind). Es gibt in der bundesdeutschen Arbeitslosenversicherung keine minimale Auffangposition, wie es sie beispielsweise in einigen anderen europäischen Ländern mit Aussagen zum Mindestlohn gibt. Auf die Bedingungen nämlich, die die Schwankungen in der Lohnhöhe hervorrufen, die dann für die Arbeitslosen mit gravierenden finanziellen Folgen verbunden sind, wird keinerlei Einfluss ausgeübt. Im Gegenteil: Obwohl sich in den letzten Jahren die Möglichkeiten verschlechtert haben, überhaupt Arbeit zu bekommen, aus der ein halbwegs auskömmliches Leben zu gestalten wäre, werden die Bestrafungen seitens des Gesetzgebers erhöht, falls diese Zumutbarkeiten durch die Arbeitslosen nicht eingehalten werden (können).

Waren es bislang 24 Wochen Sperrzeit, die dazu führten, dass ein Arbeitsloser aus der Arbeitslosenversicherung ausgeschlossen wurde, reichen mit der neuesten Gesetzesänderung 21 Wochen. Das bedeutet, dass ein Arbeitsloser, der beispielsweise eine Arbeit abgelehnt hat und die dafür übliche Sperrzeit von (in der Regel) 12 Wochen kassiert hat, sich dies kein zweites Mal erlauben kann. Jetzt erfolgt der Ausschluss sogar dann, wenn eine der beiden Sperrzeiten aufgrund besonderer Umstände um drei Wochen verkürzt wurde. Der repressive Charakter des aktivierenden Sozialstaates tritt so schärfer hervor (vgl. auch Narr 2004). Der Druck auf Arbeitnehmer, eine in ihren Augen unzumutbare Beschäftigung weiter auszuüben, wurde durch die Verkürzung der Ausschlussfrist damit ebenso erhöht wie der Druck auf Arbeitslose, sich den Anforderungen der Bundesagentur für Arbeit hinsichtlich der Zumutbarkeit zu unterwerfen. Mit diesen zunächst rein rechtlichen Verschärfungen kam es jedoch bereits im Jahre 2003 auch in der praktischen Arbeit der Arbeitsverwaltung zu einem massiven Anstieg der Sperrzeiten um über ein Drittel gegenüber dem Vorjahr (vgl. Abbildung 2).

Einen weiteren Einschnitt in die bisherigen Regelungen zur Absicherung bei Arbeitslosigkeit bildet die Verkürzung der Bezugszeiten von Arbeitslosengeld. Konnten bislang ältere Arbeitslose noch bis zu 32 Monate Arbeitslosengeld erhalten, so wird dies schrittweise ab 2005 auf maximal 18 Monate begrenzt. Für unter 45-Jährige Arbeitslose bleibt es bei der maximalen Bezugsdauer von einem Jahr, allerdings wird dies jetzt ausgedehnt auf unter 55--Jährige. Sozialpolitisch wird damit der Druck auf ältere Arbeitnehmer verschärft, unter keinen Umständen ihren Job zu verlieren oder, wenn sie doch arbeitslos geworden sind, jeden Job anzunehmen. Hier hat also nicht nur die sichernde Kraft von

Sozialleistungen abgenommen und die Bedeutung von Arbeit zugenommen, sondern eine un-sozialpolitische Intention hat Platz gegriffen: Die soziale Notlage Arbeitslosigkeit wird speziell für ältere Arbeitnehmer, die es am Arbeitsmarkt besonders schwer haben, durch die verkürzte Zahlungsdauer schneller verschärft.

Abbildung 2: Sperrzeiten in der BRD

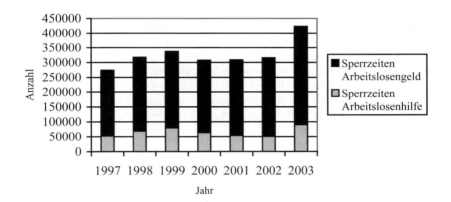

Daten aus: ANBA; eigene Zusammenstellung

Denn spätestens nach der Bezugszeit von Arbeitslosengeld setzen, wenn überhaupt, die verschärften Bedingungen zum Erhalt des Arbeitslosengeldes II ein (die bisherige Arbeitslosenhilfe). Viele Arbeitslose, vor allem Frauen, werden diese Leistung jedoch nicht erhalten, weil nun die Bedürftigkeit – ebenfalls nach strengeren Maßstäben – geprüft wird. Jetzt müssen Ersparnisse aufgebraucht und Unterhaltsansprüche vorrangig realisiert werden. Zudem ist die Höhe dieser Leistung, die sich bisher am vorherigen Verdienst orientierte (57 bzw. 53% des bereinigten Nettoverdienstes), auf feste Summen reduziert worden (z.B. Alleinstehende: 345 € (West), 331 € (Ost); Ehepaar oder Haushalt mit einem eheähnlichen Partner oder Lebenspartner: 622 € (West), 596 € (Ost), jeweils zuzüglich Unterkunftskosten usw.). Für Geringverdiener stand früher die zusätzliche Beantragung von Sozialhilfe offen, nun sind sie alle auf die Höhe der ehemaligen Sozialhilfe (mit Pauschalzuschlägen für einmalige Leistungen, wie z.B. Bekleidung) reduziert. Unverständlich ist das insofern, als sowohl die SPD als auch Bündnis 90/Die Grünen in ihren Wahlprogrammen für die Bundestagswahl 2002 die neue Sozialleistung Arbeitslosengeld II oberhalb der Sozialhilfe ansiedeln wollten. Bei näherer Betrachtung sind jedoch sämtliche Bestimmungen, die bislang die Sozialhilfe charakterisierten, nun Bestandteil der Bestimmungen des SGB II geworden. Dazu zählt vor allem die mit der Begrifflichkeit der „Eigenverantwortung" verbundene Umdrehung des Hilfegedankens. Bereits im § 1 des SGB II heißt es, „die Grundsicherung für Arbeitsuchende soll die Eigenverantwortung von erwerbsfähigen Hilfebedürftigen ... stärken und dazu beitragen, dass sie ihren Lebensunterhalt unabhängig von der Grundsicherung aus eigenen Mitteln und Kräften bestreiten können." Waren Sozialleistungen – ihrem alltagssprachlichen Verständnis entsprechend – bislang daran orientiert, dass die Gesellschaft Verantwortung für aus dem Arbeitsleben unfreiwillig ausgegrenzte Menschen übernahm, so wird nun diese Verantwortung auf die Hilfebedürftigen verlagert: Die Leistungen sind lediglich noch der Beitrag der Gesellschaft, damit sich die Hilfebedürftigen selbst von Sozialleistungen unabhängig machen. Der Umgang der Bundesagentur mit den Arbeitsfähigen beschränkt sich konsequenterweise darauf, ihnen beizubiegen, dass sie die alleinige Verantwortung für ihre Arbeitslosigkeit zu tragen haben.

Insofern lässt sich sagen, dass es nicht zu einer Zusammenlegung von Arbeitslosenhilfe und Sozialhilfe gekommen ist, sondern lediglich zu einer Abschaffung der Arbeitslosenhilfe, die wenigstens noch im Kern den Fürsorgegedanken des Staates gegenüber den unfreiwillig aus dem Arbeitsleben Ausgegrenzten enthielt [2]. Entsprechend sieht die weitere Ausgestaltung des SGB II aus: Die bis dato für die Sozialhilfe charakteristischen Zumutbarkeitsbestimmungen – außer gesetzwidrigen Arbeiten sind alle Arbeiten zumutbar – gelten nun auch für das Arbeitslosengeld II. Jetzt gibt es auch keine Bestimmungen zur möglichen Höhe des Verdienstes mehr – jede Arbeit ist zumutbar. Bis hin zu den Bestimmungen, dass das Kindergeld für im Haushalt des Arbeitslosen lebende Kinder als Einkommen gewertet wird und auf das Sozialgeld (so nennt sich zukünftig die Unterstützung für die im Haushalt des Arbeitslosen lebenden Angehörigen) angerechnet wird. Die alte, von Sozialhilfe-Selbsthilfeinitiativen immer wieder gegeißelte Ungerechtigkeit der Sozialhilfe, dass für jeden Millionär das Kindergeld ein zusätzliches Taschengeld ist, aber bei Bedürftigen als

---

[2] Das Gegenargument, dass es ja auch freiwillig aus dem Arbeitsleben ausgeschiedene Menschen gäbe, denen sich der Sozialstaat zu erwehren habe, soll hier deshalb nicht weiter verfolgt werden, weil weder individuell die konjunkturell schwankende Motivationslage, noch gesellschaftlich die letztlich anvisierte Asozialität - Gesellschaft gipfelte in nur noch atomisiert egoistischen Zwecken folgenden Individuen - argumentativ einen Sinn macht (vgl. zum ideologischen Charakter solcher Argumentationen Uske 1995).

14 Arbeit und soziale Sicherung in der Bürgergesellschaft

anrechenbares Einkommen zählt, wurde in die Regelungen zum Arbeitslosengeld II aufgenommen. Selbst die Ausschlussregelungen aus dem SGB II sind den alten Regelungen aus dem Bundessozialhilfegesetz (BSHG) nachempfunden. Wer sich beispielsweise weigert, eine zumutbare Arbeit anzunehmen, muss in einer ersten Stufe zunächst für die Dauer von drei Monaten eine Kürzung des Arbeitslosengeld II um 30% hinnehmen (§ 31) – im alten BSHG (§ 25) und im neuen SGB XII (§ 39) sind dies noch in der Regel 25%. Während im BSHG festgelegt war, dass der Bedürftige damit seinen Rechtsanspruch auf Hilfeleistungen verloren hatte, kann nun im SGB II eine elegantere Formulierung gewählt werden: „Während der Absenkung oder des Wegfalls der Leistung besteht kein Anspruch auf ergänzende Hilfe zum Lebensunterhalt nach den Vorschriften des Zwölften Buches" (§ 31). Im Endeffekt das gleiche Resultat - wer nicht arbeiten will, erhält auch nichts zu Essen. Nur, wer auch arbeiten will, hat in unserer Gesellschaft einen Anspruch auf Unterstützung, anderenfalls, so die rechtliche Konstruktion, katapultiert man sich mit dem fehlenden Willen selbst aus der Gesellschaft ins rechtlose Nichts. Jetzt zusätzlich zum SGB XII auch im SGB II die organisierte Verwahrlosung (vgl. Kantel 2004), die nun aber durch die Hereinnahme der arbeitsfähigen Sozialhilfebedürftigen für deutlich mehr Menschen zutrifft.

Lediglich für diejenigen, die im Rentenalter oder dauerhaft erwerbsunfähig sind, gelten besondere Regelungen des SGB XII (Grundsicherung im Alter und bei Erwerbsminderung, § 41 ff.). Diejenigen, die nicht mehr ins Erwerbsleben integrierbar sind, erhalten seit 2003 die finanzielle Unterstützung in der Höhe des Sozialgeldes (Sozialhilfe mit Pauschalzuschlag und Unterkunftskosten). Allerdings muss auch hier zunächst die Hürde einer Ausschlussformel übersprungen werden: „Keinen Anspruch auf Leistungen nach diesem Kapitel haben Personen, die in den letzten zehn Jahren ihre Bedürftigkeit vorsätzlich oder grob fahrlässig herbeigeführt haben" (§ 41). Wer also, ähnlich wie es früher im BSHG formuliert war, sich unwirtschaftlich verhalten hat oder die Bedürftigkeit beispielsweise durch Sperrzeiten grob fahrlässig herbeigeführt hat, verliert seinen Rechtsanspruch. Präzisiert wurde nun im Gesetz, dass dies für den Zeitraum der letzten zehn Jahre gilt. Von daher konnte auch der grundlegende Paragraf 1 des SGB XII mit leichten kosmetischen Veränderungen aus dem BSHG übernommen werden: „Aufgabe der Sozialhilfe ist es, den Leistungsberechtigten die Führung eines Lebens zu ermöglichen, das der Würde des Menschen entspricht. Die Leistung soll sie so weit wie möglich befähigen, unabhängig von ihr zu leben; darauf haben auch die Leistungsberechtigten nach ihren Kräften hinzuarbeiten. Zur Erreichung dieser Ziele haben die Leistungsberechtigten und die Träger der Sozialhilfe im Rahmen ihrer Rechte und Pflichten zusammenzuwirken." Statt wie früher formuliert „Hilfeempfänger", sind es nun „Leistungsberechtigte". Das Prinzip des „Förderns und Forderns" ist nun jedoch auch außerhalb des Erwerbslebens durch die Formulierung des Zusammenwirkens gewahrt. Die drei zentralen Konstruktionsmerkmale des BSHGs sind aber im neuen SGB XII identisch geblieben:

1. Die Führung eines Lebens, das der Würde des Menschen entspricht, wird lediglich „ermöglicht", aber nicht garantiert! Ohne „Mitwirkung" der Leistungsberechtigten gibt es auch nach dem neuen Gesetz keine sozialstaatliche Leistung. Das bezieht sich einmal auf die eher „harmlose" Offenlegung der finanziellen Verhältnisse, weil auch bei der Grundsicherung Unterhaltspflichten vorrangig sind - wenn auch, das lässt sich positiv vermerken, längst nicht mehr in dem starken Maße wie beim BSHG. Es reicht allerdings bis hin zu letztlich demütigenden Formen des „Forderns" seitens des Grundsicherungsamtes, wenn es beispielsweise um die Frage eines Umzugs geht.
2. Das durch das SGB XII ermöglichte Leben „entspricht" nur einem menschenwürdigen Leben, es ist aber selbst nicht menschenwürdig. Dahinter steckt die alte BSHG-Überlegung, dass nur ein Leben, das unabhängig von sozialstaatlichen Leistungen geführt wird, ein menschenwürdiges Leben sein kann. Entsprechend fällt denn auch die Ausgestaltung der Hilfe aus: Die Höhe der Regelsätze soll dem Einkommensniveau der untersten 20% der Bevölkerung entsprechen, nachdem die Sozialhilfebeziehenden dabei herausgerechnet wurden. Nach wie vor eingerechnet sind aber diejenigen, die, aus welchen Gründen auch immer, auf ihre Rechtsansprüche verzichten, die sogenannte „Dunkelziffer der Armut" (vgl. Kantel 1999). Es bleibt der Zirkelschluss, dass man den Armen nur das gewährt, was sie selbst am Arbeitsmarkt durchzusetzen in der Lage sind.
3. Nur wenn die Leistungsberechtigten „nach ihren Kräften" mithelfen, die Hilfebedürftigkeit zu überwinden, erhalten sie die Leistung. Die bereits angesprochene Mitwirkung wird in dem Ausmaß gefordert, wie sie der Einzelne erbringen kann. Das kann beispielsweise bei dauerhaft Erwerbsgeminderten bedeuten, dass dann, wenn sich ihr Zustand verbessern sollte oder zumindest das Grundsicherungsamt zu der Überzeugung gelangt ist, dass er sich gebessert habe, erneut Arbeitsleistungen eingefordert werden. Die Mitwirkungspflicht verlagert hier schnell auch die Beweispflicht auf die Hilfebedürftigen, die ja nun Leistungsberechtigte geworden sind.

Auch die gesetzliche Struktur einer tendenziellen Abwehr von Ansprüchen und die daraus folgenden (berechtigten) Klagen von Hilfebedürftigen, dass sie in den

Sozialämtern nicht das erhalten, was ihnen (vermeintlich) zusteht und sich nicht ernst genommen vorkommen (vgl. auch Kantel 1999), wurde in das SGB XII aufgenommen: „Sozialhilfe erhält nicht, wer sich vor allem durch Einsatz seiner Arbeitskraft, seines Einkommens und seines Vermögens selbst helfen kann oder wer die erforderliche Leistung von anderen, insbesondere von Angehörigen oder von Trägern anderer Sozialleistungen, erhält" (§ 2). Nun ist es das SGB XII und nicht mehr das BSHG, das als einziges Sozialleistungsgesetz in der BRD definiert, wer keine Leistungen erhält, statt wie alle anderen Sozialleistungsgesetze zu definieren, wer positiv die Leistungen erhält. Eine Umdrehung, die in den Sozialämtern dazu führt, dass die um Hilfe nachfragenden Menschen sich in ihrer problematischen Lebenssituation nicht ernst genommen fühlen müssen: Sie suchen das Sozialamt deshalb auf, weil sie sich nicht mehr anders zu helfen wissen und das Sozialamt sozusagen die „letzte Rettung" ist. Im Sozialamt können die SachbearbeiterInnen sich jedoch nicht auf die Anliegen dieser Menschen einlassen, sondern sind vom Gesetzgeber her gefordert, zunächst festzustellen, ob die Hilfebedürftigen sich nicht doch selbst helfen können. Das, was die Einzelnen vor dem (oft) schweren Gang zum Sozialamt für sich bereits definitiv erkannt und klargestellt haben, nämlich, dass sie sich selbst nicht helfen können, muss nun durch die Behörde hinterfragt werden. Die Hilfebedürftigen müssen dieses „amtliche Misstrauen" als tendenzielle Abwehr ihrer Ansprüche erleben - und diese Struktur hinterlässt tiefe Spuren in den kommunikativen Beziehungen zwischen Behörde und Hilfebedürftigen.

Die deutlichere Verknüpfung der sozialstaatlichen Leistungen mit dem Versuch, die wirtschaftliche Leistungskraft der Gesellschaft zu erhöhen und entsprechend die Zurückdrängung solidarischer Aspekte in der sozialen Sicherung zu Lasten der auf sozialstaatliche Leistungen wegen der mangelnden wirtschaftlichen Leistungskraft angewiesenen Menschen, so lässt sich resümieren, ist das durchgängige Prinzip der Veränderungen, die im Zuge der Agenda 2010 durchgesetzt wurden. Mehr denn je haben sich sozialstaatliche Leistungen von sozialpolitischen Zielsetzungen, die eine Linderung oder Beseitigung sozialer Notlagen verfolgen, verabschiedet. Mit der stärkeren Koppelung von Arbeitsbereitschaft und Leistungsempfang verabschiedet sich die Sozialpolitik von Fürsorgeüberlegungen vergangener Jahre und erklärt die Möglichkeit, in dieser Gesellschaft zu überleben, zum individuellen Problem. Mit dieser gesellschaftspolitischen Kapitulation vor der nunmehr 30-jährigen Massenarbeitslosigkeit wird gleichzeitig das hohe Lied auf eine Marktwirtschaft angestimmt, die offensichtlich immer mehr nur noch in der Lage ist, lediglich einem Teil ihrer Mitglieder ein auskömmliches Leben zu ermöglichen.

2 Erwerbsarbeit in der Bürgergesellschaft

Die absehbaren weiteren Wirkungen dieser neuen Konzepte, hinsichtlich ihrer flankierenden Funktionen für den Arbeitsmarkt, sind ganz im Sinne neoliberaler Politik bestechend: Durch das auch im neuen SGB XII festgehaltene „Lohnabstandsgebot" (§ 28), das festlegt, dass die Höhe der Hilfe zum Lebensunterhalt unterhalb des Verdienstes der unteren Lohngruppen zu sein hat, wird der Bezug zur Arbeit als Quelle des Lebensunterhalts noch einmal heraus gestrichen. Nur wer dauerhaft nicht arbeiten kann (Alte, Kinder und Erwerbsunfähige), wird der Grundsicherung überantwortet - alle anderen werden gezwungen, ihren Lebensunterhalt durch Arbeit, selbst wenn sie kein auskömmliches Dasein ermöglicht und von „Selbstverwirklichung" weit entfernt ist, zu bestreiten. Aus neoliberaler Sicht ist dies die Frage und das Gebot der Stunde: „Wie hoch muss die Arbeitslosigkeit werden, um die Arbeitnehmer soweit zu disziplinieren, dass sie sich mit wettbewerbsfähigen Löhnen zufrieden geben?" (Weizsäcker 1999: 89). Mit der neuen Sozialgesetzgebung ist diese Frage beantwortet und die neuen Konzepte beschleunigen die Umsetzung.

Je schlechter die Bedingungen auf dem allgemeinen Arbeitsmarkt werden, mit Erwerbsarbeit einen auskömmlichen Lebensunterhalt zu bestreiten, um so niedriger fallen auch die Sozialleistungen aus. Je mehr auf dem allgemeinen Arbeitsmarkt nur noch die Fittesten einen Lebensunterhalt erzielen können, mit dem sich Nahrung, Kleidung, Wohnung etc. auf einem reproduzierbaren Niveau bewegen, um so mehr werden diejenigen abgehängt, die der Arbeitsmarkt wegen ihrer körperlichen und geistigen Fähigkeiten, ihres Bildungsstandes und ihrer dokumentierbaren Willigkeit nicht mehr gebrauchen kann. Sie werden der sozialen Sicherung und der sozialen Arbeit überantwortet (vgl. auch Dahme, Wohlfahrt 2002) oder, so steht zu befürchten, zukünftig gänzlich sich selbst und der Verwahrlosung überlassen (vgl. Kantel 2004).

Was sich beim ehemaligen Kanzleramtsminister Hombach noch sozialarbeiterisch bemüht anhörte: „In der Sozial- und Gesellschaftspolitik müssen wir, um das Bild aus der skandinavischen Diskussion aufzugreifen, das soziale Netz umbauen zu einem Trampolin, mit dem die aus der Arbeitswelt Gefallenen wieder auf die Beine zurückgefedert werden" (Hombach 1999: 66), wird unter den neuen gesetzlichen Instrumentarien zur Pflicht des Hilfebedürftigen. Aber: Nicht das gesetzliche Instrumentarium befördert den Hilfebedürftigen wieder ins Arbeitsleben, wie es das Bild vom Trampolin suggeriert, sondern der Hilfebedürftige muss sich selbst, aus freiem Willen, darum bemühen. Und die einzige Triebfeder dazu ist das Vermeidungsverhalten – um Sanktionen zu entgehen, die den Hilfebedürftigen aus der Gesellschaft und dem menschenwürdigen Leben ausgrenzen würden, wird er „von sich aus" alles unternehmen, was die jeweiligen

14 Arbeit und soziale Sicherung in der Bürgergesellschaft

Ämter von ihm verlangen. Sind die neuen von der Bundesagentur für Arbeit und den Sozialämter gebildeten Job-Center wirklich die letzte Chance, nicht ins Bodenlose zu fallen, gibt es zur Unterwerfung unter die von der Gesellschaft gesetzten Bedingungen nur die Alternative der Verwahrlosung. Der daher bezogen auf die Arbeitsmarktpolitik wirklich entscheidende Grundton in der Diskussion über die neue Bürger- und Zivilgesellschaft ist deshalb vielfach nicht der „Appell" (Buchstein 2000: 8) an die Eigeninitiative und Eigenverantwortung der Bürger, sondern spätestens beim Arbeitslosengeld II (vgl. SGB II § 31) durch die Drohung mit dem Verlust des Rechtsanspruchs auf ein menschenwürdiges Leben der Zwang dazu.

Vor diesem Hintergrund ist es nicht akzeptabel, wenn aktivierende und beteiligungsorientierte Politikansätze, wie sie mit dem Konzept der Bürgergesellschaft verfolgt werden, umstandslos auf die Arbeitsmarktpolitik übertragen werden (vgl. etwa Huesmann 2002). In diesem Politikfeld geht es, anders als in den anderen Bereichen, auf die sich die Diskussion um die Bürgergesellschaft bezieht, schließlich um entscheidende existenzielle Fragen, deren Verknüpfung mit Sanktionen stets in letzter Konsequenz den Ausschluss der Menschen aus der Gesellschaft zur Folge haben kann. Ebensowenig akzeptabel ist es, wenn bürgerschaftliches Engagement für nationalistische Zwecke funktionalisiert werden soll. Nationalistisch aufgeladen, wird aus bürgerschaftlichem Engagement in neoliberaler Sicht ein nationaler Vorteil: „Für nahezu alle Politikfelder muss eine individuelle und doch gesellschaftlich ausgerichtete ‚Kultur der Anstrengung' entwickelt werden. .... Es ist diese individuelle Anstrengung und die daraus resultierende Leistung, die unserem Gemeinwesen einen Vorsprung verschaffen kann" (Koch 2002: 11). Bürgerschaftliches Engagement wird so letztlich nur deshalb gefördert, so steht zu befürchten, weil es nationale Vorteile bringt.

Solange es kein bedingungsloses garantiertes Grundeinkommen – oder wie die Vorschläge dazu im Einzelnen auch lauten – gibt, solange verschleiert die Diskussion über die Bürgergesellschaft nur den Zusammenhang, dass wir in einer Arbeitsgesellschaft leben, die sozialpolitisch gesehen nur denjenigen ein Lebensrecht einräumt, die bereit sind, zu den vom Markt diktierten Bedingungen zu arbeiten. Wohlstandsgesellschaft hin oder her, für diejenigen, die es nicht schaffen, daran zu partizipieren, bleibt nur der aus dem Mittelalter bekannte Zwang zur Arbeit, verpackt in moderne Formen oder der Absturz aus dem „umgestülpten Netz der sozialen Sicherung" (vgl. Wagner 1991). Die Forderung von Martin Bellermann, dass „die demografische Entwicklung, die Entwicklung der Armut und der Arbeitslosigkeit ... einen Umbau der Rentenversicherung und Sozialhilfe in Richtung auf eine Grundsicherung für alle mit kombinierter (aufgestockter) – einkommens- bzw. arbeitsbezogener – Individualversicherung nahe(legen)" (Bellermann 2001: 185), wird sich nur dann erfüllen, wenn die Gesellschaft bereit ist, allen Mitgliedern ein menschenwürdiges Leben zu garantieren und nicht nur zu ermöglichen. Ein Unterfangen, das eine der führenden Industrienationen der Welt durchaus zu leisten in der Lage sein sollte.

Literatur

ANBA, Amtliche Nachrichten der Bundesanstalt für Arbeit, jeweils Heft 2 des Folgejahres, ab 2004 umbenannt in: Amtliche Nachrichten der Bundesagentur für Arbeit
Bellermann, Martin (2001): Sozialpolitik - eine Einführung für soziale Berufe. 4. Aufl., Freiburg i.b.
Buchstein, Hubertus (2000): Bürgergesellschaft und Bürgerkompetenzen. In: Politische Bildung, Heft 4, S.8-18
Dahme, Heinz-Jürgen; Wohlfahrt, Norbert (2002): Aktivierender Staat. In: Neue Praxis, Heft 1, S.10-32
Hombach, Bodo (1999): Die Balance von Rechten und Pflichten. Für eine Neujustierung des sozialdemokratischen Modells. In: Alemann, Ulrich von; Heinze, Rolf G.; Wehrhöfer, Ulrich (Hg): Bürgergesellschaft und Gemeinwohl. Opladen, S.61-68
Huesmann, Maria (2002): Bürgergesellschaft - eine Positionierung des Landes NRW. In: Kreibich, Rolf; Trapp, Christian (Hg): Bürgergesellschaft: Floskel oder Programm. Baden-Baden, S.21-25
Kantel, H.-Dieter (1999): Arbeiten an der Gestaltung des Lebens: Soziale Arbeit und Soziale Dienste. In: Dietz, Berthold, u.a. (Hg): Handbuch der kommunalen Sozialpolitik, Opladen, S.507-518
Kantel, H.-Dieter (2002): Mit Beschäftigungsgesellschaften gegen Arbeitslosigkeit? In: Sozialer Fortschritt, H. 5, S.123-130
Kantel, H.-Dieter (2004): „Wer nicht arbeiten will ...." - zur Kritik der organisierten Verwahrlosung. In: Sozial Extra, H.1, S.41-43
Koch, Roland (2002): Die Zukunft der Bürgergesellschaft - Innovative Ehrenamtspolitik in Hessen. In: ebd. (Hg): Die Zukunft der Bürgergesellschaft. München, S.11-21
Narr, Wolf-Dieter (2004): Sozialpolitik neu denken und machen. In: Gewerkschaftliche Monatshefte, H. 1, S.7-14
Uske, Hans (1995): Das Fest der Faulenzer. Duisburg
Wagner, Wolf (1991): Angst vor der Armut. Berlin
Weizsäcker, Carl Christian von (1999): Sozialstaat und soziales Kapital. In: Graf, Friedrich Wilhelm; Platthaus, Andreas; Schleissing, Stephan (Hg): Soziales Kapital in der Bürgergesellschaft. Stuttgart, S.83-92

15 Kriminalität und öffentliche Sicherheit

Karl-Friedrich Koch

Kriminalität spielt im Leben wohl jeder Gesellschaft eine beachtliche Rolle. Delinquentes Verhalten, ob als Einzelfall oder im Rahmen einer kriminellen Karriere, zieht sich dabei durch alle Altersgruppen der Bevölkerung. Sie ist somit eine ubiquitäre Erscheinung und in ihrer Ausprägung zugleich ein Spiegelbild gesellschaftlicher Zustände und Entwicklungen. Aufschlussreich ist es vor allem, wenn man einzelne Delikte einer eingehenderen Betrachtung unterzieht und fragt, wer hier als Täter in Erscheinung tritt, wer das Risiko trägt Opfer zu werden und welche Faktoren ursächlich sind für das Auftreten eben dieses Deliktes. An Erkenntnissen aus diesen Überlegungen lassen sich straftatverhütende wie strafverfolgungsfördernde Ansätze ausrichten.

Unter demografischen Gesichtspunkten steht eher die Beantwortung der Frage im Vordergrund, ob es Teile der Bevölkerung gibt, die besondere Auffälligkeiten in Bezug auf die Begehung von Straftaten oder Besonderheiten unter dem Aspekt der Opferwerdung aufweisen. Lassen sich solche Merkmale herausarbeiten, kann versucht werden, deren Entwicklung mit Blick auf zukünftige demografische Veränderungen zu antizipieren.

Im Folgenden soll versucht werden, in Anlehnung an die Daten der Polizeilichen Kriminalstatistik (PKS) die Kriminalitätsbelastung unterschiedlicher Alters- und Bevölkerungsgruppen zu beschreiben[1]. Im Hinblick auf zukünftige Änderungen der Altersstruktur und der ethnischen Zusammensetzung der Bevölkerung sollen dann Einflussfaktoren betrachtet werden, die auf eine möglicherweise damit verbundene Veränderung der Delikts-, Täter- und Opferstruktur hindeuten. In wie weit sich diese Faktoren dann tatsächlich auf die Kriminalitätslage auswirken werden, hängt unter anderem davon ab, ob es den Verantwortlichen gelingt, angesichts rechtzeitig erkannten Risikopotenzials so weit steuernd einzuwirken, dass der Eintritt von Schäden in Folge von Kriminalität auf ein Mindestmaß reduziert bleibt.

---

[1] Aus Kapazitätsgründen können an dieser Stelle nur einige Tendenzen und ausgewählte Deliktfelder betrachtet werden. Genauere Angaben sowie tabellarische und grafische Darstellungen finden sich im Internetangebot des Bundeskriminalamtes: www.bka.de

1 Altersgruppen und Kriminalität

Betrachtet man den Zeitraum zwischen 1987 und 2003, so ist der Anteil von Kindern unter 14 Jahren an der Wohnbevölkerung in Deutschland zunächst gewachsen und seit 1994 rückläufig (2003: 13,9%). Parallel dazu ist auch der Anteil der Kinder an der Anzahl der Tatverdächtigen insgesamt gestiegen, er nimmt aber seit 2000 kontinuierlich ab (2003: 5,4 %).

Annähernd die Hälfte der Kinder, die als Tatverdächtige erfasst sind, sind im Zusammenhang mit einem Ladendiebstahl in Erscheinung getreten. Der Anteil kindlicher Tatverdächtiger bei Diebstahlsdelikten insgesamt belief sich im Zeitraum 1987 bis 2003 auf Werte zwischen 7,7% (1993) und 13,6% (1999) und ist seither rückläufig. Weitere bemerkenswerte Deliktsbereiche sind Sachbeschädigung und Körperverletzung. Beachtlich erscheint, dass der Anteil der Kinder an den Tatverdächtigen für den Deliktsbereich der Gewaltkriminalität zwischen 1987 und 2001 von 1,6% auf 6,5% angestiegen ist. Auch hier verzeichnet die PKS für das Jahr 2003 einen Rückgang auf 5,5%.

Insgesamt betrachtet bleibt der Anteil der Kinder an den Tatverdächtigen durchgehend deutlich unter ihrem Anteil an der Wohnbevölkerung.

Diese Aussage gilt nicht für die Bevölkerungsgruppe der Jugendlichen im Alter von 14 bis unter 18 Jahren. Hier weist die Statistik deutlich höhere Werte für den Tatverdächtigenanteil (in den letzten Jahren um die 13%, 2003: 12,5 %) im Vergleich zum Wohnbevölkerungsanteil (2003: 4,6%) aus.

Ähnlich wie bei den Kindern wird das Deliktsspektrum Jugendlicher von Diebstahlsdelikten, von Sachbeschädigung, Körperverletzung, aber auch von Rauschgiftdelikten und Betrugsstraftaten (vor allem Leistungserschleichung) geprägt. Der Anteil Jugendlicher an der Gesamtheit der Tatverdächtigen beim Diebstahl (mit Schwerpunkt bei Ladendiebstahl) beläuft sich zwischen 14,8% im Jahre 1992 und 20% im Jahre 1999. In den Jahren danach ging er auf Werte um die 19% zurück. Bei Betrachtung eines Zeitraumes zwischen 1987 und 2002 wuchs der Jugendlichenanteil an den Tatverdächtigen im Bereich der Gewaltkriminalität (darunter auch Raubdelikte) von 11,1% auf 21,9% im Jahre 2000, seither ist er leicht rückläufig (21 % im Jahre 2003).

Für die Altersgruppe der Heranwachsenden (18 bis unter 21 Jahre) gilt hinsichtlich des Verhältnisses der Anteile an Tatverdächtigen und Wohnbevölkerung Ähnliches wie für die Jugendlichen; sie sind bei den Tatverdächtigen (Anteil 2003: 10,5%) im Vergleich zum Wohnbevölkerungsanteil (2003: 3,4 %) deutlich überrepräsentiert.

Das Deliktsspektrum der Heranwachsenden umfasst schwerpunktmäßig Rauschgiftdelikte, Gewaltdelikte wie Körperverletzung, Straftaten aus dem Bereich der Vermögens- und Fälschungsdelikte (mit Schwerpunkt Diebstahl sowie Betrug und hier Leistungserschleichung) sowie Sachbeschädigung. Auch bei

Computerkriminalität stammt knapp ein Fünftel aller Tatverdächtigen aus dieser Altersgruppe. Erwachsene im Alter von 21 bis unter 60 Jahren sind durchweg um mehr als 10 Prozentpunkte bei den Tatverdächtigen (Anteil an den Tatverdächtigen insgesamt 2003: 65,4%) gegenüber ihrem Anteil an der Wohnbevölkerung (2003: 53,8%) überrepräsentiert. Der Wohnbevölkerungsanteil dieser Altersgruppe ist seit 1995 erkennbar rückläufig.

Bei den Tatverdächtigen für Diebstahl insgesamt sind die Erwachsenen unter 60 Jahre mit einem Anteil um die 50% (1993 Höchststand 57,8%; 2003: 50,5%) vertreten, ihr Anteil bei Ladendiebstahl ist etwa gleich hoch (2003: 49,6%). Bei Vermögens- und Fälschungsdelikten belief sich der Tatverdächtigenanteil dieser Altersgruppe auf Werte zwischen 82,4% (1987) und 78,5 % (2003); ein Höhepunkt lag 1994 bei 83,4%. Deutlich mehr als die Hälfte aller Tatverdächtigen bei Gewaltkriminalität waren bisher Erwachsene dieser Altersgruppe. Seit 1989 war ihr Anteil zurück gegangen bis auf 52,9% im Jahre 2001. Seither steigt er wieder leicht an (2003: 54,8%).

Wenig auffällig präsentiert sich die Bevölkerungsgruppe der über 60-Jährigen. Ihr Anteil an den Tatverdächtigen insgesamt ist im Vergleich zu ihrem Wohnbevölkerungsanteil (2003: 24,4%) gering.

Die PKS weist aber aus, dass mit Zunahme des Bevölkerungsanteils der über 60-Jährigen (etwa seit 1996) auch deren Tatverdächtigenanteil zunimmt (seit 1997 von 5,1% auf 6,3% im Jahre 2003; ein Höhepunkt hatte sich bereits 1989 mit einem Tatverdächtigenanteil von 6% ergeben).

Bei den Tatverdächtigen für Diebstahl insgesamt waren die Älteren im Jahre 2003 mit einem Anteil von 9,6% vertreten. Ihr Anteil bei Ladendiebstahl steigt seit 1997 erneut an (auf 13,6% im Jahre 2003, vor 1997 hatte er kurzfristig 15,1% erreicht). 2003 gehörten 3,6% der Tatverdächtigen bei Vermögens- und Fälschungsdelikten zum Kreis der über 60-Jährigen. Bei Gewaltdelikten bewegt sich der Anteil zwischen 2,1% (1993) und 2,7% (2003). Seit 1994 ist der Anteil an den Tatverdächtigen bei Beleidigung von 7,4% (1987) auf 9,8% (2003) angewachsen.

Der Anteil Nichtdeutscher an Wohnbevölkerung und Tatverdächtigen erreichte Anfang der 90er-Jahre (1992: Wohnbevölkerungsanteil 9,9%; Tatverdächtigenanteil - Straftaten insgesamt ohne Straftaten gegen Ausländergesetz und Asylverfahresgesetz - 26,8%) seinen Höhepunkt. Seither liegt der Bevölkerungsanteil bei rund 8,9%, der Tatverdächtigenanteil ging auf zuletzt (2003) 19 % zurück.

Der Anteil illegal aufenthältlicher Ausländer, die nicht zur Wohnbevölkerung gezählt werden, an den nichtdeutschen Tatverdächtigen insgesamt hatte 1998 mit 22,4% einen Höhepunkt erreicht und belief sich im Jahre 2003 auf 17,4%. Illegale sind vor allem mit Verstößen gegen das Ausländer- und Asylverfahrensgesetz in der PKS erfasst. Die Zahl der Illegalen in Deutschland wird auf 250.000 bis 500.000 Personen geschätzt (Natorp 1999; Kürzinger 1996). Sie sollen in gesellschaftlichen und juristischen Grauzonen leben, in großer Nähe zu unerlaubten Handlungen und zu Kriminalität. Dazu gehören beispielsweise neben den erwähnten Delikten die Schwarzarbeit, Bestechung, Schlepper- und Schleuserkriminalität sowie der Aufbau „heimlicher Informationsnetze", die auch zur Warnung vor behördlichen Aktivitäten dienen (Frings 1998).

Für die Bewertung des Ausländeranteils an den Tatverdächtigen und Vergleiche mit der Wohnbevölkerung muss zudem – abgesehen vom generellen Problem, dass es ein Dunkelfeld nicht ermittelter Täter gibt, das sowohl bei den Altersgruppen als auch im Hinblick auf die Ethnie der Tatverdächtigen durchaus unterschiedlich ausfallen dürfte – berücksichtigt werden, dass neben Illegalen auch Touristen und Durchreisende, Besucher, Grenzpendler und Stationierungsstreitkräfte nicht zur Wohnbevölkerung gezählt werden, aber durchaus bei den Tatverdächtigen registriert sind. Unter diesem Gesichtspunkt sind Aussagen zur Kriminalitätsbelastung von Nichtdeutschen nur sehr eingeschränkt aussagekräftig und müssen sowohl hinsichtlich der Deliktsstruktur als auch im Hinblick auf Bevölkerungsstruktur und -dichte in Bezug auf die regionale Verteilung über das gesamte Bundesgebiet deutlich differenziert betrachtet werden.

2 Faktoren mit Einfluss auf die (zukünftige) Kriminalitätsentwicklung

Man würde es sich zu einfach machen, aus der demografischen Entwicklung in Deutschland einfache Rückschlüsse auf die Kriminalitätsbelastung der Altersgruppen und Ethnien zu ziehen. Es erscheint zunächst plausibel, von einem Rückgang des Bevölkerungsanteils junger Menschen auf eine Abnahme der Kinder-, Jugend- und Heranwachsendenkriminalität zu schließen. Ebenso könnte es wahrscheinlich sein, dass mit zunehmender Alterung der Gesellschaft, damit einem höheren Anteil älterer Menschen an der Gesamtbevölkerung, auch der Anteil dieser Personengruppe an der Gesamtzahl der Tatverdächtigen zunimmt. Und wächst im Zuge eines möglichen Ausgleichs des Bevölkerungsdefizits Einheimischer der Anteil nichtdeutscher Mitbewohner, erscheint es zunächst nicht abwegig, an einen höheren Tatverdächtigenanteil dieser Personengruppe zu denken, zumal es sich um eine Bevölkerungsgruppe handeln dürfte, die sich von den Einheimischen hinsichtlich der Alters-, Geschlechts- und Sozialstruktur deutlich unterscheidet.

All diese Aspekte sind bei Szenarien zur zukünftigen Kriminalitätsentwicklung sicherlich zu berücksichtigen. Der Schwerpunkt muss aber wohl eher darauf gelegt werden, die Bedingungen, unter denen Kriminalität entsteht oder sich in eine bestimmte Richtung fortentwickelt, zu hinterfragen, um aus der Veränderung dieser Bedingungen auf die daraus resultierende Dynamik der Begehung von Straftaten in den Bevölkerungsgruppen zu schließen. Mittel- und langfristig dürften in diesem Zusammenhang vor allem zwei Tendenzen eine Rolle spielen: Der rapide Rückgang des Anteils junger Menschen an der Wohnbevölkerung (mit Auswirkungen auf die Kinder-, Jugendlichen- und Heranwachsendenkriminalität) sowie der ebenso rasante Anstieg des Bevölkerungsanteils älterer Menschen (mit Auswirkungen auf die so genannte Alterskriminalität).

2.1 Kriminalität junger Menschen

Die Delinquenz junger Menschen wird als „statistisch normales Phänomen" bezeichnet (Bundesministerium des Innern, Bundesministerium der Justiz 2001: 552). Die gelegentliche, meist bagatellhafte Übertretung strafrechtlicher Normen betrifft die weit überwiegende Mehrzahl junger Menschen aus allen sozialen Schichten im Laufe der Jugendzeit und mündet nicht zwangsläufig in eine kriminelle Karriere. Jugendliche Mehrfach- und Intensivtäter – rund 3 bis 10% jugendlicher Täter – dürften allerdings für einen hohen Anteil der Jugenddelikte verantwortlich sein.

Hinsichtlich der Entstehung von Kriminalität junger Menschen wird eine Wechselwirkung zwischen individuellen Entwicklungsvoraussetzungen (für die Herausbildung sozialer Autonomie und Integration sowie einer an sozialen Standards orientierten Moral als eine Voraussetzung für Selbstkontrolle) und aktuellen gesellschaftlichen Bedingungen angenommen.

Risikofaktoren und Indikatoren für mögliches dissoziales Verhalten sind u.a. niedrige Intelligenz, sprachliche und motorische Defizite, Leseschwierigkeiten, Aufmerksamkeitsprobleme und Hyperaktivität, hohe Aggressivität und Impulsivität, zunehmend auch Schule schwänzen, was die Chancen schulischer Lernprozesse verringert, damit spätere Entwicklungsoptionen beschränkt und Ausgrenzungsprozesse forciert. Hinzu kommen ungünstige Sozialisationserfahrungen im Elternhaus, z.B. ein Gewalt belastetes Erziehungsverhalten der Eltern, welches sonstige Probleme verstärken kann und verhindert, dass eine sinnvolle Konfliktaustragung erlernt, eine moralische Haltung herausgebildet und Rivalität gezähmt werden kann, dazu materielle Notlagen, soziale Randständigkeit oder eine ungünstige Wohnsituation. Eine wesentliche Rolle bei der individuellen Entwicklung spielen darüber hinaus Effekte der Gleichaltrigengruppe, insbesondere die Einbindung in eine deviante Gruppe, die delinquenzbefürwortende Einstellungen fördert, zugleich ein Gefühl der Zugehörigkeit und Stärke vermittelt, Know-how zur Straftatbegehung weiter gibt und zur Senkung von Hemmschwellen beiträgt.

In Deutschland ist ein Anwachsen sozialer Gegensätze zu beobachten. So ist beispielsweise in den letzten Jahren der Anteil der Kinder und Jugendlichen, die von Armut betroffen sind und Sozialhilfe beziehen, stärker angestiegen als der Anteil der Erwachsenen. Schulische Probleme nehmen zu. Der Anteil der Einzelkinder und nicht-ehelich geborener Kinder erhöht sich. Die Zahl der Ehescheidungen nimmt zu, in weit mehr als der Hälfte der Fälle sind Kinder von der Scheidung betroffen. Die Zunahme „untypischer Lebensformen" – etwa nichtehelicher Lebensgemeinschaften oder „Ein-Eltern-Familien" – erhöht die Gefahr individueller Biografiebrüche in Folge familiärer Dysfunktionalität. In noch vollständigen Familien mehren sich Probleme, die aus wachsender Arbeitslosigkeit oder aus den Zwängen beruflicher Mobilität der Eltern heraus erwachsen.

Bereits Kinder sind einem zunehmenden Konsumdruck ausgesetzt, ohne dass sie über ein adäquates Einkommen verfügen. Dabei spielt ein ausgeprägtes Markenbewusstsein eine gemeinschafts- und identitätsbildende Rolle, womit dem fundamentalen Bedürfnis junger Menschen nach Anerkennung und Selbstbestätigung entsprochen wird. Oftmals führt entsprechender Druck zu einem unrealistischen Anspruchsniveau; wird dieses nicht erfüllt, können Enttäuschung und Frustration die Folge sein, die ihrerseits deviantes Verhalten begünstigen können. Ein Beispiel für starke Konsumorientierung ist der Technikeinsatz im Alltag, etwa die Nutzung von Mobiltelefonen (Handys) oder Computern mit Internet-Anschluss z.B. für den Versand von E-Mails, die bereits viele Kinder und Jugendliche in finanzielle Bedrängnis geführt (und moderne Varianten einer „Beschaffungskriminalität" hervorgebracht) haben und neue Formen der Abhängigkeit mit sich bringen: Ohne Kontakt per SMS wird der junge Mensch aus einer Gemeinschaft ausgeschlossen.

Die Neigung zu strukturierten Freizeitaktivitäten scheint abzunehmen, dagegen erhöhen sich die Konsum orientierten. Medienkonsum spielt eine zunehmende Rolle. Gewalthaltigen Kino-, Video- und Fernsehfilmen wird eine aggressionsverstärkende Wirkung nachgesagt. Von „Medienverwahrlosung" ist die Rede (Pfeiffer 2003): Die tägliche Fernsehdauer nimmt zu, es werden häufiger als jugendgefährdend eingestufte Angebote konsumiert, viele Jugendliche nutzen regelmäßig Computerspiele, die auf Grund ihres jugendgefährdenden Inhalts für unter 18-Jährige verboten sind. In der Konsequenz kann sich daraus eine Verarmung täglicher sozialer Beziehungen ergeben, soziale Kompetenz kann sich nicht entfalten. Es bleibt häufig zu wenig Zeit für schulbezogene und andere Freizeit-Aktivitäten. Zusammen mit sonstigen (vorwiegend familiären) Belastungsfaktoren und fehlender persönlicher oder beruflicher Zukunft kann exzessiver Konsum von Gewaltmedien unmittelbare Auswirkungen auf die persönliche Gewaltbereitschaft haben, können Gewaltsituationen in den Medien als Identifikations- und Handlungsmuster dienen. Medienkonsum als Konfrontation mit der Welt der Erwachsenen verlangt heute nach erhöhter Medienkompetenz, die oft

15 Kriminalität und öffentliche Sicherheit

nicht vermittelt wird, weil Eltern sich zu wenig mit dem Konsumverhalten der Kinder befassen und damit als Hilfe bei der Orientierung und Verfestigung sozial konformer Regeln und Normen ausfallen.

Die Möglichkeit der Integration in den Arbeitsmarkt und damit der Einstieg in das Erwerbsleben trägt dazu bei, dass oppositionelles und delinquentes Verhalten abgebaut wird. Die Verknappung beruflicher Ausbildungschancen und die immer stärker angespannte Arbeitsmarktsituation verbauen diese Perspektive in zunehmendem Maße. Fehlende berufliche Zukunft führt zu großen Ohnmachts- und Insuffizienzgefühlen. Hier liegt eine Wurzel für den häufig beschriebenen möglichen Anstieg von Aggression und Gewalt bereits im Jugendalter, die sich gegen andere, aber auch gegen die eigene Person richten kann, etwa in Form von Drogenkonsum.

Auf neuen Technologien basierende enorm gesteigerte Produktivität, wie sie gefördert wird, um im Zeitalter der Globalisierung wettbewerbsfähig zu bleiben, emanzipiert sich zusehends von menschlicher Arbeit. Der Mensch wird nicht nur nicht mehr ausgebeutet, er wird überhaupt nicht mehr gebraucht. Vor allem junge Menschen können auf ihre Verwandlung in „menschlichen Müll" mit Wut und Hass reagieren. Zum Ausbruch bedarf es dann nur noch einer Initialzündung. In diesen Kontext gehört weiterhin, dass der „marktgängige und allseits kompatible Mensch" sich am besten verkauft, wenn er Moral auf ein Minimum schrumpfen lässt, das gerade noch vor strafrechtlicher Verfolgung schützt (Eisenberg 2002: 27).

Mit den Anforderungen der (zukünftigen) Arbeitswelt verknüpfte Probleme sieht auch die 14. Shell-Jugendstudie. Demnach bilden rund 50% der Jugendlichen eine Leistungs- und Engagementselite, denen die Gruppen der „Unauffälligen und Zurückgezogenen" sowie der „robusten Materialistinnen und Materialisten" gegenüber stehen, die mit dem Tempo und den Leistungsanforderungen der Gesellschaft nicht mithalten können, andererseits aber integriert sein und Erfolg haben wollen. Die daraus resultierende „explosive Mischung" (Kretschmer 2002) kann ggf. zu Distanz zur bzw. Ablehnung von Demokratie und zu auffälliger Fremdenfeindlichkeit führen; bei einer – wenn auch geringen – Anzahl Jugendlicher aus diesen Gruppen werden bereits heute Gewaltpotenziale bis hin zu rechtsextremistischer Orientierung erkennbar.

Unklarheit besteht darüber, wie bei subjektiv erlebter Regellosigkeit und Undurchschaubarkeit (zu denken ist hier in erster Linie an die komplexen Wirkzusammenhänge von „Globalisierung" und deren Auswirkungen auf die Gesellschaft und die sie bildenden Individuen) Anerkennung und Zufriedenheit erreicht werden kann. Ist die Bindung an die Gesellschaft und das sie tragende Werte- und Normensystem wenig entwickelt, steigt die Wahrscheinlichkeit der Verschärfung anomischer Zustände, wie sie bereits heute auszumachen sind. Dies umso mehr, wenn in einem Individuum eine Vielzahl ungünstiger, häufig kriminogener Faktoren zusammentrifft, die sich gegenseitig verstärken können und so Delinquenz fördern.

Dies trifft in besonderem Maße auf junge Nichtdeutsche und deutschstämmige (Spät-) Aussiedler zu. Bei ihnen sind gravierende soziale Benachteiligungen in den Bereichen Schule, Berufsausbildung und Arbeit zu berücksichtigen. Hinzu kommen vermehrte innerfamiliäre Konfliktlagen (Bundesministerium des Innern, Bundesministerium der Justiz 2001: 539).

So lässt sich etwa die gegenüber gleichaltrigen Deutschen erhöhte Belastung junger Nichtdeutscher im Bereich der Gewaltdelikte auf soziale Rahmenbedingungen zurückführen, unter denen sie in Deutschland aufwachsen. Beschrieben werden in diesem Zusammenhang z.B. ein niedrigeres Bildungsniveau und ein Anstieg der Arbeitslosigkeit. Mit zunehmender Aufenthaltsdauer kommen Schwierigkeiten im familiären Bereich als Ausdruck von Integrations- und Kulturkonfliktproblemen, Sprachschwierigkeiten und Probleme mit der Normstruktur hinzu. Junge männliche Zuwanderer aus der Türkei oder dem ehemaligen Jugoslawien sind noch weitgehend von traditionellen Männlichkeitsvorstellungen geprägt, die von Dominanz- und Gewaltlegitimation (z.B. „Kultur der Ehre") gekennzeichnet sind.

Im Gegensatz dazu stehen Hinweise auf erkennbare Entwicklungen bei deutschen Jugendlichen, wonach gewaltbefürwortende Einstellungen rückläufig sein sollen als Folge sich wandelnder Bewertungen von Gewalt bei Bezugspersonen wie Eltern, Lehrern oder Gleichaltrigen. Dies kann dazu geführt haben, dass Gewaltkonflikte, bei denen Täter und Opfer verschiedenen ethnischen Gruppen angehören, vermehrt angezeigt und somit aus dem Dunkelfeld gehoben werden, insbesondere wenn das Opfer der deutschen Bevölkerung, der Täter aber einer anderen Ethnie angehörte. Das Gleiche ist im Zusammenhang mit Sexualdelikten zu beobachten.

Die Situation kann sich verschärfen, wenn zukünftig im Zuge bzw. als Folge der Globalisierung eine verstärkte Migration aus wirtschaftlich randständigen Weltregionen in die „alten Industrienationen" stattfinden sollte. Oft dürfte es in diesen Ländern bereits zu bürgerkriegsähnlichen und kriegerischen Auseinandersetzungen und in Folge dessen zu hohen (Gewalt-) Kriminalitätsraten gekommen sein. Korruption und (Organisierte) Kriminalität gehörten vielleicht zur Tagesordnung, auch um das eigene Überleben zu sichern. Menschen aus diesen Ländern dürften ein anderes Verständnis von und Verhältnis zu Gewalt haben, das durch hierzulande herrschende Einstellungen, Normen und Werte nicht kurzfristig abgelöst werden kann. Werden dann hiesige Verhältnisse und Lebenssituationen als strukturelle Gewalt gedeutet, kann eine entsprechende Konditionierung in Bezug auf Reaktionen zu verstärkter Gewaltkriminalität führen.

Ein spezielles Problem vor dem Hintergrund der aktuellen Entwicklungen im Zusammenhang mit dem internationalen Extremismus und Terrorismus ergibt

15 Kriminalität und öffentliche Sicherheit

sich wahrscheinlich aus der Frage, welche Einwanderer zukünftig dazu beitragen können, angesichts der Alterung unserer Gesellschaft die Sicherung der sozialen Systeme zu gewährleisten. Die Regionen der Welt mit dem größten Potenzial an jungen Menschen sind die Länder südlich der Sahara in Afrika sowie die islamisch geprägten Staaten des Nahen Ostens. Dort ist in den nächsten Jahrzehnten mit einem starken Anstieg der Arbeitsbevölkerung zu rechnen. Experten gehen davon aus, dass das Anwachsen des jugendlichen Bevölkerungsanteils in den muslimischen Ländern die Welt strategisch und kulturell fundamental verändern wird (Schirrmacher 2004: 80).

Fehlen in den Ländern selbst adäquate Arbeitsplätze, kann es zu massiven Migrationsbewegungen in das sich langsam entvölkernde Europa und in andere alternde Staaten der Welt kommen. Bei den Wanderern dürfte es sich vorwiegend um die „tendenziell unruhige" Altersgruppe zwischen 15 und 30 Jahren handeln (Hewitt 2004). Wenn deren Integration in die aufnehmenden Gesellschaften nicht gelingt, wenn sie Bedingungen ausgesetzt sind, die als kriminogen beschrieben werden, erscheinen Konflikte unausweichlich, die zu Kriminalität bis hin zum Terrorismus führen können. Eine Reaktion darauf könnte darin bestehen, dass sich rechtsextremistische und -radikale Potenziale in Deutschland massiv verstärken. Hier wird erneut deutlich, dass Fragen der Alterung mit denen der Sozial- und Bevölkerungspolitik und nationalen Sicherheitsfragen zukünftig noch enger als heute schon verknüpft sind.

Mit ähnlichen Problemen wie junge Nichtdeutsche sind junge deutschstämmige (Spät-)Aussiedler konfrontiert. Sie werden vermutlich vermehrt polizeilich registriert, vor allem in den regionalen Bereichen, in die Aussiedler in den 1990er-Jahren in stärkerem Maße zugewandert sind und sich niedergelassen haben. Erste Untersuchungen zur Kriminalitätsbelastung von Aussiedlern legen die Vermutung nahe, dass der Anteil von Aussiedlerkindern und -jugendlichen bei (überwiegend bagatellhaften) Diebstahls-, aber auch Gewaltdelikten, oft begangen unter Alkoholeinfluss, deutlich zugenommen hat. Auch bei Drogenhandel, Zigarettenschmuggel und Straftaten im Zusammenhang mit dem Rotlichtmilieu dürfte diese Personengruppe mittlerweile eine gewichtige Rolle spielen. Kriminalstatistisch ist dies derzeit nicht unmittelbar nachzuweisen, weil nicht nach einheimischen Deutschen und (Spät-)Aussiedlern differenziert wird.

Ein Teil der Erkenntnisse über delinquentes Verhalten zumindest einer kleineren Gruppe junger männlicher Aussiedler ergibt sich über die öffentliche Wahrnehmung der Bevölkerung und aus Erfahrungen der Polizei, zu der sich bei einem Teil der jungen Aussiedler ein „gestörtes Verhältnis" zu entwickeln scheint. Die Personengruppe wird als brutal, gewalttätig und kriminell, mithin als Sicherheitsrisiko bezeichnet. Es scheint der (auch sprachbezogene) Integrationswille zu fehlen, die jungen Menschen erweisen sich pädagogischen Bemühungen gegenüber als weitgehend immun. Auch in Jugendstrafvollzugsanstalten dürfte diese Aussiedlerpopulation mittlerweile zu einem beachtlichen Problem herangewachsen sein (Arbeitsstelle Kinder- und Jugendkriminalitätsprävention 2002). Bisher lassen die Ergebnisse der durchgeführten Untersuchungen zur Aussiedlerkriminalität keine Anhaltspunkte für eine Dramatisierung der Lage erkennen. Sie weisen allerdings auf Tendenzen hin, denen sich die Gesellschaft nicht verschließen sollte.

Die unter Bedingungen einer Herkunftsgesellschaft im Übergang vom Sozialismus zum Kapitalismus entwickelten Handlungsstrategien und Einstellungen während der Sozialisation scheinen zur Bewältigung des Alltagslebens in Deutschland wenig geeignet. Bisher als wichtig erachtete Werte werden hierzulande als hinderlich begriffen und stoßen auf Ablehnung. Auf Grund der sich verschlechternden Arbeitsmarktsituation werden – nicht zuletzt auf Grund sprachlicher Schwierigkeiten – eigene Teilhabechancen in verschiedenen Bereichen des Lebens als gering wahrgenommen. Dabei hatte man seine Erwartungen und Hoffnungen vor allem auf Konsum und ein besseres Leben ausgerichtet.

Das öffentlich wahrgenommene aggressive und brutale Verhalten männlicher junger Aussiedler ist in deren Augen kein Problem, sondern eine übliche und angemessene Reaktion bei Auseinandersetzungen und Streit. In den Herkunftsgesellschaften herrschte häufig das Recht des Stärkeren, Gewalt wurde als alltäglich erlebt. Entsprechende Anpassung, körperliche Kraft, Härte und Durchsetzungsvermögen bieten Orientierung und Sicherheit und tragen – vor allem auch in Gleichaltrigengruppen – zur Herausbildung einer eigenen Identität bei. Die Bildung von Gruppen mit rigiden subkulturellen Normen, die Beibehaltung der Sprache des Herkunftslandes, die Entwicklung eigener Vorstellungen von Recht und Gerechtigkeit, aggressives Verhalten, ein ausgeprägtes Männlichkeitsbild und gemeinsamer Alkohol- und Drogenkonsum sollen über Schwierigkeiten hinweg helfen, die bei vielen anderen Altersgenossen zu Rückzug, Apathie oder Erkrankungen führen, wenn die gesellschaftlichen Rahmenbedingungen als problematisch empfunden werden.

Kinder- und Jugendkriminalität sollte – wie Kriminalität insgesamt – immer auch als ein Symptom für gesellschaftliche, soziale und individuelle Problemlagen begriffen werden. Ihre Erscheinungsformen stellen somit eine Art Frühwarnsystem dar, dessen Indikatoren zu verstärkter Aufmerksamkeit und zur intensiven Befassung mit erkannten Problemen Anlass geben sollten. Die Bedingungen, unter denen Kinder- und Jugendkriminalität entsteht und sich fortentwickeln kann, verschärfen sich erkennbar. Angesichts der wichtigen Rolle, die zukünftigen Generationen bei der Stabilisierung des sozialen Systems angesichts der demografischen Entwicklung zukommt, sollten alle Bemühungen darauf gerichtet sein, diese Bedingungen so zu gestalten, dass ihre kriminogene Wirkung so gering wie möglich bleibt. Mehr als bisher muss die Verhütung insbesondere von Kinder- und Jugendkriminalität als ein gesamtgesellschaftliches Anliegen begriffen werden, wobei der polizeiliche Einsatz, mit dem gegen Symptome von Fehlentwicklungen vorgegangen wird, nur als letztes Glied einer Kette zum Tragen kommen sollte.

2.2 Alte Menschen als Täter und Opfer

Mit der Veränderung der Altersstruktur in Deutschland dürfte auch eine Änderung der Deliktsstruktur einher gehen. Wie sich bereits mit der in der PKS erfassten zunehmenden Zahl älterer Tatverdächtiger andeutet, wird mit wachsendem Bevölkerungsanteil die Anzahl altersspezifischer Täter und Delikte, aber auch entsprechender Opfer zunehmen. Dies auch deshalb, weil einige Bedingungen, unter denen Altern heute und zukünftig stattfindet, sowohl die Tatbegehung durch Senioren als auch deren Viktimisierung begünstigen.

Alterskriminalität wird heute verstanden als die Gesamtheit aller Straftaten von Menschen, die 60 Jahre und älter sind. Eine entsprechende Differenzierung bei den Altersgruppen der Tatverdächtigen findet sich in der Polizeilichen Kriminalstatistik. Derzeit beginnt eine Diskussion darüber, ob diese Definition aufrecht erhalten werden sollte. Vor dem Hintergrund einer längeren Lebenserwartung ist vorgeschlagen worden, unter "Alterskriminalität" die Delinquenz der 65-Jährigen und älteren Mitbewohner zu subsumieren (Schwind 2004: 72).

Die kriminelle Auffälligkeit alter Menschen ist nicht sehr groß (vgl. die Darstellung im Abschnitt „Altersgruppen und Kriminalität"). Daher wird Kriminalität im Zusammenhang mit Alten bislang auch nicht als Problem gesehen. Dazu könnte die Tatsache beitragen, dass lediglich 5% der über 60-Jährigen Menschen, die straffällig werden, auch schon vor dem 50. Lebensjahr strafrechtlich in Erscheinung getreten sind (Schwind 2004: 72). Eine „typische" Struktur von Alterskriminalität lässt sich nicht erkennen. Auch fehlen tragfähige Erklärungsansätze für diese spezifische Erscheinungsform von Kriminalität, wobei noch am ehesten auf die These von der „Kriminalität der Schwäche" zurück gegriffen werden dürfte. Danach gehen ältere Menschen mit geringerer krimineller Energie vor. „Restkriminalität" hat eher Ersatzcharakter. Als Beispiele hierfür werden genannt: Hehlerei statt Raub und Diebstahl, Beleidigung statt körperlicher Gewaltanwendung, sexueller Missbrauch von Kindern (bezeichnet als „typisches Delikt alter Männer") an Stelle von Vergewaltigung.

Experten gehen davon aus, dass Straftaten älterer Menschen auch auf Grund ihres zumeist bagatellhaften Charakters eher toleriert und seltener angezeigt werden. Ein Teil der Alterskriminalität verbleibt somit im Dunkelfeld (Schwind 2004: 74). Wie groß dieses sein könnte, bleibt im Verborgenen, weil Dunkelfelduntersuchungen alte Menschen bisher weitgehend ausgespart haben dürften (Kürzinger 1996: 211).

Der kontrolltheoretische Ansatz sagt hierzu aus, dass die Häufigkeit sozialer Kontrolle alter Menschen nachlässt und damit auch die Häufigkeit registrierter Kriminalität. Wenn die Mobilität geringer wird und verstärkt informelle Kontrolle im Familienverband oder Altersheim stattfindet, reduziert sich zudem der Zugang zu Tatgelegenheiten und -anreizen. Inwieweit diese Entwicklungen z.B. im Zuge der Ausbreitung neuer Kommunikationsformen auch unter den Senioren kompensiert werden könnte, etwa indem ein Zugang zum Internet zur Begehung spezifischer Straftaten genutzt wird, entzieht sich bisher der Beurteilung, weil entsprechend differenzierende Lagebilder für Kriminalität im Zusammenhang mit Informations- und Kommunikationstechniken nur ansatzweise vorhanden sind (Strategische Kriminalitätsanalyse im Bundeskriminalamt 2002).

Als weitere Faktoren, die sich eher hemmend auf die Straftatbegehung alter Menschen auswirken, werden sinkende Risikobereitschaft, gesteigertes angepasstes Verhalten sowie eine höhere Einschätzung des Bestrafungsrisikos angesehen.

Kriminalitätsförderlich könnte sich auswirken, dass mit zunehmender Alterung cerebrale Abbauprozesse zur Beeinträchtigung der Urteils-, Steuerungs- und Merkfähigkeit beitragen mit der Folge verminderter Triebfeinsteuerung und zunehmender Affektlabilität. Diese Entwicklung kann verstärkt werden durch psychische Sonderlagen wie Einsamkeit, soziale Ausgliederung etwa nach dem Ende der beruflichen Laufbahn oder wirtschaftliche Nachteile (Schwind 2004: 73). Die Teilnahme an sozialen Aktivitäten ist oftmals reduziert, der Verlust des Lebenspartners ist hinzunehmen, Vereinsamung, Eintönigkeit des Alltags, Mangel an Kommunikation und Abwechslung können dazu verleiten, Abenteuer, aber auch Aufmerksamkeit zu suchen in der Begehung von Ladendiebstählen, für die häufig das Schuldbewusstsein fehlt. Mit dem Eintritt ins Rentnerdasein können sich Eheprobleme in Gewaltdelikten bis hin zum Mord zuspitzen. Eine ernüchternde Bilanz am Ende des Geschäftslebens kann dazu führen, dass versucht wird, mit Betrug, Veruntreuung oder Bilanzfälschung das Schlimmste abzuwenden und den eigenen Lebensabend finanziell abzusichern (ZDF 2004).

In Zeiten dynamischen gesellschaftlichen Wandels – so etwa heute und zukünftig möglicherweise in verstärktem Maße in Folge der Globalisierung – machen ältere Menschen die Erfahrung, dass sie die Welt nicht mehr verstehen, dass erworbene Erfahrungen und Fähigkeiten nur noch eingeschränkt nützen und sie ihre Bezüge zur neuen Welt, ihre Orientierung und Einbindung in der neuen Gesellschaft verlieren. In der Arbeitswelt werden häufig schon über 50jährige als nicht mehr leistungsfähig eingestuft, was sich dann bestätigt, wenn neue Technologien Einzug halten, die von Älteren nicht akzeptiert und angewandt werden. Zugleich sind Tendenzen erkennbar, dass trotz Entwicklung des Alterns zum Massenphänomenen die Botschaft ausgesandt wird, dass Altern schlecht sei, wofür werbe- und medienvermittelte Anti-Aging-Maßnahmen und -mittel ein deutliches Indiz darstellen. „Altern" wird zunehmend Angst besetzt und zehrt am Selbstbewusstsein (Schirrmacher 2004: 78). Pessimisten warnen bereits vor dem Terror einer Gesellschaft, die zum Verteilungsstress zwischen Alt und Jung, aber auch zwischen Menschen mit Kindern und Kinderlosen und damit zu massiven Problemen führt (Vogt 2004, Birk 2004), die „in Älteren eine Last sieht und den freiwilligen Tod der Alten so verkauft wie zu früheren Zeiten den Tod fürs Vaterland" (Schirrmacher 2004: 80) oder in der es gar unter dem Druck der Belastung zu gewalttätigen Übergriffen Junger gegen Alte kommen könnte (Kremp 2004). In diesem Zusammenhang kommt der aktuellen Diskussion über Formen der Sterbehilfe (so ist z.b. in den Niederlanden die aktive Sterbehilfe legal, wobei Kritiker davor warnen, dass die Tötung von Schwerkranken zur Normalität würde und übermäßig zunehme) besondere Bedeutung zu (Polke-Majewski 2004)[2], ein Thema, das so lange Schnittstellen zur Kriminalität aufweist, bis eindeutige gesetzliche Regelungen zumindest rechtlich klare Verhältnisse schaffen.

Vor dem Hintergrund und in Folge dieser Entwicklungen und Aussichten treten oftmals starke Spannungen auf, die entweder dank erworbener Hemmungen im Zaum gehalten werden können oder sich beispielsweise in Form von Depression oder Krankheit gegen die eigene Person richten. Menschen, die versuchen, sich zu orientieren, indem sie sich an überholten Denk- und Handlungsgewohnheiten festklammern, können in eine „Position abseitiger Starrheit" verfallen und sich in paranoide Phantasien einspinnen. Wird dadurch ihre Wahrnehmung getrübt oder verzerrt, können zum Teil erhebliche Gewaltausbrüche bis hin zum Amoklauf die Folge sein (Eisenberg 2002).

Bereits diese beispielhafte Darstellung von Faktoren, die Alterskriminalität hervorrufen oder begünstigen können, lässt den Schluss zu, dass in den nächsten Jahren und Jahrzehnten verstärkt mit Problemen in dieser Hinsicht zu rechnen ist, auf die es sich so rechtzeitig wie möglich einzustellen gilt, am besten sofort, weil die Alterung der Gesellschaft stark voranschreitet und die Bedingungen für ein unbeschwertes Altern sich weitgehend negativ verändern. Ein wesentlicher Aspekt in diesem Zusammenhang muss auch sein, über adäquate Reaktionsformen auf Alterskriminalität nachzudenken. So wird unter anderem die Frage zu beantworten sein, ob als Strafzweck weiterhin die Resozialisierung des alten Menschen im Vordergrund stehen und ob es altersspezifische Strafen geben soll – und wie diese zu konzipieren wären.

Von zumindest gleich hoher Bedeutung wie Betrachtungen zur Alterskriminalität angesichts der Alterung der Gesellschaft ist die Auseinandersetzung mit den Bedingungen, die zur Viktimisierung alter Menschen führen. Bisher er-

---

[2] Vgl. kritisch zu diesem Szenario des „Generationenkrieges" den Beitrag von Zander in diesem Band.

streckt sich die Diskussion hierüber meist auf den Aspekt, dass Ältere subjektiv der Auffassung sind, sie seien in besonderem Maße durch Kriminalität und hier vor allem durch Gewaltdelikte gefährdet – eine Annahme, die von den Daten der Polizeilichen Kriminalstatistik nicht gestützt wird, die belegt, dass gerade Jüngere diesbezüglich einer erhöhten Gefahr ausgesetzt sind. Folge dieser wenig konkreten, eher diffus ausgeprägten Kriminalitätsfurcht ist es, dass ältere Menschen eine erhöhte Verletzlichkeit bei sich vermuten, aus Angst ihren sozialen Lebensraum beschneiden, somit Halt gebende gesellschaftliche Kontakte vernachlässigen und ihre Selbstisolation verstärken, was zu eigenem problematischem Sozialverhalten führen kann. Isolation eröffnet gegebenenfalls zusätzliche Tatgelegenheiten, reduziert soziale Kompetenz, kann den Zugang zu einschlägigen Informationen z.B. über gängige Praktiken von Straftätern versperren. Sie verringert oft die Bereitschaft, im Falle einer Viktimisierung Anzeige zu erstatten.

Bereits heute sich herauskristallisierende Entwicklungen deuten darauf hin, dass sich zukünftig parallel zur Veränderung der Altersstruktur die Deliktsstruktur hin zu altersspezifischen Delikten wandeln könnte.

Angesichts immer dynamischerer Markt-, Rechts- und Technikentwicklungen, von denen ein Großteil der Älteren abgekoppelt sein dürfte, eröffnen sich gute Perspektiven für „Geschäftemacher" und Betrüger. Sie nutzen oft die Ängste und Lebenssituation der Alten aus und bieten (Wunder-) Mittel an, die beispielsweise das Gedächtnis fördern, für Virilität sorgen oder Krebs sowie altersypische Krankheiten bekämpfen sollen. Von Bedeutung ist dabei, dass gegenwärtig im Rahmen der Entdeckung der „neuen Alten" als potentem Kundenkreis durch die Wirtschaft mit der öffentlichen Darstellung der Vermögenssituation älterer Mitbewohner zusätzliche Begehrlichkeiten, d.h. Tatanreize bei potenziellen Straftätern geweckt werden könnten. Besonders hart trifft es aber mit Sicherheit den Teil der Gesellschaft, der sich mit einer zunehmenden Altersarmut konfrontiert sieht.

Für Betrüger erweist es sich als günstig, dass ältere Menschen dazu erzogen worden sind, höflich und vertrauensvoll zu sein. Im Falle der Schädigung wissen Ältere oft nicht, wo und wie sie Anzeige erstatten sollen, oder sie schämen sich und glauben, von Angehörigen für nicht mehr ausreichend zurechnungs- und handlungsfähig in Bezug auf finanzielle Angelegenheiten gehalten zu werden.

Neben Eingriffen in das Vermögen durch Betrüger stellt sich die finanzielle Ausbeutung von Senioren als wachsendes Problem dar. Hier treten nicht nur Familienangehörige der Opfer in Erscheinung, die oft selbst finanzielle Probleme haben und versuchen, durch Fälschung von Unterschriften, Erschleichen von Vollmachten oder Nötigung an das Vermögen der älteren Familienmitglieder zu kommen, sondern auch professionelle Vormünder und Berater alter und hilfloser Menschen. Immer mehr von ihnen müssen sich juristischen Beratern bzw. Betreuern und Anwälten anvertrauen, die in finanzieller Hinsicht das Notwendige veranlassen. Ein angeblich größer werdender Kreis dieser Betreuer nutzt das in sie gesetzte Vertrauen, um sich aus dem Vermögen der Schützlinge zu bedienen (Meyer 2000). Mit zunehmender Zahl (in Deutschland längst mehr als eine Million) zu betreuender Menschen schwindet die Möglichkeit einer zuverlässigen Überwachung der Betreuer durch Rechtspfleger und Vormundschaftsgerichte.

Da immer mehr alte Menschen in der Familie oder in Altenheimen betreut werden müssen (heute etwa zwei Millionen Personen), nimmt die Zahl spezifischer Delikte in diesen Bereichen ebenfalls zu. Hierzu gehören in erster Linie Handlungen, die dem Gewaltbereich zugeordnet werden (Coester 2004), wie physische und psychische Misshandlung, sexuelle Übergriffe, Vernachlässigung mit der Folge der Verwahrlosung oder Einschränkung des freien Willens, zum Teil unterstützt durch Überdosierungen von Psychopharmaka. Bei der Befassung mit dieser Problematik müssen natürlich auch Aspekte berücksichtigt werden, die dazu beitragen können, eine Kette gegenseitiger Gewalt in Bewegung zu setzen. So können sich auf Grund der radikalen Veränderung der Lebenssituation bei den Alten aufgestaute Emotionen u.a. in Aggressivität entladen, die Gegenaggressivität bei oft überlasteten Angehörigen und Pflegepersonal hervorruft. Formen bewusster Auseinandersetzung mit und Verarbeitung von daraus resultierenden Konflikten wurden häufig nicht gelernt (Horn 2004). Bei den Folgen von Gewalt im häuslichen Bereich sind oft körperliche Auswirkungen weniger bedeutsam als psychische Konsequenzen. Viktimisierungserfahrungen werden der Polizei nur in geringem Umfang mitgeteilt, so dass hinsichtlich des tatsächlichen Ausmaßes der „Pflegegewalt" weiterer Aufklärungs- und Forschungsbedarf gesehen wird, auch um die Öffentlichkeit zu sensibilisieren und Handlungsbedarf zu unterstreichen (Bundesministerium für Familie, Senioren, Frauen und Jugend 1995; Ahlf 2003).

Als Begleiterscheinung wachsenden Pflegebedarfs vor allem in Privathaushalten hat sich in den letzten Jahren ein „Schwarzmarkt für Pflegekräfte" eröffnet. Angesichts steigender Kosten bei gleichzeitig erhöhtem Bedarf sind zunehmend vor allem osteuropäische illegale Pflegekräfte beschäftigt worden. Regelungsversuche über eine „Grey Card", eine Aufenthalts- und Arbeitsgenehmigung für eine befristete Zeit als „Hilfspflegekraft" sollen nicht die gewünschte Wirkung entfaltet haben, insbesondere wegen der mit der Regelung verbundenen Kostensteigerung über Sozialabgaben. Als Folgen des Einsatzes nicht ausreichend qualifizierten Personals werden Mangelernährung, Falschmedikation oder unsachgemäße Behandlung mit Beeinträchtigung der körperlichen Integrität Pflegebedürftiger angeführt (Giezewski 2002). Als zusätzliche Kriminalitätsrisiken des Einsatzes illegaler Pflegekräfte sind beispielsweise Fälle von Diebstahl zum Nachteil der Pflegebedürftigen und deren Familien bekannt geworden (Löhr 2001).

3 Schlussbemerkung

Staat und Gesellschaft in Deutschland sehen sich vor wachsende Probleme gestellt, die zukünftige Auswirkungen des Geburtendefizits, rapide Alterung der Gesellschaft, notwendige Zuwanderung von Arbeitskräften, Zuwanderungsdruck auf Grund von Veränderungen der demografischen, ökonomischen und sozialen Weltlage und damit das Neben- bzw. Miteinander unterschiedlicher Ethnien, Weltanschauungen und Kulturen mit sich bringen. Jede dieser Situationen birgt eine Reihe spezifischer Risikolagen auch im Hinblick auf Kriminalität in sich, die es so bald wie möglich zu entschärfen gilt, um gravierenden nachteiligen Auswirkungen auf die innere Sicherheit unseres Landes zuvor zu kommen. Handlungshinweise ergeben sich oft schon direkt aus den kriminogenen Faktoren. Sie machen deutlich, dass es Aufgabe der gesamten Gesellschaft ist, in ihrem eigenen Interesse Fehlentwicklungen entgegen zu wirken.

Die Polizei kann und muss ihren Teil dazu beitragen, kann aber auf die in der Gesellschaft verankerten Bedingungen für das Wachstum von Kriminalität nur geringen Einfluss ausüben. Sie ist dazu aufgerufen, ihre Erkenntnisse über Ursachen und Erscheinungsformen von Kriminalität, die im Zusammenhang mit demografischen Veränderungen zu sehen ist, zur Verfügung zu stellen. Sie kann in diesem Zusammenhang auch auf schwache Signale aufmerksam machen, die auf entstehende Problemlagen hindeuten, und in soweit eine Frühaufklärungs- und Frühwarnfunktion wahrnehmen.

Es besteht ein großes Defizit an Erkenntnissen über den Umfang von Kriminalität insbesondere älterer Menschen und über ihr Viktimisierungsrisiko. Diese Lücken gilt es über entsprechende Forschungsansätze zu schließen, und die Erkenntnisse müssen umgehend umgesetzt werden.

Demografischer Wandel und seine kriminalitätsbezogenen Auswirkungen dürfen nicht mit der „Wucht einer Naturgewalt" (Schirrmacher 2004) über uns hereinbrechen, wenn das Leben in der zukünftigen Gesellschaft für alle erstrebenswert sein soll.

Literatur

Ahlf, Ernst-Heinrich (2003): Ältere Menschen als Opfer von Gewaltkriminalität. In: Landeskommission Berlin gegen Gewalt (Hrsg.): Berliner Forum Gewaltprävention. Themenschwerpunkt: Kriminalitätsopfer. Nr. 12. Berlin 2003: 32-47.

Arbeitsstelle Kinder- und Jugendkriminalitätsprävention (2002): Die mitgenommene Generation. Aussiedlerjugendliche - eine pädagogische Herausforderung für die Kriminalitätsprävention. München.

Birk, Herwig (2004): Generationenstreß. In: Frankfurter Allgemeine Zeitung vom 02.04.04: 39.

15 Kriminalität und öffentliche Sicherheit

Bundesministerium des Innern, Bundesministerium der Justiz (2001): Erster Periodischer Sicherheitsbericht. Berlin.

Bundesministerium für Familie, Senioren, Frauen und Jugend (1995): Kriminalität im Leben alter Menschen. Stuttgart u.a. mit Ergebnissen einer Untersuchung des Kriminologischen Forschungsinstituts Niedersachsen (KFN) von 1992.

Coester, Marc (2004): Workshop „Prävention von Gewalt gegen alte Menschen - private Initiativen" am 30. Oktober 2003 in Bonn. In: forum kriminalprävention 1/2004: 7-10.

Eisenberg, Götz (2002): Die Innenseite der Globalisierung. Über die Ursachen von Wut und Hass. In: Aus Politik und Zeitgeschichte B 44/2002: 21-28.

Frings, Ute (1998): Leben in der Schattenwelt. Ohne Papiere, ohne Rechte: Einer halben Million Ausländern fehlt in Deutschland die Aufenthaltserlaubnis. In: Frankfurter Rundschau vom 03.12.98: 3.

Giezewski, Florian (2002): Patienten leiden unter Durst und Hunger. In: Wiesbadener Tagblatt vom 06.02.02: 4.

Hewitt, Paul S. (2004): Die Geopolitik des globalen Alterungsprozesses. In: Frankfurter Allgemeine Zeitung vom 23.04.04: 39.

Horn, Erika (2004): Tatort Altenpflege - werden überlastete HelferInnen zu TäterInnen und welche Anteile haben die alten Menschen selbst? www.seniorweb.at Jung und Alt. Plattform gegen Gewalt.

Kremp, Herbert (2004): Als die Jungen begannen, die Alten zu töten. In: Die Welt vom 22.04.04: 27-28.

Kretschmer, Winfried (2002): Schluss mit lustig. Ein Gespräch mit Klaus Hurrelmann über die neue Shell-Jugendstudie. In: Change - Das unabhängige Online-Magazin für Wandel in Wirtschaft und Gesellschaft.

Kürzinger, Josef (1996): Kriminologie. 2. Aufl. Stuttgart u.a.

Löhr, Michael (2001): Die Pflege-Mafia aus dem Osten greift nach unseren Senioren. In: Bild-Zeitung vom 03.08.01.

Meyer, Cordula (2000): Porsche vorm Altersheim. In: Der Spiegel 19/2000: 62-63.

Natorp, Klaus (1999): Angst vor der Masse Mensch. In: Frankfurter Allgemeine Zeitung vom 17.11.99: 16.

Pfeiffer, Christian (2003): Medienverwahrlosung als Ursache von Schulversagen? In: Die Zeit, Nr. 39 vom 18.09.03.

Polke-Majewski, Karsten (2004): Wann ist der Tod menschlich? In: Frankfurter Allgemeine Sonntagszeitung vom 28.03.04: 9.

Schirrmacher, Frank (2004): Die Revolution der Hundertjährigen. In: Der Spiegel 12/2004: 78-84.

Schwind, Hans-Dieter (2004): Kriminologie. 14. Auflage. Heidelberg.

Strategische Kriminalitätsanalyse im Bundeskriminalamt (2002): Notwendigkeiten, Möglichkeiten und Perspektiven der Bekämpfung von Internet-Kriminalität. Wiesbaden.

Vogt, Werner (2004): Alterssituation - wachsendes Horrorszenarium. www.seniorweb.at Jung und Alt. Plattform gegen Gewalt.

ZDF (2004): 37 Grad: Omas großer Coup. Phänomen: Alterskriminalität. www.zdf.de im Januar 2004 zur entsprechenden Sendung im ZDF.

16 Demografischer Wandel
Konsequenzen und Chancen für äußere Sicherheit und Verteidigung[1]

Roland Kaestner und Wolfgang Müller-Seedorf

Das wesentliche Ziel dieses Artikels ist die Darstellung eines Aspektes der für eine zukünftige deutsche Sicherheitspolitik und deutsche Streitkräfte der Zukunft wesentlichen Grundrichtungen von Entwicklungsprozessen (Trends).

Der Einfluss des demografischen Wandels auf den Bereich der äußeren Sicherheit und das Instrument der Streitkräfte ist ein Untersuchungsfeld der strategischen Zukunftsanalyse. Der wenig geläufige Begriff der „Strategischen Zukunftsanalyse" führt zu der Frage, was wir über die Zukunft wissen können. Ohne hier die gesamte wissenschaftliche Diskussion zu wiederholen, soll diese Frage kurz geklärt werden. Dabei wird in diesem Artikel davon ausgegangen, dass niemand im Bereich der Sozialwissenschaften – im Gegensatz zu den Naturwissenschaften – in der Lage ist, über allgemeine Gesetze zukünftige Ereignisse vorherzusagen. In diesem Sinne sind empirische Trends, wie sie üblicherweise in den Sozialwissenschaften verwendet werden, auch kein Ersatz für allgemeine Gesetze. „Die Mängel soziologischer Prognosen ergeben sich hauptsächlich aus der Komplexität sozialer Ereignisse, aus ihrer gegenseitigen Verflechtung und aus dem qualitativen Charakter soziologischer Begriffe" (Popper 1979: 30). Aber auch aus grundsätzlichen Erwägungen wird es niemals möglich sein, soziale Ereignisse mit der gleichen Präzision wie naturwissenschaftliche in der klassischen Physik vorherzusagen. Da wir Teil des sozialen Ereignisses sind und wir darüber hinaus mit der Prognose Einfluss auf zukünftige Ereignisse nehmen können, sind exakte und detaillierte wissenschaftliche Sozialprognosen unmöglich (a.a.O.: 11). Die Zukunft ist offen, und alle beteiligten Akteure konstruieren Zukunft mit. Doch diese Zukunft wird von den Gesetzen, Rahmenbedingungen aber auch Möglichkeiten der kosmologischen, biologischen und zivilisatorischen Evolution bestimmt. Durch Ausdifferenzierung dieser Prozesse lassen sich zwar neue Entwicklungen denken, doch keiner dieser Prozesse kann gegen die Gesetze und Rahmenbedingungen der drei vorhergenannten evolutionären Prozesse verstoßen. Dies lässt nur endlich viele Zukünfte zu, weil nicht

---

[1] Der Artikel beruht auf einer Bundeswehr internen Studie „Streitkräfte, Fähigkeiten und Technologie im 21. Jahrhundert", Hrsg.: Zentrum für Analysen und Studien der Bundeswehr, Waldbröl 2002.

16 Konsequenzen und Chancen für äußere Sicherheit und Verteidigung

alles möglich ist. Betrachten wir sie als mögliche Zukünfte, so können wir Richtungen erkennen, können Handlungspfade aufzeichnen, können später sogar prüfen, warum bestimmte Entwicklungen entgegen unseren Erwartungen einen anderen Verlauf genommen haben.

Die strategische Zukunftsanalyse kann analog zu einer komplexen Gleisanlage Bilder entwickeln, mit denen wir Zukunft vage mit einer Richtung beschreiben können. Sie ermöglicht dann, ähnlich der Weichen im Bild, Handlungspfade und Entscheidungsbedarf sowie deren Folgen zu interpretieren. Damit kann sozialwissenschaftlich abgestützte, langfristige Zukunftsprognose möglicherweise politischen Entscheidungsbedarf identifizieren und Handlungsoptionen aufzeigen.

1 Zivilisationstheoretische Analyse

Vernetztes Denken erfordert, sich zu verdeutlichen, dass die demografische Entwicklung auf den ganzen zivilisatorischen Entwicklungsprozess (Elias 1991) in allen seinen Facetten wirkt und zudem nicht isoliert von den anderen Einflussfaktoren der verschiedenen Trendfelder betrachtet werden kann. Leider wissen wir heute noch relativ wenig über die Zusammenhänge zwischen den Trends und ihren Wechselwirkungen. Dennoch ist bereits deutlich geworden, dass eine Reduktion der Fragestellung auf das Trendfeld „Demografie", wie sie dieses Buch nahe legt, nur ein erster systematischer Schritt sein kann, der durch eine Erweiterung auf andere Trendfelder (z.B. Umwelt & Ressourcen, Wissenschaft & Technologie, Kultur, etc.) ergänzt werden muss.

Kollektives menschliches Handeln kann, so es sich stabil wiederholt, zu so genannten Trends zusammengefasst werden. Trends sind erkennbare Richtungen von Entwicklungen, die auf Grund der Analyse und der Erfahrung vergangener Ereignisse gewonnen werden und zeitlich fortdauern. Sie ermöglichen Aussagen über ein unbekanntes, unsicheres, zeitlich, räumlich und sachbezogen abgegrenztes Umfeld der Zukunft und beschreiben mögliche Ereignisräume und -strukturen. Mit Trends kann man daher die Komplexität der Welt auf einige wesentliche Züge reduzieren. Die Auswertung einer umfangreichen, mit sicherheitspolitischen Fragestellungen zusammenhängenden Literatur hat aber – und dieses ist dem Ziel einer Komplexitätsreduzierung zunächst zuwider gelaufen – eine große Zahl von Trends und Trendaussagen erbracht, die in ihrer Qualität und Quantität ungeordnet nebeneinander standen, die zu strukturieren und zu hierarchisieren waren, um sie sowohl für die zu gewinnenden Folgerungen als auch für die Wechselwirkungen zwischen den Trendaussagen nutzbar zu machen. Hier wird einer Einteilung in sieben Trendfeldern gefolgt, unter denen alle

Trends und Trendaussagen zusammengefasst werden konnten. Diese sieben Trendfelder sind:

- Demografische Entwicklung,
- Ressourcen- und Umweltentwicklung,
- Wissenschafts- und Technologieentwicklung,
- Kulturelle Entwicklung,
- Gesellschaftliche Entwicklung,
- Wirtschaftliche Entwicklung sowie
- Politische Entwicklung.

Ein Erklärungsmuster, mit dem man diese Trendfelder verbinden kann, ist der bereits erwähnte Zivilisationsprozess. Was unter Zivilisationsprozess zu verstehen ist, füllt Bibliotheken und geht bis auf Adam Smith und Immanuel Kant zurück. Im Folgenden wird der Beschreibung des Phänomens durch Norbert Elias in seinem Werk „Über den Prozess der Zivilisation" gefolgt. Danach definiert er diesen als die „Pläne und Handlungen, emotionale und rationale Regungen der einzelnen Menschen, die beständig freundlich oder feindlich ineinander greifen. Die fundamentale Verflechtung der einzelnen, menschlichen Pläne und Handlungen kann Wandlungen und Gestaltungen herbeiführen, die kein einzelner Mensch geplant oder geschaffen hat. Aus ihr, der Interdependenz der Menschen, ergibt sich eine Ordnung von ganz spezifischer Art, eine Ordnung, die zwingender und stärker ist als Wille und Vernunft der einzelnen Menschen, die sie bilden." (Elias 1991: 314). Dieser Prozess der Zivilisation verändert das Verhalten und Empfinden der Menschen in einer spezifischen Richtung.

Die Basis für diesen Prozess ist die Erfüllung bzw. Befriedigung und Weiterentwicklung der menschlichen Bedürfnisse, wie sie exemplarisch in Maslows Bedürfnispyramide dargelegt sind (Maslow 1977). Diese Pyramide hat historisch auf allen Ebenen inhaltliche Änderungen und Weiterungen erfahren, die erst bei Erreichen bestimmter Stufen des zivilisatorischen Entwicklungsprozesses möglich waren und sicher auch noch nicht endgültig abgeschlossen sind. Diese Bedürfnisse, die das Individuum antreiben, fördern die Interdependenz, von der Elias schreibt.

Auch wenn Elias vorwiegend aus Sicht des Soziologen und Psychologen die gesellschaftliche Entwicklung des Zivilisationsprozesses beschreibt, so ist unverkennbar, dass ihm die Zusammenhänge und Wechselwirkungen mit der politischen und wirtschaftlichen Entwicklung (Elias 1991: 436ff.) vertraut sind. Der zivilisatorische Prozess ist damit selbst so etwas wie ein Trend, der in einem dialektischen Prozess durch die beteiligten Akteure gemäß ihrer Interessen- und Bedürfnisbefriedigung vorangetrieben wird. Er ist die Idee eines überindividuellen Lernprozesses, der schon von Kant in seiner Fortschrittsidee erfasst wurde.

Diese Idee hilft, Geschichte als sinnvollen Ablauf aufzufassen, und ermöglicht und rechtfertigt Handlungen, Handlungsspielräume und Strategien. Dieser Ansatz wird zu einer Art Grundmodell des Zivilisationsprozesses erweitert, mit dem die Trends strukturiert, hierarchisiert und ihre Wechselwirkungen dargestellt werden können. Als Treiber des zivilisatorischen Prozesses werden die Trendfelder Demografieentwicklung, Ressourcen- und Umweltentwicklung, wissenschaftlich-technologische sowie kulturelle Entwicklung identifiziert. Als ausformende Elemente des zivilisatorischen Prozesses die Trendfelder wirtschaftliche, gesellschaftliche und politische Entwicklung betrachtet. Während Elias hinter dem Zivilisationsprozess den Trend zur Monopolisierung in Politik, Wirtschaft und Gesellschaft sieht, wirkt sich andererseits sicherlich auch die Bedürfnisbefriedigung im Sinne Maslows besonders aus, die allerdings im Ergebnis solche Phänomene hervorbringt.

Die zivilisatorische Entwicklung im obigen Sinne vollzieht sich in einem wechselseitigen Prozess. In diesem kann man zwar kein endgültiges Ziel ausmachen; doch der Zivilisationsprozess ermöglicht, dass in seinem Verlauf die Bedürfnisse und Interessen von immer mehr Menschen auf einem ansteigenden Niveau gesichert werden können. Damit hat der Prozess eine Richtung. Doch lassen sich durch das egoistische Verhalten der einzelnen Akteure auch Phasen denken, in denen der Prozess durch Auflösung bzw. Umgestaltung vorhandener Interdependenz rückläufig ist oder stagniert; darüber hinaus kann er seine Geschwindigkeit verändern. Dies kommt in entsprechenden Trends oder auch Gegentrends zum Ausdruck.

Allgemein kann man sagen: Der Prozess der Zivilisation ist dadurch gekennzeichnet, dass sich immer größere wirtschaftliche, politische und gesellschaftliche Einheiten in einem quantitativen und qualitativen Sinne bilden. Dieses nennt Elias „Monopolisierung". Der Motor für diesen Prozess ist der Egoismus der einzelnen Menschen bzw. Gruppen, der durch die Option Kooperation gedämpft wird, man könnte also diesen Antrieb ‚kooperativen Egoismus' nennen. In diesem Sinne erfüllt die wirtschaftliche Entwicklung den Zweck, die materiellen Voraussetzungen für die Bedürfnisbefriedigung auf allen Ebenen von Maslows Bedürfnispyramide zu schaffen.

Die Entwicklungsrichtung, die erkennbar ist, könnte man wie folgt umschreiben. Um die wachsende Bedürfnis- und Interessenbefriedigung in der Entwicklungsgeschichte der Menschheit materiell sicherzustellen, ist es notwendig, dass die wirtschaftlichen Einheiten, in denen Menschen agieren, ständig quantitativ und qualitativ wachsen. Dabei kommt es durch eine sich immer stärker ausdifferenzierende Arbeits- und Funktionsteilung zu einer Ausweitung der Interdependenzketten, d.h., die Abhängigkeiten zwischen den einzelnen Menschen, Menschengruppen, Gemeinschaften, Staaten etc. nehmen zu. Voraussetzung für eine solche Entwicklung ist jedoch die tendenzielle Abnahme von Gewalt innerhalb der wirtschaftlichen Einheiten und, abhängig von der Interdependenz zu anderen Einheiten, auch zwischen solchen. Dazu Elias: „Ungeordnete und geordnete Monopole der physischen Gewaltausübung und der wirtschaftlichen Konsumtions- und Produktionsmittel sind unaufhebbar miteinander verbunden [...]. Beide zusammen produzieren in dem gesellschaftlichen Gewebe, je nach ihrem Stand, spezifische Spannungen, die zu Veränderungen dieses Gewebes hindrängen. Beide zusammen bilden das Schloss der Ketten, durch die sich die Menschen gegenseitig binden" (Elias 1991: 436f.).

Anders ausgedrückt: es müssen die Risiken für die Akteure, ihre Bedürfnisse nicht zu erreichen, minimiert werden; die Bedürfnisbefriedigung muss relativ gesichert sein.

Wirtschaftliche Bedürfnisbefriedigung mit Gewalt wirkt dem entgegen und funktioniert nur solange, wie natürliche Ressourcen ausreichend vorhanden sind und die Umwelt lebenswert ist. Ansonsten kommt es zu einer ständigen Bedrohung der eigenen Ressourcen und der eigenen Umwelt, der man nicht ausweichen kann, und damit zu einer Bedrohung des eigenen Überlebens. Dies widerspricht dem Grundbedürfnis nach Sicherheit und ist deutlich an der Entwicklung von den Jäger- und Sammlergesellschaften über die Agrar- und Händlergesellschaften zu den Industrie- und post-industriellen Gesellschaften erkennbar. Darüber hinaus behindert oder zerstört ein hoher Gewaltpegel in einer Gesellschaft oder zwischen Gesellschaften je nach Entwicklungsstand auf Dauer das feine Netz der gegenseitigen Abhängigkeiten und des entstandenen Vertrauens. Es reduzieren sich die Möglichkeiten, eine komplexe ökonomische Arbeitsteilung aufrechtzuerhalten oder zu entwickeln. Die Fähigkeit, die Bedürfnisse einer großen Zahl von Menschen zu befriedigen, schwindet; Hunger, Krankheit und Krieg reduzieren den Umfang der Menschen einer Region auf das Maß, das aus den natürlichen Ressourcen der betreffenden Umwelt ernährbar ist.

Die wachsende wirtschaftliche Einheit sowie das Bedürfnis nach Sicherheit erfordern eine politische Organisation, die der Größe und Komplexität des wirtschaftlichen Organisationsgrades entspricht. Zur Zeit ist dies ablesbar an den politischen Anstrengungen der Staatenwelt, im Zuge der wirtschaftlichen Globalisierung die politische Kontrolle zu behalten. Politische Einheiten haben daher auch die Tendenz, quantitativ und qualitativ zu wachsen. Die Funktion dieses Prozesses dient im Wesentlichen dem Zweck, Sicherheit im Sinne der Bedürfniserfüllung für die wirtschaftliche Einheit zu schaffen. Dies wird durch den Prozess des innergesellschaftlichen Gewaltmonopols erreicht. Das Gewaltmonopol dient gleichzeitig dem Schutz vor Gewalt wie auch der Durchsetzung von Interessen und Bedürfnissen der jeweiligen politischen Einheit nach außen. Dieser Prozess wird ergänzt durch eine sich entwickelnde Rechtsordnung, die sich am Ideal der Gerechtigkeit orientiert, deren Hauptfunktion jedoch Rechtssicher-

16 Konsequenzen und Chancen für äußere Sicherheit und Verteidigung

heit ist und die damit Verhaltenssicherheit innerhalb der politischen und wirtschaftlichen Einheit gewährleisten soll. Sie ist ein Gewaltsurrogat. Gewaltmonopol und Rechtssicherheit lassen sich allerdings nicht allein auf dem politischen Wege herstellen. Notwendig ist darüber hinaus – und dieses fordern die wachsenden wirtschaftlichen und politischen Einheiten – ein immer größeres Maß quantitativer und qualitativer gesellschaftlicher Selbstorganisation und damit sozialer Kontrolle, das die Menschen einer Einheit leisten müssen. Auch dieses erfordert Vertrauen in die Sicherheit, d.h. in die Gewaltfreiheit und Rechtssicherheit der wirtschaftlichen, politischen und gesellschaftlichen Prozesse. Mit der Differenzierung der gesellschaftlichen Strukturen und Prozesse der Interdependenz zwischen den Akteuren tritt an die Stelle äußerer Gewalt der Selbstzwang (Elias 1991: 313). Erst dieser Selbstzwang (soziale Kontrolle) erklärt, warum so stabilisierte Gesellschaften mit relativ geringen Ordnungs- und Sicherheitskräften auskommen, solange es ihnen gelingt, diesen kulturellen Prozess von Generation zu Generation unter Berücksichtigung der Zuwanderung aufrechtzuerhalten und entsprechend ihrer politischen und wirtschaftlichen Entwicklung weiter zu treiben. Diese gesellschaftlichen Entwicklungen ergänzen die vorher beschriebenen Prozesse wirtschaftlicher und politischer Art und bilden gemeinsam das Schloss der Ketten, durch die sich die Menschen gegenseitig binden (a.a.O.: 437ff.).

Dieser Zivilisationsprozess verlief in verschiedenen Räumen aus den gleichen Beweggründen (Bedürfnisbefriedigung) und ist im Kern eine kulturunabhängige, ständige quantitative und qualitative Erweiterung der wirtschaftlichen und politischen Einheiten sowie parallel dazu eine Steigerung der quantitativen und qualitativen Fähigkeit zur gesellschaftlichen Selbstorganisation. D.h. nicht, dass nicht jede Kultur, wenn nicht jede Region, ihre eigenständigen Beiträge und kulturellen Unterschiede vorzuweisen hat. Trotzdem hat dieser Prozess mittlerweile globale Ausmaße (a.a.O.: 337) angenommen. In der Gegenwart wird dieser Prozess von der westlichen Zivilisation getragen und breitet sich mit zunehmender Geschwindigkeit (Beschleunigung) in Form der vorherrschenden Trends von wirtschaftlicher Globalisierung aus. Da der Nationalstaat aus verschiedenen Gründen die Probleme der Globalisierung nicht bewältigen kann, ist das System auf der Suche nach einer adäquaten konstruktiven Form der größeren politischen Einheit, vielleicht in Form der Multipolarität. Gleichzeitig breitet sich die gesellschaftliche Selbstorganisation aus, die den Westen wirtschaftlich und politisch so erfolgreich gemacht hat, nämlich in Form der Anerkennung der Menschenrechte und der Demokratisierung sowie der Verbreitung des Grundprinzips der Gewaltlosigkeit im zwischenmenschlichen, inner- und zwischenstaatlichen Verhältnis.

2 Wesentliche Faktoren der demografischen Entwicklung

Die demografische Entwicklung beeinflusst den Zivilisationsprozess durch die Anzahl der Menschen, die an ihm teilnehmen. In diesem Sinne soll der demografische Wandel darauf untersucht werden, welchen direkten Einfluss er auf äußere Sicherheit und Streitkräfte hat. Der über die anderen Trendfelder verlaufende Einfluss kann nur angedeutet werden.

Die Ausgangsbasis der zivilisatorischen Entwicklung ist der Mensch; sein Wachstum in einem gegebenen geografischen Raum ist abhängig von der Geburten- und Sterberate einer Population sowie dem menschlichen Migrationsverhalten. Quantität und Qualität der demografischen Entwicklungen beeinflussen die anderen Trendfelder und wirken auf die Demografie zurück. Die Anzahl der Menschen, ihre Fähigkeiten (Bildung, Ausbildung, Organisationstalent, usw.) und ihre Zusammensetzung (Alter, Religion, Ethnie, usw.) bestimmen die Prozesse; sie wirken sich damit auf die Sicherheit und deren Organe aus. Die quantitativen demografischen Trends haben eine hohe Stabilität, wenn man von singulären Ereignisse (so genannten „Wild Cards") absieht. Der Grund ist die Trägheit und die vorhandene Eigendynamik der Entwicklung, da die Kinder von heute die Eltern von morgen sind und damit Bevölkerungsentwicklungen ca. 30 – 50 Jahre relativ sicher abzuschätzen sind. Im Folgenden werden verkürzt (vgl. die Beiträge von Hullen und Wagner in diesem Band) die möglichen globalen und regionalen (Deutschland/Europa) Auswirkungen der Bevölkerungsentwicklung dargestellt und die dabei zu beachtenden Interdependenzen – auch unter Einbezug anderer Trendfelder – aufgezeigt.

Ein bestimmendes Merkmal der globalen demografischen Entwicklung der nächsten Jahrzehnte ist eine weiter wachsende Weltbevölkerung. Ursächlich für dieses Wachstum sind die heute schon in den Entwicklungsländern lebenden ca. zwei Milliarden Menschen unter 20 Jahren, die die zukünftige Größe der Weltbevölkerung und ihr Wachstum maßgeblich bestimmen (Fleisch 2003: 68).

Gemäß den „World Population Prospects – The 2002 Revision" wird die Weltbevölkerung jährlich um ca. 1,2 Prozent – gegenwärtig 77 Millionen Menschen – steigen (UN ESA 2002: 1ff.). Die mittlere Variante dieser Vorausschau errechnet für das Jahr 2050 ein Wachstum von heute ca. 6,5 Milliarden (US Bureau of Census 2004) auf 8,9 Milliarden. Bis zum Jahr 2075 wird sich gemäß dieser mittleren Variante die Zahl der Menschen weiter erhöhen und mit 9,1 Milliarden Menschen das Maximum erreichen, bevor sie bis zum Jahr 2175 auf 8,3 Milliarden fallen wird.

Aber nicht nur Schwankungen von Fertilitätswerten, sondern auch Epidemien können zu starken Veränderungen der projizierten Werte führen. So liegen die Berechnungen für die Weltbevölkerung im Jahr 2050 deutlich unter denen der vergangenen Jahre (s.o.: 8,9 Milliarden): Ursprünglich war gemäß der mittle-

16 Konsequenzen und Chancen für äußere Sicherheit und Verteidigung

ren Variante ein Anstieg auf 9,3 Milliarden Weltbürger projiziert worden. Eine wesentliche Ursache hierfür ist die Wirkung von AIDS, die eine niedrigere Zahl an Frauen im gebärfähigen Alter, eine abnehmende Lebenserwartung und eine geringere Fertilität insbesondere in vielen Ländern Schwarzafrikas, z. B. Botswana oder Zimbabwe, zur Folge hat (UN ESA 2002: 11ff.).

Somit vollzieht sich der Anstieg der Weltbevölkerung nicht gleichmäßig, sondern differiert zwischen und innerhalb der verschiedenen Regionen: Während sich die Bevölkerungszahl der Industrienationen bis zum Jahr 2050 mit 1,2 Milliarden Menschen nahezu konstant verhält, in Deutschland bei einem Wanderungssaldo von 200.000 und einer Lebenserwartung im Jahr 2050 von 87 Jahren (Frauen) bzw. 81 Jahren (Männern) sogar von 83 Millionen auf 75 Millionen sinkt (Stat. Bundesamt 2003: 26), steigt sie in den Entwicklungsländern von 5,1 (2003) auf 7,7 Milliarden (a.a.O.: 1).

Zu diesem Bevölkerungszuwachs tragen in besonderem Maße die demografischen Entwicklungen in den bevölkerungsreichsten Staaten der Erde sowie in den Regionen Subsahara-Afrika, Nordafrika und Naher und Mittlerer Osten bei. Ohne acht der populationsstärksten Länder der Erde (Indien, Pakistan, Nigeria, USA, China, Bangladesch, Äthiopien, Kongo) wäre der absolute globale Bevölkerungszuwachs nur halb so groß. Von diesen Staaten verzeichnet Indien den stärksten Anstieg und wird China um das Jahr 2045 als bevölkerungsreichsten Staat ablösen (UN ESA, o.J.).

Das stärkste relative Bevölkerungswachstum findet – trotz des bereits dämpfenden Einflusses des HIV-Virus – in Subsahara-Afrika statt, aber auch in Nordafrika und im Nahen und Mittleren Osten sind hohe Wachstumsraten zu verzeichnen. Gerade in der Gruppe der letztgenannten Staaten folgt aus dieser demografischen Entwicklung ein weitere Verknappung des *per capita* verfügbaren Frischwassers (World Bank o.J), da der Bedarf an Trinkwasser und insbesondere Wasser für die zu intensivierende Landwirtschaft drastisch steigen wird. Als weitere Konsequenz dieser demografischen Entwicklung ergibt sich für den Arbeitsmarkt dieser Region mit seiner heute schon hohen Arbeitslosenquote von 15 Prozent (Jugendarbeitslosigkeit ca. 50 Prozent), dass er schon bis 2020 mit zusätzlich 100 Millionen die Zahl der vorhandenen Arbeitsplätze nahezu verdoppeln muss, um die Arbeitslosenquote konstant zu halten, Denn jährlich wächst die Zahl der auf den Arbeitsmarkt drängenden Jungendlichen um drei Prozent (World Bank (2003). Dieser Trend wird hier noch weiter durch Einwanderung aus den noch ärmeren Staaten Subsahara-Afrikas verschärft.

Ursächlich dafür, dass das Bevölkerungswachstum auch innerhalb von Regionen variiert, ist eine ungleiche Bevölkerungsverteilung. Sie wird besonders durch die weiter fortschreitende Verstädterung – sie wird bis zum Jahr 2030 einen Grad von 61 Prozent erreicht haben (AAAS o.J.: 17) – und die zunehmende Zahl an Mega-Städten mit mehr als 10 Millionen Einwohnern deutlich. Für den Trend der Urbanisierung, der fast ausschließlich in den Entwicklungsländern verzeichnet werden kann, ist neben dem natürlichen Bevölkerungswachstum der Städte insbesondere die Binnenwanderung aus den ruralen Gebieten ursächlich, in denen häufig ein Zugang zu Bildung, Arbeit, Gesundheit und damit zu Wohlstand nur einem sehr geringen Bevölkerungsanteil offen steht. Aus global-demografischer Sicht mag die Urbanisierung Vorteile bieten, weil die Kinderzahl von Stadtfrauen im Allgemeinen unter der der Landfrauen liegt, sie stellt die betroffenen Staaten und Städte aber vor große umweltspezifische (Wasserversorgung und -entsorgung, Müllbeseitigung, Luftbelastung) und infrastrukturelle Probleme (Straßen, Wohnraum, Schulen, Gesundheitsversorgung).

Die unbefriedigenden Zustände in dem ländlichen Raum der Entwicklungsländer und die nicht erfüllten Hoffnungen in den Städten sowie die über die Medien vermittelten Anreize der Moderne aber auch kriegerische Auseinandersetzungen sind mit ursächlich für die internationale Migration. Insbesondere die Migranten, die aufgrund ökonomischer Defizite ihre Heimat verlassen (Institute for Public Affairs, 2002: 4), wählen als Ziel ihrer Wanderung – durch höhere Mobilität und schnellere Transportwege begünstigt – verstärkt die entwickelte Welt, weil sie hier bessere Zukunftschancen sehen (Zlotnik 1998: 429ff.). Da aber eine übermäßige Migration aus den Entwicklungsländern die Aufnahmeländer vor das Problem der wirtschaftlichen und gesellschaftlichen Integration der Migranten stellt, handhaben diese die Einwanderung im Allgemeinen sehr restriktiv. Als einziger Ausweg verbleibt den Migranten dann die illegale Immigration: Nach Schätzungen der Internationalen Organisation für Migration (IOM) reisen gegenwärtig 300.000 Menschen jährlich in die Europäische Union illegal ein (Opitz 2002). Sie bestreiten ihren Lebensunterhalt aus Aktivitäten in der informellen oder (organisierten) kriminellen Wirtschaft und schwächen so den Staat, denn zum einen entgehen ihm aufgrund einer geringeren Anzahl an Arbeitsverhältnissen Steuern und Abgaben, zum anderen muss er mehr Ressourcen zur Bekämpfung der Organisierten Kriminalität aufbringen, um dasselbe Maß an Sicherheit zu erzeugen.

Neben der transkontinentalen und kontinentalen, illegalen Migration sind die Wanderungsbewegungen innerhalb der Europäischen Union von Relevanz, die im letzten Jahrzehnt kontinuierlich angestiegen sind und von denen durch die vertiefenden Integrationsprozesse nach der am 1. Mai 2004 erfolgten EU-Osterweiterung ein weiterer Anstieg erwartet werden kann: Da die europäischen Binnenwanderer im Allgemeinen über eine bessere Bildung und Ausbildung als von außerhalb Europas kommende Einwanderer verfügen, bietet sich für die Zuwanderungsländer die Möglichkeit, durch sie z.B. den Mangel an qualifiziertem Personal zu kompensieren. Welche EU-Mitglieder allerdings Ziel dieser Wanderungen sind, hängt von der jeweiligen Qualität der sogenannten „Pull-Faktoren" (wie Freiheitsgrad, ökonomische Verhältnisse, Arbeitsmarkt, soziale

Absicherung, positive Perspektive, etc.) und ihrer Perzeption in den Herkunftsländern ab. Der Lebensstandard und die Stimmung in einem Land bestimmen dabei ebenso wie der Arbeitsmarkt die Attraktivität eines Zuwanderungslandes. Die Ausprägung dieser Pull-Faktoren wird u.a. durch die schon heute in Deutschland feststellbare und sich weiter verschärfende Bevölkerungszunahme der Älteren bei gleichzeitiger Bevölkerungsabnahme der Jüngeren wesentlich bestimmt. Nicht nur der Anteil der Älteren (über 60 Jahre), sondern auch deren absolute Zahl steigt. Sie wächst bis 2050 um zehn Millionen, während gleichzeitig die Zahl der Menschen in der für die wirtschaftliche Leistungsfähigkeit wichtigen Altersgruppe von 20-60 Jahren um 16 Millionen abnimmt. Gleichzeitig wächst durch gesellschaftliche Veränderungen in diesem Altersegment der Bedarf an Hochqualifizierten (Bund-Länder-Kommission für Bildungsplanung und Forschungsförderung 2002: 7), so dass Personal aufgrund der demografischen Entwicklung für Wirtschaft und Gesellschaft immer mehr zu einer „strategischen Ressource" wird.

Zur Reduzierung des Quotienten aus der Zahl der zu Versorgenden (Altersgruppe über 60) und der diese Versorgungsleistungen Erbringenden (20 bis 60), der vom Beginn des 21. Jahrhunderts bis 2050 um den Faktor 2,4 wächst, bedarf es einer deutlich erhöhten Fertilität und einer geregelten Steuerung legaler Zuwanderung: Aber selbst eine an demografischen Strukturen orientierte und die Familie und das Kind in den Mittelpunkt stellende Politik, der es gelänge, die Geburtenrate in Deutschland wieder auf den idealen, bestandserhaltenden Wert von 2,1 Kindern pro Frau bis 2030 zu erhöhen, bräuchte viele Jahre bis sie Wirkung zeigen würde: Es würde bis 2080 dauern, ehe die Geburten- und Bevölkerungszahl wieder aufhören würde zu sinken.

Bis dahin verbleibt also nur das Instrument der Zuwanderung. Die gegenwärtig angestrebte jährliche Einwanderung Jüngerer von netto 170.000 ist einerseits aber zu gering, um die rückläufige Zahl an Menschen in der Altersgruppe der 20- bis 60-Jährigen zu stoppen und den Bedarf an hoch qualifiziertem Personal zu decken. Eine deutlich höhere Zahl an Einwanderern andererseits stellt die Gesellschaft aber vor die Herausforderung der Integration und damit die Gefahr des Verlustes innergesellschaftlicher Kohäsion. Hier bedarf es eines integrationspolitischen Gesamtkonzeptes, das die Bedürfnisse von Aufnahmegesellschaft und Zuwanderern gleichermaßen berücksichtigt.

3 Sicherheitspolitische Folgen der demografischen Entwicklungen

Die wesentlichen, oben dargestellten demografischen Entwicklungen mit Relevanz für Sicherheit und Streitkräfte sind die globale Bevölkerungszunahme, ihre regionale Differenziertheit, der globale und regionale Strukturwandel der Bevölkerungspyramide (Verhältnis Alte und Junge) sowie eine anhaltende tendenziell steigende Migration mit dem Spezifikum einer stark anwachsenden Urbanisierung. Die eigentlichen Herausforderungen für die Sicherheit gehen nicht von den demografischen Entwicklungen selbst aus. Diese Entwicklungen stellen nur krisen- und konfliktverschärfende Faktoren dar, die in ihren Auswirkungen jedoch die globale und regionale Sicherheit berühren. Die wirtschaftliche Globalisierung und die damit einhergehenden Ressourcen- und Machtverteilungskämpfe im Zuge des beschleunigten gesellschaftlichen Wandels und die Auflösungserscheinungen staatlicher Ordnung („failing' oder ‚failed' states) werden die internationalen Sicherheitsstrukturen verändern. Die Ökonomisierung und Privatisierung des Krieges werden diese Kämpfe verstärkend begleiten.

Der Wandel der Industriegesellschaften zu post-industriellen Gesellschaften und die Triebfeder dieses Wandels, die wirtschaftliche Globalisierung, sowie das Freisetzen der industriellen Arbeitskräfte durch weitere Automatisierung der Produktionsabläufe fordern die OECD-Welt und die zu entwickelnden Staaten gemeinsam heraus. In anderen Teilen der Welt vollzieht sich der gesellschaftliche Wandel von Agrargesellschaften zu modernen Gesellschaften auf Basis des wissenschaftlich-technologischen Fortschritts, ohne dass die gesellschaftlichen und politischen Steuerungskräfte schon den Herausforderungen gewachsen sind. Durch die Geschwindigkeit dieses Prozesses sind Institutionen und Akteure überfordert. Dies führt in großen Teilen der Welt zum Zerfall der politischen Kräfte und in der OECD-Welt zur Schwächung des Nationalstaates, der sich im Industriezeitalter trotz aller Defizite als erfolgreiches politisches Instrument erwiesen hatte. Es gibt jedoch noch keine politische Entität, die sich als hinreichender politischer Steuerungsmechanismus für die transnationalen Probleme erwiesen hat und politische Funktionen des Nationalstaates übernehmen könnte.

Eine durch kooperative Multipolarität gekennzeichnete Weltordnung könnte sich zu einem Lösungsmodell der transnationalen Herausforderungen entwickeln. Ob der Aufbau einer solchen kooperativen Weltordnung, für die eine Integration Russlands, Chinas und Indiens in eine gemeinsame transatlantisch-asiatische Sicherheits- und Stabilitätszone als unbedingt erforderlich erachtet wird, gelingen kann, hängt wesentlich vom politischen Willen Europas ab. Nicht nur durch die Unterstützung der USA kann Europa maßgeblich zur Lösung der globalen Herausforderungen beitragen. Auch kann Europa deshalb eine Schlüsselposition für die zukünftige Entwicklung eines stabilen internationalen Ordnungssystems einnehmen, weil es einerseits die wirtschaftliche Kraft hat, die zivilisatorische Entwicklung der drei asiatischen Schlüsselakteure voranzutreiben, und weil andererseits die europäischen Gesellschaften im Einigungsprozess nachgewiesen haben, dass sie über die grundlegende Fähigkeit zur Integration und zur grenzüberschreitenden Kooperation unter Wahrung der „inneren Souveränität" der Gesellschaften (Sicherung gesellschaftlicher Ziele angesichts globa-

16 Konsequenzen und Chancen für äußere Sicherheit und Verteidigung 249

ler Problemzusammenhänge) verfügen. Somit kann Europa, vorausgesetzt ein entsprechendes politisches Engagement ist vorhanden, hinsichtlich der Entwicklung größerer politischer und wirtschaftlicher Entitäten und damit einer weiteren Integration global eine Vorbildfunktion ausüben.

Gegenläufige Tendenzen zu Globalisierung sind die Regionalisierung von Handel und Investitionen und protektionistische Maßnahmen zum Schutz und zur Stärkung eigener Märkte. Beispiele für eine solche Regionalisierung sind die drei großen Wirtschaftsräume Westeuropa, Nordamerika und Ost- und Südostasien. Einer zunehmenden Verflechtung dieser drei Regionen (Triade) steht eine weltwirtschaftliche Marginalisierung der anderen Teile der Welt entgegen. Im Zusammenhang mit diesem Gegentrend der Globalisierung stehen auch andere negative Entwicklungen wie u.a. der Verfall staatlicher Autorität, der Zerfall vieler postkolonialer und postsozialistischer Gesellschaften mit der Konsequenz entstehender Warlord-Systeme sowie Flüchtlings- und Armutswanderungen. Als Reaktion auf diese Migrationsbewegungen verstärkt die Triade ihre Grenzen, um die sich ohnehin schon abzeichnende Fragmentierung in ihren Gesellschaften nicht noch durch den Zuzug von Migranten zu verschärfen. Dieser könnte zwar zu einer Verbesserung der negativen demografischen Entwicklungen der Zukunft (Bevölkerungsüberalterung, -schrumpfung) beitragen; er wird aber aufgrund der im allgemeinen niedrigen beruflichen Qualifikation dieser Migranten mehr zu einer Belastung (Sozialausgaben, Integration) als zum Nutzen (Innovation) der betreffenden Gesellschaften werden.

Die demografische Entwicklung wirkt auf diese Prozesse ein. Das globale Bevölkerungswachstum wird insbesondere die Regierungen der betroffen Staaten und Regionen vor enorme Versorgungs- und Steuerungsprobleme stellen. Diese wiederum werden weitere Gründe für das Scheitern von Staaten darstellen und die Wahrscheinlichkeiten für „bad governance" aus Überforderung steigern. Darüber hinaus verstärkt der Bevölkerungsdruck die Binnenmigration, mit der Konsequenz massiver Wanderungen in die Megastädte dieser Regionen, was wiederum zu unregierbaren Städten und Räumen führt. Im Weiteren wird die Migration auch andere Staaten – insbesondere solche mit hoher Attraktivität und Bevölkerungsrückgang – erfassen.

Im Falle der Binnenmigration wird es den Staaten schwer gemacht, ihren Versorgungsaufgaben und ihrer Sicherheitsfunktion nachzukommen, mit der Konsequenz, dass die Kontrolle über die innere Sicherheit entweder an Kriminelle (siehe Megastädte in der Dritten Welt aber auch in solchen des Westens) oder politische Extremisten verloren geht. Geringe Bildungschancen und hohe Arbeitslosigkeit und die damit verbundene Perspektivlosigkeit machen vor allem aus der jungen Bevölkerung eine mobile Gruppe, die sowohl von Staaten als auch ideologischen Gruppen leicht zu mobilisieren ist. Dies hat Implikationen sowohl für die innere als auch äußere Sicherheit. Beispiele wie Algerien aber auch die Nutzung von Kindern und Jugendlichen im Palästina-Konflikt zeigen dies bereits heute. Transnationale Wanderungsbewegungen wirken insoweit negativ, dass über Migrantengemeinden die Konflikte in das jeweilige Gastland getragen werden können. Und falls die Integration dort nicht gelingt und die Migranten wie bereits in ihrer Heimat zu den Marginalisierten gehören, wird dieses die Gefahr ihrer Kriminalisierung bzw. politischen Mobilisierung verstärken. Dabei spielen die Möglichkeiten der Menschen, ihren Lebens-, Bewegungs- und Sozialraum aufgrund der technischen Mobilität, der globalen Kommunikation und der kulturellen Angleichung neu zu bestimmen, eine besondere Rolle. Für alle Menschen mit Zugang zu den neuen Transport- und Kommunikationsmitteln ergibt sich langfristig die Frage, zu welcher Gesellschaft sie gehören. Ohne eine solche Zugehörigkeit droht Staaten und ihren Gesellschaften die Auflösung sozialer und politischer Kohäsion. Die gegenwärtigen und zukünftigen Entwicklungen fordern von Migranten nicht mehr zwingend die Integration in die neue Gesellschaft, stattdessen können sich infolge dieser Migration neuer Qualität im transnationalen Raum (Pries 1998: 55ff.) Parallelgesellschaften herausbilden: Durch die freie und ständig korrigierbare Migrationsentscheidung bei der global möglichen Wahl des Lebens- und Sozialraumes entsteht ein Schwebezustand zwischen gesellschaftlichen und staatlichen Räumen.

Staaten oder Gewaltakteure in den Ursprungsländern können somit Migranten als Arbeitskräfte sowohl für die Finanzierung ihrer Unternehmungen bzw. als Kämpfer nutzen. In beiden Fällen kann dies die innere und äußere Sicherheit des Gastlandes bedrohen.

Während im islamischen Raum eine traditionale Gedankenwelt und eine althergebrachte Lebensweise auf westliche Zivilisationsimporte prallen, die Islamisten diesen die Schuld an der eigenen wirtschaftlichen Misere und an sozialer Benachteiligung geben sowie diese als Angriff auf die eigene Kultur begriffen werden, entstehen in vielen europäischen Staaten – soweit noch nicht geschehen – durch massive Einwanderungen von Muslimen insbesondere aus Nordafrika und dem Vorderen Orient Parallelgesellschaften, die in den kommenden Jahren und Jahrzehnten durch weitere Zuwanderung aus diesen Räumen und durch eine im Vergleich zu den Stammbewohnern höhere Geburtenrate (Hartmann 1998) immer stärker werden. Nach den neuesten Berechnungen des Zentralinstituts Islam-Archiv wird sich die Zahl der Moslems in Europa (einschließlich Russland und Südosteuropa) – ein gleichbleibendes Wachstum von 6,5 % vorausgesetzt (Moslemische Revue 2003) – von derzeit 52 Millionen bis zum Jahre 2035 mehr als versechsfachen.

Aufgrund des zahlenmäßigen Umfanges der Migration werden eine Integration und insbesondere eine Assimilation der Einwanderer unter den heutigen kulturellen und gesellschaftlichen Rahmenbedingungen nicht mehr möglich sein.

Deshalb wird Europa seine Identität neu bestimmen müssen, denn die ethnischexklusiven europäischen Gesellschaften, die sich wie Deutschland als Kulturnation definieren, können den Einwanderern keine Identität geben; sie müssen einen kulturellen Wandel vollziehen. Dieses impliziert das Überdenken der Identität Europas als christliches Abendland. Stattdessen wird eine neue europäische Leitkultur zu entwickeln sein, die – anstelle eines multikulturellen Nebeneinanders in Parallelgesellschaften – ein kulturpluralistisches Miteinander ermöglicht, in dem Menschen unterschiedlicher Weltanschauungen zusammenleben und das Recht auf Anderssein und Andersdenken besitzen, sich gleichzeitig aber zu gemeinsamen Regeln – im Besonderen der gegenseitigen Toleranz und des gegenseitigen Respekts – verpflichten. Ohne eine solche Leitkultur werden sich weltanschaulich unversöhnliche Ghettos herausbilden. Verbunden mit wirtschaftlicher Ausgrenzung stellen sie ein enormes Konfliktpotenzial dar. Ohne einen Wertekonsens dieser Art wird die Fragmentierung der europäischen Gesellschaften weiter voranschreiten (Tibi 2001).

Die heutige und zukünftige Lage Europas unterscheidet sich dramatisch von der früherer Zeiten: Heute und in Zukunft wird die massenhafte Migration zu einer neuen Identität des Kontinents führen. Diese veränderte Situation in Europa ist der Grund dafür, dass sich die europäischen Gesellschaften mit der Problematik der Zuwanderung bzw. Einwanderung auseinandersetzen müssen, um dem für die politische Handlungsfähigkeit zunehmenden Risiko einer gesellschaftlichen Fragmentierung zu begegnen.

Die innergesellschaftliche Kohäsion wird aber nicht nur durch das horizontale Nebeneinander von Parallelgesellschaften, sondern auch von einer Entwicklung vertikaler Ausprägung gefährdet werden: Hierbei handelt es sich um die Zersplitterung – oft auch als „digital divide" bezeichnet – der europäischen Bevölkerungen in Gewinner und Verlierer infolge des gesellschaftlichen Wandels von der industriellen zu einer post-industriellen Gesellschaftsform.

Die Aufrechterhaltung gesellschaftlicher Kohäsion sowie die Förderung von Human- und Sozialkapital sind somit Grundvoraussetzungen für die politische Handlungs- und die wirtschaftliche Leistungsfähigkeit Europas und Deutschlands. Ohne einen gesellschaftlichen Grundkonsens innerhalb Europas und seiner Staaten zu den Fragen der Zukunft wird die EU ihre Verantwortung hinsichtlich der weltweiten Herausforderungen nicht glaubwürdig wahr- und die angestrebte Rolle als globale Gestaltungsmacht nicht einnehmen können. Wesentlicher Inhalt dieses Konsenses muss die bereits angesprochene gemeinsame europäische Leitkultur sein, auf deren Grundlage begonnen werden kann, europäische Streitkräfte zu entwickeln.

4 Fazit und Perspektiven

Der Einfluss der demografischen Entwicklung auf die Sicherheit der europäischen Staaten damit auch auf Deutschland hängt von der Betrachtungsebene ab. Der globale Anstieg der Bevölkerung, insbesondere in den Europa nahen Regionen wie Zentralasien, Naher und Mittlerer Osten und Nordafrika, führt zu einer anhaltenden Migration aus diesen Räumen, solange dort die jeweiligen Regierungen ihre wirtschaftlichen, gesellschaftlichen und politischen Probleme nicht bewältigen können. Eine dieser Herausforderungen ist der Bevölkerungsanstieg innerhalb dieser Region selbst, der wiederum zum Scheitern der politischen, wirtschaftlichen und gesellschaftlichen Systeme beiträgt. Diese Wechselwirkung ist in den nächsten dreißig Jahren kaum zu durchbrechen. Daher stellt sich die Frage, wie die europäischen Staaten sich vor den Folgen einer ungesteuerten Migration schützen und gleichzeitig auf die zivilisatorische Entwicklung dieses Raumes Einfluss nehmen.

Die regionale Bevölkerungsentwicklung in Europa mit sinkender Fertilitätsrate, hoher Zuwanderung von Menschen anderer Kulturkreise, insbesondere einer hohen Migrationsrate aus der islamischen Welt, lässt tiefgreifende Veränderungen der heute überwiegend christlich geprägten Kultur erwarten. Der Bevölkerungsrückgang zahlreicher europäischer Staaten, eine zumindest in den nächsten Generationen stark alternde Gesellschaft und ein starkes Anwachsen der Zuwanderung ethnischer oder religiöser Gruppen werden zu einer starken Veränderung der Arbeitswelt, der sozialen Rahmenbedingungen und der politischen Machtverteilung führen. Dieser Wandel wird gesellschaftliche Konflikte zur Folge haben, die auch auf gewaltsame Art ausgetragen werden.

Eine nicht unwesentliche Frage wird sein, wie die europäischen Gesellschaften die wirtschaftlichen Folgen demografischer Faktoren wie eine weiter alternde und in vielen Staaten schrumpfende Bevölkerung, die das Risiko einer Überforderung der sozialen Sicherungssysteme sowie einer abnehmenden Produktivität birgt, werden abfedern können.

Ohne Korrekturen werden sich die Bevölkerungsentwicklungen in der EU aber insbesondere in Deutschland wie folgt in direkter Form auf die Sicherheit und Streitkräfte auswirken:

- Die Bevölkerungsabnahme wird voraussichtlich die gesamtwirtschaftliche Nachfrage dämpfen. Bei gleicher Steuerquote und sinkender Zahl der Steuerzahler würden heutiger Verschuldungsstand und zukünftige implizite Staatsverschuldung durch zunehmende Ansprüche der Rentenversicherung und Pensionsansprüche an den Staat einen Anstieg der Staatsverschuldung auslösen. Er stellt die Verstetigung der Ausgaben für die Sicherheit im Allgemeinen und für die Verteidigung im Besonderen in Frage.

16 Konsequenzen und Chancen für äußere Sicherheit und Verteidigung

- Immer weniger jüngere Menschen müssen immer mehr alte Menschen in den sozialen Sicherungssystemen (Mai 2003: 292f.) versorgen. Unter Fortschreibung der jetzigen Bedingungen etwa im Hinblick auf Produktivität, Lebenserwartung, Rentenzugangsalter und Finanzierungsmodus der sozialen Sicherung sind eine steigende Transferlast für die Sicherungssysteme und höhere Abgaben für die Produktionsfaktoren wahrscheinlich.
- Die Folgen transnationaler Migration werden die in den europäischen Gesellschaften vorhandenen Kräfte der Desintegration noch weiter verstärken. Dies wirft nicht nur die Frage nationaler Kohärenz, sondern auch der Zukunft der europäischen Integration auf, mit Auswirkungen auf die innere und äußere Sicherheit der Gesellschaften.
- Insgesamt wird das Durchschnittsalter der Arbeitskräfte deutlich steigen. Die Alterung könnte längerfristig Auswirkungen auf die Innovationsfähigkeit und damit auf die Leistungsfähigkeit der Wirtschaft haben.
- Angesichts der schnellen Zunahme und Erneuerung des Wissens insbesondere in den wachstumsrelevanten Schlüsseltechnologien entsteht ein deutlich steigender Bedarf an hochqualifiziertem Personal. Angesichts des sinkenden Angebots an jungen Arbeitskräften wird Personal zur „strategischen Ressource", ohne die den Unternehmen ein Verlust an Innovationsfähigkeit und Wettbewerbskraft entsteht.

In Bezug auf das zukünftige Personal und die Organisation aller staatlichen Sicherheitskräfte ergibt sich aus den aufgezeigten Entwicklungen ein Diskussions-, Entscheidungs- und Handlungsbedarf zu folgenden Fragen:

- Welche Qualität und Quantität des Personals ist zukünftig gefordert?
- Erlauben es technische und taktisch-operative Entwicklungen, an die Stelle von Personal verstärkt moderne Technologie zu setzen – allerdings mit der Konsequenz, dass die Qualitätsforderungen an das zu rekrutierende Personal steigen?
- Wie können die staatlichen Sicherheitskräfte und insbesondere das Militär im durch zunehmende Qualitätsforderungen geprägten Konkurrenzkampf mit der Wirtschaft um das leistungsfähigste Personal bestehen?
- Lassen sich (und wenn ja, wie?) die zugewanderten Bevölkerungsteile in die Sicherheitskräfte integrieren? Was sind die möglichen Folgen?
- Wird sich die Altersgrenze der Verrentung bzw. Pensionierung des Sicherheitspersonals ohne Leistungseinbußen deutlich erhöhen lassen?
- Wie kann das lebenslange Lernen aller Beteiligten, zu dem die schnellen Veränderungen in der Arbeitswelt und der ihr zugrunde liegenden Wissenszunahme zwingt, gefördert werden?

- Welche Maßnahmen sind beim Militär notwendig, um das Personal bis ins hohe Alter ständig fortzubilden und die Streitkräfte zu einer lernenden Organisation umzuwandeln?

Die sich aus diesen Entwicklungen für ein Rekrutierungssystem der Streitkräfte und damit für die Wehrform ergebenden Konsequenzen müssen überdacht werden. Hierzu nachfolgend einige grundsätzliche Überlegungen:

In Zukunft werden nicht mehr die Fähigkeitsanforderungen von Massenheeren mit nummerischen Mindestkopfstärken, sondern bedrohungsadäquat abrufbare Fähigkeiten im Vordergrund stehen, die mitunter für bestimmte Aufgaben und einen bestimmten Zeitraum aus der Gesellschaft in die Streitkräfte erst eingebracht werden müssen. So wäre zum Beispiel die künftige Wehrform mit Blick auf die neuen Herausforderungen als Mischform von militärischen Spezialisten und gesellschaftlich verfügbaren Bürgern mit Spezialwissen denkbar.

Man wird darüber hinaus vielleicht sogar ständige Einrichtungen dieser Art mit eingespielten Expertenteams benötigen, da die zukünftigen Kriegsformen u.U. als Dauerbedrohung in Erscheinung treten könnten. Eine wichtige Voraussetzung für diese „Dienstleistung" wird sein, den entsprechenden Spezialisten als Teil der Gesellschaft sowie der Gesellschaft insgesamt zu verdeutlichen, dass hiermit ein essentieller Beitrag zur Verteidigung, zum Schutz des eigenen Landes, der eigenen Bevölkerung und kritischer Infrastruktur und zur Sicherheit insgesamt geleistet wird.

Es geht um die Bewusstseinsbildung, dass Bedrohungen der Zukunft nicht nur Soldaten zum Ziel haben, sondern dass ganz bewusst von den neuen Akteuren die Verwundbarkeit der zivilen Gesellschaft zum Ziel ihrer Gewalthandlungen gemacht wird. Dadurch, dass jeder Bürger zum Ziel von Kriegshandlungen werden kann, erhält die Sicherheit der Gesellschaft eine individuelle Komponente: Die Sicherheit des Einzelnen. Da der Einzelne Teil des Ganzen ist, ist er somit auch für das Fortbestehen der Gesellschaft mitverantwortlich.

Diese Bewusstseinsbildung setzt einen gemeinsamen Wertebezug in der Gesellschaft, und damit auch in den Streitkräften, voraus. Der beobachtbare Wertewandel in der postmodernen Gesellschaft unter Berücksichtigung des Bevölkerungswandels beeinflusst zwangsläufig auch das Berufsverständnis in den Streitkräften und das Sicherheitsverständnis der Gesellschaft.

Literatur

AAAS (o.J): Atlas of Population & Environment, http://atlas.aaas.org/pdf/12-20.pdf
Bund-Länder-Kommission für Bildungsplanung und Forschungsförderung (Hg.) (2002), Zukunft von Bildung und Arbeit. Perspektiven von Arbeitskräftebedarf und -angebot

bis 2015, Materialien zur Bildungsplanung und zur Forschungsförderung, Heft 104,. Bonn.
Elias, Nobert (1991), Über den Prozess der Zivilisation, Frankfurt/Main.
Fleisch, Herbert (2003): Weltbevölkerung und nachhaltige Entwicklung. In: Ingomar Hauchler, Dirk Messner, Franz Nuscheler (Hg.): Globale Trends 2004 / 2005 Fakten - Analysen – Prognosen, Frankfurt/Main.
Hartmann, Angelika: Islamisten – und Reformer oder Ewiggestrige, NZZ 10.06.1998
Institute for Public Affairs, Focus on Population and Migration, Vol. 43, No. 1, April 2002.
Mai, Ralf (2003): Die Alten der Zukunft. Eine bevölkerungsstatistische Analyse, Opladen.
Maslow, Abraham (1977): Motivation und Persönlichkeit, Olten.
Moslemische Revue (2003): Wird Europa ein moslemischer Kontinent?, 22. Jg., Heft 1.
Opitz, Peter J. (2002): Internationale Migration, in: Informationen zur Politischen Bildung, Heft 274.
Popper, Karl R.(1979): Das Elend des Historizismus, Tübingen.
Pries, Ludger (1998) Transnationale Soziale Räume, in: Ulrich Beck (Hrsg.), Perspektiven der Weltgesellschaft, Frankfurt/Main.
Stat. Bundesamt (2003): 10. Koord. Bevölkerungsvorausberechnung, Wiesbaden.
Tibi, Bassam (2001): Leitkultur als Wertekonsens. In: Aus Politik und Zeitgeschichte, Heft 01-02/2001.
UN ESA (o.J.), Population Division, India becomes a Billionaire, http://www.un.org/esa/population/pubsarchive/india/ind1bil.htm.
UN ESA (2002), Population Division, World Population Prospects – 2002 Revision.
US Bureau of Census (2004), World Population Clock, http://www.census.gov/main/www/popclock.html.
World Bank (2003): Middle East and North Africa Face Unprecedented Employment Challenge, 26.09.2003, http://web.worldbank.org/.
World Bank (o.J.): Millennium Development Goals, http://www.developmentgoals.org/ Middle_East_&_North_Africa.htm.
Zlotnik, Hania (2003): International Migration, in: Population and Development Review Vol. 24 No. 3, Sept. 1998.

V Anpassung der Infrastrukturen

17 Demographischer Wandel und seine Auswirkungen auf die soziale Infrastruktur in Kommunen

Peter Guggemos

Die Herausforderungen sozialer Infrastrukturpolitik werden vor dem Hintergrund des demographischen Wandels thematisiert, und entsprechende Lösungswege unter den derzeitigen Bedingungen angespannter Kommunalfinanzen aufgezeigt. Letztere beeinträchtigen den kommunalpolitischen Handlungsspielraum weit mehr als die demographischen Veränderungen. Da aus kommunaler Sicht den von Bund und Land gesetzten Rahmenvorgaben der Charakter weitgehend unveränderbarer Konstanten zukommt, bleibt der Kommunalpolitik nichts anderes übrig, als innerhalb des vorgegebenen engen finanziellen Rahmens zu operieren. Statt Neubau von Institutionen heißt die Devise daher Umbau, Bündelung von Institutionen und Dienstleistungsmix aus Staat, Sozialwirtschaft, Markt, Selbsthilfe und Freiwilligenarbeit.

1 Demographischer Wandel auf kommunaler Ebene

„Demographischer Wandel" heißt im Kontext dieses Aufsatzes Alterung und Unterjüngung, mehr Singles und mehr Kinderlose, mehr Menschen mit gesundheitlichen Einschränkungen bzw. Behinderungen, und insbesondere ein steigender Migrantenanteil nicht nur, aber vor allem in jungen Alterskohorten. Grenzüberschreitende und vermehrt noch Binnenwanderungen verändern die lokale Bevölkerungsstruktur am meisten. Die Push- und Pullfaktoren der Migration hängen wiederum eng mit Standortbedingungen zusammen, in die wirtschaftliche Gegebenheiten ebenso eingehen wie die weichen Standortfaktoren sozialer Infrastruktur vor Ort. Die Binnenmigration führt zu erheblichen Unterschieden von Ausländer- und Altenanteilen, aber auch von Kinderzahlen von Stadtviertel zu Stadtviertel, sowie von Kernstadt und Umland. Leben Singles und Ältere eher in der Stadt, zieht es junge Familien eher in die Vorstädte. Bei genauerem Hinsehen zeigen sich einige Paradoxien: Menschen in Eigenheimen, die eigentlich Platz für Kinder haben müssten, haben tendenziell weniger Kinder. Trotz durchschnittlicher Unterjüngung müssen in manchen Stadtvierteln Kindergarten-

Notgruppen in Containern eingerichtet werden. Trotz durchschnittlich höherer Nachfrage nach Pflegedienstleistungen schließen teilstationäre Dienste mangels Nachfrage. Statistische Unterversorgung an Kindergartenplätzen stellt sich ganz anders dar, wenn das Nutzerverhalten der Eltern und die Verkehrswege mit einbezogen werden (Tüllmann 2003). Dichte Konversionsbebauungen, die junge Familien zahlreich in der Stadt halten sollten, vertreiben sie nachgerade in die Vorstädte. In der Stadt findet sich die Fernsehfamilie aus Vater, Mutter und zwei Kindern statistisch immer seltener. Single-Haushalte machen heute in den meisten Städten bereits 35 bis gut 40% aus, und Zweipersonenhaushalte haben die 30%-Schwelle im Regelfall bereits überschritten. Das bedeutet, dass klassische Mehrkopffamilien nur mehr einen Anteil von unter 30% an den großstädtischen Haushalten stellen. Näher betrachtet erweisen sich Einzelpersonhaushalte mehrheitlich als alleinstehende ältere – oft verwitwete oder geschiedene – Frauen.

2   Zentrale Herausforderungen und ein Paradigmenwechsel

Lebenslagen, Lebenswege und Lebensstile werden vielfältiger, selbst innerbiographische Milieuwechsel sind keine Seltenheit. Das alte Politikparadigma, das an Problemen ansetzte und zahlreiche Menschen als in irgendeiner Weise unterstützungsbedürftige Randgruppen definierte, wird insofern nicht mehr überleben können, als es weder finanzierbar noch wünschenswert ist, jedem definierten Problem genau eine Institution lebenslagenadäquat gegenüber zu stellen. Statt an Problemen setzen neue Planungsphilosophien an raumbezogenen Ressourcen an (daher auch der neue Terminus „Sozialraumplanung"). Hätte nach dem alten Paradigma jede Einrichtung ihre Zielgruppenangehörigen herausgesucht, so geht es beim neuen Ansatz darum, bestehende Akteure unter dem Entwicklungsfokus eines Ortes oder Stadtviertels zusammen zu führen. Die kooperierenden Akteure umfassen neben Politik und Verwaltung zunehmend auch gesellschaftliche (Agenda 21-Gruppen, neue Freiwillige usw.) und ökonomische Akteure.

Im alten Paradigma verwiesen raumbezogene statistische Daten vorwiegend auf defizitorientierte Auffälligkeiten wie Arbeitslose, Drogenabhängigkeit, Kriminalität, schlechten Wohnungsbestand und – leider ebenfalls in diesem Kontext genannt – Ausländer und Menschen mit Handicap. Ressourcenorientierte Daten über besonders rührige und engagierte Personen oder Institutionen im Quartier, über Kooperationsbereitschaft und Nachbarschaftshilfe waren dagegen so gut wie nicht vorhanden. Letztere sind jedoch für eine kooperative und diskursive Stadtteilentwicklung unerlässlich. Diese Form ressourcenorientierter Quartiersbetrachtung bedeutet insofern einen Schritt ins Neuland, als es hier um qualitative personen- und institutionenbezogene Daten geht, als Deutungen und versteckte Handlungsressourcen frei gelegt, entwickelt und zusammen geführt werden müssen, als Freiwilligkeit im Wortsinn ernst genommen und gepflegt werden muss, und als eine rein technokratische Vorgehensweise nach dem Motto „Wer zahlt, ordnet an" kaum mehr realisiert werden kann. Kommunale Politik muss angesichts der Tatsache eigener leerer Kassen danach trachten, Entwicklungsressourcen im Quartier zu erschließen und zu entwickeln. Dies können Ideen, Zeit, Geld, Managementfähigkeiten oder Charisma sein. Zugleich wird im neuen Paradigma davon ausgegangen, dass es in allen Altersgruppen und Milieus Begeisterungsfähige gibt, die als Brückenköpfe in den diversen Milieus aufgebaut werden können, und die dann gleichsam im Schneeballverfahren weitere zum Mitmachen gewinnen können. Politik kommt dabei, ähnlich wie bei Open Space-Verfahren, eine anregende, Rahmen gebende, allenfalls moderierende und Projekt managende Funktion zu.

Eine wichtige sozialpolitische Botschaft auch und gerade an künftige Rentner mit voraussichtlich niedrigeren Renten wird darin liegen, dass sie Wege suchen sollen, mit weniger Geld zusammen mit anderen Neues zu wagen und gleichviel oder mehr Lebensqualität zu entwickeln, in etwa so wie dies Studierende probieren. (Gleichstellungsstelle Stadt Augsburg 2003: 14 f.)

Wurden im alten Paradigma Rentner, Migranten und Menschen mit Handicap tendenziell defizitorientiert wahrgenommen, so gelten sie im neuen Paradigma als Koproduzenten mit eigenen Ressourcen, die sie einbringen können und sollen, und die sich im Zeitverlauf weiter entwickeln lassen. Hinter diesem Paradigma steht eine Philosophie des Förderns und Forderns mit einem vorsichtig optimistischen Menschenbild, einem gewissen Zutrauen in die Selbstregulierungsfähigkeiten der Menschen und einem nur mehr gewissen Misstrauen gegenüber dem Nutzen institutionell-bezahlter Bearbeitung sozialer Probleme. Ein Novum mag es noch für mobile Menschen sein, sich für ihr Quartier einzusetzen. Untersuchungen zum neuen Ansatz erbringen jedoch gerade auch vor dem Hintergrund des demographischen Wandels erstaunliche Befunde: Alleinstehende finden im Miteinander neue Freunde und Bekannte, Unwertgefühle machen neuen Aufgaben Platz, engstirniges Denken öffnet sich, depressive Stimmungen sind plötzlich verschwunden, das eigene Leben erscheint wieder lebenswert, Menschen finden eine neue Verortung in der Gesellschaft, bekommen Wurzeln, sehen die Nachbarn mit anderen Augen, bekommen Selbstbewusstsein und Lebenssinn, soziale Anerkennung und Qualifikationen, definieren sich mehr über ihr Tun als über ihr Einkommen oder ihren Geldbeutel. Untersuchungen zum freiwilligen Engagement erbringen für jüngere wie ältere Engagierte ähnliche Befunde: Engagement macht Spaß, öffnet den Horizont, bringt wertvolle Kontakte. (Bauer/Guggemos 2004)

Im neuen Paradigma werden Menschen gezielt zu milieu- und institutionsübergreifender Zusammenarbeit motiviert. Dadurch soll das Auseinanderfallen städtischer Milieus in divergente Deutungsgemeinschaften verhindert werden.

An die Stelle eines radikalen Individualismus oder homogener Gruppen treten feine Kooperationsnetze, die ein komplementäres Zusammenwirken befördern sollen. Ähnlich wie bei einer erweiterten Nachbarschaftshilfe sollen Kontakte geknüpft, Berührungspunkte und Gemeinsamkeiten entwickelt werden. Soziologen wie Pierre Bourdieu und Robert Putnam sprechen hier von sozialem Kapital, das durch Kooperation entsteht, und das nicht wie ökonomisches Kapital beim Gebrauch verzehrt. Die Frage der sozialpolitischen Profis lautet nun nicht mehr, wo es ein neues soziales Problem zu entdecken und hierfür Mittel zu fordern gilt, sondern, wie Ängste und Grenzen überwunden werden können, wie Menschen zu motivieren sind, wie wachsende soziale Netze auch Ressourcenschwächere andocken lassen.

Ob des dominanten Anpassungsparadigmas in der Einwanderungsdebatte wurden die Community-Strukturen von Migranten in Deutschland erst spät als Geborgenheit und Sicherheit gewährende Ressource entdeckt. Von Ghettobildung kann nach neuesten Befunden keine Rede sein: Die Heiratsstatistik einer Großstadt wie Augsburg (Zahlen vom Standesamt der Stadt Augsburg 2003) weist nach, dass unter Aussiedlern wie Türken bereits ein sehr hoher Anteil aus dem eigenen Milieu herausheiratet, was ein Indikator dafür wäre, dass die Integrationsdiskussion der Realität weit hinterher hinkt.

Wer keine eigenen Kinder hat, könnte diejenigen der anderen unterstützen, mit ihnen Fußball spielen, ihnen schulische Sachverhalte erklären oder bei der Bewerbung helfen. Wer keine pflegebedürftigen Angehörigen hat, könnte stundenweise oder halbtags Pflegende entlasten. Wer einen Garten hat, könnte andere ohne Garten zum Grillfest einladen usw. usw. Im Gegenzug würden neue Anregungen erfahren, würde sich der eigene Horizont öffnen, würde milieuübergreifendes Wissen wachsen, bekäme das eigene Leben mehr Sinn. Die Alternative hierzu hieße ein kleinbürgerliches Einzelkämpferleben zu leben, mit Ängsten und Verbitterung, abgeschottet hinter dem eigenen Zaun. Die kommunale Ebene könnte – gemäß kommunitaristischer Gedanken – durchaus soviel Gemeinschaftsgefühl erzeugen, dass eine gewisse Ressourcenvernetzung zustande käme. Das dazu passende Leitbild lautet „Fördern und Fordern", wobei das Fordern auch als Wertschätzung zu sehen ist, als Ausdruck einer Kommunikation auf Augenhöhe, die dem anderen Menschen etwas zutraut, ihn als Erwachsenen ernst nimmt.

3 Schlüsselbegriffe richtig verstehen

Bei Planungsvarianten lässt sich grob unterscheiden zwischen Bottom up-Verfahren (an der Basis entwickelt) und Top down-Ansätzen (von oben initiiert). Mitunter gibt es Rahmenvorgaben von oben, die vor Ort konkretisiert werden müssen (Beispiel ESF). *Diskurse Planung* meint, dass sich die Akteure vor Ort abstimmen sollen, und dass Planungsbetroffene zu einem möglichst frühen Zeitpunkt in die Planungen mit einbezogen werden – im Unterschied zur klassischen technokratischen Planung, bei der Planungsbetroffene erst zu einem späten Zeitpunkt in formalen Beteiligungsverfahren (z. B. Anhörung) einbezogen werden. Auch bei diskursiven Planungen erfolgt i. d. R. nur ein selektiver Einbezug der Normalbevölkerung, teils auf freiwilliger Basis, teils aber auch entlang repräsentativer Auswahl (zum Planzellenverfahren Dienel 1997 und zu Bürgergutachten Dienel 2002, vgl. den Beitrag Lietzmann in diesem Band). Die Bürgerbeteiligung hat zumindest mediatisierende und legitimationserhöhende Wirkungen. Mitunter bedarf sie einer professionellen Begleitung, um die Bürger über die formaljuristischen Rahmenbedingungen aufzuklären. Der Output der bürgerbeteiligenden Planung scheint dann am größten zu sein, wenn das Planungsthema klar umrissen und das Planvorhaben thematisch nicht überfrachtet ist (Guggemos 2003).

Eine *Entgrenzung von Institutionen* meint, dass Institutionen weitere als ihre Kernfunktionen übernehmen, beispielsweise wenn eine Schule zu einem Stadtviertel-Entwicklungszentrum wird, oder wenn ein Sportverein für Aussiedlerjugendliche zugleich als Lehrstelleninformationszentrum und als Resozialisierungsstelle für straffällig gewordene Jugendliche dient. Der Entgrenzung von Institutionen geht zumeist ein institutionelles Change Management voraus, welches aus einer totalen Institution einen Lebensort macht, Entscheidungsstrukturen demokratisiert, und Kooperationen zwischen Institution und geographischem Umfeld einleitet. Begonnen in der italienischen Psychiatriereform um 1980 und fortgeführt auch im deutschen Psychiatrie- und Altenheimbereich (vgl. Hummel 1982) ist das Ziel der Öffnung, die Bewohner der Einrichtungen vom zu versorgenden Objekt zum mitgestaltenden Subjekt zu machen, und wo möglich stationäre Plätze durch quartiersbezogene ambulante und teilstationäre Dienste überflüssig werden zu lassen. (Guggemos 1993: 47-65) Allerdings sollte die Auflösung von Institutionen nicht auf eine rein kostensparende Reprivatisierung sozialer Problemlagen hinauslaufen. Die Diskussion um offene Institutionen war insofern sehr fruchtbar, als sie die Frage des gesellschaftlichen Umgangs mit Randgruppen eingehend auch unter Machtaspekten thematisierte, und letztlich Institutionen empfahl, bei denen das Wohl der Randgruppenangehörigen ebenfalls eine wichtige Rolle spielte, und nicht nur das Entsorgungsinteresse der Restgesellschaft. Wichtig war hierbei auch die Frage, zu wessen Wohl die Sozialprofis wirken, also ob sie eher „Befriedigungsverbrecher" des Systems zu Lasten der Randgruppen sein wollten, oder ob es ihnen tatsächlich um rehabilitative und resozialisierende Bemühungen ging (zur Diskussion Basaglia u. a. 1980).

Dieses Thema ist bis heute sehr wichtig, und entzündet sich oft an Reizthemen des Stammtisches wie „offene Psychiatrie" oder „erlebniszentrierte Pädagogik".

Ziel der *Vernetzung* ist eine strategische Kooperation, d. h. für beide (oder auch mehr als zwei) Seiten müssen die Vorteile der Zusammenarbeit die Nachteile mehr als aufwiegen. In den Niederlanden wie bei EU-Projekten ist die Kooperationsbereitschaft mit weiteren Institutionen ein bedeutendes Förderkriterium. Kräfte bündeln und Synergien schaffen ist allerdings mehr als Informationsaustausch und gelegentliche Treffen. Institutionen werden künftig weit mehr an strategischen Wirkungen gemessen werden, und sie werden in einem schrumpfenden Sozialstaat auch externe Ressourcen erschließen und in ihre Geschäftsprozesse einbauen müssen. Dies bedeutet u. a. neue Kooperationsbrücken mit Ehrenamtlichen aufzubauen, letztere zu qualifizieren und ihnen erfüllende Arbeitsbedingungen anzubieten, Kostenübernahmen zu regeln und Konflikte zu moderieren, sowie eine geeignete Anerkennungskultur zu entwickeln (zur Diskussion hinsichtlich sozialer Kapitalbildung vgl. Haus 2002). Wichtig ist es auch, zwischen der Vernetzung von Institutionen und der Vernetzung von Einzelpersonen zu unterscheiden; nur allzu oft werden nämlich personelle Vernetzungen fälschlicherweise als Institutionenvernetzung angesehen, und dann muss schmerzlich erkannt werden, dass der Informationsfluss nicht funktionierte und lediglich einzelne Akteure, nicht aber die jeweiligen Institutionen auch dahinter stehen. Voraussetzung für Vernetzung ist der Blick über den Tellerrand, die Öffnung der eigenen Institution, die zumindest partielle Übernahme von Verantwortung für das eigene Operationsgebiet. Mit der Zahl der Kontakt- und Kooperationsbrücken einer Institution steigt auch die Bedeutung des Auswählens und der Unterscheidung zwischen überlebensnotwendigen, besonders nützlichen und sonstigen Kontakten. Je mehr Vernetzung erfolgt, umso wichtiger wird es, sich in regelmäßigen Abständen über die Kernfunktionen der jeweiligen Organisation zu verständigen, und Ziele und Prioritäten festzulegen. Wenn alle für alles zuständig sind, besteht die Gefahr des Rückfalls in ein System organisierter Unverantwortlichkeit, das ja gerade den Ausgangspunkt der Reformbemühungen darstellte (zu Bürokratiekritik und Neuem Steuerungsmodell vgl. Damkowski/Precht 1995, Damkowski 1998 und Bogumil/Naschold 2000).

Empowerment hat stets mit Qualifizierung zu tun. Eine lernende Region (vgl. Schaffer 2001, Huber 2004) oder ein lernendes Quartier (vgl. Alisch 2001) braucht lernende Institutionen, lernende Firmen und lernende Menschen. Etwas nicht zu können bedeutet also nicht, dass die jeweilige Person nicht zu verwenden wäre, sondern nur, dass sie das Neue noch dazulernen sollte, und dass hierfür ein geeigneter Lernrahmen zu entwickeln ist. Lernstile, frühere Lernerfahrungen, Lernübung sind hierbei jeweils zu berücksichtigen. Formalismen sind dahingehend zu überprüfen, ob sie niemanden unnötig ausgrenzen. Kompetenzbilanzen, modular zerlegte Qualifikationen und modulare Qualifikationstreppen mit weit höherem Flexibilitätsgrad als heute sind künftig gefragt, denn in einer heterogeneren und vielkulturelleren Welt liegen ansonsten allzu viele Humankapitalressourcen brach. Hinsichtlich älterer Menschen zeigt sich, dass hier hohes Interesse an neuer elektronischer Kommunikation besteht, aber viele noch nicht recht damit umzugehen wissen (vgl. Bauer/Guggemos 2004: 107) – also eine noch zu bewältigende pädagogische Aufgabe. Durchgängig wird mit einer Philosophie von Fördern und Fordern zu operieren sein. Hierbei gilt es mit beiden Steuerungsansätzen vorsichtig umzugehen, um weder unnötig öffentliches Geld zu verschwenden noch Personen zu überfordern. Stärker als bisher müssen wir dabei auch emotionale Befindlichkeiten und psychische Energien berücksichtigen, was eine engere Kenntnis der jeweiligen Person und ihrer Lebenslage bedingt. Das allseits geforderte Case Management als ganzheitliche Lebenslagenanalyse mit anschließendem gemeinsam erstelltem strategischem Handlungsplan (in Holland als „track" bezeichnet, also als gemeinsam gegangene Wegstrecke mit klaren Handlungszielen) ist eine erst ansatzweise realisierte, sehr anspruchsvolle Aufgabe. Die Alternative zur strategischen Ausrichtung wäre die philosophische Erkenntnis, dass ein Schiff, das kein Ziel hat, auch nie einen günstigen Wind hat.

Appelle an *neue Ehrenamtlichkeit* werden sehr unterschiedlich aufgenommen: Sehen die einen hierin eine raffinierte Strategie zum Ausnutzen der Gutmütigen und zum notdürftigen Kaschieren eines auf dem Rückzug befindlichen Sozialstaates, fühlen sich insbesondere Migranten aus Osteuropa an alte sozialistische Appelle zu gemeinsamen Aktionen oder an Zwangsverpflichtungen zum Ernteeinsatz erinnert und meinen mitunter gar, wer soviel von Freiwilligenarbeit rede, müsse ein Kommunist sein. Diskutiert wird nicht nur über die Frage, wo Ehrenamt aufhört und Ausbeutung anfängt, sondern auch über einen Verlust an qualifizierten Arbeitsplätzen durch Umwandlung von Stellen in Freiwilligenarbeit. Auf der Positivseite des neuen Ehrenamtes stehen selbstgewählte Aufgaben, Sozialkontakte, Lernerfahrungen und Weiterbildung, Sinnstiftung und Zeitstrukturierung. Voraussetzungen dafür, dass sich Menschen in ehrenamtlichen Projekten wohl fühlen, sind neben Mitsprache und geordnetem Konfliktmanagement eine projektförmige Arbeitsorganisation, Fortbildung und wo nötig auch Supervision, eine Erstattung der Auslagen und eine versicherungstechnische Absicherung. (Bauer/Guggemos 2004; Zimmer/Nährlich 2000; Otto u. a. 2000; Guggemos 2003)

Wie Einzelbürgern wird auch Firmen eine politische Gestaltungs- und Verantwortungsrolle zugeschrieben und neudeutsch als *corporate citizenship* bezeichnet. Das bedeutet nun nicht, dass Firmen plötzlich als Mutter Teresa operieren sollen – was unrealistisch wäre –, sondern dass sie sich sozial engagieren, und dass sie dieses Engagement in ihre Firmenkommunikation einbauen und dafür im Gegenzug reine Werbeausgaben einsparen können. Für die kooperierenden sozialen Institutionen bedeutet dies, dem Sponsor eine entsprechende Gegenleistung und eine selektive Mitsprache zu bieten. Nicht jede Firma und jedes soziale Aufgabenfeld passen zusammen, d. h. eine wechselseitige Marktsondierung ist nötig (vgl. Habisch 2003). Vermeintlich defizitärer Kooperationswille gründet nicht selten in Konkurrenzaspekten. Trotz strategischer Kooperation sind Marktbedingungen nicht außer Kraft gesetzt, d. h. Konkurrenzen um Kunden, Mitarbeiter, Marktanteile oder öffentliche Mittel bestehen weiter, und verschärfen sich zwangsläufig unter knapperen öffentlichen Haushaltsbedingungen.

In Deutschland gibt es derzeit die beiden Rechtsformen der GmbH und der gGmbH, was in letzter Konsequenz bedeutet, dass die eine Firma von selbst erwirtschafteten Einnahmen leben muss, und die andere gemeinnützig und nicht gewinnorientiert arbeiten muss. Eine partielle Finanzierung aus selbst erwirtschafteten Einnahmen ist dabei aber ausgeschlossen. Während in Deutschland das Soziale an den *sozialen Unternehmen* in der normativen Zielsetzung gesehen wird, ist der englische Weg ein anderer: Hier wird ein soziales Unternehmen zunächst als gewinnorientiertes Unternehmen gesehen, und das Soziale daran ist lediglich die Verwendung des Mehrwertes für gemeinnützige Zwecke (Department of Trade and Industry 2002 und 2003). Handelt es sich um ein Unternehmen, so muss es klare Produkte und Dienstleistungen und klare Kunden geben, und das Unternehmen muss sich konsequent betriebswirtschaftlich verhalten, um am Markt überleben zu können. Ebenso müssen sich Ziele definieren und rückmelden und Relationen zwischen Aufwand und Ertrag abbilden lassen. Größere Einheiten lassen sich untergliedern in Profit Centers mit dezentraler Ergebnisverantwortung, Kosten-Leistungs-Rechnung und relativer Handlungsfreiheit dezentraler Einheiten im Rahmen definierter Budgets. Zwischen ähnlichen Einheiten sind Leistungsvergleiche möglich, zumindest über Benchmarks. An diesen Aspekten zeigt sich, dass nahezu alle Institutionen beim Qualitätsmanagement und bei der Organisationsverbesserung noch dazulernen könnten, zumindest so dies politisch gewünscht ist und die Anreizsysteme entsprechend gelegt sind. Die Struktur der sozialen Träger geriet in den letzten Jahren immer wieder in die Kritik, sei es, dass mangelnde Professionalität gerügt wurde, dass korporative Machtkartelle identifiziert wurden, oder dass ihnen vorgeworfen wurde, nur das anzubieten, was sich auch finanziell rechnet. Das marktkonforme Verhalten ist, und das ist wichtig zu verstehen, betriebswirtschaftlich überlebenswichtig, und wenn von politischer Seite Fehlanreize gesetzt werden, so ist dies nicht den korporativen Dienstleistern anzukreiden, wenn sie sich entsprechend der Lenkungsvorgaben verhalten. Ökonomische Aspekte gilt es auch im Pflege- und Gesundheitswesen zu betrachten: So werden Träger unrentable Dienste nicht mehr anbieten, auch wenn sie gerontologisch wünschenswert wären, und umgekehrt wird mangels Mitteln oder wegen Zuzahlgebühren nicht jeder Bedarf auch nachfragewirksam. Auf kleinräumiger Ebene gilt es auch ein Augenmerk auf die durch demographische Ausfälle bedingten Kohorteneffekte (durch ersten und zweiten Weltkrieg bedingte schwächere Jahrgänge) zu legen, die zu kurzfristigen Nachfrageschwankungen nach Pflege führen können.

Controlling meint ein System zur Steuerung über Zielvereinbarungen und ein adäquates Berichtswesen. Risiken bestehen darin, dass Zahlen über qualitative Phänomene dominieren, dass beispielsweise zählbare Spritzen als wichtiger gelten als das Streicheln über den Kopf, dass pflegerische Verrichtungen einer harten Zeitlogik unterstellt werden, und dass den Pflegenden viel Zeit durch das Ausfüllen von Controllingbögen verloren geht.

Modellprojekte werden zunehmend ausgerufen und etabliert, um trotz leerer Kassen Finanzmittel zu akquirieren. Das Problem dabei ist, dass längst viele dauerhafte Standardprozesse über Modellförderungen zumindest teilfinanziert werden, mit ungewisser Fortführung nach dem Auslaufen der Anschubfinanzierung, und mit unsicheren beruflichen Perspektiven für die Durchführenden.

Mit dem Fachbegriff „*Mainstreaming*" ist gemeint, dass bewährte Modell-Lösungen zur Regellösung werden sollen, also sowohl vor Ort wie gegenüber höheren förderativen Ebenen kommuniziert und an andere Orte übertragen werden sollen. An zentralen Projektsammelstellen laufen dann die Informationen über die Projekte zusammen, und können dort abgerufen werden. Von gut erreichbaren Projektdatenbanken sind allerdings die meisten Institutionen noch weit entfernt. Am weitesten sind diesbezüglich die KGSt, das Difu und die Bertelsmann-Stiftung, mit Abstrichen auch die EU. Im Wissenschaftsbereich existieren zahlreiche Projektbegleitforschungen, die jedoch als Magister- und Diplomarbeiten nur ausnahmsweise in den zentralen Kompilationen erfasst sind.

Bei Modellprojekten bzw. Fördermitteln wird oft übersehen, dass die Projektverwaltung mit Anträgen, komplizierten Abrechnungen, Zwischen- und Endberichten, sowie überörtlicher Kooperation nicht unerhebliche Personalressourcen verschlingt.

Zu praktisch allen Modellprojekten gibt es mittlerweile die *Evaluation* als Begleitforschungen zu Projektdesign und -verlauf. Deren Qualität ist jedoch stark abhängig von den dafür bereitgestellten Mitteln, vom Bemühen der Evaluatoren und von politischen Rücksichtnahmen: Würde das Projekt gestoppt, gingen schließlich auch die Einnahmen der Evaluatoren für das laufende und für nicht bewilligte Folgeprojekte verloren. Bei Abschlussarbeiten ist eine statusorientierte Rücksichtnahme zu befürchten.

4 Einige Beispiele für Institutionenaufbau vor dem Hintergrund des demographischen Wandels

- Seniorenarbeit im Quartier

Seniorenbezogene Dienstleistungseinrichtungen wie Reha-Angebote, ambulante, teilstationäre und stationäre Einrichtungen, ärztliche Dienste, Sozialstationen und mobile Sozialdienste werden im Regelfall von unterschiedlichen Trägern bzw. Firmen angeboten. Sie sollten jedoch sowohl auf der Fallebene der Person (also in der Lebenswelt) wie im Quartier (auf der Systemweltebene) eng ineinander greifen und kooperieren. Wichtige Bereiche eines professionellen Ansatzes sind die auch sozial-emotionale Integration der Senioreneinrichtungen ins Quartier, der gesundheitspräventive und rehabilitative Gedanke und die Unterstützung selbstständigen Wohnens, sowie der Case Management-Ansatz der trägerübergreifenden Dienstekooperation auf der Fallebene (vgl. Rasehorn 2003). Neue Kooperationen zwischen sozialen Diensten (Software) und Wohnungsbauunternehmen (Hardware) werden zunehmen. (Ministerium für Gesundheit u. a. des Landes Nordrhein-Westfalen 2003) Unter Ausbildungsaspekten sind modulare Qualifikationstreppen anzustreben, die Pflegekräften unterhalb der Profi-Schwelle ein stufenweises Erreichen formaler Ausbildungsabschlüsse erlauben. Dies ist besonders wichtig für Pflegekräfte aus Migrantenmilieus, die bereits heute ein Drittel aller bezahlten Augsburger Pflegekräfte stellen.

- Schwungfeder – Empowerment für die nachberufliche Phase

In einer zehntägigen Workshopreihe werden Menschen nach Beruf und Familienzeit bei einer eigenen Standortbestimmung unterstützt. Verschüttete Ressourcen kommen ans Tageslicht, zahlreiche Tätigkeitsfelder werden vorgestellt und als Optionen für sinnstiftende Betätigung vorgehalten. Bei anspruchsvollen Aufgaben gibt es zusätzlich Aus- und Fortbildungsangebote. Ehemalige Kursteilnehmende werden in ein Ehemaligennetz integriert, von dem zahlreiche Freizeit-, Selbsthilfe- und Freiwilligeninitiativen in Eigenregie gesteuert werden. Insbesondere weibliche Singles, die noch nicht lange in der Stadt leben, erfahren hierüber soziale Integration, bis hin zur Selbstgestaltung neuer Wohnprojekte. (Bauer/Guggemos 2004).

- Sozialsponsoring mit Corporate Citizenship-Philosophie

Aus dem angloamerikanischen Raum kommt ein Ansatz, der Firmen eine politische wie soziale Verantwortung zuspricht. Anstatt viel Geld in Werbung zu investieren, kooperieren Firmen mit geeigneten sozialen Partnerorganisationen und vermarkten dieses Engagement in ihrer Firmenkommunikation. Zugleich arbeiten Belegschaftsteile zumindest selektiv in den Sozialprojekten mit, erweitern dadurch ihren Horizont und verbessern zudem auch noch die Management-

17 Die soziale Infrastruktur in Kommunen

strukturen der sozialen Projekte – also eine win-win-Situation. Für Deutschland ist bislang festzustellen, dass zwar viele Mäzene eigenes Geld in Projekte stecken, dies aber als Einzelpersonen tun und nicht als Firma, und dass sie damit auch kaum je werben. In Deutschland gilt es folglich noch das Vorurteil zu überwinden, hier wolle sich eine Firma lediglich ein humanitäres Mäntelchen umhängen und erhebe nun einen besonders hohen moralischen Anspruch, den sie zunächst gegenüber der eigenen Belegschaft einlösen sollte. Sponsoring meint jedoch etwas anderes, nämlich eine Kooperationsallianz, und erlegt dem sozialen Partner ebenfalls Pflichten auf. Ein Augsburger Beispiel hierfür wäre die Zusammenarbeit zwischen der Arzneimittelfirma Betapharm und dem Bunten Kreis (einem Unterstützungskreis für krebskranke Kinder und deren Angehörige).

- Migranten als interkulturelle Botschafter

Um das defizitorientierte Bild vom armen hilfsbedürftigen Migranten oder mitleidsbedürftigen Menschen mit Behinderung zu korrigieren, können Angehörige dieser Zielgruppen über ihre Ressourcen als ehrenamtliche Botschafter eingesetzt werden. Auf diese Weise lassen sich Leitpersonen in allen wichtigen Milieus aufbauen, die als Brücken und Transmissionsriemen zwischen Verwaltung und Milieu fungieren. Auf diese Weise erfahren auch Stadtobere etwas über statistisch schwer erfassbare Milieus wie z. B. Aussiedler oder türkischstämmige Gruppen, die teils den Pass des Herkunftslandes haben und teils einen deutschen. Hierdurch lassen sich teure Kundenzufriedenheits- und Bedarfsanalysen einsparen, und Probleme niedrigschwellig angehen. Zugleich sind die Botschafter wiederum beim Aufbau zielgruppenbezogener Dienstleistungen behilflich, etwa wenn es darum geht, Informationsblätter ins Russische zu übersetzen; umgekehrt gelangt die Migrantengruppe über den kleinen Dienstweg der Botschafter wiederum leichter an Referatsleiter, wenn es um Vereinssatzungen, Kindergartenplätze, Aufklärung über sozialversicherungsrechtliche Ansprüche oder Maßnahmen an Brennpunkten geht. Wichtig hierbei sind Gelegenheiten zum unverbindlichen Zusammentreffen, etwa über größere Hoffeste, die zugleich eine Plattform darstellen für kulturelle Darbietungen, und ebenfalls wichtig ist eine geeignete Anerkennungskultur, die zwar nicht viel kosten, aber aufrichtig und authentisch sein muss.

- Sportförderung für Jugendliche

Aus der Erkenntnis heraus, dass es sowohl Jugendliche ohne Sportmöglichkeiten wie arbeitslose Sportler aus Russland gab, suchte das Sozialreferat in Kooperation mit ABM-Förderungen der Agentur für Arbeit Sportler als Trainer bei diversen Sportvereinen unterzubringen, um den Sport von Aussiedlerjugendlichen zu fördern. Formal sind die Sportler nicht bei den Vereinen, sondern bei einer städtischen Beteiligungsgesellschaft angestellt.

- Lehrstellenpaten

Beim Projekt Lehrstellenpaten fungieren erfahrene Wirtschaftsfachleute als Paten für jugendliche Lehrstellensuchende. Sie nutzen dazu ihre persönlichen Netzwerke und Kontakte, um je ein bis zwei Jugendliche, für die sie persönlich zuständig sind, in eine Lehrstelle zu bringen. Da es zwischen den Paten eine gewisse sportliche Konkurrenz gibt, und niemand schlecht dastehen möchte, weil es ihm oder ihr nicht gelang, die eigenen Schützlinge unterzubringen, ist das Modell sehr erfolgreich. In Augsburg wird derzeit versucht, ein ähnliches Modell von Jugendlichen bzw. Jungerwachsenen für Jugendliche aufzubauen, bei dem auf die leichtere Zugänglichkeit junger Menschen für andere Junge gesetzt wird.

- Sprachpatenschaften

Während sich unter den älteren Menschen erst allmählich auch Migranten finden, gibt es in Schulen und Kindergärten bereits starke Migrantenanteile. So beläuft sich deren relative Zahl für Augsburger Hauptschulen bereits auf durchschnittlich 38%, und in etlichen Kindergärten sind einheimische Kinder bereits die Minderheit. Am anderen Ende, bei den Sterbefällen, sind Migranten erst mit 4% vertreten. Aus den Zahlen lassen sich erhebliche Herausforderungen hinsichtlich Sprachenlernen und Berufsqualifizierung junger Migranten ableiten. Die Idee hinter Sprachpatenschaften ist, dass beide Partner jeweils die Sprache des anderen lernen wollen, und sich somit gegenseitig unterrichten. Dies verbessert nicht nur die Sprachkenntnisse der Migranten, sondern auch der Einheimischen. Über die Zusammenarbeit entstehen soziale Kontakte und Freundschaften, und wechselseitig werden landeskundliche Inhalte transportiert und soziale Netze erschlossen. Eine migrantenfreundliche Kommunalpolitik kann einen gewissen Druck aufbauen, Sprachkurse zu besuchen, auch gegenüber Müttern, deren Sprachkurse als Schlüsselvariable für das Sprachlernen der Kinder anzusehen sind. (vgl. Barfuß 2003)

5 Einige Handlungsempfehlungen

Nachstehend werden einige Handlungsempfehlungen zur zeitgemäßen Institutionenplanung vor dem Hintergrund des demographischen Wandels formuliert:

5.1 Humankapitalentwicklung

Besser werden können Institutionen nur dann, wenn sie sich als lernende Organisationen in einem lernbereiten Umfeld verstehen. Lernende Institutionen brau-

17 Die soziale Infrastruktur in Kommunen

chen wiederum lernende Einzelpersonen. Dies erfordert eine Motivation zur Fortbildung und wo möglich auch eine Übernahme deren Kosten.

5.2 Erweiterung vor Neubau

Ehe neue Institutionen genehmigt bzw. ins Leben gerufen werden, ist stets zu fragen, ob nicht bestehende Institutionen um neue Funktionen erweitert werden könnten, zumal jede neue Institution die Transparenz des Institutionengeflechts reduziert.

5.3 strategisches Aufstellen von Institutionen und Einzelpersonen

Was hinsichtlich Einzelpersonen als Assessment oder Profiling bekannt ist, nämlich das strategische Positionieren am Markt und die Erweiterung der eigenen Kompetenzen als Ausbau von Stärken, bietet sich in analoger Weise auch für Institutionen an. Hierbei gilt es nicht nur zu fragen, ob die jeweilige Institution in der Lage ist, die ihr zugedachten Funktionen zu übernehmen, sondern zugleich auch, inwieweit es gelingt, darüber hinausgehende strategische Funktionen zu übernehmen bzw. strategische Lücken in der Orts- bzw. Stadtteilentwicklung zu füllen. Der Ansatz der Engpass Konzentrierten Strategie aus der Managementlehre von Mewes (Mewes 2003) empfiehlt, Energien vor allem auf die drängendsten Hemmfaktoren der Entwicklung zu verwenden. Über derlei Betrachtungen lassen sich sowohl Mittelallokationen wie Kürzungen und Streichungen rechtfertigen. Institutionen ohne weitergehende strategische Funktion können auch unter Gerechtigkeitsaspekten am ehesten wegrationalisiert oder zumindest geschrumpft werden.

Strategisches Aufstellen von Einzelpersonen heißt, das eigene Alter und die Lebensentwürfe naher Angehöriger miteinander abzugleichen, also mit den eigenen Eltern darüber zu reden, wie diese im Alter leben wollen, und vor allem, welche Pläne sie haben für die Zeit, wo nur noch ein Elternteil lebt. Dieses Thema ließe sich einbeziehen in Hausbaupläne der Kindergeneration ebenso wie in Kapitaltransfers der Elternseite. Unrealistisch wäre demgegenüber eine Planung hinsichtlich des eigenen Alters 60plus, ohne an die Eltern zu denken. Die Lebenserwartung wird steigen, damit aber auch das Alter, in dem jemand vermutlich eine private Pflegeaufgabe ausfüllen wird. Eine einfache Rechnung besteht darin, die voraussichtliche Lebenserwartung eines Elternteils zu nehmen und davon das Alter des Elternteils bei der eigenen Geburt abzuziehen (Beispiel: die Mutter war bei der eigenen Geburt 23 Jahre alt und hat eine voraussichtliche Lebenserwartung von 86 Jahren; dies bedeutet, dass die Zeit der Pflege in den ca.

drei Jahren davor sein dürfte, also in einem Alter des Kindes von 60 bis 63 Jahren). Es geht bei diesem Denkspiel nicht um das zynische Fazit, dass das lustbetonte Leben im sonnigen Süden nicht nur ob niedrigerer Rentenhöhe nicht finanzierbar sein wird, sondern auch noch wegen Pflegeaufgaben ins Wasser fällt, sondern darum, in hohem Maße wahrscheinliche Aufgaben des höheren Lebensalters in die eigene Lebensplanung zu integrieren.

5.4 Mehrarbeit und mehrfache Erledigung vermeiden

Oft wird auf neue politische Themenfelder mit der Einrichtung zusätzlicher Institutionen reagiert, z. B. politische Beiräte für Familien, Armutskonferenz, Agenda 21-Arbeitsgruppen, neue Vereine für Regionalentwicklung, zusätzliche Arbeitsgemeinschaften usw. Ein gewichtiger Teil der in den neuen Institutionen aktiven Akteure sitzt jedoch oftmals bereits in mehreren ähnlichen Ausschüssen mit teils deckungsgleichen Personen zusammen. In der Folge kommt es einerseits zu Mehrfacherledigung, andererseits zu thematisch ähnlichen wenn nicht in Konkurrenz zueinander tretenden Gremien, was letztlich dazu führen kann, dass nicht mehr geklärt ist, in welchem Gremium verbindliche Entscheidungen getroffen werden können. Die Mehrfachgremien zu ähnlichen Themen haben überdies ausschließende wie inklusive Funktionen. Zusammen gelegt werden können Gremien nur dann, wenn persönliche Querelen und weltanschauliche Spannungen zurückgestellt werden. Mittelfristiges Ziel sollte es sein, pro Politikfeld nur mehr ein einziges Entscheidungsgremium zu haben, was allen Beteiligten viel Zeit ersparen würde, die wiederum der Kernarbeit zugute kommen könnte.

Knapper werdende Ressourcen erfordern klarere Kooperations- und Entscheidungsstrukturen, sowie eindeutigere Schnittstellen zwischen den Institutionen. Dadurch wird das Arbeitsfeld insgesamt transparenter, können Zahlen wie Teilfunktionen leichter zusammengeführt werden, und die Steuerung wird erleichtert. Qualitätsmanagement- und Controllingstrukturen lassen sich dann leichter realisieren. Bei letzteren ist darauf zu achten, dass Zahlen mehr der Steuerung als der bloßen Kontrolle dienen sollen, und dass der zusätzliche Verwaltungsaufwand minimiert wird.

5.5 Steuerung braucht Strukturen

Wenn Vernetzungen intransparent sind, und nicht über Institutionen sondern über persönliche Verbindungen laufen, entstehen immer schwerer steuerbare Gebilde, die man weniger wohlwollend auch als verfilzte Strukturen bezeichnen könnte. Selbst sehr mächtigen Akteuren gelingt es dann nur mehr partiell, neben

Personen auch Institutionen zu formaler Kooperation und verbindlicher Prioritätensetzung zu bewegen. Abermals besteht die Gefahr, dass formal vorhandene Gremien tendenziell einschlafen, und dass parallel dazu weitere entstehen, ohne dass geklärt wäre, ob nun das alte oder das neue Gremium verbindliche Entscheidungen treffen darf. Der Mangel an Prioritätensetzung führt dazu, dass sich unterschiedliche Personen auch durch unterschiedliche Projekte zu profilieren versuchen, aber leider nicht dazu, dass einer das Projekt des anderen ernsthaft unterstützen würde. Eine Vielzahl von Projekten ohne Bündelung vermindert aber die Projektwirkung und absorbiert viel Energie. Hier gilt es emotionslos zu fragen, wer die involvierten Akteure sind, und wie diese in einer geordneten Struktur zusammen wirken könnten. (vgl. die Beiträge in Hilpert/Huber 2003)

6 Fazit

Es sollte gezeigt werden, wie mit einem ressourcenorientierten quartierbezogenen Ansatz auf fiskalische Knappheit einerseits, demographische Veränderungen andererseits reagiert werden kann. Nötig sind Empowerment-Ansätze auch und gerade für die derzeitig und künftig wachsenden Gruppen wie ältere Erwerbslose und junge Rentner, Singles in der Stadt, Menschen mit Handicap und Migranten. Das Neue und Fremde bleibt allerdings nicht fremd: Mit einem Bild von Heribert Prantl wird die äußere Rinde irgendwann zu einem Jahresring, d. h. sie wird in den Stamm integriert, zu einem identitären Bestandteil. Der Aufbau eines Vertrauensklimas, das Erschließen von Milieus über Schlüsselpersonen, und eine Mischung aus Fördern und Fordern können erhebliche Handlungsressourcen erschließen. Ideen, Zeitressourcen und Management-Know how mögen auf unterschiedliche Personen verteilt sein, lassen sich jedoch projektförmig zusammenführen. Diesbezüglich kommt kommunaler Politik eine Moderations- und Coachingfunktion zu. Gelingt eine Verknüpfung über die Bereichsgrenzen von Staat, Wirtschaft und Gesellschaft hinweg, so entstehen neue unkonventionelle Lösungen, die den Menschen Sinn, Halt und Heimatverortung geben, und dadurch soziales Kapital fördern und letztlich auch die Lebens- und Standortqualität eines Ortes steigern. Der ressourcenorientierte Ansatz möchte zugleich eine positivere Herangehensweise an soziale Fragen befördern, mehr die Chancen als die Defizite in den Blick nehmen, ohne allzu einfachen „Think positive"-Managementansätzen zu erliegen. Diskussionen um Gerechtigkeitsfragen und Lebenschancen werden auch künftig nicht weniger wichtig sein. Worum es jedoch geht, ist, dass auch in einer unperfekten Welt sozialpolitisches Handeln möglich bleibt, und die Handlungsressourcen nicht durch Krisendiskurse erstickt werden sollen.

In Analogie zum Philosophen Avshai Margalit (1998) geht es bei Institutionen nicht nur um formale Gerechtigkeit, sondern auch darum, dass diese menschenwürdig sind und niemanden demütigen. Wir werden also nicht nur die Verantwortung dafür übernehmen müssen, was unsere Institutionen in unserem Namen machen, sondern auch, wie sie es machen. Fördern und Fordern lässt sich zu Empowermentansätzen zusammenfassen, etwa entlang der einfachen Devise, dass A dazu befähigt werden muss, zusammen mit B etwas für C zu tun. Dies erfordert ein letztlich positives, aber kein unrealistisches Menschenbild, hat viel mit Vertrauen und Zutrauen zu tun, vertraut in Analogie zu John Locke mehr auf die Selbststeuerungsfähigkeit der Menschen als auf bürokratische Reglementierung.

Gerade im Hinblick auf wachsende Gruppen wie ältere Menschen, alleinstehende und allein erziehende Frauen, Migranten und Menschen mit Handicap gibt es auch noch zahlreiche unerschlossene Handlungspotentiale der Wirtschaft. Würden all die genannten Gruppen als Produzenten und Konsumenten gesehen, fänden sowohl deren Potentiale wie ihre Bedürfnisse weit mehr Berücksichtigung als heute. Es geht hierbei zunächst nicht darum, wie bislang staatliche Institutionen zu deren Unterstützung aufzubauen, sondern diejenigen Hürden aus dem Weg zu räumen, die diese Zielgruppen vom Markt ausgrenzen. Erst wenn der – mehr als bislang aufgerüttelte – Markt die Bedürfnisse der Zielgruppe nicht befriedigt, ist öffentliches Handeln als Unterstützung von Selbsthilfepotentialen gefragt.

Der im Zuge der Globalisierung höhere Konkurrenzdruck von außen kann im Zusammenspiel mit deutlich rückläufigen ideologischen Spannungslinien zu engerer interinstitutioneller Kooperation genützt werden. Gemeinsame Zielvereinbarungen mit fixierten Rechten und Pflichten ermöglichen weit mehr strategische Kooperationen als bislang. Zugleich wird es, ähnlich wie bei Unternehmen, darum gehen, Wichtigeres von Unwichtigerem zu unterscheiden und stärker als bislang Prioritäten zu setzen. Das Paradigma der Pareto-Optimalität aus der Betriebswirtschaftslehre besagt, dass 20% des aufgewandten Handelns 80% des Outputs erzeugt, und diese 20% gilt es herauszufinden. Beachtet werden muss dabei allerdings, dass dieses Handeln nicht zu Lasten der ressourcenschwächeren Personengruppen geht.

Für ein geordnetes Schrumpfen des Sozialstaates, das vermutlich aus fiskalischen Gründen unvermeidbar sein wird, haben wir bislang kaum Rezepte entwickelt. Die Lobbyistenmacht ist diesbezüglich groß, und wird nur durch versachlichte gemeinsame Zielbestimmungen und Zielerreichungsmessungen zu ändern sein. Ein Anschauungsbeispiel hierfür liefert uns die Umweltökonomie, die die Ideologisierung aus diesem Politikfeld zugunsten objektiverer Messungen herausnimmt. Dies führt zu einer intensiveren Diskussion über soziale Nachhaltigkeitsvariablen, in die Fragen von Work-life-Balance, von Chancen der Erwerbsbeteiligung für alle, vom Wert der Kinder nicht nur für die eigenen Eltern, sondern für die ganze Kommune eingehen sollten. Ressourcen für mehr als eine Funktion einzusetzen bedingt beispielsweise, statt des separaten Vereinsheimes für Hasenzüchter einen Stadtteiltreff einzurichten, der von etlichen Initiativen gleichzeitig genützt werden kann. Mag es für den neuen Weg weniger Erfolgsgarantien, Absicherungen und selbst Versicherungsgarantien geben als bislang, so ist er doch zumindest wert ausprobiert zu werden.

Literatur

Alisch, Monika (Hrsg.) (2001): Stadtteilmanagement. Opladen
Barfuß, Georg (2003): Migration, Integration. Kommunalpolitische Herausforderung. Augsburg
Basaglia, Franco u. a. (Hrsg.) (1980): Befriedungsverbrechen. Über die Dienstbarkeit der Intellektuellen. Frankfurt a. M.
Bauer, Monika, Guggemos, Peter (2004): Das Schwungfeder-Projekt - Empowerment für die nachberufliche Phase. Augsburg
Bogumil, Jörg, Naschold, Frieder (2000): New Public Management in deutscher und internationaler Perspektive. Opladen
Damkowski, Wulf, Precht, Claus (1995): Public Management. Neuere Steuerungskonzepte für den öffentlichen Sektor. Stuttgart u. a.
Damkowski, Wulf (Hrsg.) (1998): Moderne Verwaltung in Deutschland. Public Management in der Praxis. Stuttgart u. a.
Department of Trade and Industry (2002): Social Enterprise: a Strategy for Success. London
Department of Trade and Industry (2003): Social Enterprise. A progress report on Social Enterprise: a strategy for success. London
Dienel, Peter C. (1997): Die Planungszelle. Eine Alternative zur Establishment-Demokratie. Opladen
Dienel, Peter C. (2002): Bürgergutachten – das Verfahren für eine bürgerbeteiligende Planung, in: Guggemos, Peter (Hrsg.): Bürgermeister Handbuch. Von der Behörde zum Dienstleistungsunternehmen. (Loseblatt-Werk) Augsburg, Aktualisierung 21/ 2002, Kap. 3-4.1: 35 – 76
Gleichstellungsstelle der Stadt Augsburg (Hrsg.) (2003): Alters vor Sorge – machen Sie sich schlau! (Eigenpublikation)
Guggemos, Peter (Hg.) (div.) Bürgermeister Handbuch. Von der Behörde zum Dienstleistungsunternehmen. (Loseblatt-Werk) Augsburg, (diverse Beiträge in Ergänzungslieferungen)
Guggemos, Peter (1993): Gemeinwesenorientierte Altenpolitik. Band 2: Vernetzung von Lebens- und Systemwelten am Beispiel der Leitstelle „Älter werden" in Augsburg. Augsburg
Guggemos, Peter (2003): Wege der Bürgeraktivierung - Grundüberlegungen und etablierte Beteiligungsverfahren, in: Peter Guggemos (Hrsg.): Bürgermeister Handbuch.

Von der Behörde zum Dienstleistungsunternehmen. (Loseblatt-Werk) KOGNOS-Verlag Augsburg, Aktualisierung August 2003, Kap. 3-4.1: 55 - 76

Habisch, André (2003): Corporate Citizenship. Gesellschaftliches Engagement von Unternehmen. Berlin, Heidelberg, New York

Hilpert, Markus, Huber, Andreas (Hrsg.) (2003): Regionales Arbeitsmarktmanagement. Augsburg

Huber, Andreas W. (2004): Management of Change als Steuerung sozialräumlicher Gestaltungsprozesse. Ein Beitrag zur angewandten sozialgeographischen Implementationsforschung. Augsburg

Hummel, Konrad (1982): Öffnet die Altersheime! Gemeinwesenorientierte, ganzheitliche Sozialarbeit mit alten Menschen. Weinheim/Basel

Margalit, Avishai (1998): Politik der Würde. Über Achtung und Verachtung. Berlin

Ministerium für Gesundheit, Soziales, Frauen und Familie des Landes Nordrhein-Westfalen (2003): Seniorenwirtschaft in Nordrhein-Westfalen. Ziele – Ergebnisse – Perspektiven. (Eigenpublikation)

Otto, Ulrich; Müller, Siegfried; Besenfelder, Christine (Hrsg.) (2000): Bürgerschaftliches Engagement. Eine Herausforderung für Fachkräfte und Verbände. Opladen

Rasehorn, Eckart (2003): Stadtteilbezogene Altenpolitik, in: Guggemos, Peter (Hrsg.) Bürgermeister Handbuch. Von der Behörde zum Dienstleistungsunternehmen. (Loseblatt-Werk) Augsburg, Aktualisierung 4/2003, Kap. 4-2.7: 1 - 20

Schaffer, Franz (2001): Die Lernende Region, in: Guggemos, Peter (Hrsg.): Bürgermeister Handbuch. Von der Behörde zum Dienstleistungsunternehmen. (Loseblatt-Werk) Augsburg, Aktualisierung 16/ 2001, Kap. 6-2.3: 39 - 60

Tüllmann, Hannes (2003): Neue Wege in der Kindergartenplanung, in: Guggemos, Peter (Hrsg.) Bürgermeister Handbuch. Von der Behörde zum Dienstleistungsunternehmen. (Loseblatt-Werk) Augsburg, Aktualisierung 4/2003, Beitrag mit Graphiken auf beiliegender CD-ROM

Zimmer, Annette, Nährlich, Stefan (Hrsg.) (2000): Engagierte Bürgerschaft. Traditionen und Perspektiven. Opladen.

18 Mobilität und Demographie im Wandel
Angebote einer zukunftsfähigen Gestaltung

Holger Dalkmann und Susanne Böhler

1 Weniger Menschen, mehr Verkehr

Die Bevölkerung schrumpft, ergraut und wird mobiler, so könnte in einem Satz der Blick in die verkehrliche Zukunft Deutschlands zusammengefasst werden. Das für den Verkehr relevante Merkmal zukünftiger Generationen ist das steigende Lebensalter bei zunehmender Vollmotorisierung. Dass trotz abnehmender Bevölkerungszahlen insgesamt nicht mit einer Verringerung des Verkehrs zu rechnen ist, ist wesentlich für die Diskussion um den Beitrag des Verkehrssektors zu Klimaschutz und Nachhaltigkeit. Trends zeigen ebenfalls, dass die Abnahme und Veränderungen des Bevölkerungsaufbaus räumlich unterschiedlich verlaufen wird (Berlin Institut 2004). Regionen mit wachsenden Bevölkerungsanteilen und Regionen mit Bevölkerungsverlusten – so genannte schrumpfende Regionen – werden sich hinsichtlich ihrer Rahmenbedingungen für den Betrieb öffentlicher Verkehrssysteme und hinsichtlich der lokalen verkehrlichen Belastungen deutlich voneinander unterscheiden. Die Herausforderungen an das Mobilitätssystem sind zukünftig: zum einen die Berücksichtigung einer (räumlich) quantitativen und qualitativen Veränderung der Nachfrage nach Mobilität bei gleichzeitiger Senkung der ökologischen Belastungen des Verkehrs.

Auf der aktuellen politischen Agenda und nicht zuletzt im Schlussbericht der Enquete-Kommission „Demographischer Wandel - Herausforderungen unserer älter werdenden Gesellschaft an den Einzelnen und die Politik" des Deutschen Bundestages (2002b) sind Fragen zur Tragfähigkeit des Gesundheits- und Rentenwesens, des Sozialsystems, der Migration und Integration sowie die Zukunft der Arbeit diskutiert worden. Das Fehlen der Mobilität in der Aufgabenstellung der Enquete-Kommission, in der aktuellen Studie des Berlin Institutes für Weltbevölkerung und globale Entwicklung (2004) und dem Forschungsschwerpunkt der Bertelsmann-Stiftung verdeutlicht, dass Mobilität und Verkehr ein in diesem Kontext derzeit weniger beachtetes Themenfeld darstellt.

Dieser Artikel leistet einen Beitrag, die zukünftige Entwicklung in Verkehr und Mobilität aufzuzeigen, wobei sowohl die heutigen Ausgangsbedingungen als auch die Veränderungen, die der demographische Wandel auslöst, beschrieben werden. Hinsichtlich zukünftiger Handlungs- und Gestaltungsanforderungen werden die Aufgaben der einzelnen Verkehrsträger in einem integrierten Verkehrssystem vor dem Hintergrund veränderter Nachfrage diskutiert. Der Personenverkehr steht im Mittelpunkt, während die ebenfalls mit dem demographischen Wandel verbundene Entwicklung des Güterverkehrs, sowie Fragen zukünftiger Produktion und Konsum, als auch die nach wie vor gegenläufige weltweite Entwicklung mit absehbaren ökologischen Katastrophen im Falle einer zunehmenden weltweiten Motorisierung nicht weiter vertieft werden können.

1.1 Zukünftige Verkehrsentwicklung: Prognosen und Szenarien

Betrachtet man die in diesem Band bereits mehrfach zitierte letzte langfristige Bevölkerungsprognose aus dem Jahr 2002 des Statistischen Bundesamtes, ist im Trend von abnehmenden Einwohnerzahlen bis hin zu 77 Mio. im Jahr 2050 zu rechnen (Statistisches Bundesamt 2003). Aus der Zunahme der Lebenserwartung von durchschnittlich vier Jahren bei Frauen (auf 84,5 Jahre) wie Männern (auf 78,1 Jahre) und bei einer weiterhin niedrigen Fertilitätsrate, die im Jahr 2002 bei 1,38 lag, ergibt sich eine strukturelle Verschiebung des Bevölkerungsaufbaus. Selbst Maßnahmen zur Steigerung der Geburtenrate können diese Effekte ggf. abschwächen, aber aufgrund ihrer Eigendynamik nicht aufheben.

Die bisherigen nationalen Blicke in die Zukunft gehen von einer Zunahme des Personenverkehrs in Form von Verkehrsleistung aus. Diese wird in erster Linie vom Pkw getragen. Das Flugzeug spielt aufgrund der statistischen Erfassung – die Entfernungen des Luftverkehrs werden nur bis zur deutschen Grenze in die Statistik miteinbezogen – eine zwar zunehmende, aber nach wie vor sekundäre Rolle. Die Anteile der weiteren Verkehrsmittel bleiben nahezu gleich, was somit zugleich einen quantitativen Anstieg auf niedrigerem Niveau bedeutet. Betrachtet man nun den Pkw-Verkehr, so ist festzustellen, dass weniger Personen mit mehr Fahrzeugen weniger Kilometer bis ins Jahr 2015 (Prognos 2001) bzw. 2020 (Deutsche Shell 2001) zurücklegen werden (s. Abbildung 1).

Welche Ursachen sind nun für den ungebrochenen Trend der steigenden Verkehrsleistung verantwortlich? In diesem Punkt widersprechen sich die betrachteten Untersuchungen von Shell und dem Wuppertal Institut (im Auftrag von Greenpeace 1999) gegenüber Prognos, deren Ergebnisse zugleich die Basis der Aufstellung des Bundesverkehrsentwicklungsplans 2003 darstellen (BMVBW 2003a). Zwar wird in fast allen Fällen von einem Anstieg der derzeitigen Motorisierung mit 600 Pkw auf 700 bis 750 Pkw auf 1000 Einwohner ausgegangen, doch stehen sich die Annahmen zur Entwicklung der Fahrleistung gegenüber: Während die Studie für das Verkehrsministerium von einer Zunahme der Leistungen ausgeht, begründet mit den längeren Geschäfts- und Urlaubswegen, geht Shell in der weiteren Entwicklung bis 2020 von einer Reduktion auf-

18 Mobilität und Demographie im Wandel

grund der zunehmenden Pkw-Verfügbarkeit der älteren Menschen aus, die geringere Strecken im Jahr zurücklegen.

Abbildung 1: Verkehrsentwicklung: Reale Entwicklung (bis 2001) und Prognosen

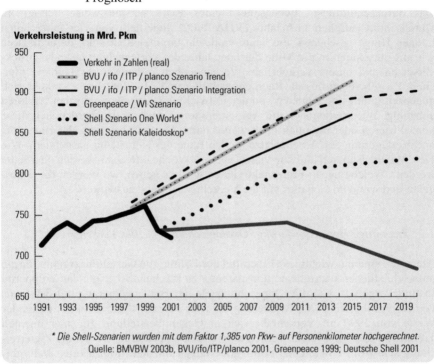

Quelle: eigene Darstellung

Unbestritten sind auch die über das Jahr 2020 hinausgehenden Effekte der Führerscheinverfügbarkeit. Während im Jahr 2002 78,3 % (88,8 % Männer und 66,8 % Frauen) über eine Fahrerlaubnis verfügen, so erhöht sich diese unter der Annahme stabiler hoher Quoten der Fahrerlaubniserteilung im Jahr 2040 auf rund 85 % der Bevölkerung im fahrtüchtigen Alter. Insbesondere ist mit einer erheblichen Steigerung der Führerscheinerwerbsquote bei Frauen zu rechnen. Während heute vergleichbar zu den Männern ähnlich viele junge Frauen den Führerschein machen, sind es in der Altergruppen zwischen 31 und 40 rund 86,7 % (gegenüber 94,5 % Männern), aber schon in der Altersgruppe von 41 bis 60 Jahren nur 72,2 % (Männer: 88,9 %) und schließlich im Alter von 61 bis 80 Jahren nur noch

36,6 % (Männer: 81,8 %) (BMVWB 2003b). Der damit hohe Anteil der fahrfähigen Bevölkerung begründet in erster Linie auch die weitere Zunahme der Pkw-Dichte.

Trotz der Anwendung von Prognosen, Szenariotechniken und Verkehrsentstehungsmodellen bleibt unsere langfristige verkehrliche Zukunft leidlich offen. Das durchschnittliche „Lebensalter" eines Pkws beispielsweise beträgt im Durchschnitt lediglich 11,6 Jahre (VDA 2000). Innerhalb von vier Jahrzehnten können Dinge geschehen, die heute vielleicht unvorstellbar sind; dafür müssen wir uns nur einmal in die Mitte der 60er Jahre des vorigen Jahrtausends zurückversetzen und unsere verkehrliche Vergangenheit mit unserem Heute vergleichen. Zu sehr beeinflussen Raumentwicklung und Mobilität bzw. Verkehr sich gegenseitig und sind zugleich von der Entwicklung sozioökonomischer Faktoren abhängig. Wie werden sich die Agglomerationen entwickeln, werden sich diese konzentrieren oder räumlich noch weiter durch Dezentralisierung der Haushalte und Verlagerung der Arbeitsplätze an den Rand der Kernstädte ausdehnen? Wie viele Wochenstunden und wie viele Tage pro Woche oder Jahr werden gearbeitet werden? Welche neuen Freizeitaktivitäten wird es geben, wo werden diese ausgeübt und wie wird sich dies auf die Verkehrsnachfrage auswirken?

1.2 Zukünftige Herausforderung: Ökologische Effekte des Verkehrs

Szenarien sind ein wichtiges Hilfsmittel der Politik, die Gestaltungsräume für die unterschiedlichen Instrumente transparenter zu machen. So zeigte das Wuppertal Institut Wege auf, wie die Klimaschutzziele der Bundesregierung auf der Basis von Kyoto, d.h. eine CO_2-Minderung bis zum Jahr 2020 um 25% auf Basis der Werte von 1990 im Verkehrsbereich in Gegenüberstellung zu einer eigenen Trendentwicklung, erreicht werden können (Greenpeace 1999). Da die Zielerreichung selbst mit erheblichen Politikänderungen für den Motorisierten Individualverkehr (MIV) von Greenpeace angezweifelt wurde, wurde ein abgeschwächtes Ziel formuliert, das von einer geringeren Entlastung im Verkehr und von einer stärkeren Reduzierung in anderen Sektoren (Industrie, Haushalte) ausgeht. Die getroffene Vereinbarung über den Beitrag der Industrie im Rahmen des Emissionshandels verdeutlicht die Aktualität der Forderung nach sektoralen Zielgrößen (Deutscher Bundestag 2004).

Allerdings gehen alle Studien davon aus, dass die schädlichen Treibhauseffekte durch eine mäßige (Wuppertal Institut) bis hohe (Shell) Abnahme des Flottenverbrauchs eher stagnieren bzw. leicht abnehmen, was aber zur Erreichung politischer Ziele bei weitem nicht ausreicht.

Dass politische Gestaltungsmöglichkeiten bis 2020 bestehen, belegt die Greenpeace-Studie. Mit ökonomischen Handlungsinstrumenten in Form von

Steuern und Abgaben, fiskalischer Lenkung durch die Ökosteuer und neuen handelbaren Emissionszertifikaten könnten nach den Berechnungen eine Reduzierung des MIV und eine Stärkung der alternativen Verkehrsmittel erreicht werden. Denkt man diese Ansätze noch 20 Jahre weiter, unterstreicht dies die These nach den großen Handlungsspielräumen in diesem Politikfeld.

Neben der Klimarelevanz des Verkehrsektors zählen insbesondere der Lärm, die Inanspruchnahme und Zerschneidung von Flächen und die Unfälle zu den Hauptbelastungen des Verkehrs. Diese sind nur bedingt mit technologischen Maßnahmen zu mindern. Insbesondere der Zuwachs der Verkehrsleistung im Personenverkehr zwischen 1991 und 2001 von 4,8 % und des Güterverkehrs im gleichen Zeitraum um 27,8 % (bei einem Anstieg im Straßengüterverkehr um 43,7 %) verursachen einen Hauptanteil der genannten Belastungen. Vor dem Hintergrund, dass zwischen 1997 und 2001 in Deutschland täglich 129 ha Siedlungs- und Verkehrsfläche ausgewiesen wurden, setzt die Bundesregierung in ihrer nationalen Nachhaltigkeitsstrategie das Ziel, bis 2020 den Flächenverbrauch auf 30 ha pro Tag zu senken (Bundesregierung 2002). Fast 16 % der Bevölkerung sind am Tag gesundheitsgefährdenden Lärmbelastungen durch den Straßenverkehr ausgesetzt. Um in diesen Bereichen entsprechende Ziele zu erreichen sind neben den technischen Optimierungen der Verkehrsträger ebenfalls verkehrsbeeinflussende Maßnahmen notwendig.

Eine Sonderrolle nimmt der Flugverkehr ein, dessen Verkehrsleistung zwischen 1991 und 2001 um 85,4 % gestiegen ist (BMVBW 2003). Neben der Lärmproblematik bei Start und Landung für die Anwohner in der Umgebung der Flughäfen ist insbesondere die Klimawirksamkeit der Emissionen problematisch. In hoher Flughöhe hat der Flugverkehr einen vierfach stärkeren Beitrag zur Erwärmung der Erdatmosphäre je verbrauchtem Liter Treibstoff (Brockhagen 2004). Auch im Luftverkehr wird die technische Entwicklung von leichteren Materialien und effizienteren Antrieben sicherlich zu erheblichen Treibstoffreduzierungen beitragen. Diese kompensieren jedoch lediglich die zeitliche Zunahme aufgrund steigender Verkehrsleistung. Zudem wird das Problem der Kondensation von Wasserstoff in entsprechender Höhe in absehbarer Zeit technisch nicht zu lösen sein.

Die Deutsche Bahn beispielsweise hat sich zum Ziel gesetzt, den auf die Verkehrsleistung bezogenen spezifischen Energieverbrauch ihrer Züge von 1990 bis 2005 um 25 % zu senken. Bis zum Jahr 2002 konnte der spezifische auf die Verkehrsleistung bezogene Primärenergieverbrauch gegenüber 1990 um 18,5 % und der CO_2-Ausstoß um 25,9 % gesenkt werden (Deutsche Bahn 2002: 5). Mit dem Umweltmobilcheck verfügt die Bahn zudem über ein öffentlichkeitswirksames Instrument für einen umweltorientierten Verkehrsträgervergleich.

Da neben den ökologischen Belastungen des Individualverkehrs auch die Grenzen des im Wesentlichen auf das Auto zugeschnittenen Verkehrssystems, insbesondere in Ballungsgebieten, seine Grenzen hat, sind zukünftige Anforderungen an alle Verkehrsmittel zu formulieren und Entwicklungspfade zu einer nachhaltigeren Mobilität aufzuzeigen.

Diese sollen im Folgenden mit den Konsequenzen eines demographischen Wandels gespiegelt werden. Welche neuen Angebote werden für eine zunehmend alternde Gesellschaft benötigt? Wie kann der Öffentliche Nahverkehr angesichts schrumpfender Schülerzahlen gerade im ländlichen Raum aufrecht erhalten werden? Wie sind die Belastungen des Auto- und Flugverkehrs zu begrenzen, wenn zugleich immer mehr Menschen über diese Wahloptionen verfügen?

2 Verknüpfung der Verkehrsträger und zielgruppenspezifische Gestaltung von Verkehrsangeboten

In der Vergangenheit haben verkehrs- und transportintensive Siedlungsstrukturen, tendenziell sich verbilligende Mobilität, Individualisierung und Flexibilisierung die Nachfrage nach Verkehrsleistung von Wirtschaft und Haushalten stetig wachsen lassen. Die aktuellen Zahlen zur Verkehrsleistung und den Auswirkungen verdeutlichen den bestehenden Handlungsbedarf seitens der Verkehrspolitik. Die, wie aufgezeigt, trotz abnehmender Bevölkerungszahlen in der Tendenz eher zunehmende Verkehrsleistung und die durch die demographischen Entwicklungen veränderte Verkehrsnachfrage weisen auf die zukünftige Bedeutung verkehrspolitischer Strategien und Entscheidungen hin.

Seit der massiven Förderung und der Dominanz des Straßenverkehrs, dessen Auswirkungen auf Umwelt, Klima und Gesundheit und den zunehmend spürbaren Grenzen der Funktionsfähigkeit der Verkehrsangebote gibt es Debatten um Vermeidungs- und Verlagerungsoptionen des motorisierten Verkehrs. Die Forderung in der Herbeiführung einer Verkehrswende durch die drastische Einschränkung der Pkw-Nutzung, der Bevorzugung öffentlicher Verkehrsmittel und einer Siedlungspolitik und Raumordnung der „Kurzen Wege" hat mittlerweile nüchterneren Auseinandersetzungen und der Erkenntnis, dass die realen Möglichkeiten, einen veränderten Lebensstil der ressourcenschonenden Mobilität durchzusetzen begrenzt sind, Platz gemacht. Neben der langfristig wirksamen Raum- und Verkehrsinfrastruktur, einem verfestigten Alltagsverhalten und den sozioökonomischen Entwicklungen wird die Individualisierung der Gesellschaft als eine grundlegende Triebfeder zukünftiger individueller Mobilitätsstile beschrieben.

Dennoch bleiben die Beeinflussung der Verkehrsnachfrage (wie durch den Aufbau regionalisierter Wirtschaftsströme, die räumliche Nähe von Herstellern und Zulieferern, die Verschiebung von Materialtransporten hin zu Datentransporten), die Entwicklung von verkehrssparenden Strukturen bei der Regional- und Stadtplanung und die Verlagerung des Verkehrs von der Straße auf Verkehrsträger mit einer höheren Energieeffizienz zentrale Strategien einer umweltverträglicheren Verkehrspolitik. Dabei wird den Themen Verkehrskoordination, Optimierung der Transportkette und der Integration der Verkehrsträger eine immer größere Bedeutung zugeschrieben. Integration bezieht sich dabei nicht nur auf die Verknüpfung der Verkehrsträger, sondern auch auf ihre umweltpolitische Bewertung. Im Sinne einer nachhaltigeren Mobilität ist dies am ehesten gesichert, wenn jeder Verkehrsträger dabei die Teile einer Transportkette übernimmt, für die er unter Gesichtspunkten seiner Gesamtbilanz und Energieeffizienz am besten geeignet ist.

Die Konzepte zur Förderung eines multi- und intermodalen Verkehrsverhaltens bedeuten, dass die Verkehrsteilnehmenden häufiger für ihre Wege unterschiedliche Verkehrsmittel nutzen. Nur integrierte Verkehrsangebote, die den Anspruch an Flexibilität und Individualität erfüllen, werden auf Dauer Bestandteil intermodaler Wegeketten sein können. Verkehrsträgerübergreifend konzipierte Verkehrs- und Informationsmanagementsysteme ermöglichen den Umstieg auf den jeweils für Ziel und Zweck geeigneten Verkehrsträger. Die Weiterentwicklung der Informations- und Kommunikationstechnologien, die die komplexe, interne Systemsteuerung mit dem Austausch von Daten zwischen den Verkehrsträgern und den Navigations- und Ortungssystemen übernehmen, ist von zentraler Bedeutung.

Neben den technologischen Anforderungen gewinnen Produktinnovationen, Produktqualität und -standards, Information und Beratung für die Verkehrsteilnehmenden an Bedeutung, um multi- und intermodal sein zu können. Individualisierte, heute voneinander getrennte Verkehrsmittel, wie das Fahrrad, Taxi, Carsharing, der Privat-Pkw, ein durch spezifische Informationen individualisierter ÖPNV bis hin zu Sammel- und Einzeltaxen gilt es miteinander physisch, informatorisch und organisatorisch zu vernetzen. Multi- und intermodale Mobilitäts- und Informationsdienstleistungen haben das Ziel, die Mobilitätswünsche der Kunden möglichst schnell, komfortabel, verlässlich und preiswert mit dem jeweils günstigsten Verkehrsmittel zu erfüllen.

Die Gestaltung der Mobilitäts- und Informationsdienstleistungen muss sich an den Anforderungen hinsichtlich Alter und Lebenssituation der Verkehrsteilnehmenden orientieren. Es wird aufgrund der Zunahme älterer Verkehrsteilnehmer, die aktiv am sozialen und kulturellen Leben teilnehmen werden und mobil sein wollen, notwendig sein, bei der Produkt- und Infrastrukturentwicklung altersbezogene Probleme deutlicher zu berücksichtigen. Andererseits werden die Alten von morgen wesentlich selbstverständlicher und emanzipierter mit den Produkten des Verkehrsmarktes umgehen können. Aktuelle Zahlen zu den Altersgruppen bei den Getöteten weisen auf den zunehmenden Handlungsbedarf hin. So waren im Jahr 2003 Menschen über 65 Jahre die Altersgruppe, in der mehr Getötete registriert wurden: es starben mit 7 % mehr Personen als 2002. Auch wurden mehr ältere Menschen schwerverletzt (+ 0,7 % auf 10 400) bzw. leichtverletzt (+ 5 % auf 28 500). Fast die Hälfte aller getöteten Fußgänger (48 %) und Fahrradfahrer (45 %) war 2003 mindestens 65 Jahre alt. Bei den getöteten Pkw-Insassen gehörte etwa jeder siebte zur Altersgruppe der älteren Menschen (15 %) (Statistisches Bundesamt 2004). Vor diesem Hintergrund sind insbesondere Sicherheitsaspekte (z.B. Maßnahmen zur Entschleunigung), aber auch die leichte Benutzbarkeit und Zugänglichkeit der Mobilitätsprodukte eine der Hauptanforderungen an die zukünftige Infrastruktur- und Dienstleistungsgestaltung.

Da das zukünftige Verkehrssystem insgesamt und die Kommunikation mit den Verkehrsteilnehmenden auf modernen Technologien basieren, wird die Ausübung von Mobilität wesentlich von den individuellen ökonomischen und kognitiven Möglichkeiten der Techniknutzung abhängen. Vor dem Hintergrund einer derzeit alters- aber auch geschlechtsabhängigen Techniknutzung erschweren der Technisierungsprozess und die Entpersonalisierung von Dienstleistungen die Teilhabe älterer Menschen an der Mobilität und am gesellschaftlichen Leben. Technikausstattung, -verfügbarkeit und -nutzungssicherheit stellen zukünftig eine Voraussetzung zur aktiven Teilnahme an Mobilität dar. Verkehrspolitik findet somit auch in der Bildungs- und Technologiepolitik statt.

Der lückenlose Umstieg vom Privat-Pkw auf Carsharing, das Taxi, den ÖV (Bus und Bahn), das Fahrrad und nicht zuletzt den Fußweg muss aktiv gestaltet werden, ansonsten bleibt die gewünschte Multi- und Intermodalität (älterer) Verkehrsteilnehmenden Wunschdenken.

Wie sehen diese Anforderungen an die einzelnen Verkehrsmittel angesichts des demographischen Wandels aus? Welche Gestaltungsmöglichkeiten existieren in den einzelnen Verkehrspolitikfeldern? Die nachfolgenden Kapitel versuchen in ihrer Kürze aus heutiger Problemperspektive Entwicklungspfade aufzuzeigen und Handlungspotenziale zu identifizieren.

2.1 Der Pkw: öffentlich, teilbar, nachfrageorientiert

Objektive Rahmenbedingungen wie z.B. die Siedlungsentwicklung der letzten Jahrzehnte und die damit einhergehenden wachsenden Distanzen sowie subjektive Faktoren haben das Automobil in Deutschland zum Verkehrsmittel Nr. 1 gemacht; etwa 52 % aller Wege und etwa 74 % aller Personenkilometer werden mit dem privaten Pkw zurückgelegt (BMVBM 2003b). Auch etwa bei der Hälfte aller Fahrten für Strecken bis sechs Kilometer Länge wird der Pkw genutzt, obgleich in der Regel der Pkw keinen Zeitvorteil aufweist (Kolke 2003 nach Bun-

18 Mobilität und Demographie im Wandel

desregierung 2000). Die gesellschaftlichen Trends zur Flexibilisierung und Individualisierung von Lebens- und Mobilitätsstilen haben eine direkte Verbindung zur Automobilität. Die aktuelle Veröffentlichung von Shell in der Darstellung zukünftiger Motorisierungstrends steht deshalb ganz unter dem Zeichen der Flexibilität (Shell Deutschland Oil, 2004). Angesichts vergangener und weiter zu erwartender Erfolge bei der Reduzierung von Schadstoffemissionen durch den Einsatz neuer Technologien scheinen die vom Automobil ausgehenden Umweltbelastungen in Zukunft minimierbar zu sein. In den Bereichen Flächenverbrauch, Stadtverträglichkeit, Unfälle, Trennwirkung und Zerschneidung von Naturräumen bleiben die Nachteile des technisch optimierten Pkw allerdings bestehen. Die Ansicht, dass das Automobil auch in 40 Jahren eine zentrale Bedeutung für unsere Mobilität haben wird, scheint vor dem Hintergrund technischer und gesellschaftlicher Entwicklungen durchaus angebracht zu sein.

Für die Automobilindustrie ist die Kundengruppe der älteren Menschen über 60 Jahre mit einem Viertel der Neuzulassungen (gegenüber 14 % im Jahr 1992) bereits heute bedeutend (Shell Deutschland Oil 2004). Mit den Entwicklungen von nutzerfreundlicheren Fahrzeugen, die das Fahren sicherer, komfortabler und nicht zuletzt einfacher machen sowie Fahrerassistenz-Systemen werden insbesondere ältere Personen angesprochen. Untersuchungen zu den Mobilitätsvoraussetzungen von älteren Menschen haben zudem ergeben, dass speziell Ältere, die nicht mehr selbst Auto fahren, sich in ihrer Mobilität eingeschränkt fühlen und entsprechend unzufrieden sind, während Autofahrer und Autofahrerinnen auch mit zunehmendem Alter und bei gesundheitlicher Beeinträchtigung der Bewegungsfähigkeit zufriedener mit ihren Mobilitätsmöglichkeiten sind (Mollenkopf, Flaschenträger 1996). All dies weist vor dem Hintergrund der demographischen Entwicklung auf eine vermehrte Automobilität auch im hohen Alter hin. Dabei stehen den Nutzenden aufgrund der bereits heute bestehenden Zielgruppenorientierung der Automobilhersteller an ihre Erfordernisse angepasste Produkte zur Verfügung.

Die Einbindung des Automobils in ein entsprechendes Dienstleistungskonzept, das an Stelle des Pkw-Besitzes Nutzungsoptionen ermöglicht, ist dabei durchaus denkbar. Hauptkriterium des Systems ist die flächendeckende Verfügbarkeit von so genannten „öffentlichen" Autos, die eingebettet sind in einen 24-Stunden-Sevice. Dies stellt eine quantitative und qualitative Weiterentwicklung des heutigen Carsharing dar, das in dieser Form zur vierten Säule des Umweltverbundes wird. Mit den beschriebenen flexiblen Dienstleistungen wäre z.B. im zunehmenden Freizeit- und Urlaubsverkehr die sichere und bequeme Anreise mit der Bahn bei gleichzeitiger Pkw-Mobilität am Urlaubsort möglich. Verschiedene Untersuchungen zu Carsharing zeigen auf, dass die derzeitigen Hauptnutzergruppen insbesondere Personen mit einem überdurchschnittlichen Bildungsniveau, im Alter zwischen 30 und 40 Jahren, aus kleineren Haushalten (bis 2 Personen) sind, die über ein mittleres Einkommen verfügen (u.a. Pesch 1995). Aufgrund der Angebotsausrichtung auf deutsche Großstädte über 100.000 Einwohner leben die Carsharing-Nutzer auch fast ausschließlich in den Großstädten (Böhler, Wanner 2004). Auch diese Mobilitätsdienstleistung müsste sich – vergleichbar mit den beschriebenen Anforderungen an einen modernisierten ÖPNV – hinsichtlich Angebotsgestaltung und Marketing gesteigert an den Ansprüchen der neuen Zielgruppe orientieren und ggf. eine Angebotsausweitung in die Fläche vornehmen. Neben einer potenziell älteren Carsharing-Kundschaft sind es auch die jugendlichen Fahrer und Fahrerinnen, die mit einem optimierten Carsharing-System angesprochen werden könnten, wobei die Anforderungen der beiden Zielgruppen durchaus unterschiedlich sein dürften.

2.2 Fahrrad fahren und zu Fuß gehen: individuell, nah, gesundheitsfördernd

In Konkurrenz zum Pkw spielen die unmotorisierten Verkehrsarten – das Fahrrad fahren und das zu Fuß gehen – heute insbesondere in der alltäglichen Nahraummobilität, d.h. auf kurzen städtischen Wegen und in der Freizeit eine wesentliche Rolle. Etwa 27 % aller Wege werden heute zu Fuß und 11 % mit dem Fahrrad zurückgelegt (BMVBW 2003b). Da sich die Wege älterer Menschen mit zunehmendem Alter auf kürzere Entfernungen beschränken, sind Strategien zur Verbesserung der Verkehrsinfrastruktur für die Nahmobilität von zentraler Bedeutung. Zudem eignet sich das Fahrrad als individuelles Verkehrsmittel auch für tangentiale Wegebeziehungen, so dass es den Entwicklungen zu flexiblen, individualisierten und spontanen Lebens- und Mobilitätsstilen entspricht.

In der Nachhaltigkeitsstrategie der Bundesregierung erhält das Fahrrad besonders in Ballungsräumen eine außerordentliche Bedeutung zur Lösung der lokalen Verkehrsprobleme. Insbesondere dem Fahrrad werden optimale Ansatzpunkte und brachliegende, noch zu erschließende Potenziale als Verkehrsträger zugeschrieben. Neben den vorhandenen Umwelt- und Gesundheitsaspekten hinsichtlich Lärm und Flächenverbrauch wie der individuellen Fitness, sprechen sowohl die Kostengunst für die Bereitstellung einer modernen Fahrrad-Infrastruktur – gegenüber anderen Verkehrsträgern – als auch die Teilnahmebedingungen für den Einzelnen für eine stärkere verkehrspolitische Förderung der Fahrradnutzung. Mit dem ‚Masterplan Fahrrad' des Bundesministeriums für Verkehr, Bauen und Wohnungswesen wurde für den Zeitraum 2002 bis 2012 ein umfangreicher Katalog an Umsetzungsstrategien zur Radverkehrsförderung konzipiert, der das Fahrrad in das Gesamtsystem Verkehr integriert und dafür die notwendigen planerischen Voraussetzungen, Infrastrukturmaßnahmen und Dienstleistungen benennt (BMVBW 2002). Forderung ist u.a. die Entwicklung von klar definierten, nachprüfbaren Zielen und Leitlinien, die eine Erfolgskontrolle der Maßnahmen ermöglichen. Andererseits sollen stärker Nutzeranforderungen berücksichtigt werden, indem z.b. zwischen Freizeitradlern und Radreisetouristen sowie Alltagsfahrern im Stadtverkehr, die sehr unterschiedliche Ansprüche an eine Fahrradinfrastruktur stellen, unterschieden wird. Wenn die für die Verkehrsentlastung notwendige Steigerung des Radverkehrsanteils erzielt werden soll, muss sich darüber hinaus die Qualität der Fahrradinfrastruktur auch an den Anforderungen von älteren Verkehrsteilnehmenden orientieren. Sicherheit, Berücksichtigung unterschiedlicher Geschwindigkeiten, Service und Verknüpfung des Fahrrades mit dem ÖV, z.b. in Form vereinfachter Fahrradmitnahme im Nah- und Fernverkehr zur Reduzierung der Entfernungsempfindlichkeit, sind wesentliche Aspekte in der Entwicklung der dafür notwendigen Infrastruktur. Vergleichbar mit dem Carsharing ist auch die Entwicklung eines öffentlichen Fahrradsystems vorstellbar. Vorbild sind hier sowohl internationale Beispiele aus den Städten Amsterdam, Helsinki oder Stockholm als auch das Call-a-Bike System der DB AG.

Die Nutzung von Kraftfahrzeugen führt insgesamt zu einer bewegungsarmen Lebensweise und laut WHO ist in der westlichen Welt nach dem Tabakkonsum Bewegungsmangel der zweitgrößte Risikofaktor für die Gesundheit. Die zweite Schweizer Gesundheitsbefragung hat zudem ergeben, dass das steigende Lebensalter den größten Einfluss auf das Bewegungsverhalten hat. Ab dem zweiten Lebensjahrzehnt nehmen die körperlichen Aktivitäten kontinuierlich ab (Lambrecht, Stamm 2000: 3). Dabei reicht eine halbe Stunde körperlicher Betätigung, z.B. Gehen oder Rad fahren aus, um das Risiko von Herzkrankheiten, Erwachsenendiabetes und Fettleibigkeit um 50 % zu verringern (Europäisches Parlament 2001). Unmotorisierte Fortbewegungen sind somit essentiell für Gesundheit und Fitness.

2.3 Der Öffentliche Nahverkehr: flexibel, individualisiert, dienstleistungsorientiert

Zu Beginn des 21. Jahrhunderts befindet sich der Öffentlichen Nahverkehr in Deutschland auf den Spuren des Beginns im 20 Jahrhundert. Angestoßen von Entwicklungen auf europäischer Ebene werden zunehmend wettbewerbsfördernde Elemente in den Markt eingebracht (Europäische Kommission 2002). Langfristig ist somit ein Nebeneinander verschiedener privater Anbieter, wie es in der erste Hälfte des 20. Jahrhunderts war, vorstellbar. So ist die Frage nach der zukünftigen Ausgestaltung des Öffentlichen Verkehrs weitgehend offen. Die Ansprüche in Form von flexibleren und individualisierteren Leistungen, d.h. eine Abkehr vom reinen klassischen Transport in „großen Gefäßen" hin zu kleineren, flexibleren Angeboten ist eine Entwicklungsoption, den gesellschaftlichen Anforderungen, darunter auch der des demographischen Wandels, gerechter zu werden. Daneben spielt die technologische Entwicklung eine wichtige Rolle für ein attraktiveres Angebot. Dies gilt sowohl unternehmensintern durch optimierte Dispositionssysteme, Routenplanungen etc. als auch extern für eine verbesserte Kundeninformation und einen effektiven Dialog. Echtzeitinformationen über Anschlüsse oder kurzfristige Bestellungen sind schon heute keine Utopie mehr. Generell gilt es für Unternehmen, die Fahr- als auch die Informationsangebote verstärkt auf die sich in ihrer Menge ändernden Zielgruppen auszurichten.

Dabei sind insbesondere die Folgen des demographischen Wandels zu beachten, die den Rückgang der derzeitigen Hauptkundschaft „Kinder und Jugendliche", die Abnahme der Erwerbstätigen und die Zunahme der „klassischen" Klientel „ältere Menschen" umfassen.

Ein massiver Rückgang der Schülerzahlen, der sich schon heute gerade im ländlichen Raum in Form von Schließung und Zusammenlegung der Bildungsinfrastruktur zeigt, führt zur Reduzierung des Schülerverkehrs und der damit verbundenen öffentlichen Zuwendungen nach dem Personenbeförderungsgesetz (PBefG). Das Segment der Schülerverkehre sollte jedoch nicht vernachlässigt werden, da Kinder und Jugendliche insbesondere als zukünftige Kunden des ÖPNV verstanden werden müssen. Dieser Zielgruppe sollten von daher über die reine Schülerbeförderung hinaus Verkehrsangebote in der Freizeit (Discobesuche, Wochenendausflüge zu größeren Freizeitzielen) bereitgestellt werden. Hier besteht die Möglichkeit, Erlebnis und Beförderung bereits im Fahrzeug zu verbinden.

Somit sind gerade im ländlichen Raum einerseits flexiblere Lösungen gefragt, wie der Einsatz kleinerer Fahrzeuge, die Kopplung mit anderen Dienstleistungen (wie der Brief- und Paketzustellung), andererseits müssen Überlegungen nach den Grenzen der Daseinsvorsorge getroffen werden. Am Ende steht evtl. die Abkehr der Gemeinschafts- hin zur Individuenbeförderung. Mit anderen Worten, Personen erhalten eher Taxigutscheine, als ein kaum angebotenes Busangebot vorzuhalten.

Eine weitere Schlussfolgerung aus der Abnahme der Schülerzahlen, ist demzufolge die stärkere Konzentration auf die weiteren Kundengruppen, wie die der Erwerbstätigen und Pensionäre. Diese sind in sich durchaus heterogen und im Sinne ihrer weiteren Disponierung durch Lebens- und Mobilitätsstile jeweils lokal bzw. regional zu betrachten und darauf aufbauend sind entsprechende Angebote und Ansprachen zu entwickeln.

In Ballungsräumen spielt der ÖV für die Mobilität der Erwerbstätigen eine entscheidende Rolle. Diese Altersgruppe wird zukünftig abnehmen. Allein um die Fahrgastzahlen langfristig zu halten sind große Anstrengungen notwendig. Eine verstärkte Kooperation und mehr Dienstleistungen für Unternehmen sind sicherlich die wichtigsten Handlungsfelder. Ein obligatorisches Job-Ticket bildet eine Basis für ein umfassendes Mobilitätsangebot, das sowohl das Fahrrad als Angebot vor Ort (Bushaltestelle, Unternehmen) als auch das Carsharing-Fahrzeug (Haltestelle, Betrieb, Bahnhof, eigene Wohnung) umfasst. Neben dieser Multioptionalität ist im ÖV besonders die Steigerung der Aufenthaltsqualität (Haltestellen) und des Fahrkomforts (Bus, Straßenbahn, S- und U-Bahn) gefragt.

Als zukünftig stark wachsende Einheit sind die Senioren eine zunehmend wichtige Klientel. Es gilt, für die jetzt häufig noch als „Zwangsmobile" („Captive rider") angesehene Gruppe, d.h. Personen, die keine Verkehrsmittelalternative wählen können, zukünftig altersgerechte Angebote zu entwickeln, um den zukünftig Führerschein besitzenden Personen den ÖV („Choice rider") als attraktive Variante anzubieten; während bereits heute altengerechtes Wohnen eine immer größere Relevanz im Wohnungsmarkt einnimmt, sind Mobilitätsfragen bislang davon abgekoppelt. Eine Verknüpfung zwischen der Dienstleistung Wohnen und der Dienstleistung Mobilität stellt eine klassische Win-Win-Situation da. Der integrierte Service beginnt im Haus (Bringedienste) und ermöglicht jede weitere Form der Wahl des Verkehrsmittels vor der Haustür durch flexible ÖV-Angebote, Taxen, Carsharing Fahrzeuge und Fahrräder. Auch im Falle der Erhöhung des Rentenalters und eine Verlängerung der Arbeitszeiten werden Freizeitverkehre eine wichtige Rolle spielen. Diese Nutzung ist derzeit mit 81 % Anteil vom Pkw dominiert (BMVBW 2003b). An Stelle einer weiteren Ausdünnung in den so genannten Nebenverkehrszeiten sind auch hier neue Angebote gefragt, die zielgruppenspezifisch zu entwickeln sind.

2.4 Die Bahn: (inter-)national, kundenorientiert, räumlich stark

Mit der Bahnreform im Jahr 1994 und der zunehmenden Wettbewerbsorientierung unterliegt auch der Verkehrsmarkt der Bahn vergleichbar mit dem ÖPNV einem Wandel. So wurden im Jahr 2003 bereits 30 % aller neu ausgeschriebenen Strecken von so genannten NE-Bahnen (nichtbundeseigene Bahn) betrieben. Im Bereich des Regionalverkehrs übernehmen zunehmend regionale Unternehmen den Betrieb im Nahverkehr. In Betrachtung der Unternehmensstrategien der Deutschen Bahn ist der Rückzug aus der Fläche bei gleichzeitiger Stärkung des Fernverkehrs die wesentliche Entwicklungsstrategie.

Zwischen 1990 und 2002 ist insbesondere in ostdeutschen Gebieten ein massiver Rückzug der Bedienung aus ländlichen Gebieten erfolgt. Insgesamt wurde das Streckennetz von 41.100 km (1991) auf 35.800 km zurückgeführt (BMVBW 2003b). Entscheidend dafür war neben den hohen Kosten eines sanierungsbedürftigen Netzes die innerdeutsche Migration von Ost nach West. Insbesondere beim Schienenverkehr spielt die Auslastung aufgrund der hohen Investitionskosten eine entscheidende Rolle. Erst mit entsprechenden Fahrgastzahlen erzielt das System wirtschaftliche und ökologische Vorteile. Regional nicht systembedingt abnehmende Fahrgastzahlen stellen insbesondere für die schienengebundenen Verkehrssysteme eine große Schwierigkeit dar, d.h. die weitere infrastrukturelle Entwicklung ist regionalspezifisch zu betrachten. Das Konzept der Flächenbahn (Hüsing 1998) wäre somit vorrangig eine Option für den regionalen Nahverkehr in den Ballungsgebieten und ihren Verflechtungsräumen. Express- und Regionalbusse, Zubringerbusse und flexible Angebote sind Optionen für den öffentlichen Verkehr in den Landkreisen mit weiter abnehmender Bevölkerung. Die Verknüpfung eines Bahn- oder Busangebotes mit den anderen Verkehrsträgern (Car-sharing, Fahrrad) kann auch im ländlichen Raum zur Anwendung kommen. Die bestehenden Schienenverbindungen sind als langfristige Optionen aufrechtzuerhalten und nicht – wie häufig im Westen Deutschlands geschehen – zu überplanen.

Anders als der Schienennahverkehr stellt sich der Bahnfernverkehr dar. Leichtere Steigerungen des Fernverkehrs und ein dichteres Angebot auf den Hauptrelationen sind Merkmale der zukünftigen Bahnstrategie. Mitentscheidend für die Entwicklung attraktiver Bahnverkehrsangebote für den europäischen Reiseverkehr sind die technische und organisatorische Systemvereinheitlichung und die klare Regelung des Wettbewerbs auf europäischer Ebene. Hochgeschwindigkeitsstrecken einerseits und attraktive Nachtzugverkehre anderseits sind notwendige Angebote für die Zukunft. Hochgeschwindigkeitszüge mit über 300 Stundenkilometer Fahrleistung sollen künftig gerade auf nationalen Relationen, Passagiere vom Flugzeug auf die Bahn locken. Dabei sind Geschäftsreisende, aber auch zunehmend ältere Menschen für Urlaubsreisen die wesentlichen Zielgruppen eines qualitativ hochwertigen Angebots. Gerade ältere Menschen benötigen ein sicheres und einfaches System, das sie selbstständig, ggf. unterstützt durch Services z.B. einer Haus-zu-Haus-Gepäckbeförderung, nutzen können. Für Jugendliche und ein jüngeres Publikum sind zusätzlich deutlich erlebnis- und imageorientiertere Angebotsformen zu entwickeln.

2.5 Das Flugzeug: interkontinental, technisch optimiert, eingebunden

Das Flugzeug ist der Verkehrsträger des letzten Jahrzehnts: Mit jährlichen Wachstumsraten der Verkehrsleistung von 7,8 % mit einem Anstieg auf 41,9 Mrd. Personenkilometer (Pkm) im Jahr 2001 ist das Flugzeug nahezu in der Alltagsmobilität angekommen (BMVBW 2003b). Befördert nicht zuletzt durch den rasanten Erfolg der so genannten Billigairlines („Low-Cost-Carriers"), die im Jahr 2003 einen Marktanteil von über 10 % (Reinhardt-Lehmann 2004) am Personenverkehr ausmachten. Doch die Darstellung der üblichen Statistik trügt. Dort endet die erhobene Entfernung der Flüge (aber auch die des Autos und der

Bahn) an den nationalen Grenzen. Bei der Annahme von 2.500 km als durchschnittliche Entfernung käme man bereits heute auf einen Anteil von gut einem Fünftel der Verkehrsleistung aller Verkehrsträger (Dalkmann 2002). Die Infrastrukturentwicklung sowohl von Regionalflughäfen als auch der Ausbau der großen Airports bereitet ein weiteres Wachstum vor. Auch langfristig zu erwartende Preissteigerungen, wie durch die Aufhebung der Kerosinsteuerbefreiung, können das Wachstum aller Voraussicht nach nur beschränken.

Die Einbindung des Flugzeugs in ein integriertes Verkehrsangebot ist dennoch ein wichtiger Ansatz. Voraussetzung für eine umweltverträglichere Entwicklung ist allerdings – wie beschrieben – die Optimierung der weiteren Verkehrsmittel, insbesondere durch ein attraktives nationales wie europäisches Hochgeschwindigkeitsnetz der Bahn.

Die demographische Entwicklung begünstigt den Wandel zum Flugzeug als Alltagsverkehrsmittel. Während 1991 nur 23,8 % der Urlaubsreisen mit dem Flugzeug angetreten wurden, ist dies bis 2001 auf 32,8 % angestiegen. Dabei nehmen gerade die Geschäftsreisen, die Urlaubsreisen, aber auch Personen, die zu ihrem Arbeitsplatz mit dem Flugzeug pendeln, zu. Heute schon löst das „Airport-Hopping" das „Interrail(bahn)reisen" durch Europa als erste umfassende selbstständige „Urlaubsmobilitätserfahrung" bei Jugendlichen ab. Es gibt eine „Demokratisierung" des Luftverkehrs. Die Reise mit dem Flugzeug hat den Status des Besonderen weitestgehend verloren. Während einerseits die Gruppe der Jüngeren selbst bei der quantitativen Abnahme zum Wachstum beitragen wird, sind es zukünftig umso mehr die Erwerbstätigen, die fliegen werden. Nicht zuletzt die wachsende Gruppe der „mobilen Senioren", die sich in den kommenden Jahren ein verändertes Freizeitverhalten hin zu weiteren Reisen aneignen und dieses wohl gerade im Alter bei größerer Zeitverfügbarkeit beibehalten werden.

In diesem Zusammenhang spielen finanzielle Aspekte eine wesentliche Rolle: So ist einerseits unklar, wie sich politische Veränderungen langfristig auf die finanziellen Spielräume der Pensionäre auswirken werden und andererseits können die zukünftigen Kosten der Verkehrsmittelnutzung nur schwer abgeschätzt werden. Durch eine geforderte konsequente Internalisierung der so genannten externen Kosten (Maibach 2000), wäre durchaus ein Mittel zur Reduzierung der Umweltbeeinträchtigungen benannt, aber diese stoßen immer noch auf hohen gesellschaftlichen Widerstand.

Hingegen liegt die Preiselastizität bei den Erwerbstätigen gerade im Bereich der Geschäftsreisen weitaus höher. Dennoch können in diesem Bereich Strategien der Verkehrsvermeidung auch durch technisch-virtuelle Lösungen wie Videokonferenzen durchaus einen Beitrag leisten (Runge, Reusswig o.J.). Schlussendlich stellt sich gerade in diesem Zusammenhang die Frage nach dem zukünftigen gesellschaftlichen Umgang mit den gegebenen Ressourcen. Neben der sicherlich auch durch technische Leistungen erbrachten Effizienzsteigerung, bedarf es für einen nachhaltigen Wandel auch eine gesellschaftlichen Wertedebatte. Im Bezug zum Gesamtthema „Demographischer Wandel" ist mehr denn je über Generationengerechtigkeit zu diskutieren. Dabei sei insbesondere die Frage der individuellen Verantwortung durch ein verändertes Nutzerverhalten aufgeworfen.

3 Anforderungen an zukunftsfähige Entwicklungspfade

Die skizzierte integrierte Gestaltung und die technische Fortentwicklung der Verkehrsträger, die auf die unterschiedlichen Kundenansprüche und Lebenssituationen zuzuschneiden sind, bieten eine Vielzahl von Handlungsoptionen, andere Zukunftswege zu beschreiten als die Pfade der aktuellen Verkehrsentwicklung, die sich in den Prognosen bis 2020 widerspiegeln. Individualisierung und Flexibilität sind sicherlich zwei der Schlagwörter, die für die Ansprüche an ein entsprechendes System stehen.

Wenn jedoch die langfristigen Ziele der Integration von Nachhaltigkeit in alle gesellschaftlichen Prozesse realisiert werden sollen und internationale Abkommen wie das Kyoto-Protokoll auch langfristig Wirkung haben sollen – mit anderen Worten, die wissenschaftlich anerkannte Notwendigkeit weiterer CO_2-Reduzierung um 80 % bis zum Jahr 2050 gegenüber 1990 (Deutscher Bundestag 2002a) – dann bedarf es neben den beschriebenen angebotsorientierten „Pull-" auch restriktive „Push-Maßnahmen".

Dabei ist ein Zusammenwirken von ordnungs- und preispolitischen Maßnahmen ebenso Bestandteil, wie planerische Instrumente und nicht zuletzt „soft-policies", die insbesondere eine bessere Vermittlung der Maßnahmen und ein Überdenken der eigenen Mobilität notwendig machen. Dabei führen vorgeschlagene Maßnahmen wie z.B. der zunehmenden Belastung der Straßeninfrastruktur (insbes. durch den Güterverkehr) mit weiteren Ausbaumaßnahmen zu begegnen (Deutsche Bank Research 2004), allein schon aufgrund der steigenden Kosten für die Bestandserhaltung zu keiner tragfähigen Lösung.

Gerade angesichts des demographischen Wandels kommt dem in der Nachhaltigkeitsdebatte verankerte Begriff der „Generationengerechtigkeit" eine besondere Relevanz zu. Ein individuelles Recht auf Mobilität durch die Kombination mit Verschmutzungsrechten ökonomisch zu regulieren, wäre ein Ansatz, der eine zukünftige Option für eine nachhaltigere Verkehrspolitik darstellt. Ein lebenslanges Budget, das denjenigen ökonomisch bevorzugt, der sich umwelt- und damit auch sozialverträglicher verhält, könnte ein entsprechendes Regularium darstellen. Dabei sind vielerlei verschiedene Arten der Umsetzung für den Handel mit individuellen Emissionsrechten denkbar (Greenpeace 1999). Umweltbildung und Mobilitätserziehung stellen einen weiteren wichtigen Baustein zu einem veränderten Umgang der Konsumenten mit Ressourcen und der Nachfrage nach Verkehrsangeboten dar. Die beschriebenen Instrumente können jedoch nur im Zusammenspiel mit schon genannten (Pull-)Maßnahmen umgesetzt werden und bedürfen auch der technischen Unterstützung. Die schwierige Einführung des deutschen Mautsystems verdeutlicht den Entwicklungsbedarf im Bereich der Verkehrstechnologien.

Eine entsprechende gesellschaftliche Debatte muss schon heute beginnen, um zukünftig ein nachhaltiges Verkehrsangebot und eine dementsprechende Nachfrage bewirken zu können. Die durchschnittliche zu erwartende individuelle Verkehrsleistung wird, wie beschrieben, unter der Voraussetzung der Beibehaltung wesentlicher Elemente der heutigen Verkehrspolitik und der individuellen Verhaltensmuster zunehmen. Somit ist heute eine stärkere Sensibilisierung für Mobilitätsfragen und –probleme notwendig, um diese in Zukunft lösen zu können. Dazu zählt auch die Frage der Verkehrssicherheit, die bei Fortschreibung der derzeitigen Trends eine Zunahme an Unfällen bei älteren Menschen zur Folge haben wird.

Nicht zuletzt zählt auch die Verantwortung für eine zukünftige Generation dazu, die zwar zahlenmäßig weniger wird, aber die in der nachfolgenden Zukunft zu leben hat. Dass Mobilität ein wichtiger Teil dieser Debatte ist, ist in heutigen Diskursen erkannt. Dass diese jedoch im Zuge des demographischen Wandels anderen Anforderungen gegenübergestellt sein wird, bedarf noch der stärkeren Sensibilisierung von Gesellschaft und Entscheidungsträgern.

Literatur

Berlin Institut (Hrsg.) (2004): Deutschland 2020. Die demographische Zukunft der Nation. Berlin.
BMVBW – Bundesministerium für Verkehr, Bau- und Wohnungswesen (Hrsg.) (2002): Nationaler Radverkehrsplan 2002-2012, FahrRad! Maßnahmen zur Förderung des Radverkehrs in Deutschland. Berlin.
BMVBW – Bundesministerium für Verkehr, Bau- und Wohnungswesen (Hrsg.) (2003a): Bundesverkehrswegeplan 2003. Beschluss der Bundesregierung vom 3. Juli 2003. Berlin.
BMVBW – Bundesministerium für Verkehr, Bau- und Wohnungswesen (Hrsg.) (2003b): Verkehr in Zahlen 2003/2004. Hamburg.
Böhler, Susanne/Wanner, Monika (2004): Potenzial von Car-Sharing in Klein- und Mittelstädten und in ländlich geprägten Regionen. In: Kagermeier, Andreas (Hrsg.): ÖPNV in der Region (= Studien zur Mobilitäts- und Verkehrsforschung, 8) Mannheim (erscheint im Herbst 2004).
Brokhagen, Dietrich (2004): Neue Forschungsergebnisse zu Flugverkehr und Klima. Germanwatch. Berlin.

Bundesregierung (Hrsg.) (2000): Bericht der Bundesregierung über Maßnahmen zur Förderung des Radverkehrs. Bundestagsdrucksache 14/3445. Berlin.

Bundesregierung (Hrsg.) (2002): Perspektiven für Deutschland. Unsere Strategie für eine nachhaltige Entwicklung. Berlin.

Dalkmann, Holger (2002): Freizeitmobilität: Handlungsfelder für eine umweltverträgliche Gestaltung. Ergebnisse einer Befragung zur Freizeitmobilität in Leipzig. In: Gather, Matthias (Hrsg.): Freizeitverkehr: Hintergründe, Probleme, Perspektiven. Mannheim, S. 87-104.

Deutsche Bahn AG (Hrsg.) (2002): Umweltbericht 2002. Berlin.

Deutsche Bank Research (Hrsg.) (2004): Demographische Entwicklung verschont öffentliche Infrastruktur nicht. (= Deutsche Bank Research Aktuelle Themen, 294). Frankfurt am Main.

Deutsche Shell GmbH (Hrsg.) (2001): Mehr Autos – weniger Verkehr? Szenarien des Pkw-Bestands und der Neuzulassungen in Deutschland bis zum Jahr 2020. 23. Shell-Pkw-Studie. Hamburg.

Deutscher Bundestag (Hrsg.) (2002a): Endbericht der Enquête-Kommission „Nachhaltige Energieversorgung unter den Bedingungen der Globalisierung und Liberalisierung". Berlin.

Deutscher Bundestag (Hrsg.) (2002b): Enquête-Kommission „Demographischer Wandel – Herausforderungen unser älter werdenden Gesellschaft an den Einzelnen und die Politik". Schlussbericht. Bundestagsdrucksache 14/8800. Berlin.

Deutscher Bundestag (Hrsg.) (2004): Entwurf eines Gesetzes über den Nationalen Zuteilungsplan für Treibhausgas-Emissionsberechtigungen in der Zuteilungsperiode 2005 bis 2007 (Zuteilungsgesetz – NAPG). Elektronische Vorab-Fassung. Drucksache 15/2966. (http://dip.bundestag.de/btd/15/029/ 1502966.pdf (Zugriff am 10.05.2004)).

Europäische Kommission (Hrsg.) (2002): Vorschlag für eine Verordnung des Europäischen Parlaments und des Rates über Maßnahmen der Mitgliedsstaaten im Zusammenhang mit gemeinwirtschaftlichen Anforderungen und der Vergabe gemeinwirtschaftlicher Verträge für den Personenverkehr auf der Schiene, der Strasse und auf Binnenschifffahrtswegen vom 2. Juli 2000. Brüssel.

Greenpeace (Hrsg.) (1999): Countdown für den Klimaschutz – Wohin steuert der Verkehr? Greenpeace-Studie 7/99, Schallaböck, Karl-Otto und Petersen, Rudolf (Wuppertal Institut) Hamburg.

Hüsing, Martin (1998): Die Flächenbahn als verkehrspolitische Alternative. Wuppertal.

Kolke, Reinhard et al. (2003): CO_2-Minderung im Verkehr. Ein Sachstandsbericht des Umweltbundesamtes. Beschreibung von Maßnahmen und Aktualisierung von Potenzialen. Berlin

Lamprecht, Markus/Stamm, Hanspeter (2000): Bewegung, Sport und Gesundheit in der Schweizer Bevölkerung. Sekundäranalyse der Daten der Schweizerischen Gesundheitsbefragung 1997 im Auftrag des Bundesamtes für Sport. Kurzfassung. o.O.

Maibach, Markus et al. (2000): External Costs of Transport. Accident, Environmental and Congestion Costs in Western Europe. Zürich, Karlsruhe.

Mollenkopf, Heidrun; Flaschenträger, Pia (1996): Mobilität zur sozialen Teilhabe im Alter. Wissenschaftszentrum Berlin für Sozialforschung (WZB), Berlin.

Prognos – Europäisches Zentrum für Wirtschaftsforschung und Strategieberatung (Hrsg.) (2001): Erarbeitung von Entwürfen alternativer verkehrspolitischer Szenarien zur Verkehrsprognose 2015. Schlussbericht. Basel.

Reinhardt-Lehmann, Annegret (2004): Aktuelle Entwicklungen im deutschen und europäischen Billigflugmarkt. In: Internationales Verkehrswesen, 56. Jg., Heft 4/2004, S. 140-143.

Runge, Diana/Reusswig, Fritz (o.J.): Substitution von Geschäftsreisen durch Videokonferenzen. Wege zur Ausschöpfung der Potenziale technikvermittelter Kommunikation zur Reduktion von Emissionen aus dem Geschäftsreiseverkehr. Zusammenfassung des Endberichts vom Dezember 2003.

Shell Deutschland Oil (Hrsg.) (2004): Flexibilität bestimmt Motorisierung. Szenarien des Pkw-Bestands und der Neuzulassungen in Deutschland bis zum Jahr 2030. Hamburg.

Statistisches Bundesamt (Hrsg.) (2003): Bevölkerung Deutschlands bis 2050. 10. koordinierte Bevölkerungsvorausberechnung. Wiesbaden.

Statistisches Bundesamt (Hrsg.) (2004): Verkehrsunfälle 2001-2003. Wiesbaden

VDA – Verband der Automobilindustrie (Hrsg.) (2000): Tatsachen und Zahlen aus der Kraftverkehrswirtschaft. 64. Folge. Frankfurt am Main.

19 „Planungszellen" in einer älter werdenden Gesellschaft
Die Chancen der zivilgesellschaftlichen Gestaltung einer politischen Kontroverse

Hans J. Lietzmann

Gerade der vorliegende Band belegt, dass den politischen Herausforderungen einer sich verändernden Altersstruktur in der Bundesrepublik mit den geläufigen Rezepten nicht beizukommen ist. Die Probleme erweisen sich als zu neuartig und sind in den politischen Programmen bislang kaum reflektiert; auch sind sie als Fragestellung – ein entscheidender Faktor in modernen Demokratien – noch nicht sehr weit in das Alltagsbewusstsein der Gesellschaft eingesickert: Das gilt bereits für die Bürgerinnen und Bürger selbst; sie reagieren eher aufgeschreckt durch die in letzter Zeit diskutierten Warnungen und Mahnrufe. Aber auch die diversen Expertenräte und wissenschaftlichen Foren, schon gar die Politik beratenden Kommunikatoren, – alle stehen erst am Anfang ihrer Meinungsbildung. Es zeigt sich aber auch, dass die üblichen Trennlinien, entlang derer politische Entscheidungen bisher getroffen wurden, in diesem Fragekreis keine Orientierungshilfe geben: rechts versus links, Markt versus Planung, autoritär versus libertär, reich versus arm, Stadt versus Land, religiös versus säkular, – alle diese Parameter verweigern die Orientierungsgewissheit angesichts der sich entfaltenden Altersstruktur und der sie begleitenden sozialen und strukturellen Diversität der Generationenpolitik.

Gleichwohl bleibt die nachweisbare Notwendigkeit gesellschaftlicher Gestaltung bestehen. „Politik" meint genau das: Es geht um die verbindliche Entscheidung über die finanziellen Ressourcen dieser Gesellschaft und auch um die Anerkennung neu entstehender und in der Gesellschaft präsenter sozialer Lebenslagen. Es geht nicht nur ums Geld (aber auch), sondern um die Kenntnisnahme von den neu entstehenden Lebensformen und Lebenslagen in der deutschen Gesellschaft, um deren Anerkennung als Realität und gegebenenfalls um die Respektierung und angemessene Begleitung der sich aus ihnen heraus entwickelten Probleme und Schwierigkeiten. Nicht nur für die zahlreicher werdenden Alten – aber auch für sie! –, nicht nur für die weniger werdenden Jungen, – aber auch für sie! –, nicht nur in den sozialen Brennpunkten, aber auch dort!

19 „Planungszellen" in einer älter werdenden Gesellschaft

Oft steht hier eine neu entstehende soziale Schwäche gegen eine ebenso sich neu heraus bildende politische Stärke. Es handelt sich insgesamt um Fragen, die nicht problemlos und „mit leichter Hand" in demokratischen Mehrheitsverfahren zu legitimen, d.h. zu respektierten und zu politisch ebenso befriedigenden wie befriedenden Ergebnissen führen. Jedenfalls sind Verwerfungen im politischen Entscheidungssystem unübersehbar. Und sie konfrontieren mit der Erfahrung, dass unterschiedliche politische Epochen und ihre jeweiligen gesellschaftlichen Probleme auch unterschiedliche politische Entscheidungsverfahren benötigen. Die Erfahrung sagt aber auch, dass in aller Regel erst politische Krisen die möglichen Lösungen aus sich selbst hervor bringen. Die beobachtbare Entwicklung in den politischen Institutionen der letzten Jahre, hin zu immer mehr Konsensgesprächen, runden Tischen und Absprachen zwischen Regierung und Opposition, deuten nur eine – sehr beschränkte und im üblichen Institutionenset verharrende – Entwicklungsmöglichkeit an. Die Neuausrichtung des Wohlfahrtsstaates und die Gestaltung einer generationengerechten Politik erfordert aber zivilgesellschaftliches und bürgerschaftliches Engagement.
Sie erfordert dies aus drei Gründen:

- Die bürgerschaftliche Generationenpolitik ist *erstens* notwendig, weil die gängigen Muster parteipolitischer Entscheidung legitimerweise (!) und strukturell (!) adäquate Lösungen nur im Rhythmus von Legislaturperioden generieren können. Sie tun sich schwer bereits mit mittelfristigen Problemlagen, die die Vierjahresgrenze überschreiten. Bisweilen scheitern sie bereits an viel kurzfristigeren Begrenzungen, die durch die im Jahresrhythmus erfolgenden Landtagswahlen gesetzt werden. Bei langfristig strukturbildenden Verteilungs- und Anerkennungsentscheidungen sind die Parteien strukturell überfordert; sie brauchen und – wenn sie schlau sind – sie wünschen argumentative und Paradigmen bildende, d.h. Leitbild setzende Unterstützung von außerhalb.
- Bürgerschaftliche Generationenpolitik begreift *zweitens* das entstehende Problempotential über die traditionellen politischen Ligaturen hinaus: Sie liegt quer zu den Demarkationslinien der Parteien und der Parlamente. Die dortigen Akteure sehen sich in den eigenen Reihen konfrontiert und verwirrt. Die Lobby-Routinen versagen; und wesentliche Gesichtspunkte sind lobbyistisch auch gar nicht in diesem Streit vertreten. Vielmehr liegen die Konfliktlinien quer zu den Linien von Stammwählerschaften und Interessenträgern; sie sind aber deshalb nicht weniger ausgeprägt! Auch in dieser Hinsicht besteht der Bedarf an politischer Unterstützung; und aus den Parteien erklingt der Ruf danach allgegenwärtig.
- *Drittens* ist bürgerschaftliche Generationenpolitik schließlich notwendig, um die Alltagspraxis und den *common sense* der Bürgerinnen und Bürger

angesichts der neu entstehenden Probleme zu nutzen; aber auch, um den *common sense* in dieser Hinsicht noch weiter auszubilden. Die BürgerInnen haben schließlich einen ganzen Schatz von Erfahrungen (z.b. in der Versorgung von Kindern oder der Pflege der Alten), die sie allerdings bisher für vorwiegend „privat" hielten, weil sie auch vorwiegend „privat" organisiert, finanziert und durchgeführt waren. Diese Erfahrungen werden aber angesichts der neuen Konstellationen zunehmend „öffentlich"; sie werden politisch geregelt und organisiert werden müssen. So steht die neue Bürgergesellschaft vor einer Entwicklung ihrer Erfahrungswelten, die für sie überraschend und neu, d.h. zum Teil beängstigend neu und auf neue Weise beängstigend sein kann und sein wird. Hier ist es notwendig, die BürgerInnen vorbereitend und aufklärend, sie zum eigenverantwortlichen Entscheiden und Gestalten emanzipierend an diese Situation heranzuführen bzw. bei einer Annäherung an die Probleme zu begleiten: Panik vermeidend, Selbstbewusstsein fördernd, Gestaltungskraft im Sinne bürgerlicher Politik bildend.

1   Wie sieht die bürgerschaftliche Politik der „Planungszelle" aus?

In dem Bürgerbeteiligungsverfahren der Planungszelle werden Bürgerinnen und Bürger einer Stadt oder eines Stadtteils zur Beurteilung einer politischen Streitfrage oder einer allgemeinen Problematik des Gemeinwesens zusammen geführt. Sie werden hierzu im Zuge einer Zufallsstichprobe aus den Einwohnermelderegistern der Gemeinde rekrutiert. Ausgesucht werden in diesem Zufallsverfahren Personen ab dem 16. Lebensjahr.

Die in dieser Zufallsstichprobe ausgewählten 50 Personen widmen sich in zwei Gruppen á 25 Teilnehmern mit einem Moderator und einer Moderatorin vier Arbeitstage lang der Debatte und der Lösung des gestellten Problems. Sie sind in dieser Zeit von ihren Alltagspflichten frei gestellt; sie erhalten Bildungsurlaub, bekommen eine Erstattung des Verdienstausfalles sowie Verpflegung.

Die Arbeit der Planungszellen unterteilt sich in diesen vier Tagen in einen kontinuierlichen Rhythmus von – impulsgebenden – Kurzvorträgen durch kompetente Referenten aus Politik, Verbänden und Wissenschaft, von Nachfragen durch die beteiligten Bürger sowie dem Schwerpunkt einer anschließenden Kleingruppensitzung von je fünf BürgerInnen (ohne Moderation) und einer anschließenden Pause. Jede dieser zweistündigen Arbeits-„Epochen" befasst sich dabei mit einem Teilaspekt des thematischen Gesamtproblems.

Eine der Pointen bzw. eine der tragenden Strukturen der Planungszellen besteht – neben der Zufallsauswahl – in den beständig wechselnden Zusammensetzungen der Kleingruppen. So sollen und können feste Fraktionierungen verhindert werden. Vor allem aber wird der Effekt eines nachhaltigen, konsoziativen Diskurses „eines jeden mit jedem" (unter den 25 Teilnehmern) erzeugt. Der gegenseitige Problemaustausch erreicht eine kaum beschreibbare Dichte und Intensität; bürgerschaftliches Denken und Handeln bekommen eine ungewöhnliche und in dieser Weise neuartige Dimension der Kooperativität!

Dies alles geschieht innerhalb einer Gruppe von Personen, die sich hierzu nicht gegenseitig gesucht haben und zu einem Thema, von dem sie bisher nicht glaubten, dass sie zu seiner Beurteilung gebeten würden. Der Vertrauensvorschuss, der in diesem Sachverhalt zum Ausdruck kommt, mobilisiert die Kreativität und Gestaltungskraft der BürgerInnen ebenso wie ihren Willen und eine außergewöhnlich hohe Bereitschaft, an dieser Gestaltung mitzuwirken. Wie so oft schafft Vorschussvertrauen große politische Gestaltungsmacht und Konstruktivität!

Nach drei Tagen intensiver Referate und Kleingruppenarbeit tauschen sich die BürgerInnen der Planungszelle mit Fachpolitikern aus, bevor sie am abschließenden vierten Tag eigene Vorschläge für ein Bürgergutachten zu dem Themenkreis machen. Um eine möglichst breite Basis für dieses höchst transparente Verfahren zu erreichen, werden mehrere solcher Planungszellen zu einem Themenkomplex veranstaltet (mindestens 4 und bis zu 24 zu einem Thema). Deren einzelne Gutachten werden von den Moderatoren unter Mithilfe von gewählten „Redakteuren" aus dem Kreis der BürgerInnen zusammengefasst zu einem Gesamtgutachten, das den Auftraggebern aus den Regierungen, Parlamenten oder Verbänden überreicht wird. Die Auftraggeber werden zudem – auch aus problematischen Erfahrungen früherer Verfahren und einer anhaltenden, nachvollziehbaren Skepsis – bereits im Vorfeld dazu verpflichtet und angehalten, innerhalb eines angemessenen Zeitraumes – z.B. eines Jahres – einen Implementations- oder Realisierungsbericht abzugeben.

Bislang wurden Planungszellen von Gemeinden, Kommunen, Regionen und Bundesländern in vielen Ländern der Bundesrepublik und des Auslandes angewandt, um einen bürgerschaftlichen Zweig des politischen Handelns zu initiieren und zu nutzen.

2 Die „Planungszellen" zur Generationenpolitik

Im Sommer 2004 wurde ein Verfahren mit 8 Planungszellen zur Frage des „demographischen Wandels" durchgeführt. Die Landesregierung von Rheinland-Pfalz initiierte ein solches Bürgergutachten zur Frage des „Miteinander(s) der Generationen in einer älter werdenden Gesellschaft". Es wurde vom „Institut für bürgerschaftliche Politik" und der „Forschungsstelle Bürgerbeteiligung" an der Bergischen Universität Wuppertal in den Städten Mainz, Trier, Vallendar und

Kusel (also im Norden, Süden, Osten und Westen des Landes Rheinland-Pfalz, in Stadt- und in Landregionen) mit je zwei Planungszellen durchgeführt.

Die Debatte dieser Planungszellen beginnt zunächst mit einer Diskussion und Vergewisserung der Teilnehmer über eigene Vorstellungen zu der Frage von Generationenentwicklung und Generationen-„Gerechtigkeit"; geführt wird, mit anderen Worten, eine Debatte über eigene (Vorab-)Urteile, Ängste und Bewertungen, die das Thema nachhaltig besetzt halten. Diese Problemperzeptionen durch die teilnehmenden Bürgerinnen und Bürger wurden ergänzt und erweitert durch die Einschätzungen verschiedener Nichtregierungsorganisationen aus diesem Themenbereich (z.b. dem „Büro gegen Altersdiskriminierung" zugunsten Älterer sowie der „Stiftung für die Rechte zukünftiger Generationen" für die heranwachsenden Generationen). Es folgten zahlreiche Referate und Arbeitsgruppen zu der objektivierbaren Datenlage aus der Sicht der Bevölkerungsstatistik (z.b. vom Statistischen Landesamt) sowie zur Renten- und zur Gesundheitsentwicklung. Ferner ging es um den Umgang mit der Verschiebung der Altersstruktur in dem Bildungs- und Fortbildungssystem, in der Arbeitswelt, der Stadtentwicklung, der Gesundheitspflege u.v.m.

Ein wichtiger Themenbereich lag zudem in der besonderen Berücksichtigung einzelnen Generationen-Kohorten (z.b. dem Bildungsbedürfnis der Jüngeren oder dem Sicherheitsbedürfnis der Älteren), aber auch einzelner sozialer Bevölkerungsgruppen, wie z.B. der chronisch Kranken, der Pflegebedürftigen oder der Migranten (deren erste Generation so genannter „Gastarbeiter" besonderen lebensweltlichen Problemen ausgesetzt ist und besondere Alltagsprobleme generiert!).

Der Schwerpunkt dieser Materialerarbeitung lag immer wieder auch auf der Information über erfolgreiche Projekte bürgerschaftlichen Engagements und den Möglichkeiten, diese politisch, strukturell und finanziell zu sichern. Sowohl bürgerschaftliches Engagement zugunsten Dritter als auch das soziale Selbstmanagement zur Schaffung von neuen, Generationen übergreifenden Wohn-, Lebens-, Bildungs- und Betreuungsprojekten wurde diskutiert.

Diese Perspektive eines politischen Managements und auch des bürgerschaftlichen Selbstmanagements war daher auch das Hauptthema der insgesamt vier „Hearings" mit Fachpolitikern der Kommunen und der Landtagsfraktionen.

Ohne einem rheinland-pfälzischen Gutachten vorgreifen zu können (das ab Dezember 2004 vorliegt), lässt sich sagen, dass in den eher allgemeinen und in den auf das Gesamtproblem gerichteten Debatten die Renten- und Gesundheitsversorgung den Schwerpunkt bildeten. Dass sich aber der Schwerpunkt der bürgerschaftlichen Politik – je konkreter die Arbeitsansprüche im Laufe des Verfahrens der Planungszellen wurden – sich bedeutsam in Richtung der (Selbst-)Organisation der Wohnquartiere und der Fragen der Aus- und Weiterbildung der aufwachsenden Generationen verschob; dass sie sich von den pekuniären Ängsten und dem Blick auf entstehende materielle Notlagen fundamental zu der Sicherung von Lebensformen und Lebensweisen wandelte.

Wie immer man dieses Resultat fachlich oder politisch bewerten mag, scheint diese Verschiebung des Diskussionsfokus und des Lösungshorizontes ein wesentliches Ergebnis solcher Debatten über eine älter werdenden Gesellschaft darzustellen; dies jedenfalls dann, wenn diese Debatte innerhalb der älter werdenden politischen Gesellschaft selbst und zwischen deren Generationen geführt wird.

Gerade dieses Ergebnis erweist aber auch, wie wichtig es ist, nicht nur zwischen den Vertretern des gängigen politischen Lobbyismus (die ihre Rolle an anderer Stelle haben) und den politischen Entscheidungseliten Lösungen zu suchen. In einer Gesellschaft mit immer vielschichtigeren Problemlagen und einer Bürgerschaft, die ihre Lebenszuschnitte immer pluraler konzeptioniert, kommen der traditionelle Lobbyismus und die politischen Eliten in der Regel zwei Schritt „zu spät". Damit sie nicht „vom Leben bestraft werden" sind sie angewiesen auf perspektivische und moderierte Debatten der Bürgerinnen und Bürger selbst. Dort bilden sich die vorfindlichen Trends und Bedürfnisse der politischen Gemeinschaft ab und werden „lesbar". Sie sind der Kern und die Essenz legitimer Politik.

Es bedarf daher einer Ausweitung solcher bürgerschaftlicher Verfahren, die die Pluralisierung zur Sprache bringen, in einem moderierten Diskurs versammeln, zugleich aber die vielschichtige Kreativität und Engagementbereitschaft der Bürgerschaft zur Geltung bringen und sie gegenüber den traditionalen Institutionen abbilden und wirksam werden lassen.

Die Planungszelle ist ein solches Verfahren und verfolgt die beschriebenen Ziele. Sie erweitert den parteipolitischen Klientelismus. Sie ergänzt die parlamentarische Repräsentation. Sie erweitert und ermöglicht Verfahren direkter Demokratie. Vor allem aber stützt sie die Entwicklung politischer Gestaltungskraft auf einem zivilgesellschaftlichen Weg: Das meint hier vor allem den Prozess bürgerschaftlicher (Eigen-)Information und (Eigen-)Aufklärung sowie der (selbst-)bewussten Vorreiterrolle bei der Entwicklung mittel- und langfristiger Richtlinien für politisches Entscheiden. Die Bürgerinnen und Bürger, die in den Planungszellen mitarbeiten, verstehen sich als Mitglieder einer „politischen Gesellschaft". Sie wollen Pfade für politische Entscheidungen legen und sie wollen durch die Entwicklung politischer Richtlinien auch andere politische Akteure an ihre Vorschläge binden. Sie verstehen sich als beteiligt in einem gesamtgesellschaftlichen und bürgerschaftlichen politischen Prozess; und sie verstehen ihre Arbeit als eine Hilfestellung und Unterstützung der traditionellen Institutionen, denen sie aus ihrer Selbstverstrickung heraus helfen. Die Bürgerschaft bzw. eine repräsentative Zufallsauswahl aus der Bürgerschaft stellt sich an die Spitze des politischen Entscheidungsprozesses; sie zeigt einen Weg unter anderen, von dem sie sich eine Lösung der Probleme erhofft; sie schafft paradigmatische politische Bindewirkung und sie gestaltet Politik.

Literatur

Dienel, Peter C.(^{5}2002): Die Planungszelle. Der Bürger als Chance. Wiesbaden

Autorenverzeichnis

Alt, Christian (1954), Diplom-Soziologe, Dr. phil., Studium der Soziologie in München und Ann Arbor. Derzeitige Tätigkeit: Projektleiter des „Kinderpanels" am Deutschen Jugendinstitut München.
<u>Wichtige Veröffentlichungen:</u>
Kindheit in Ost und West. Opladen 2001
Wandel familialer Lebensverhältnisse minderjähriger Kinder in Zeiten der Pluralisierung In: Bien/Marbach. Partnerschaft und Familiengründung Opladen 2003 S.219-244

Böhler, Susanne (1963), Dipl.-Ing. (Universität Dortmund). Projektleiterin am Wuppertal Institut für Klima, Umwelt und Energie GmbH.
<u>Aktuelle Veröffentlichungen:</u>
Gemeinsam mit Oscar Reutter und Holger Dalkmann (2003): Umweltschonender Einkaufs- und Freizeitverkehr in Halle und Leipzig. Hrsg, Umweltbundesamt, UBA-Texte 35/03. Berlin.
Gemeinsam mit Stefan Thomas, Wolfgang Irrek et. al (2003): Ökonomische Anreize für den Umweltschutz im Bereich der öffentlichen Hand – Bestandaufnahme und Strategien. Hrsg, Umweltbundesamt, UBA-Texte 86/03. Berlin.
Gemeinsam mit Oscar Reutter (2004): Delivery services for urban shopping: experiences & perspectives. European Conference on Mobility Management 2004. Lyon.

Brinkmann, Dieter (1959), Dr., Studium der Erziehungswissenschaft und Promotion an der Universität Bielefeld. Wissenschaftlicher Mitarbeiter beim Institut für Freizeitwissenschaft und Kulturarbeit und Lehrbeauftragter an der Hochschule Bremen.
Forschungsarbeiten und Publikationen zu den Themen: Lernen in Erlebniswelten, neue Zeitfenster in der Weiterbildung und Formen selbstgesteuerten Lernens.

Dalkmann, Holger (1970), Dipl. Geograph (Universität Trier). Derzeitige Tätigkeit als Projektleiter am Wuppertal Institut für Klima, Umwelt und Energie GmbH und Wissenschaftlicher Mitarbeiter am Institut für Geographie der Universität Duisburg-Essen.
Aktuelle Publikationen (Auswahl):
(2004): Wege von der nachholenden zur nachhaltigen Entwicklung. Infrastrukturen und deren Transfer im Zeitalter der Globalisierung. Wuppertal Paper Nr. 140, Wuppertal.
(http://www.wupperinst.org/globalisierung/pdf_global/infrastrukturen.pdf).
Zusammen mit M. Lanzendorf und J. Scheiner, (Hrsg.) (2004): Verkehrsgenese - Entstehung von Verkehr sowie Potenziale und Grenzen der Gestaltung einer nachhaltigen Mobilität. Studien zur Mobilitäts- und Verkehrsforschung, Band 5. Mannheim.
Zusammen mit C. Schäfer und D. Bongardt (2003): Neue Wege für das Land. Strategische Umweltprüfung für eine zukunftsfähige Bundesverkehrswegeplanung. Stuttgart.

Dichanz, Horst (1937), Prof. Dr. (emer.); Volksschullehrer, Studium der Pädagogik, Soziologie, Philosophie in Münster. Zuletzt Hochschullehrer an der Fernuniversität in Hagen für Schulpädagogik.
Ausgewählte Veröffentlichungen:
E-Learning: Begriffliche, psychologische und didaktische Überlegungen zum „electronic learning". In: Medienpäd (Online-Zeitschrift für Theorie und Praxis der Medienbildung).1/2001 Themenschwerpunkt: Virtualität und E-Learning. URL: http://www.medienpaed.com Rev.: 20.06.01
Chancen dezentraler Schulpolitik. In: Jahrbuch der Gesellschaft der Freunde der FernUniversität e.V. 1994, S.157-176

Dietz, Berthold (1967), Dr. rer. soc., M.A., studierte Soziologie, Politikwissenschaft und Psychologie an den Universitäten Gießen und Loughborough/GB. Derzeit tätig als freiberuflicher Hochschuldozent und Berater sozialer Einrichtungen und öffentlicher Verwaltungen.
Wichtigste Veröffentlichungen:
Soziologie der Armut. Frankfurt am Main/New York 1997.
(Mitherausgeber) Handbuch der kommunalen Sozialpolitik. Opladen 1999.
Die Pflegeversicherung. Wiesbaden 2002.

Autorenverzeichnis

Frevel, Bernhard (1959), Dr. rer. soc., Dipl.-Päd.; Studium der Erziehungswissenschaft, Soziologie, Politikwissenschaft und Psychologie an den Universitäten Siegen, Köln und Hagen. Dozent für Sozialwissenschaften an der Fachhochschule für öffentliche Verwaltung NRW.
Ausgewählte Schriften:
(gemeinsam mit Berthold Dietz) Sozialpolitik kompakt. Wiesbaden 2004. VS Verlag für Sozialwissenschaften.
Demokratie. Entwicklung, Gestaltung, Problematisierung. Wiesbaden 2004. UTB/VS Verlag für Sozialwissenschaften.
Gesellschaftsstruktur der Bundesrepublik Deutschland. Studienbrief der Fernschulen Hamburg. Hamburg 2004.

Fuchs, Johann (1956), Dr., Dipl.-Sozialwirt, Bankkaufmann, Studium der Soziologie, Statistik und Volkswirtschaft an der Universität Erlangen-Nürnberg. Seit 1989 Mitarbeiter am Institut für Arbeitsmarkt- und Berufsforschung, Nürnberg.
Ausgewählte Veröffentlichungen:
Fachkräftemangel und demografischer Wandel – Möglichkeiten und Grenzen der Aktivierung heimischer Personalreserven. In: Seminar für Handwerkswesen (Hrsg.): Fachkräftesicherung im Handwerk vor dem Hintergrund struktureller Wandlungen der Arbeitsmärkte, Duderstadt, 2003.
Die langfristige Entwicklung des Arbeitskräftepotentials in Deutschland unter besonderer Berücksichtigung demographischer Aspekte. In: Evelyn Grünheid, Charlotte Höhn (Hrsg.): Demographische Alterung und Wirtschaftswachstum: Seminar des Bundesinstituts für Bevölkerungsforschung 1998 in Bingen. Opladen, 1999. (Schriftenreihe des Bundesinstituts für Bevölkerungsforschung; Bd. 299).

Guggemos, Peter (1960), PD Dr. Dr., Studium der Fächer Politikwissenschaft, Soziologie, Geschichte und Anglistik in Augsburg. Geschäftsführer der Augsburg Integration Plus GmbH und Politikdozent an der Universität Augsburg
Wichtige Publikationen zum Thema:
Zus. mit Monika Bauer 2004: Schwungfeder. Empowerment für die nachberufliche Phase. AIP Eigenverlag Augsburg
1993: Gemeinwesenorientierte Altenpolitik. 2 Bände. Verlag für Gerontologie Augsburg
2000 – 2003: Zahlreiche Beiträge zu kommunalpolitischen Themen im „Bürgermeister Handbuch" (Loseblattwerk), hrsg. im KOGNOS-Verlag Augsburg

Hassemer, Gregor (1977), Dipl.-Journalist, Studium der Journalistik in Dortmund und der Theaterwissenschaft sowie Germanistik in Bochum. Wissenschaftlicher Mitarbeiter am Institut für Journalistik der Universität Dortmund und freier Mitarbeiter im ZDF-Landesstudio NRW.
Veröffentlichungen:
Mediale Selbstgespräche. Zum gespaltenen Verhältnis von Medienjournalismus und Publikum. In: Rinsdorf, Lars/Weber, Bernd/Wellmann, Falk/Werner, Petra (Hg.) (2003): Journalismus mit Bodenhaftung. Annäherungen an das Publikum. Münster.
Lokaljournalismus (zusammen mit G. Rager). In: Weischenberg, Siegfried/Kleinsteuber, Hans J./Pörksen, Bernhard (Hg.): Handbuch Journalismus und Medien. Konstanz (in Vorbereitung).

Hullen, Gert (1942); Dr., Dipl.-Sozialwissenschaftler, Studium in Bochum, Oldenburg, Mainz, Kassel; Wissenschaftlicher Direktor im Bundesinstitut für Bevölkerungsforschung beim Statistischen Bundesamt, Wiesbaden;
Letzte Veröffentlichungen:
(Hrsg.): Living Arrangements and Households - Methods and Results of Demographic Projections. Lebensformen und Haushalte - Methoden und Ergebnisse demographischer Modellrechnungen. Wiesbaden 2003. (= Materialien zur Bevölkerungsforschung, 109)
The capital of couples and the effects of human capital in family formation. Wiesbaden 2003. (= Materialien zur Bevölkerungswissenschaft, 110)

Kaestner, Roland, Oberst i.G. Offizier. 1995/97 Dozent für Militärpolitik an der Führungsakademie der Bw, 1998 Mitarbeiter des Wissenschaftlichen Dienstes des Deutschen Bundestages, 1999-2000 Mitarbeiter der Fraktion Bündnis 90/Die Grünen in Sicherheits- und Verteidigungspolitischen Fragen. Tätigkeit zur Zeit: Studienleiter am Zentrum für Analysen und Studien der Bundeswehr.
Veröffentlichungen u.a.:
Die Wehrpflicht – ein Tabu? in: Hermann Hagena/Reinhard Mutz (Hrsg.) Streitkräfte und Strategien Sicherheitspolitik – kontrovers diskutiert, Baden-Baden 2001.
Streitkräftereform und internationaler Wandel, in: S+F Sicherheit und Frieden, Jg. 19 Heft 2, Baden-Baden 2001.
Gemeinsam mit Heinrich Buch und Reiner Huber: Jenseits der ESVP: Anmerkungen zu einer transatlantischen Strategie, in: Hans-Georg Ehrhart (Hrsg.) Die Europäische Sicherheitspolitik, Positionen, Perzeptionen, Probleme, Perspektiven, Baden-Baden 2002.

Kantel, H.-Dieter (1953), Dr. phil., Dipl. Sozialwissenschaftler, Sozialarbeiter (grad.), Professor für Sozialpolitik an der Fachhochschule Münster im Fachbereich Sozialwesen, Projekte zur Technisierung kommunaler Sozialhilfe.
Ausgewählte Veröffentlichungen:
Mit Beschäftigungsgesellschaften gegen Arbeitslosigkeit? In: Sozialer Fortschritt, Heft 5, 2002
Die repressive Pädagogik des aktivierenden Sozialstaats. In: Theorie und Praxis der sozialen Arbeit, Heft 1, 2002
Das Gesetz der Pflegeversicherung: Je pflegebedürftiger, desto weniger Hilfe. In: Zeitschrift für Sozialreform, Heft 12, 2000

Koch, Karl-Friedrich (1946), Erster Kriminalhauptkommissar, Sachgebietsleiter „Frühaufklärung" im Fachbereich Strategische Kriminalitätsanalyse des Kriminalistischen Instituts im Bundeskriminalamt.
Wichtige Veröffentlichungen:
Gemeinsam mit Wolfgang Heinz: Kriminalistische Diagnose, Prognose und Strategie auf Makro- und Mikroebene (Methodendarstellung). In: Kube/Störzer/Timm (Hrsg.): Kriminalistik. Handbuch für Praxis und Wissenschaft. Bd. 1. Stuttgart u.a. 1992, S. 81-165.
Kriminalitätslagebilder. Sonderband der BKA-Forschungsreihe. Wiesbaden 1992.
Karl-Friedrich Koch: Electronic Commerce. Kriminalistik 3/2001, S. 179-185.

Kolb, Holger (1977), M.A.. Studium der Politikwissenschaft, Wirtschaftspolitik, Neuerer und neuester Geschichte sowie Volkswirtschaftslehre an der Westfälischen Wilhelms-Universität Münster. 2001-2003 Wissenschaftlicher Mitarbeiter an der Pädagogischen Hochschule Freiburg. Seit 2003 wissenschaftlicher Mitarbeiter am Institut für Migrationsforschung und Interkulturelle Studien an der Universität Osnabrück.
Wichtigste Veröffentlichungen:
Einwanderung und Einwanderungspolitik am Beispiel der deutschen ›Green Card‹. Osnabrück 2002;
Die ›gap‹-Hypothese in der Migrationsforschung und das Analysepotential der Politikwissenschaft: eine Diskussion am Beispiel der deutschen ›Green Card‹, in: IMIS-Beiträge, 2003, Nr. 22 (Themenheft: Die deutsche ›Green Card‹: Migration von Hochqualifizierten in theoretischer und empirischer Perspektive, hg. v. Uwe Hunger und Holger Kolb, S. 13-37;
Pragmatische Routine und symbolische Inszenierungen - zum Ende der »Green Card«, in: Zeitschrift für Ausländerrecht und Ausländerpolitik, 7/2003, S. 231-235.

Lietzmann, Hans J. (1952) Univ.Prof. Dr., Studium der Rechtswissenschaft, Soziologie, Politikwissenschaft und Philosophie in Marburg/L., Frankfurt/M. und Gießen. Forschungs-Aufenthalte u.a. Harvard-University/ Cambridge, MA. und der New School of Social Research/ New York, NY. Lehrstuhl für Politikwissenschaft an der Bergischen Universität in Wuppertal, zuvor Professuren in Hamburg, München, Vechta und Essen.
Letzte Veröffentlichungen:
Moderne Politik. Politikverständnisse im 20. Jahrhundert. Opladen 2001.
Klassische Politik. Politikverständnisse von der Antike bis ins 19. Jahrhundert. (mit P. Nitschke) Opladen 2000.
Politikwissenschaft im „Zeitalter der Diktaturen". Die Entwicklung der Totalitarismustheorie Carl J. Friedrichs. Opladen 1999.

Meyer, Thomas (1958), Dr. phil., Privatdozent im Fach Soziologie an der Universität Siegen. Studium der Sozialwissenschaften, Geschichte und Erziehungswissenschaften in Siegen und Hagen.
Ausgewählte Publikationen:
Die Modernisierung der Privatheit, Opladen 1992;
Die Soziologie Theodor Geigers, Wiesbaden 2001;
Kritische Empirie. Lebenschancen in den Sozialwissenschaften, Wiesbaden 2004 (hrsgg. zusammen mit Horst Pöttker)

Müller-Seedorf, Wolfgang (1964). Fregattenkapitän. Studienstabsoffizier im Zentrum für Analysen und Studien der Bundeswehr, Waldbröl / Bereich Streitkräfteeinsatz 2020; Schwerpunkt der Studienarbeit: Strategische Zukunftsanalyse in Bezug auf zukünftige Sicherheitspolitik und Streitkräfte der Zukunft. Seit Juni 2004: Stabsoffizier für Ausbildung und Organisation an der Führungsakademie der Bundeswehr / Fachbereich Führungslehre Marine.

Rager, Günther (1943), Prof. Dr. rer. soc. Prorektor und Professor für Journalistik an der Universität Dortmund. Studium Germanistik, Geschichte und empirische Kulturwissenschaften in München und Tübingen.
Veröffentlichungen:
Jugendliche als Zeitungsleser: Lesehürden und Lösungsansätze. Ergebnisse aus dem Langzeitprojekt „Lesesozialisation bei Informationsmedien". In: Media Perspektiven 4/2003, S. 180-186.
Dimensionen der Qualität. Weg aus den allseitig offenen Richter-Skalen? In: Bentele, Günter/Hesse, Kurt R. (Hg.) (1994): Publizistik in der Gesellschaft. Festschrift für Manfred Rühl. Konstanz.
Publizistische Vielfalt zwischen Markt und Politik. Mehr Medien – mehr Inhalte? Düsseldorf et al. (1992).

Söhnlein, Doris (1967), Dipl.-Math., Studium der Mathematik am mathematischen Institut der FAU in Erlangen. Seit 2002 Mitarbeiterin am Institut für Arbeitsmarkt- und Berufsforschung, Nürnberg.
Aktuelle Veröffentlichung:
zusammen mit Johan Fuchs: Lassen sich die Erwerbsquoten des Mikrozensus korrigieren? Erwerbstätigenrevision des Statistischen Bundesamtes: Neue Basis für IAB Potenzialschätzung und Stille Reserve. IAB-Werkstattbericht Nr. 12/28.11.2003

Stiehr, Karin (1955), Dipl. Sozialarbeiterin, Dipl. Soziologin, Dr. phil.; studierte Sozialarbeit an der FH und Gesellschaftswissenschaften an der Johann Wolfgang Goethe-Universität Frankfurt und ist Gesellschafterin und Projektleiterin des Instituts für Soziale Infrastruktur (ISIS), Frankfurt am Main.
Ausgewählte Veröffentlichungen:
Ehrenamtlich Helfen, ARD-Ratgeber Recht (Hg. Matthias-Josef Zimmermann und Otto Bretzinger), dtv/Nomos, München 2003
Chancengleichheit für ältere Frauen in Politik und Gesellschaft, Ansatzpunkte für verbandliche und politische Maßnahmen zur Berücksichtigung der Lebenslagen älterer Frauen, (Hg. zus. mit Susanne Huth), Verlag Peter Wiehl, Stuttgart, Marburg, Erfurt 2001
Der Übergang in den Ruhestand in den 90er Jahren und danach (zus. mit Jürgen Schumacher), Verlag Peter Wiehl, Stuttgart, Marburg, Erfurt 1998

Wagner, Angelika (1975), M.A., studierte Geschichte, Politische Wissenschaft und Spanisch an den Universitäten Bonn und Sevilla (Spanien), war Mitarbeiterin der Deutschen Stiftung Weltbevölkerung und ist derzeit tätig als Referentin für Interne Kommunikation und Marketing in der CDU-Bundesgeschäftsstelle in Berlin.
Publikation:
„Der ‚ökologische Fußabdruck' der Menschheit", in: Generationsgerechtigkeit 1/2004 (4. Jg.), S. 14-15.

Weber, Brigitte (1959), Dipl.-Sozialwirtin, Studium der Soziologie, Statistik und Volkswirtschaftslehre an der Universität Erlangen-Nürnberg. Seit 1986 Mitarbeiterin am Institut für Arbeitsmarkt- und Berufsforschung, Nürnberg.
Aktuelle Veröffentlichung:
zusammen mit Johann Fuchs: Frauen in Ostdeutschland: Erwerbsbeteiligung weiter hoch. IAB-Kurzbericht Nr. 4/2.2.2004.

Westle, Bettina (1956), Prof. Dr., Studium der Politikwissenschaft und der Germanistik an der Universität Mannheim, derzeitige Tätigkeit als Hochschullehrerin für Politikwissenschaft an der Universität Erlangen-Nürnberg.
Ausgewählte Schriften:
Kollektive Identität im vereinten Deutschland. Nation und Demokratie in der Wahrnehmung der Deutschen, Opladen: Leske + Budrich, 1999.
Europäische Identifikation im Spannungsfeld regionaler und nationaler Identitäten, Politische Vierteljahresschrift, 2003, Jg.44, H.4, S.453-482.
Politisches Wissen und Wahlen. In: Falter, Jürgen W./Gabriel, Oscar C./Wessels, Bernhard (Hg.): Wahlen und Wähler - Analysen aus Anlass der Bundestagswahlen 2002. Wiesbaden: VS Verlag für Sozialwissenschaften, 2004, (im Druck).

Zander, Margherita (1948), Dr. rer. pol.; M.A., Studium der Politikwissenschaft, Germanistik, Italianistik an der Rheinischen Friedrich-Wilhelm-Universität in Bonn und an der GHS/Universität Kassel; Professorin für Politikwissenschaft/Sozialpolitik an der Fachhochschule Münster; Mitglied der BT-Enquete-Kommission „Demographischer Wandel" (1995 – 2002):
Veröffentlichungen
zu sozialpolitischen Themen und Genderfragen, insbesondere zum Forschungsschwerpunkt „Kinderarmut":
Gemeinsam mit K.A. Chassè und K. Rasch : Meine Familie ist arm. Wie Kinder im Grundschulalter Armut erleben und bewältigen, Opladen 2003;
Gemeinsam mit C. Butterwegge, K.Holm u.a.: Armut und Kindheit. Ein regionaler, nationaler und internationaler Vergleich, Opladen 2003;
Zander, Margherita (Hrg.): Das Geschlechterverhältnis in Zeiten des sozialen Umbruchs. Interdisziplinäre Beiträge aus Ost und West, Bielefeld 1997

Internet-Links

Für den Inhalt der Seiten, auf die wir in den Links verweisen, übernehmen wir keine Verantwortung

1 Daten – Fakten – Forschungsergebnisse zum demografischen Wandel

www.bib-demographie.de : Bevölkerungswissenschaftliche Forschungsergebnisse
www.demografische-forschung.org
www.demographie-online.de : Deutsche Gesellschaft für Demographie e.V.
www.demotrans.de : Wichtige Publikationen zum Thema demographischer Wandel zum Download.
www.inifes.de : Wichtiges Forschungsinstitut zum demographischen Wandel.
www.aip-agil.de : Homepage zum ESF Artikel 6-Forschungsprojekt „AGIL" zum demographischen Wandel.
www.weltbevoelkerung.de : Deutsche Stiftung Weltbevölkerung, Hannover
www.un.org/esa/population/unpop.htm : United Nations Population Division, New York
www.prb.org : Population Reference Bureau, Washington D.C.)
www.ippf.org : International Planned Parenthood Federation, London

2 Bevölkerungsgruppen

www.bmfsfj.de/Kategorien/Service/e-mail-abonnement.html : Bundesministerium für Familie, Senioren, Frauen und Jugend: Newsletter "Zukunft Familie"
www.migration-info.de : Newsletter "Migration und Bevoelkerung" des Netzwerk Migration in Europa e.V., Berlin
www.dji.de : Das Deutsche Jugendinstitut mit Forschungsergebnissen zur Lebenssituation junger Menschen

3 Arbeitsmarkt und Wirtschaft

www.iab.de : Ergebnisse aus der Arbeitsmarktforschung
www.diw-berlin.de : Wirtschaftswissenschaftliche Forschungsergebnisse
www.ifo.de : Wirtschaftswissenschaftliche Forschungsergebnisse
www.iw-koeln.de : Forschungsergebnisse aus (tendenziell) Arbeitgebersicht
www.wsi.de : Forschungsergebnisse aus (tendenziell)Gewerkschaftssicht

4 Politische Partizipation

www.politikon.org : liefert politikwissenschaftliche Daten, Aufsätze und Links

www.bpb.de : Bundeszentrale für politische Bildung mit vielfältigen Aufsätzen zum Download und Links zu vielen Institutionen.

www.europeansocialsurvey.org/ von Universitätswissenschaftlern betriebenes Datenangebot zu politischer Teilhabe und anderen sozialen Indikatoren.

5 Mobilität und Verkehr

www.bmvbw.de : Bundesministerium für Verkehr, Bau und Wohnungswesen
www.isoe.de : Institut für Sozial-ökologische Forschung
www.wupperinst.org : Wuppertal Institut für Klima, Umwelt und Energie
www.kontiv2002.de : von mehreren Instituten und Behörden gespeistes Angebot mit aus kontinuierlichen Erhebungen zum Verkehrsverhalten.

6 Planungszelle

www.polwiss.uni-wuppertal.de : Institut für Politikwissenschaft der Bergischen Universität Wuppertal

Neu im Programm Politikwissenschaft

Wolfgang Schroeder,
Bernhard Weßels (Hrsg.)
Die Gewerkschaften in Politik und Gesellschaft der Bundesrepublik Deutschland
Ein Handbuch
2003. 725 S. Br. EUR 42,90
ISBN 3-531-13587-2

In diesem Handbuch wird von führenden Gewerkschaftsforschern ein vollständiger Überblick zu den Gewerkschaften geboten: Zu Geschichte und Funktion, zu Organisation und Mitgliedschaft, zu den Politikfeldern und ihrer Gesamtrolle in der Gesellschaft usw. Auch die Neubildung der Gewerkschaftslandschaft, das Handeln im internationalen Umfeld und die Herausforderung durch die Europäische Union kommen in diesem Buch zur Sprache.

Hans-Joachim Lauth (Hrsg.)
Vergleichende Regierungslehre
Eine Einführung
2002. 468 S. Br. EUR 24,90
ISBN 3-531-13533-3

Der Band „Vergleichende Regierungslehre" gibt einen umfassenden Überblick über die methodischen und theoretischen Grundlagen der Subdisziplin und erläutert die zentralen Begriffe und Konzepte. In 16 Beiträgen werden hierbei nicht nur die klassischen Ansätze behandelt, sondern gleichfalls neuere innovative Konzeptionen vorgestellt, die den aktuellen Forschungsstand repräsentieren. Darüber hinaus informiert der Band über gegenwärtige Diskussionen, Probleme und Kontroversen und skizziert Perspektiven der politikwissenschaftlichen Komparatistik.

Sebastian Heilmann
Das politische System der Volksrepublik China
2., akt. Aufl. 2004. 316 S.
Br. EUR 21,90
ISBN 3-531-33572-3

In diesem Buch finden sich kompakt und übersichtlich präsentierte Informationen, systematische Analysen und abgewogene Beurteilungen zur jüngsten Entwicklung in China. Innenpolitische Kräfteverschiebungen werden im Zusammenhang mit tief greifenden wirtschaftlichen, gesellschaftlichen und außenpolitischen Veränderungen dargelegt. Die Hauptkapitel behandeln Fragen der politischen Führung, der politischen Institutionen, des Verhältnisses von Staat und Wirtschaft sowie von Staat und Gesellschaft.

Erhältlich im Buchhandel oder beim Verlag.
Änderungen vorbehalten. Stand: Juli 2004.

www.vs-verlag.de

VS VERLAG FÜR SOZIALWISSENSCHAFTEN

Abraham-Lincoln-Straße 46
65189 Wiesbaden
Tel. 0611.7878-722
Fax 0611.7878-400

Neu im Programm
Politikwissenschaft

Andreas Kost,
Hans-Georg Wehling (Hrsg.)
Kommunalpolitik in den deutschen Ländern
Eine Einführung
2003. 356 S. Br. EUR 29,90
ISBN 3-531-13651-8
Dieser Band behandelt systematisch die Kommunalpolitik und -verfassung in allen deutschen Bundesländern. Neben den Einzeldarstellungen zu den Ländern werden auch allgemeine Aspekte wie kommunale Finanzen in Deutschland, Formen direkter Demokratie und die Kommunalpolitik im politischen System der Bundesrepublik Deutschland behandelt. Damit ist der Band ein unentbehrliches Hilfsmittel für Studium, Beruf und politische Bildung.

Franz Walter
Abschied von der Toskana
Die SPD in der Ära Schröder
2004. 186 S. Br. EUR 19,90
ISBN 3-531-14268-2
Seit 1998 regiert die SPD. Aber einen kraftvollen oder gar stolzen Eindruck machen die Sozialdemokraten nicht. Die Partei wirkt vielmehr verwirrt, oft ratlos, auch ermattet und erschöpft. Sie verliert massenhaft Wähler und Mitglieder. Vor allem die früheren Kernschichten wenden sich ab. Auch haben die überlieferten Leitbilder keine orientierende Funktion mehr. Führungsnachwuchs ist rar geworden. Was erleben wir also derzeit? Die ganz triviale Depression einer Partei in der Regierung? Oder vielleicht doch die erste Implosion einer Volkspartei in Deutschland? Das ist das Thema dieses Essaybandes.

Antonia Gohr,
Martin Seeleib-Kaiser (Hrsg.)
Sozial- und Wirtschaftspolitik unter Rot-Grün
2003. 361 S. Br. EUR 34,90
ISBN 3-531-14064-7
Dieser Sammelband legt eine empirische Bestandsaufnahme der Wirtschafts- und Sozialpolitik nach fünfjähriger rot-grüner Regierungszeit vor. Gefragt wird nach Kontinuität und Wandel in Programmatik und umgesetzten Maßnahmen in der Sozial- und Wirtschaftspolitik von Rot-Grün im Vergleich zur Regierung Kohl.

Erhältlich im Buchhandel oder beim Verlag.
Änderungen vorbehalten. Stand: Juli 2004.

www.vs-verlag.de

VS VERLAG FÜR SOZIALWISSENSCHAFTEN

Abraham-Lincoln-Straße 46
65189 Wiesbaden
Tel. 0611.7878-722
Fax 0611.7878-400